PAUL DE VARAX

LA
Maison d'Arod

Branche de MONTMELAS

Accompagnée de fragments généalogiques et historiques concernant la région lyonnaise.

Le tout extrait des archives du château de Montmelas en Beaujolais.

LYON
Imprimerie MOUGIN-RUSAND, WALTENER et Cie, Succrs
Rue Stella, 3

ET A LA LIBRAIRIE ANCIENNE DE LOUIS BRUN, RUE DU PLAT, 13

1900

LA MAISON D'AROD

Branche de MONTMELAS

PAUL DE VARAX

LA
MAISON D'AROD

Branche de MONTMELAS

Accompagnée de fragments généalogiques et historiques
concernant la région lyonnaise.

*Le tout extrait des archives du château de Montmelas
en Beaujolais.*

LYON

Imprimerie MOUGIN-RUSAND, WALTENER et Cie, Succ
Rue Stella, 3

ET A LA LIBRAIRIE ANCIENNE DE LOUIS BRUN, RUE DU PLAT, 13

1900

PRÉFACE

E *château de Montmelas est situé à douze kilomètres environ de Villefranche, en Beaujolais, dans une position magnifique, dominant tous les environs et surtout le côté de l'est, où la vue s'étend, après avoir franchi la Saône, sur le plateau de la Dombes, les montagnes du Bugey et les cimes glacées des Alpes, couronnées par le mont Blanc. Du côté seul de l'ouest, la chaîne de montagnes séparant la vallée de l'Azergues de celle de la Saône raccourcit l'horizon.*

Montmelas était, dès une époque très reculée, un des

principaux châteaux forts du Beaujolais. Après avoir longtemps appartenu aux sires de ce pays, il a été possédé, au XVIᵉ siècle, par Philibert du Crozet, par sa veuve, par Philibert de Beaujeu-Lignières, par la veuve de celui-ci et par les ducs de Nevers.

En 1566, il fut acquis de ces derniers par la maison d'Arod, qui l'a possédé jusqu'à son extinction et l'a passé, par alliance, en 1828, à la maison de Tournon.

C'était une seigneurie et c'est encore une terre très considérable ; un grand nombre de paroisses en dépendait autrefois et aujourd'hui ce domaine, de plus de mille hectares, s'étend sur plusieurs communes.

Ses propriétaires m'ont fait la faveur de m'ouvrir généreusement la chambre de leurs archives, dont j'ai fouillé surtout la partie concernant la maison d'Arod et les familles qui lui sont alliées et ont quelque rapport avec elle.

Les archives de Montmelas, qui sont très considérables, ont été étudiées, classées et divisées en sept sections : A. Généalogie de la maison d'Arod. — B. Biens et affaires de la maison d'Arod étrangers à la seigneurie et terre de Montmelas. — C. Terre de Montmelas. Terriers et reconnaissances. — D. Terre de Montmelas. Justice, droits seigneuriaux, contentieux féodal, de 1566 à 1789. — E. Titres antérieurs à la maison d'Arod. — F. Terre de Montmelas. Titres de propriété depuis le 12 octobre 1566. — G. Terre de Montmelas. Titres et renseignements divers.

La généalogie de la maison d'Arod, branche de Montmelas, forme le principal article de ce travail. Elle est précédée de deux pièces curieuses concernant cette famille. La première donne aux Arod une antique et illustre origine, qui semble un peu fabuleuse et qu'il serait difficile de prouver. Ces deux documents ne s'accordent pas ensemble pour certains degrés de la généalogie. Je crois le premier plus digne de foi sur ce point et j'ai adopté sa version.

Nos Arod de Montmelas, cadets de la branche des seigneurs de la Fay, paroisse de la Rajasse, en Lyonnais, se fixèrent d'abord, par une alliance, à Ronzières, paroisse de Saint-Forgeux, près de Tarare, puis résidèrent, alternativement, au château de Montmelas, qu'ils acquirent en 1566, et au château de Serfavre, qui en est peu éloigné et qui leur arriva vers la même époque. Ils avaient aussi aux environs le petit fief de Pierrefilant, et à Limonest le fief d'Ars-en-Burzy. Ils l'aliénèrent en 1720.

Après la généalogie de la branche des Arod de Montmelas, on trouvera des notes plus ou moins étendues sur les Arod, dits Musard, les familles d'Ars, Gaste, de Ronchevol, de Signolles, de Montregnard, de Vauzelles, de Mazilles, de Serfavre, de Rancé, de Varennes, de Talaru, de Champier, de Capponi, du Peloux, de Charpin, de Mallet de Vandègre, de Monspey, de Sagie, du Puy, de Mareste, de Donjon et d'Evrard de Courtenay. Parmi ces familles, celles de

Varennes, du Peloux, de Charpin, de Monspey et d'Evrard de Courtenay sont encore représentées.

Ces fragments généalogiques sont suivis d'une notice sur le fief d'Ars-en-Burzy et de quelques pages concernant la baronnie de Feugerolles et les seigneuries de Roche-la-Mollière et de Laye, d'extraits d'anciens terriers, du récit de la cérémonie d'installation d'une prieure au monastère de Dorieux et de la charte de fondation d'une chapelle dans l'église primatiale de Saint-Jean de Lyon, sous le vocable du Saint-Sépulcre.

Au travers des nombreux actes inscrits in-extenso dans ce volume ou largement analysés, on rencontrera des détails intéressants sur les us, mœurs et coutumes d'autrefois, principalement dans les testaments.

A la fin du XVIe siècle, lors des guerres de religion et des troubles causés par la Ligue, on n'était pas trop en sûreté dans les châteaux ou maisons fortes de notre région. Le 13 janvier 1593, Jehan Arod, seigneur de Montmelas, est attaqué dans ce château par une bande de brigands, qu'il réussit à repousser, des Ligueurs, sans doute, car il était royaliste; mais il reçoit d'eux un coup d'escopette qui lui traverse la tête de part en part, et il en meurt peu de temps après.

De l'autre côté de la Saône, au château de Gléteins, à Jassans, en Dombes, un certain capitaine Tourbes assassine, en 1586, le père et la mère de Chrestienne de Rancé de Gléteins qui devait, quelques années après, épouser le fils et successeur de Jehan Arod.

CHAPITRE PREMIER

La vraye origine et extraction des Gentilshommes appellés Arod qui sont à présent au pays de Lyonnois, selon les cronicques de France, Bretaigne, Angleterre et selon gens anciens et tiltres

(Pièce écrite vers 1600 et continuée à une époque postérieure)

Toutes bonnes cronicques se accordent que au temps du règne de Charles surnommé le Simple XXX, Roy de France, une nation de peuple nommée les Damnois infidelles et non chrestiens vindrent en France ribler et piller icelluy Rouyaulme, faisans maulx infinis, en sorte qu'on ne pouvoit plus résister contre eulx, mais à la parfin, par volonté divine, l'on vint en appointement avec eulx, c'est assavoir que le Roy de France donna sa fille en mariage et le pays de Neustrie, à présent appelé Normandie à Rollo Arod, chefz et capitaine desdicts Damnois, avec condition qu'il seroit chrestien et tout son peuple susdict, ce qu'il feust faict, et quand on le baptisa feust nommé Robbert, premier duc de Normandie, lequel est enterré en la principalle esglize de la cité de Rouan, c'est assavoir dans la chappelle Sainct-Romain, ainsy qu'on peult voyr encores par son épitaphe sur sa tumbe. Duquel Rollo Arod nommé Robbert, premier duc de Normandie, sont extraictz, proceddez et descendus plusieurs grands seigneurs et gentilshommes en Normandie, comme le seigneur de Bresi, grand seneschal de Normandie et aultres pourtans le nom et armes d'Arod que sont, c'est assavoyr l'escu d'or eschegueté au milieu dudict escu d'argent et gulles et vair d'azeur pardessus l'argent. Certain temps apprès huict gentilshommes, frères germains, sortis d'une maison desdictz Arod, portant les armes susdictes se vindrent loger et caser audict pays de Lyonnois, desquelz sont yssus et sortis les Arod de Rivirie et aultres qui s'ensuyvent pourtant les armes devant dictes. Premièrement les Arod de Rivirie, dictz Musard, desquelz il y a heu aulcuns chevaliers et d'autres comtes et chanoynes en l'esglize Sainct Jehan de Lyon. Item le seigneur de Ronzièrés, près Tarare, appellé Arod, dict Bonet. Le seigneur de la Forestz, près Haulte Rivoire, appellé Arod, dict Coquart. Le sieur de la Fay, près l'Aubépin et la Rajasse, appellé Arod, dict Macibo. Item le sieur de Senevas, près Rivirie, appellé Arod. Le seigneur de Dorlay, près Chaignon, appellé Arod, dict Assailly, un chanoyne de l'esglise Saint Just de Lyon, de la maison dudict Arod Assailly. Un prieur de Sainct-Romain-en-Jarez, desdictz Arod de la Forestz. Item un Religieux de Savigny, cellerier de Sainct-Laurens dudict Savigny, de la maison des Arod de Ronzières susdictz. De la lignée des Arod de Rivirie. Noble Jacquemet Arod, dict Musard de Rivirie heust un filz nommé Eustache Arod qui espousa damoyselle Katherine, fille et héritière, de feu noble Hugonin Guichard, *alias* Bocheu, chevallier et chambellain du Roy Charles septiesme, lesquelz eurent trois filz, c'est assavoyr Eustache, Pierre et Hugonin Arod, et ledict Pierre feust héritier des biens de sa mère, héritière des

Bocheu susdictz, lequel Pierre heust a femme damoyselle Katherine, fille et héritière de noble Jehan Arod, sieur de Ronzières qui furent père et mère de noble Marie Arod, *aliàs* Bocheu, dame de Bosdemont et de Ronzières. De la lignée de Guichard Arod *(sic)*, *aliàs* Bocheu, chevallier, de Rivirie cy-dessus dict : noble Hugonin Guichard, *aliàs* Bocheu, chevallier, feust enterré au couvent des Cordelliers de Saincte-Colombe-lez-Vienne et son filz Jehan feust son héritier, lequel Jehan heust un filz appellé Hugonin qui fut chevallier et chambellan du Roy Charles septiesme et heust à femme noble Béatrix Vert qui heurent une fille nommée Katherine, leur héritière et femme de noble Eustache Arod, qui heurent un fils appellé Pierre qui feust héritier de ladicte Katherine et père de la dame de Bosdemont cy-devant dicte. De la lignée des Arod, seigneurs de Ronzières susdicte : Noble Josserand de Tarare, escuyer, sieur de Ronzières heust une fille appellée Katherine que feust son héritière et femme de noble Eustache Arod, dict Bonet, de Rivirie, qui eurent un filz nommé Jehan Arod, dict Bonet mari de damoyselle Françoise de Farlay, fille de noble Guyot de Farlay, chevallier, sieur de Satonay, lesquelz noble Jehan Arod, dict Bonet et Françoise de Farlay, seigneurs de Ronzières feurent père et mère de noble Katherine, mère de ladicte dame de Bosdemont susdicte. Et sçachés que ladicte noble Marie Arod, *aliàs* Bocheue, leur fille et héritière feust femme de noble Anthoine de Ronchevol, chevallier, seigneur de Bosdemont, en Masconnois, laquelle dame Marie Bocheue, dame de Bosdemont et de Ronzières, mourut à Rivirie, le troizieme jour de septembre mil V^e dix-huict et est enterrée en sa chapelle de Sainct George, en l'esglise de Rivirie. Sçachés que les seigneurs de Senevas appellés Arod, près Rivirie, sont descendus des Arod, seigneurs de Ronzières, susdictz. De la lignée des Arod, dictz Macibo, près l'Aubbépin et la Rajasse susdictz : Noble Hugonin Arod, escuyer, seigneur de la Fay. Jehan, son fils ; Alix de Sarsat, sa femme. Falconnet, chevallier, fils dudit Jehan ; Pierrette de la Liègue, sa femme. Eustache, fils dudict Falconnet ; Philippe de Sarron, sa femme. Jacques fils dudict Eustache ;

Katherine Brunier, sa femme. Pierre, fils dudict Jacques, seigneur moderne de la Fay, frère de noble Loys Arod, seigneur de Ronzières, demeurant à Rivirie. Et sçachés que lesdictz Arod, dictz Macibo, pourtent 3 estoilles d'azeur au chiefz de leurs armes, davantage que les aultres Arod susnommés, jaçoit qu'ils soyent aussy bien sortiz des Arod de Normandie que les aultres, mais c'est à cause qu'ils n'estoyent des aysnés. Le dymanche, xxvie jour de novembre 1514, noble Loys Arod, fils du susdict noble Jacques Arod, escuyer, seigneur de la Fay, expousa et print à femme, à Rivirie, damoyselle Ysabeau Gaste, fille de noble Jacques Gaste, escuyer, seigneur de la Bastie, en Dauphiné, et de damoyselle Béatrix de Ronchevol, fille de feu noble Anthoine de Ronchevol, chevallier, seigneur de Bosdemont; et de noble dame Marie Arod, *aliàs* Bocheue devant dicte, laquelle donna par contract de mariage et testament, ses biens èsdictz nobles, mariés Loys Arod et Ysabeau Gaste, lors expousés et faisant nopces et grand chère ledict jour, accompaignés des seigneurs de la Liègue, Chamosset, Chambost, Vauldragon, Senevas, Lay et du Coing et des damoyzelles de Bron, Senevas et Lay, sans les parens et parentes qui estoyent d'aultre part, tout au bon plaisir nostre Seigneur. Ladicte noble dame Marie Arod, *aliàs* Bocheue, vefve dudict feu noble Anthoine de Ronchevol, chevallier, seigneur de Bosdemont, décedda despuys à Rivirie, le III jour de septembre 1518 et est enterrée en l'église dudict Rivirie, dans la chapelle Sainct George, de laquelle lesdictz seigneurs sont fondateurs. La nativité et naissance des filz de noble Loys Arod de la Fay, escuyer, seigneur de Ronzières, et de damoyselle Ysabeau Gaste, sa femme, habitans de Rivirie, en Lyonnois. Premier Pierre, leur filz aisné, nasquit à Rivirie, un mercredy, feste Saincte Marguerite, entre unze et douze heures de nuict mil V^c dix neufz et feust parrain noble Pierre de Ronchevol, oncle de ladicte damoyselle Yzabeau Gaste, mère dudict enfant et marrainnes damoyzelles Anthoynette de Marconnay, femme de noble Guillaume de la Liègue, et Marguerite Laurencin, femme de noble Pierre Arod, seigneur de la Fay, oncle dudict enfant, Françoys, leur autre fils, naquit à Rivirie, un sabmedy, 1er jour d'aust, environ deux heures après la minuict mil V° XXIII et feust parrain noble Françoys de Geyssans, sieur du Coing, en Vellay, beau-frère du père dudict enfant, demeurant à Saint-Romain, en Jarez, lequel mourut de maladie, au service du Roy, à Chevas, ville de Piémont, le xxiii septembre mil V° XLIII. Jacques, leur autre fils, nasquit à Rivirie, le xvii jour de febvrier, environ deux ou trois heures après minuict mil V° et vingt et feust son parrain noble Jacques Arod de la Fay, oncle dudict enfant, et marrainne damoyselle Marie Arod, dame de Chambost, près Rivirie. Aubert, leur autre filz, nasquit à Ronzières, le dymenche de Pasques fleurie, environ cinq heures de matin, cinquiesme jour d'apvril mil cinq cens XXVIII et feust parrain messire Aubert de l'Estang, religieux, chamarier de Savigny, et feust baptizé à Saint-Fourgeul. Marrainne damoyzelle Anne de la Raffiniere, et mourut au service du roy soubz la charge du cappitaine Sainct Fourgeul, cappitaine de cent chevaulx légiers au rouyaulme d'Escosses au moys d'aust mil V° XLIX. Jehan. second de ce nom, leur autre fils, nasquit à Ronzières, le dimenche deuxiesme octobre environ sept heures de soir mil V° et trante qui feust baptizé à Sainct-Fourgeul et fut son parrain Messire Vyncent Simonet prebtre demeurant à Tallaru et audict Sainct-Fourgeul. L'an mil cinq cens cinquante et le vingt deuxiesme jour de janvier feste Sainct Vincent noble Loys Arod, escuyer, seigneur de Ronzières décedda délaissant damoyzelle Ysabeau Gaste, sa femme avec troys filz et deux filles, assavoir Pierre, son filz aisné, Jacques, son second filz. commandeur de Sainct Anthoyne, et Jehan, son dernier filz. Les filles damoyzelles Anne Arod, femme de noble André de la Chance demeurant à Montagny, et Véronique, sa dernière fille. L'an mil cinq cens cinquante six et le sexiesme jour de janvier la susdicte damoyzelle Ysabeau Gaste, dame de Ronzières, décedda d'élaissant les susdictz ses enfants excepté la susdicte damoyzelle Anne Arod, femme dudict de la Chance qui estoit déceddée deux ans aupa-

ravant. ladicte damoyzelle Ysabeau Gaste mère, ayant institué
son héritier universel ledict Jehan, son dernier fils. Lequel Jehan,
leur dernier filz, heust à femme damoyzelle Barbe de Signolles
et estoit seigneur de Montmellaz, où pendant les troubles il
feust tué par des voulleurs qui voulloyent piller et saccager ledict
chastel de Montmellaz sur la courtine du donjon deffandant
sadicte maison et feurent lesdictz voulleurs bien repousés et le
corps dudit sieur porté à Cogny, où il feust inhumé, délaissant
ladicte damoyzelle Barbe de Signolles, sa femme, avec deux
enfans, sçavoir Pheliberte Arod, femme de noble Phelibert de
Musy, seigneur de Satonnay, et Jehan-Jacques Arod. aussy leur
fils et héritier qui estoit né à Serfavre, environ 3 heures de matin
et baptizé à Cogny, le xie jour de juillet mil V^e soixante quatorze
et feust son parrain noble Jacques de la Combe, escuyer, sieur
de Marzé et lieutenant pour le Roy de la ville de Seurre, en
Bourgogne, et marraine, madame Huguette d'Oingt, femme de
haut et puissant seigneur Messire .... chevallier
de l'Ordre, baron dudict Oingt et de Rochebonne, en Vellay,
lequel noble Jehan-Jacques Arod, escuyer, sieur dudict Montmellaz,
heust à femme damoyzelle Chrestienne de Glétains. Décedda
ladicte damoyzelle Barbe de Signolles, en l'année mil six cens et
..... délaissant aussy les susdictz deux enfans, sçavoir ladicte
Pheliberte Arod et Jehan-Jacques Arod, escuyer, sieur de Montmellaz. et feust enterrée à Cogny, soubz le grand haustel avec
ledict sieur noble Jehan Arod, son mary. Dieu, par sa miséricorde
leur face mercy. Amen. Ledict Jehan-Jacques Arod, escuyer, seigneur de Montmelas, et damoyzelle Christine de Gléteins, sa
femme, ont heu 16 enfans, dont il leur et est resté 9, 4 filz et
5 filles, dont l'eyné appellé Alexandre est prebtre chanoyne en
l'esglize collégiale Sainct-Paul de Lyon, Guillaume Arod, son frère,
héritier testamentaire desdictz seigneur et dame de Montmelas,
marié à damoyzelle Claude de Chalmazel, 2 autres, l'un nommé
Jehan et l'autre Louis Arod, en l'année 1642, allarent au service
du Roy soubz la charge du baron de Leignac au régiment royal
et sont morts au siège de Parpignan au moys d'aoust de ladicte

année 1642; pour les filles, Catherine Arod, l'aynée est mariée à Messire Charles de Mareste, escuyer, seigneur de Rubostz et Saint-Agnieu, en Savoye ; la seconde, Claudine Arod, mariée à Jehan du Puys, écuyer, seigneur de la Garde, Haulte bise, etc,, en Dauphiné, paroisse de la Bastie de Recoing ; Christine Arod, religieuse au prieuré Sainct Martin de Sales, en Beaujollois ; Izabeau Arod, religieuse à Saincte Ursule, à Villefranche, audit pays de Beaujollois et Barbe Arod, leur cadette. Ledict Guillaume Arod, escuyer, seigneur de Montmallas. et damoyzelle Claudine de Charmazel, sa femme, ont heu de leur dict mariage plusieurs enfants, entr'autres leur héritier Gaspard d'Arod, qui est à présent marié avec Marie de Capponi, fille de Gaspard de Capponi et de Madelaine du Peloux, lesquels ont heu plusieurs enfants, dont Joseph Arod est leur héritier, et un cadet, chevalier de Malthe. Ledict Joseph Arod a épousé Sibille de Mallet Vandègre, dont ils ont eu plusieurs enfants, entr'autres 3 vivants, un fils et 2 filles, le fils nommé François-Marie Arod et demoiselles Marguerite-Victoire et Catherine-Claudine Arod, ledit Joseph Arod, marié, en 2es noces avec demoiselle Jeanne-Louise de Monspey de Vallières, fille d'Antoine de Monspey et de Jeanne-Charlotte de Champier.

CHAPITRE II

Preuves de noblesse faites au cabinet des ordres du Roy au mois de mars 1788 par Blaise Arod, chevalier, appelé marquis de Montmelas, brigadier des armées du Roy, chevalier de l'ordre royal et militaire de Saint-Louis, seigneur de Saint-Julien, Denicé, Saint-Sorlin et autres places.

Arod de Montmelas, en Lyonnois et Beaujolois, appelés marquis de Montmelas, comtes d'Arod, seigneurs de Denicé, Saint-Julien, Blacé, Serfavre, Saint-Sorlin, Cogny, Saint-Cyr, la Mure et autres places. Armes : *d'or, à la fasce échiquetée de gueules et de vair, accompagnée en chef de 3 étoiles d'azur.*

Premiers sujets connus : Jean Arod, chevalier, acheta des cens et rentes au territoire de Riverie le 3 mars 1289. On trouve dans le même temps : Pierre Arod, damoiseau, lequel vendit le 10 juin 1257 des cens et rentes situés au lieu de Chazelles à Bernard de Chambon, chevalier de l'ordre de Saint-Jean-de-Jérusalem, commandeur de Saint-Georges-de-Chazelles, et fit hommage le 21 du même mois au même commandeur de ce qu'il possédoit dans la paroisse de Rivas, en Forez. Il fut assisté dans cet acte de noble homme Guy Arod, chevalier, qui se rendit caution. Après lui viennent : Pierre Arod, aussi damoiseau, qui passa un bail emphitéotique le 4 septembre 1341 et passa une transaction au nom de ses enfants qu'il ne nomme pas, le 13 juin 1353. Il avait pour contemporain et vraisemblablement pour proche parent : autre Pierre Arod, chevalier, lequel donna une quittance le 20 may 1340 d'une somme de 15 livres sur ses gages et sur ceux de ses gens, pour le service du Roy sous le capitaine de Xaintrailles. Cette quittance qui se trouve au cabinet des ordres du Roy est scellée de son sceau représentant pour armes *une fasce échiquetée de 2 traits;* ce sont aux 3 étoiles près les mêmes armes que porte aujourd'hui M. le marquis de Montmelas ; une généalogie manuscrite du même cabinet rapporte qu'il épousa Marguerite, de laquelle il eut, entre autres enfants : Eustache Arod, lequel fut choisi pour arbitre de la transaction passée le 11 may 1360 entre le commandeur de Chazelles et noble Artaud de Saint-Germain, seigneur de Chambost.

*I*er *degré.* EUSTACHE AROD, damoiseau, du lieu de Riverie, épousa, par contrat du 30 janvier 1397, noble Catherine Guischard fille de Hugues, chevalier, et est rappelé avec Jean, son fils, dans le testament de Louis de Lavieu, du 7 octobre 1423. Femme, Catherine Guischard, fille de Hugues Guischard, chevalier, mariée le 30 janvier 1397.

1. Jean Arod, qui suit.

2. Hugues ou Hugon Arod, damoiseau, dont la destinée est inconnue.

IIe degré. JEAN AROD, damoiseau, seigneur de Riverie, de la Forêt, des Halles et de la Fay, fut présent avec Hugon, son frère, au testament de Louis de Lavieu, chevalier, du 7 octobre 1423, reçut la donation qui lui fut faite le 10 juin 1447 par Hugues, son frère, de ce qui revenoit à ce dernier sur la succession de Catherine Guischard, leur mère, donna quittance d'une partie de la dot de sa femme, le 30 septembre 1450, à Antoine de Montdor, son beau-père et est rappelé avec elle dans le contrat de rente consenti par Jacques, leur fils, le 13 avril 1472. On observe que ce degré seul n'est établi que sur des extraits pris sur des originaux. Femme, Jeanne de Montdor, fille de noble Antoine de Montdor, damoiseau, seigneur d'Hoirieu, paroisse de Vaugneray, diocèse de Lyon et de Blanche d'Hoirieu. Jacques Arod qui continue la postérité.

IIIe degré. JACQUES AROD, damoiseau, seigneur de la Fay servit en qualité d'homme d'armes de la compagnie de Robert de Conygham, seigneur de Chanteur, chambellan du Roy, passée en revue à Sens, Melun et Montargis, les 1er et 4 juillet 1470. passa une procuration conjointement avec sa femme le 22 octobre 1514 à Pierre, leur fils, à l'effet d'assigner la dot de Louis, son frère, aussi leur fils et fit son testament le 12 août 1516. Femme, Catherine Brunier, fille de Pierre Brunier et d'Estiennette de Balmes.

1. Pierre Arod, damoiseau, dont le sort est ignoré.

2. Louis Arod, dont on va parler.

3. 4. 5. Jean, Jacques et Guillaume Arod, dont le sort est aussi ignoré.

6. Marie Arod, femme de noble François de Saint-Romain.

7. Catherine Arod, femme de noble Jean de la Meure.

8. Anne Arod, épousa François de Geyssan.

9. Louise Arod.

IVᵉ degré. Louis AROD, damoiseau, seigneur de Ronzières, fut fait légataire de son père le 12 août 1516, fit son testament le 28 obtobre 1550 et mourut avant le 9 février suivant qu'il est rappelé dans celui de noble homme Jean Arod, dit de la Fay, son frère, par lequel Izabeau de Gaste, sa veuve fut instituée héritière universelle. Femme Izabeau de Gaste, fille de noble Jacques de Gaste, seigneur de la Bastie et de Ronzières et de Béatrix de Ronchivol, mariée par contrat du 22 octobre 1514.

1. Pierre Arod, dont le sort est ignoré.

2. Jean Arod, qui suit.

3. Jacques Arod, religieux de Saint-Antoine et commandeur de la Marche.

4. Anne Arod, femme de noble André de Serfavre.

5. Véronique Arod.

Vᵉ degré. JEAN AROD, écuyer, seigneur de Ronzières, Clervaux, Serfavre, Montmelas, Ars, les Tours et autres places fut fait légataire particulier de Louis, son père, le 28 octobre 1550, obtint avec Barbe de Signolle, une dispense le 17 février 1557, fit son testament le 6 novembre 1580, assista avec sa femme au contrat de mariage de Jean-Jacques, leur fils, et était mort le 5 may 1597 que sa veuve tutrice du même Jean-Jacques passa une procuration. Femme, Barbe de Signolle, fille de noble homme Florent de Signolle et de Marguerite de Montregnard, mariée par contrat du 5 février 1557.

1. Jean-Jacques Arod, dont on va parler.

2. Philiberte Arod, femme de noble homme Philibert de Musy, seigneur de Satonay.

3. Marguerite Arod, dont l'alliance est inconnue.

VIe degré. JEAN-JACQUES AROD, écuyer, seigneur de Montmelas, les Tours, Ars, Serfavre, Ronzières et autres places, fut pourvu de la charge de l'un des cent gentilshommes de la Maison du Roy, par brevet du 8 janvier 1598, transigea le 11 may 1619, conjointement avec Christine de Gléteins, sa femme, au sujet de la succession des père et mère de ladite dame, firent leur codicille le 5 juillet 1649 et assistèrent au contrat de Guillaume, leur fils, du 26 juin 1636. Femme, Christine de Gléteins, fille de noble Philibert de Gléteins, écuyer, seigneur dudit lieu, mariée par contrat du 3 novembre 1592.

1. Guillaume Arod, qui suit.

2. Jacques Arod, mort jeune.

3. Alexandre Arod, chanoine de Saint-Paul de Lyon.

4. Louis Arod, dont la destinée est inconnue.

5. Christine Arod, religieuse de Saint-Martin de Salles.

6. Claudine Arod, femme de Jean du Puy, sieur de la Garde.

7. Izabeau Arod, novice aux Ursulines de Villefranche en 1636.

8. Catherine Arod épousa messire Jean de Mareste, seigneur de Saint-Agnieu, en Savoye.

9. Barbe Arod.

VII͏͞ᵉ degré. GUILLAUME AROD, écuyer, seigneur et baron de Montmelas, d'Ars, de Serfavre et autres lieux, servit en qualité de capitaine au régiment de Rébé en 1636, obtint un congé le 17 février de cette année, reçut la quittance qui lui fut donnée le 17 janvier 1637 par messire Charles de Mareste, seigneur de Saint-Agnieu, en Savoye, son beau-frère, d'une partie de la dot de Catherine, sa sœur, fut maintenu dans sa noblesse par jugement de M. du Gué, intendant de la généralité de Lyon rendu le 5 avril 1667 sur titres qui la prouvaient depuis Jacques Arod, damoiseau, seigneur de la Fay, son trisaïeul, lequel testa le 22 août 1516, et fit une donation le 16 avril de la même année 1667, conjointement avec sa femme à Gaspard, leur fils aîné. Femme, Claudine de Chalmazel, fille de Gaspard, chevalier, seigneur de Magnieu-le-Gabion et autres places, et de Claude de Champier, mariée par contrat du 26 juin 1636.

1. Gaspard Arod, qui suit.

2. 3. 4. Alexandre, Jérôme, Christophe Arod, dont la destinée est demeurée inconnue.

5. Christine Arod, religieuse ursuline de Villefranche.

VIII͏͞ᵉ degré. GASPARD AROD, chevalier, baron de Montmelas, seigneur de Serfavre, Ars et autres places, fut émancipé le 16 avril 1667, reçut la donation qui lui fut faite par Claudine de Chalmazel, sa mère, le 20 mars 1675 et fit son testament conjointement avec Marie de Capponi, son épouse, le 23 février 1688. Femme. Marie de Capponi, fille de Gaspard de Capponi, chevalier de l'ordre du Roy, baron de Feugerolles, Roche-la-Mollière, Saint-Just et autres places, et de Madeleine du Peloux, mariée par contrat du 9 juillet 1678.

1. Joseph Arod, qui suit.

2. Gaspard-Marie Arod, dont la destinée est inconnue.

3. Benoît Arod, fit ses preuves de noblesse le 2 juin 1711, pour être reçu chevalier de Malte.

IXe degré. JOSEPH AROD, chevalier, appelé marquis de Montmelas, Cogny, Denicé. Saint-Jullien, Blacé, Saint-Sorlin et autres lieux, passa une procuration le 21 mars 1719, fit son testament le 8 avril 1741 et mourut avant le 22 juin 1742 qu'il est rappelé, avec sa femme dans le contrat de mariage de François-Marie Arod, leur fils. Première femme, Sibille de Mallet de Vandaigre, fille de Gaspard-Charles de Mallet, chevalier, seigneur de Vandaigre, Bulhon et autres lieux, et de Marie-Françoise de Muzy, mariée par contrat du 6 février 1716.

1. François-Marie Arod, qui continue la postérité.

2. Marguerite-Victoire Arod.

3. Claudine-Catherine Arod.

Deuxième femme, Jeanne-Louise de Monspey de Vallière.

X^e degré. FRANÇOIS-MARIE AROD, chevalier, aussi appelé marquis de Montmelas, seigneur de Dnicé, Blacé, Saint-Jullien, Saint-Sorlin, Saint-Cyr et autres places, servit en qualité de volontaire et de lieutenant en second dans le régiment de la Vallière depuis le mois de mars 1732, jusqu'au mois d'octobre 1734 donne quittance le 16 août 1744 d'une partie de la dot de sa femme et fit son testament au château de Montmelas le 4 juillet 1752. Femme, Marguerite Denis, fille de Benoît Denis, écuyer, seigneur de Cuzieu, et de Catherine Rousseau, mariée par contrat du 22 juin 1742.

1. Blaise Arod, qui suit.

2. Gaspard Arod, chevalier, appelé comte d'Arod de Montmelas, capitaine au régiment d'Artois-cavalerie, est né le 15 septembre 1747 et a épousé par contrat du 29 novembre 1778 très haute et très puissante demoiselle Agnès de Montreuil, demoiselle (est-il dit dans ce contrat) de la plus ancienne noblesse du royaume de France, reconnue par lettres patentes du mois d'août 1774. Ils ont pour enfants :

1° N... d'Arod de Montmelas, né le 24 décembre 1779 ;

2° Gaspard-Louis-César d'Arod de Montmelas, né le 5 juin 1781,

Et 3° Sidonie-Marthe d'Arod de Montmelas, née le 6 juillet 1787.

3. Benoit Arod, abbé de Montmelas, est mort le 24 octobre 1768, âgé de 22 ans.

4. Marie Arod, religieuse ursuline à Mâcon.

XIe degré. BLAISE AROD, chevalier, appelé marquis de Montmelas, seigneur de Montmelas, Saint-Jullien, Denicé, Blacé, Saint-Sorlin et autres lieux, brigadier des armées du Roy, chevalier de l'ordre royal et militaire de Saint-Louis, est entré aux Pages de la Reine au mois de juillet 1758 et y est resté 3 ans. Il a commencé à servir en qualité d'enseigne des Grenadiers des Gardes Françaises le 27 août 1766, est passé ensuite à la charge de colonel du corps des Grenadiers de France en 176., d'où il est sorti le 13 may 1772 pour servir en la même qualité dans le régiment de Bourbonnois-infanterie, a été nommé chevalier de l'ordre royal et militaire de Saint-Louis, le 10 avril 1774 et brigadier des armées du Roy le 1ᵉʳ mars 1780. Il a épousé, par contrat du 26 août 1766, demoiselle Marguerite-Catherine Haynault, fille de Jean-Baptiste Haynault, entreposeur du tabac a L'Orient, et de dame Catherine Coupris, son épouse. Délivré sur la minute originale conservée au cabinet des Ordres du Roy par nous écuyer, conseiller de Sa Majesté en sa cour des Aydes, généalogiste de ses Ordres, et en cette dernière qualité garde des titres originaux, manuscrits et livres imprimés de ce dépôt, à Paris le 1ᵉʳ juin 1789. Chérin.

CHAPITRE III

La Maison d'Arod

Branche de Montmelas

I. — Hugonin AROD, escuyer, seigneur de la Fay, dont la branche avait pour surnom Macibo, fut père de :

II. — Jehan AROD, marié à Alix de Sarsat, dont :

III. — Falconnet AROD, chevalier, marié à Pierrette de la Liègue, dont :

IV. — Eustache AROD, marié à Philippe de Sarron, dont :

V. — Noble homme Jacques AROD, damoiseau, seigneur de la Fay et de l'Aubépin, marié à noble femme Catherine ou Chaterine Brunier, *alias* Brunière, de l'Aubépin, fille de Pierre Brunier et d'Estiennette de Balmes,

Jacques Arod servit en qualité d'homme d'armes dans la compagnie de Robert de Conygham, seigneur de Chanteur, chambellan du Roy, passée en revue à Sens, Melun et Montargis, les 1 et 4 juillet 1470.

Le 13 août 1513, Catherine Brunyère, sa femme, acquit une pie de terre à l'Aubespin, derrière le château du dit lieu de Jehan Murigneu et Françoys, son fils, habitants du lieu et paroisse de l'Aubespin, par acte passé à l'Aubespin sur la place publique appelée du Cotoré.

Jacques Arod et sa femme passèrent une procuration, le 22 octobre 1514, à Pierre, leur fils, à l'effet d'assigner la dot de Loys, son frère, aussi leur fils, qui contractait mariage avec Ysabèle Gaste.

Le 12 août 1516, par devant Guillaume Gautier, notaire public par l'autorité royale et Pierre du Boys, prêtre de Saint-Germain-en-Jarez, notaire public et juré de la Cour de l'official de Lyon, noble homme Jacques Arod, damoiseau, seigneur de la Fay, testa au lieu de l'Aubespin, dans sa maison d'habitation, en présence de vénérable homme messire Anthoyne Brossard, prêtre de Saint-Didier, et autres témoins. Il recommande son âme, dès qu'elle sera séparée de son corps, au très haut créateur Notre-Seigneur Jésus-Christ, à la glorieuse Vierge Marie, sa Mère, au Bienheureux Jacques, son patron, et à toute la Cour céleste de Paradis ; élit sa sépulture, selon son état, dans son tombeau de l'église paroissiale de l'Aubespin ; 30 prêtres seront convoqués à son enterrement, ils célèbreront messe et office ; on donnera à chacun 3 sols, Le jour de sa sépulture on célèbrera 3 grand'messes dans l'église de l'Aubespin avec diacres et sous-diacres, l'une de Notre-Dame la Bienheureuse Vierge Marie, la deuxième du Saint-Esprit et la troisième de l'office des défunts ; chaque prêtre officiant dans les dites messes recevra 8 blancs. Son luminaire sera de 12 torches, du poids de 2 livres de cire, dont la moitié sera allumée jusqu'à son enterrement et le reste appartiendra au curé de l'Aubespin. Il veut qu'on habille 6 pauvres qui porteront les dites torches allumées. Le jour de son enterrement on fera des prières pour lui dans les églises de Saint-Didier, la Rajasse et Chatelus. Un prêtre célèbrera un trentain de messes pour lui, à commencer 8 jours après sa mort. Il lègue aux luminaires des églises de l'Aubespin, Rive-de-Gier, la Rajasse et Chapponoz; veut qu'aux jours de son trentain et l'an révolu on convoque aussi 30 prêtres qui célèbreront messes et divins offices, à chacun desquels on donnera 3 sols tournois; que dans ladite église paroissiale de l'Aubespin on célèbre un annuel ou anniversaire, pour le repos de son âme, consistant en une grand'messe eucharistialle, office des morts et 3 messes basses dudit office, les dites messes célébrées par le curé ou le vicaire de l'Aubespin et 3 autres prêtres; pour cette fondation perpétuelle, il lègue une pension de 12 sols tournois imposée sur tous ses biens meubles et immeubles. Il confesse avoir reçu, pour la dot de noble femme Catherine Brunière, sa femme très chère, 600 écus d'or, qu'il veut lui être restitués, avec 200 écus d'or à elle donnés en augment, par leur contrat de mariage, et il les lui lègue avec ses joyaux. Il veut que ladite Catherine soit dame maîtresse, gouverneresse et légitime administraresse des biens dudit testateur, tant qu'elle vivra et ne convolera pas a de deuxièmes noces, et au cas qu'elle ne veuille ou puisse vivre avec son héritier universel ou les siens, il lègue à ladite Catherine, sa vie naturelle durant, sa demeure et résidence au lieu de l'Aubespin, à Rive-de-Gier ou autre lieu qu'il lui plaira, avec les ustensiles nécessaires, plus annuellement 4 ânées de blé froment, mesure de Rive-de-Gier, 15 ânées de vin clairet bon, pur et marchand et un porc de la valeur de 4 livres tournois. Il ordonne que ladite Catherine soit habillée des vêtements de deuil nécessaires par son héritier universel. Il lègue à noble Marie Arod, sa fille, veuve de noble Françoys Flachat, de Saint-Romain-en-Jarez, outre la somme à elle constituée en dot, 100 livres tournois, monnaie royale; à noble Catherine Arod, sa fille, femme de noble homme Jehan de la Meure, seigneur dudit lieu, outre la dot a elle constituée par son contrat de mariage, 10 livres; à Anne Arod, sa fille, femme de noble Françoys de Geyssant, seigneur du Coing, outre sa dot, 10 livres; à noble

Loyse Arod, son autre fille, 600 livres; à noble Jehan Arod, son fils, sa vie et son vêtement, avec son héritier universel, tant qu'il ne se mariera pas et s'il se marie, 200 livres; à noble Loys Arod, son fils, seigneur de Ronzières, outre ce qu'il lui a constitué en dot, 10 livres; à noble Jacques Arod, son fils, 500 livres; à noble et frère Guillaume Arod, son fils, moine de Saint-Benoît, dans l'abbaye de Savigny, 100 livres. Il institue héritier universel noble Pierre Arod, damoiseau, son fils, auquel il substitue successivement, s'il meurt sans postérité légitime, ses fils Jehan, Jacques et Loys et ses filles Marie, Catherine, Anne, Loyse et les leurs. Il nomme ses exécuteurs testamentaires, nobles hommes Jehan de la Meure, seigneur dudit lieu, et noble Françoys de Geyssand, seigneur du Coing, ses gendres.

On connaît 9 enfants nés du mariage de Jacques Arod avec Catherine Brunier :

1° Noble homme Pierre Arod, damoiseau, seigneur de la Fay, marié avec Marguerite Laurencin, fille de noble Claude Laurencin, baron de Riverie.

Pierre Arod agit, le 22 octobre 1514, comme procureur de ses parents, au contrat de mariage de son frère Loys Arod avec Ysabèle Gaste.

Le 12 août 1516, son père l'institue, par son testament, son héritier universel.

Voici le texte latin de la promesse de mariage de noble Pierre Arod avec damoiselle Marguerite Laurencin, du 17 janvier 1517 :

« *In nomine sancte et individue Trinitatis, patris et filii et spiritus sancti, Amen. Ego Petrus Arodi domicellus, accipio te in uxorem meam nomine Margaritam, filiam nobilis Claudii Laurencin, baronis Rivriiaci. Et commendo tibi elemosinas meas. Sicut Deus dixit, sanctus Paulus scripsit et lex romana confirmat, quod Deus conjunxit, homo non separet. Datum die XVII^a mensis januarii anno Domini millesimo quingentesimo decimo septimo.* »

Marguerite Laurencin, femme dudit Pierre Arod, seigneur de

la Fay, fut une des marraines de Pierre, fils aîné de son beau-frère Loys Arod, né le jour de la Sainte Marguerite 1519.

Le 18 janvier 1530, Pierre Arod, se trouvant en la cité de Lyon, régla avec ses frères Jean et Jacques Arod des affaires concernant les fermes de feu Catherine Brunière, leur mère assises, sur ses biens situés à Chapponoz, Socieu, Charlieu, Sainte-Foy et Marcieu.

Pierre Arod, institué héritier universel de sa mère, fit, le 25 mars 1531, à Lyon, une transaction avec son frère Jehan Arod, au sujet des successions de celle-ci et de Pierre Brunier et Etiennette de Balmes, leurs aïeux maternels.

Le 14 janvier 1542, à Rivirie, Françoys Fanier, de la paroisse de Saint-Didier-sous-Rivirie, promet à nobles Pierre Arod et Jehan Arod, son frère, d'aller servir bien et léaulment le Roy en son arrière-ban de Lyonnois pour les dits seigneurs Arod, là où il plaira le Roy nostre sire ou ses lieutenants, depuis le 19 de ce mois de janvier jusqu'au 1er mai prochain venant, pour lequel temps les dits seigneurs de la Fay lui ont promis baillier royallement la somme de 25 livres en 6 écus d'or sol.

Voici le texte d'un rôle de l'arrière-ban pour Pierre Arod, seigneur de la Fay, et Jehan, son frère : « Monstre du ban et arrière-ban de la séneschaucée de Lyon faicte par nous Jehan du Peyrat, conseiller du Roy et lieutenant général pour le dit seigneur en ladite séneschaucée, ès présences de maistres Mathieu de Vauzelles, advocat et Nicole Baronnat, procureur du Roy en ladite séneschaucée, le 31 mai 1543, réduite à gens de pied, suivant lettres patentes, du Roy du 30 mars 1543. M. de la Fay, noble Pierre Harod. 1 homme. Comparu noble Jehan Harod. — Extrait du Rolle. Croppet. »

2° Loys, qui suit.

3° Noble damoiselle Marie Arod, dite de la Fay, femme de noble Françoys Flachat, de Saint-Romain-en-Jarez.

Marie Arod fut légataire de 100 livres tournois, outre sa

constitution dotale, dans le testament que fit, le 12 août 1516, son père, lequel la substitua, comme héritière universelle, a ses frères Pierre, Jehan, Jacques et Loys.

Par son testament du 9 février 1550, son frère Jehan Arod lui légua 5 sols tournois.

4º Noble Catherine Arod, femme de noble homme Jehan de la Meure, seigneur du dit lieu, demeurant à Saint-Romain-en-Jarez.

Catherine Arod reçut de son père, par son testament du 12 août 1516, un legs de 10 livres tournois, outre sa constitution de mariage, il la substitue comme héritière universelle à ses frères Pierre, Jehan, Jacques et Loys et à sa sœur Marie et nomme son mari un de ses deux exécuteurs testamentaires.

5º Anne Arod, femme de noble Françoys de Geyssant, Geyssans ou Geyssand, seigneur du Coing, en Velay.

Anne Arod fut légataire de 10 livres, outre sa dot, par le testament, du 12 août 1516, de son père qui la substitua, comme héritière universelle, à ses frères Pierre, Jehan, Jacques et Loys et à ses sœurs Marie et Catherine, et nomma son mari un de ses deux exécuteurs testamentaires.

Françoys de Geyssans fut parrain de Françoys Arod, son neveu, fils de Loys Arod et d'Ysabeau Gaste, né le 1er août 1523.

6º Noble Loyse Arod.

Par son testament du 12 août 1516, son père lui légua 600 livres tournois et la substitua, comme héritière universelle, à ses frères Pierre, Jehan, Jacques et Loys et à ses sœurs Marie, Catherine et Anne.

7º Noble homme Jehan Arod, dit de la Fay, écuyer, demeurant à Riverie.

Son père lui légua, par son testament du 12 août 1516, sa vie et son vêtement avec son héritier universel, tant qu'il ne se marierait pas, et s'il se mariait, la somme de 200 livres tournois monnaie du Roi ; il le substitua aussi, comme héritier universel, à son frère Pierre.

Le 18 janvier 1530, il fit un accord avec ses frères, Pierre et Jacques, au sujet de fermes dues à leur mère à Chapponoz, Socieu, Charlieu, Sainte-Foy et Marcieu.

Benoist Buyatier, docteur ès droits, chanoine et chamarier de l'église collégiale de Saint-Paul, official de Lyon, et Pierre Chanet, docteur ès droits, juge ordinaire de la cour séculière dudit Lyon font savoir, comme procès fut mu par devant le sénéchal de Lyon ou son lieutenant d'entre noble homme Jehan Arod de la Fay, demandeur d'une part ; et noble Pierre Arod, seigneur de la Fay, défendeur, d'autre, sur ce que ledit Jehan Arod aurait obtenu lettres du Roi notre sire, en sa chancellerie, par lesquelles il aurait exposé que feu Pierre Brunier, bourgeois de Lyon, ayeul des dites parties avait, entre les autres, une fille naturelle et légitime nommée Catherine, laquelle fut adjoincte par mariage avec feu noble Jacques Arod, seigneur de la Fay, et duquel mariage sont descendus Jacques Arod, Pierre Arod et Jehan Arod, dit de la Fay, enfants naturels et légitimes des dits Jacques Arod et Catherine Brunière, et certain temps après le dit Pierre Brunier aurait fait son testament et dernière volonté, et par icelui nommé ladite Catherine Brunière sa fille, mère des dits Jacques, Pierre et Jehan Arod, son héritière universelle, et si aurait fait plusieurs légats testamentaires et institutions particulières, et par icelui testament aurait icelui Pierre Brunier substitué à ladite Catherine Brunière, sa fille et héritière, après son décès, en tous les biens de ladite substitution et hoirie, les dits Jacques et Pierre Arod. ses enfants, par égale portion, et en cas que l'un des dits Jacques et Pierre Arod, frères, qui sont nommés en son testament au premier degré de substitution allât de vie à trépas sans enfants naturels et légitimes, en ce cas ledit Pierre Brunier substitua au prémourant d'iceux ledit Jehan Arod demandeur, frère des dits Jacques et Pierre Arod ; et en ladite volonté, ledit Pierre Brunier, y a passé 30 ans, serait allé de vie à trépas, délaissant à lui survivant ladite Catherine Brunière, sa fille et héritière, qui a pris possession de ses biens, lequel Pierre Brunier, du temps de son trépas, possédait plusieurs grands meubles et immeubles, or, argent, bagues, vaisselles et autres biens; et longtemps après ladite Catherine aurait semblablement fait son testament, après lequel elle serait allée de vie à trépas, par lequel testament elle aurait institué son héritier particulier ledit Jehan Arod son fils, en la somme de 100 livres tournois et en la moitié de sa légitime et quarte trébellianique qu'elle avait ès biens dudit Pierre Brunier, son père, et en la moitié de quelques autres droits qu'elle prétendait sur les dits biens, et au résidu de ses biens aurait institué héritier universel ledit Pierre Arod défendeur, lequel après le décès d'icelle prit possession des biens et héritages de sadite mère. Aussi serait allé de vie à trépas ledit Jacques Arod, frère du demandeur et fils des dits Jacques Arod et Catherine Brunier, qui était substitué par moitié ès biens dudit feu Pierre Brunier, sans enfants naturels et légitimes, par le décès duquel Jacques Arod, le cas de substitution est adevenu en la personne dudit Jehan Arod, son frère, demandeur ; et par ainsi la moitié de tous les biens meubles et immeubles demeurés par le décès dudit Pierre Brunier, ayeul maternel du demandeur, lui appartiennent, laquelle moitié des dits biens ledit Pierre Arod détient indûment et en a pris et perçu les fruits et émoluments depuis le décès de ladite Catherine Brunier, leur mère, sans en vouloir laisser jouir ledit Jehan Arod... Ledit Jehan Arod disait encore lui appartenir la moitié de deux prés appelés de Charmonon étant en la paroisse de Chapponost à lui léguée par Étiennette de Balmes, son ayeule maternelle, et que son frère Pierre Arod, comme héritier de leur père, lui devait la somme de 200 livres tournois. Le 25 mars 1531, à Lyon, dans la maison de maître Jacques Gautier, par devant Mathieu de Lorme, clerc de la Folhieuze, habitant de Lyon, notaire et tabellion juré des cours de l'officialité et séculière de Lyon, les dits Jehan et Pierre Arod, frères, avec l'arbitrage de vénérable et religieuse personne frère Jehan Laurencin, de l'ordre de Saint-Antoine, commandeur de Ramiers et de Norges, de noble Jehan de la Menue, seigneur dudit lieu , de noble Loys Arod, seigneur de Ronzières, frère des dites parties, et dudit Jacques Gautier, procureur pour le Roy sur le fait de ses aides et tailles en l'élection de Lyonnais, fait l'appointement suivant : Bonne paix sera a l'advenir entre les dites parties ; ledit Pierre Arod cède audit Jehan Arod, son frère pour tous ses droits susmentionnés toutes ses maisons. granges, étables, mures et places étant dans le château et ville de l'Aubeupin, avec leurs dépendances, le grand pré appelé Rollet étant au-dessous de l'Aubeupin, joignant le chemin de l'Aubeupin a Saint-Apolinard de vent ; le grand jardin et colombier étant en icelui situés au-dessous du faubourg joignant le chemin tendant dudit Aubeupin audit Saint-Apolinard de vent ; une terre située derrière le château dudit Aubeupin, joignant le chemin tendant dudit Aubeupin audit Saint-Appolinard et de Riverie à Saint-Simphorien-le-Chastel de bise et soir et tous ses autres fonds situés en la paroisse de l'Aubeupin ; le bois appelé le Grand Boys, avec les terres et aisances du même nom ; les rentes et servis dus audit Pierre Arod, par acquêts faits par noble Jacques Arod, leur père de feu noble Loys de la Tour, seigneur de Vauldragon, les autres cens et servis compétants audit Pierre Arod en ladite paroisse de l'Aubeupin et ès paroisses de la Rajasse, de Saint Romain-en-Jarez Saint-Pol-en-Jarez et lieu et mandement de Chatelus et, leurs dépendances, excepté la grange de la Fay et ses dépendances ; tout ce qu'il a et peut avoir ès paroisse de Rive-de-Gier, Célieu et Saint-Pol-en-Jarez, en maisons étables granges, molins, gaulx, basteurs, vignes, jardins, pensions cens, servis, banc de pesche et tout autres fonds, fruits et droits seigneuriaux lui appartenant ès dites paroisses, à la charge de 8 livres tournois de pension due sur les dits biens au seigneur de Rive-de-Gier. Ledit Pierre Arod laissera ès maisons étant audit Aulbeupin et Rive-de-Gier, en chacune des dites maisons, 3 lits de plume garnis de salis, coultres, coussins, couvertes et 2 linceulx de lits, avec une douzaine de linceulx, moitié grands, moitié petits, bons et souffisants, 6 nappes, 2 douzaines de serviettes, 6 plats d'étain, une douzaine d'écuelles d'étain, 4 andiers. 2 casses frisoirez, 2 symaises, et 2 pots d'étain.

Le 14 janvier 1542, François Farnier s'engage à servir à l'arrière-ban pour ledit Jehan Arod.

Jehan Arod comparait, le 31 mai 1543, à la montre du ban et arrière-ban de la sénéchaussée de Lyon.

Le 28 octobre 1550, noble Jehan Arod, écuyer, est témoin du testament de son frère, noble homme Loys Arod, écuyer, seigneur de Ronzières.

Ennemond Chalan, docteur ès droits, juge ordinaire de la baronnie de Rivirie, fait savoir que, le 9 février 1550, par devant Catherin Rambaud, de Rivirie, notaire juré de la cour dudit juge ordinaire, à Rivirie, dans l'une des chambres de la dame de Ronzières, héritière sous-nommée, en présence de honorable et égrège personne maître Germain de Dasmas, prêtre, curé de Rivirie, maître Richard Poisson, notaire et autres témoins, noble homme Jehan Arod, dit de la Fay, demeurant audit Rivirie, fait son testament; il élit sa sépulture en l'église de l'Aubespin ou en celle de Rivirie, en l'un des tombeaux de ses parents prédécesseurs et en l'église et au bon vouloir de son héritière sous-nommée; veut être dit le jour que l'on fera les faits funéraires de son enterrement, du trentain et an révolu, chacun jour, 10 messes heucaristialles par 10 prêtres, à chacun desquels on payera 3 sols tournois, sans aucune réfection corporelle. Il sera fait au couvent des Cordeliers de Sainte-Colombe de Vienne, par l'un desdits Cordeliers, un trentain grégorial, avec les oraisons et suffrages requis au plus tôt qu'il sera possible, pour lequel il sera payé aux Religieux dudit couvent 10 livres tournois; veut être payé au luminaire de l'église où il sera inhumé 4 torches ou cierges pour la lumière durant le saint service à son enterrement; lègue à noble Guillaume Arod, dit de la Fay, son frère, religieux et prieur cloistrier de Savigny, 5 sols tournois; à damoiselle Marie Arod, dit de la Fay, sa sœur, 5 sols tournois; institue héritière universelle damoiselle Ysabeau Gaste, dame de Ronzières, sa belle-sœur, veuve de noble Loys Arod, lui substituant un ou plusieurs des enfants qu'elle a eus de Loys Arod, son frère.

8° Noble Jacques Arod de la Fay.

Par son testament du 12 août 1516, son père lui légua 500 livres tournois et le substitua à ses frères Pierre et Jehan.

Il fut parrain de Jacques, fils de son frère Loys Arod, né le 25 février 1520.

Le 18 janvier 1530, il fit un accord avec ses frères Pierre et Jehan au sujet des fermes dues à leur mère à Chapponoz, Socieu, Charlieu, Sainte-Foy et Marcieu.

Jacques Arod avait été substitué, avec son frère Pierre, à leur mère, par leur grand-père maternel Pierre Brunier, mais il mourut avant le 25 mars 1531, sans avoir joui de ladite substitution.

9° Noble et frère Guillaume Arod, dit de la Fay, moine de Saint-Benoît dans l'abbaye de Savigny, où il fut prieur cloistrier.

Par son testament du 12 août 1516, son père lui légua 100 livres tournois. Guillaume Arod eut un legs de 5 sols tournois par le testament de son frère Jehan Arod.

VI. — Noble homme Loys AROD, qualifié damoiseau et écuyer, marié à noble damoiselle Ysabèle, Ysabelle ou Ysabeau Gaste, dame de Ronzières et de Bosdemont, fille de noble Jacques Gaste, seigneur de la Bastie et Ronzières, et de noble Béatrix de Ronchevol.

Jehan Arzellier, docteur ès droits, chevalier dans l'église cathédrale, official de Lyon, fait savoir que comme mariage en face de notre mère Sainte Eglise eut été traité entre noble homme Loys Arod, damoiseau, fils de nobles époux Jacques Arod, damoiseau, seigneur de la Fay, et Catherine Brunier, de l'Aubespin, diocèse de Lyon, d'une part; et noble Ysabèle, fille de défunts noble Jacques Gaste, seigneur de la Bastie et noble Béatrix de Ronchevol, son épouse, et fille de noble et puissant homme messire Anthoyne de Ronchevol, chevalier, seigneur de Bosdemont, et de noble dame Marie Bochu, *aliàs* Arod, sa veuve, dame de Ronzières, de Riverie. diocèse de Lyon, d'autre, par devant messire Pierre du Bois, prêtre, Michel Rambaud, Claude Chazaut et Jehan Montaland, de Riverie, clercs, notaires publics et jurés de la cour de l'official de Lyon, noble Pierre Arod, damoiseau, fils des dits nobles époux et frère germain dudit noble Loys Arod, futur époux, comme procureur desdits seigneurs de la Fay, en faveur dudit futur mariage, constitue audit Loys Arod, son frère, la somme de mille livres tournois pour tous ses droits paternels, maternels, fraternels et autres, ladite somme payable en plusieurs termes. Ladite Marie Bochu, *alias* Arod, dame de Bosdemont et de Ronzières, ayeule maternelle de ladite Ysabelle, lui fait donation de tous ses biens, meubles et immeubles, sur lesquels elle se fait certaines réserves. Cet acte fut passé dans la maison d'habitation de ladite donatrice, le 22 octobre 1514, en présence de nobles hommes Anthoyne Arod, seigneur de Senevas, Guillaume de la Liègue, seigneur dudit lieu, Anthoyne Arod, fils dudit Anthoyne, honorable homme maitre Guillaume Gautier, notaire royal de Saint-Romain.

Le 22 mai 1515, le roi François Ier donna à noble Marie Bochu, dame de Bosdemont et de Ronzières, noble Loys Arost, écuyer, et noble Ysabelle Gaste, son épouse, donataires de ladite Marie Bochu, des lettres les autorisant à faire la recherche des titres égarés de leurs terres et rentes de Bosdemont et Ronzières; ces lettres sont adressées au sénéchal de Lyon, bailli de Mâcon et châtelain de Saint-Symphorien-le-Chastel; ces titres consistant en toute justice haute, moyenne et basse, cens, rentes, dîmes, terraiges, charnaiges, corvées, champars, servis, etc., avaient été égarés à l'occasion des guerres et divisions, mortalité et fortune de feu advenus le temps passé dans le royaume. On interrogea les habitants des lieux où sont assis ces droits seigneuriaux, pour en refaire les papiers terriers.

Par son testament du 12 août 1516, Jacques Arod légua à son fils Loys la somme de 10 livres, outre ce qu'il lui avait constitué en dot et le substitua, comme héritier universel, à ses frères Pierre, Jehan et Jacques.

Le 25 mars 1531, Loys Arod, seigneur de Ronzières, fut un

des arbitres d'un accord passé à Lyon entre ses frères Pierre et Jehan.

Le 15 novembre 1547, à Rivirie, noble Pierre de Ronchevol, dit Baudemont, demeurant audit lieu, considérant les agréables services à luy faits par noble Loys Arod, écuyer, seigneur de Ronzières, et damoiselle Yzabeau Gaste, sa femme, nièce dudit de Ronchevol, leur donne, par donation entre vifs, tous ses biens meubles et immeubles, à la charge de le nourrir, entretenir, habiller et vêtir bien et honnêtement, selon l'état de sa personne, en la maison desdits donataires, sa vie durant, de le faire enterrer et de lui faire dire des messes, obsèques, luminaires, aumônes, etc., honorablement, selon qu'à son état appartiendra ; s'ils ne peuvent vivre ensemble, ils lui payeront annuellement 20 livres ; ils pourra disposer de 10 livres et retient pour nobles Claude Court, Aymard, Renault et Marie de Ronchevol, Loys et frère Anthoyne de Gaste, ses neveux et nièce, pour chacun la somme de 10 sols. Le 7 décembre 1547, Claude Champier, bailli de Rivirie, séant en l'auditoire, maître Jehan Montaland, procureur d'office présent, comparaissent par devant eux maître Catherin Rambaud, procureur dudit Pierre de Ronchevol, dit de Bauldemont, avec ledit de Bauldemont, et maître Jacques Aroud, prêtre et chanoine de Saint-Yrigny-sur-Lyon, curé de Rivirie, procureur de Loys Aroud, seigneur de Ronzières, et d'Ysabeau Gaste, sa femme, pour iceux ses père et mère, lesquels demandent l'insinuation de la susdite donation, laquelle est faite en présence de noble et puissant seigneur messire René de Bron, chevalier, seigneur de la Liègue, noble Loys Arod, co-seigneur de Senevas...

Le 28 octobre 1550, à Rivirie, en présence de noble Jehan Arod, écuyer dans la maison de Loys Arod et de sa femme par devant Philippe Chareysieu, notaire et tabellion royal aux sénéchaussée de Lyon et bailliage de Mâcon, demeurant audit Rivirie, ledit noble homme Loys Arod, écuyer, seigneur de Ronzières, teste, considérant l'âge, vieillesse et faiblesse de sa personne et la longue détemption de la maladie où il a été détenu l'espace de longtemps ; il élit sa sépulture en l'église paroissiale de Riverie, dans la chapelle Saint-George où sont enterrés les corps de ses parents prédécesseurs et amis trépassés ; veut que les jours de ses enterrement, sépulture, quarantaine et an révolu, et à chacun d'eux, soient célébrées en ladite église de Riverie, par 20 prêtres des plus proches lieux audit Riverie 20 messes, à chacun desquels jours on dira 3 grand'messes à diacre, sous-diacre, l'une en l'honneur du Saint-Esprit, l'autre de la glorieuse Vierge Marie, l'autre grand'messe et les autres petites messes, de la commémoraison et office des trépassés. Le jour ou lendemain de son trépas on distribuera une aumône générale aux pauvres, à tout allant et venant, à l'honneur de Dieu le créateur, donnant 3 deniers à chacun. Il demande durant 40 jours une messe quotidienne dans ladite chapelle de Saint-George, de la commémoraison des trépassés ; lègue a noble Pierre Arod, son fils aîné, 300 livres tournois ; à noble Jehan Arod, son autre fils, et à Véronique, sa fille, à chacun 100 écus au soleil ; à damoiselle Anne, son autre fille, femme de noble André de la Chanze, outre sa constitution dotale, 100 sols tournois ; à noble Jacques Arod, prêtre, curé de Saint-Didier, son fils donné les usufruits, profits, émoluments, sa vie durant, de la somme de 50 écus d'or au soleil et de tous les biens qu'il a acquis depuis 4 mois de maître Germain Damas, prêtre, curé de Rivirie, demeurant à Vienne, situés au pays de Dauphiné. Il institue héritière universelle damoiselle Ysabeau Gaste, sa chière et bien-aymée femme, à la charge de laisser, avant sa mort, ledit héritage à celui ou ceux de leurs enfants qu'elle voudra choisir.

L'an mil cinq cens cinquante et le vingt-deuxiesme jour de janvier feste Sainct Vincent noble Loys Arod, escuyer, seigneur de Ronzières, décedda, délaissant damoyselle Ysabeau Gaste, sa femme, avec trois fils et deux filles, assavoir Pierre, son fils aisné, Jacques, son second fils, commandeur de Sainct Anthoyne, et Jehan, son dernier fils ; les filles damoiselle Anne Arod, femme de noble André de la Chance, demeurant à Montagny, et Véronique, sa dernière fille.

Damoiselle Ysabeau Gaste, dame de Ronzières, veuve de noble Loys Arod fut instituée héritière universelle de noble homme Jehan Arod, dit de la Fay, lequel testa le 9 février 1550.

Le 27 décembre 1554, ladite Ysabeau Gaste fit dans sa maison de Rivirie son testament, dont la teneur suit : Au nom du père et du filz et du benoist Sainct Esperit, amen,. nous garde du séel commun royal, étably aux contractz ès bailliage de Mascon et séneschaucée de Lyon, à tous présens et advenir salut..... Par devant Phelippes Chareysieu, de Rivirie, notaire et tabellion royal, noble damoiselle Ysabeau Gaste, dame de Ronzières, demeurant à Rivirie, teste ; élit sa sépulture en l'église de Rivirie, dans la chapelle ou tombeau et auprès du corps de noble feu Loys Arod, son mari, et de ses autres parents prédécesseurs trépassés ; demande le jour de son trépas, si possible, 20 messes et 5 messes à l'honneur des 5 playes de Notre Seigneur ; veut ledit jour être habillées 10 filles de drap blanc qui accompagneront son corps, portant chacune un cierge de cire en la main, d'un quart chacun ; veut que toutes les fondations de messes et autres suffrages faits par ses prédécesseurs soient payés et accomplis par son héritier cy-après nommé perpétuellement sur ses biens ; veut qu'à chacun jour de ses enterrement, quarantaine et an révolu soit célébré en ladite église de Rivirie 20 messes de la commémoration des trépassés pour le salut de son âme, avec les lumyères des cierges, sonnement des cloches, selon son état, à chacun desquels jours veut être célébré 3 grands messes, l'une du Sainct-Esprit, l'autre de la croix et l'autre des trépassés. Le jour de son enterrement on donnera une aumône générale aux pauvres tant allans que venans de pain. vin, chair, potaige ou formaige, ou aultre chose, si ce n'est jour de manger chair, bonne, honneste et souffisante pour la reffection de chacune personne venant à ladite aulmosne ; fonde tous les samedi de la semaine perpétuellement en ladite église, en sortant de la messe, en sa chapelle, un *Alma Redemptoris et Inviolata,* pour le service desquels elle augmente la fondation de la messe, qui se dit chaque samedi, d'un bichet froment, payable à la communauté des prêtres nommés en ladite fondation, avec un *De Profundis* qu'ils diront à la fin. On dira dans sa chapelle un an durant, après son décès, tous les jours, une messe de la commémoration des trépassés, pour laquelle on offrira pain, vin et une chandelle. Elle lègue à vénérable et religieuse personnes Jacques Arod, son fils, commandeur de la Marche, de l'ordre de Sainct Anthoyne les usufruits, profits et émoluments, sa vie durant, des biens, maisons, prés, jardins et autres héritages qu'elle a au lieu de l'Aubespin et lieux circonvoisins, que furent de feu noble Jehan Arod, plus 100 sols tournois pour sa légitime ; à noble Pierre Arod, son fils, pour se nourrir, entretenir, sa vie durant, une pension annuelle de 50 livres tournois, avec 100 sols ; à Véronique, sa fille, 3.000 livres tournois ; a Anthoynette et Ysabeau de la Chance, ses nyepces, filles de feue damoiselle Anne Arod, sa fille. à chacune 50 écus d'or au soleil. Suivant les volontés de feus noble dame Marie Bochue, autrement Arode, dame de Bauldemont, sa mère grand, Loys Arod, son mari et Jehan Arod, son beau-frère, elle institue héritier universel noble Jehan Arod, son fils et de Loys Arod, auquel elle substitue, s'il meurt sans héritier légitime, ladite Véronique, sa fille ; à celle-ci lesdites Anthoynette et Ysabeau de la Chance, par moitié ; si l'une d'elles est décédée ou en l'ordre de religion, elle lui substitue sa sœur.

L'an mil cinq cens cinquante six et le sexiesme jour de janvier la susdite damoiselle Ysabeau Gaste, dame de Ronzieres, décedda délaissant troys fils et une fille ; l'autre Anne Arod, femme d'André de la Chance, estoit décedée deux ans auparavant.

Le testament d'Ysabeau Gaste fut insinué le 6 mars 1556.

Du mariage de Loys Arod avec Ysabeau Gaste vinrent 7 enfants savoir :

1° Noble Pierre Arod, seigneur de Ronzières.

Il naquit à Rivirie un mercredy feste saincte Marguerite entre unze et douze heures de nuict 1519 ; son parrain fut noble Pierre de Ronchevol, oncle de sa mère ; ses marraines, damoiselles

Anthoynette de Marconnay, femme de noble Guillaume de la Liègue, et Marguerite Laurencin, femme de noble Pierre Arod, seigneur de la Fay, oncle dudit enfant.

Pierre Arod eut un legs de 300 livres tournois par le testament de son père du 28 octobre 1550.

Le 4 avril 1551, Ysabeau Gaste, dame de Ronzières, veuve de Loys Arod, étant à Rivirie, dans sa maison, considérant l'amour naturelle qu'elle a envers Pierre Arod, leur fils, les agréables services qu'il lui a fait par ci-devant et qu'elle espère qu'il lui fera à l'avenir, afin qu'il puisse s'entretenir noblement et honorablement selon sa qualité et état, lui cède tous ses biens meubles et immeubles, rentes, revenus, servis, laoudz, devoirs seigneuriaux, reconnoissances, château, maisons, granges, garennes, jardins, colombiers, prés, bois, terres, etc., lui appartenant au lieu de Ronzières, pays de Beaujolais et au-dela de la rivière de la Brévenne, du côté dudit pays, avec les rente et revenus à elle dus au lieu de Montrotier, pays de Lyonnais, à la charge des fiefs, arrière-fiefs desdits biens, service dû au Roi et autres seigneurs, de faire célébrer, chacun an, en l'église de Saint-Fourgeul les messes accoutumées fondées par leurs prédécesseurs, et que les dits biens reviennent à ladite donatrice, en cas de mort sans enfants dudit donataire. Cette donation est faite audit Pierre Arod pour toutes ses prétentions aux héritages de ses mère, père, ayeul, ayeule, frères, sœurs, oncles, tantes, cosins et prochains lignaigiers. Sont présents : vénérable personne maître Germain Damas, prêtre, curé de Rivirie, noble Jacques des Goutes, seigneur de la Salle...

Par son testament du 27 décembre 1554, Ysabeau Gaste légua audit Pierre Arod, son fils 50 livres tournois de pension annuelle pour se nourrir et entretenir, sa vie durant, et 100 sols.

Le 2 octobre 1559, Pierre Arod fit une transaction avec son frère Jehan Arod au sujet de ses droits de légitime et autres paternels et maternels en l'auditoire royal de Villefranche, en présence de discrète personne messire Pierre de Serfavre, prêtre, et de maître Pierre du Verney, notaire, demeurant à Saint-Jehan-la-Bussière. Il semble que ledit Pierre Arod ne fut pas maintenu dans la possession des biens de Ronzières, qui appartenaient alors à son frère Jehan Arod.

En vertu d'un édit du roi François II, par lequel il pardonne à tous ceux qui par le passé ont été accusés d'hérésie et veut que ceux qui sont prisonniers soient élargis, le 14 avril 1561, Pierre Arod de Ronzières fut mis dehors des prisons de Villefranche.

2° Jehan, qui suit.

3° Noble damoiselle Véronique Arod, femme de noble Philibert de Sagie, *aliàs* de Sagy ou de Sauge, seigneur de Saint-Ligier en Mâconnois.

Véronique Arod eut un legs de 100 écus d'or au soleil, par le testament de son père du 28 octobre 1550.

Le 24 décembre 1554, sa mère lui légua 3,000 livres tournois.

Mariage fut traité, le 1er février 1558, entre Véronique Arod et noble Philibert de Sauge, seigneur de Saint-Ligier, en Mâconnais; noble Jehan Arod, écuyer, seigneur de Ronzières et Clervaulx, constitua à ladite Véronique, sa sœur, la somme de 3,000 livres tournois et 100 écus d'or sol valant 250 livres tournois, pour ses habillements, pour tous ses droits et légats de père, mère, frère et sœurs, légitime, etc. Le même jour ladite Véronique donne quittance de toutes ces sommes audit Jehan Arod, son frère, dans la maison noble de Serfavre, paroisse de Coigny, par devant Pierre Ouvize, notaire royal, demeurant audit Coigny, et en présence de noble Pierre de Vauzelles, écuyer, seigneur dudit lieu, vénérable homme maître Pierre Gayant, doyen d'Aigueperse, secrétain, chanoine de Beaujeu, Eddoard de Salorney, écuyer, seigneur de Murseau, maîtres Pierre Campet, prêtre de Villefranche, Pierre de Serfavre, prêtre, maître Jehan Choignard, notaire de Dinicy et Pierre Clerjon.

Le 6 octobre 1571, au chastel de Saint-Ligier, noble Philibert de Sagie, seigneur de Saint-Ligier-lès-Mascon, et noble damoiselle Véronique Arod, sa femme confessent avoir reçu de noble seigneur Jehan Arod, dit de Quincieu, seigneur de Clerevaulx, Serfavre, Ronzières et Montmelas, la somme de 3,000 livres tournois et 100 écus d'or au soleil valant 250 livres tournois pour les habillements de ladite dame Véronique, constitués en son contrat de mariage, laquelle somme ledit seigneur de Saint-Ligier assigne spécialement sur ses biens de la paroisse de Verzé.

4° Damoiselle Anne Arod, femme de noble André de la Chanze, *alias* de la Chance.

Anne Arod eut un legs de 100 sols tournois, outre sa constitution dotale, par le testament de son père du 28 octobre 1550.

Elle mourut en 1554, deux ans après sa mère.

5° Vénérable et religieuse personne noble Jacques Arod, prêtre, chanoine de Saint-Yrigny-sur-Lyon (Saint-Irénée), curé de Rivirie, commandeur de la Marche et de Pontcharra, de l'ordre de Saint-Antoine, seigneur des Tours et curé de Cogny.

Jacques Arod naquit à Rivirie le 27° jour de febvrier environ deux ou trois heures après minuict 1520 et fut son parrain noble Jacques Arod de la Fay, oncle dudit enfant, et marraine damoiselle Marie Arod, dame de Chambost, près Rivirie.

Le 7 décembre 1547, étant prêtre, chanoine de Saint-Irigny-sur-Lyon, curé de Rivirie, il agit comme procureur de ses père et mère.

Par son testament du 27 décembre 1554, Ysabeau Gaste, sa mère, légua audit Jacques Arod, commandeur de la Marche, de l'ordre de Saint-Antoine les usufruits, profits et émoluments, sa vie durant, des biens, maisons, prés, jardins et autres héritages qu'elle avait au lieu de l'Aubespin et lieux circonvoisins, qui furent de Jehan Arod, plus 100 sols tournois pour sa légitime.

Le 11 juin 1563, noble et religieux seigneur frère Jacques Arod, commandeur de Pontcharra et de la Marche fit un contrat avec son frère Jehan Arod pour raison de l'usufruit de Ronzières et de Malleval. Il fit un autre contrat avec le même pour l'usufruit de Ronzières et des Tours.

Le 14 mai 1577, de concert avec son frère Jehan Arod, il fit une transaction avec noble Guy de Monteynard et sa femme, au sujet d'une substitution apposée dans le testament de noble Jeoffrey de Quincieu.

Le 1er mars 1577, Estienne de la Barge, docteur en l'un et l'autre droit, chanoine, comte et sacristain de l'église de Lyon, abbé du Pré, aumônier ordinaire et conseiller du sérénissime roi des François, vicaire général en les choses spirituelles et temporelles de révérendissime messire Pierre d'Epinac, archevêque et comte de Lyon, primat des Gaules, confère, à cause de ses qualités, à noble et religieux homme frère Jacques Arod, *alias* de Ronzières, chanoine régul·er du prieuré de Saint-Irénée de Lyon, ordre de Saint-Augustin, la cure de l'église paroissiale de Saint-Germain de Cogny, vacante par la démission d'Anthoyne de Ville, dernier curé, déposée entre les mains de messire Jehan d'Amanzé, prieur commandataire de Denicé, ordre de Saint-Benoît, diocèse de Lyon.

Ledit Jacques Arod, sieur des Tours, pour lui et Jehan Arod, son frère, seigneur de Montmelas, fit une transaction, le 11 mai 1578, avec noble messire Anthoyne de Vauzelles, chanoine de l'église Saint-Martin de l'Isle-Barbe.

Le 10 avril 1579, Jehan Laurencin, docteur en l'un et l'autre droit, chanoine et obéancier de Saint-Just, vicaire général substitué à noble et égrège homme messire Estienne de la Barge confrère de nouveau audit Jacques Arod ladite cure de Cogny, cette fois vacante parce que frère Jehan Vallet, religieux du prieuré de Saint-Irénée, procureur dûment fondé de vénérable homme messire Anthoyne de Vauzelles, dernier possesseur l'a résignée en sa faveur.

Par son testament du 16 août 1881, damoiselle Marguerite de Montregnard, veuve de noble Pierre de Vauzelles nomma noble et religieuse personne Jacques d'Arod, commandeur de Saint-Antoine de Viennois un des deux exécuteurs de ses dernières volontés.

6° Françoys Arod.

Il naquit à Rivirie un sabmedy premier jour d'aoust, environ deux heures apprès la minuict 1523 et feust parrain noble François de Geyssans, sieur du Coing, en Vellay, beau-frère du père dudit enfant, demeurant à Saint-Romain-en Jarez.

François Arod mourut de maladie, au service du Roy, à Chivas, ville du Piémont, le 23 septembre 1543.

7° Aubert Arod.

Il naquit à Ronzières le dymenche de Pasques fleurie environ cinq heures de matin cinquiesme jour d'apvril 1528 et feust parrain messire Aubert de l'Estang, religieux, chamarier de Savigny, et feust baptizé à Saint-Fourgeul. Marraine, damoyzelle Anne de la Raffinière.

Aubert Arod, mourut au service du Roy soubz la charge du cappitaine Saint-Fourgeul, cappitaine de cent chevaulx légiers au royaulme d'Escosses au moys d'aust 1549.

Loys Arod, outre ces 7 enfants, eut un fils donné :

Noble Jacques Arod, prêtre, curé de Saint-Didier, auquel il légua, le 28 octobre 1550, les fruits, profits et émoluments, sa vie, durant, de la somme de 50 écus d'or au soleil et de tous les biens qu'il avait acquis, depuis 4 mois, de maître Germain Damas, prêtre, curé de Rivirie, situés en Dauphiné.

VII. — Noble homme, noble seigneur Jehan AROD, dit de Quincieu ou de Quincyeu, ou de Clérevaulx, écuyer, seigneur de Ronzières, de Clervaulx, en Dauphiné, baron de Montmelas, seigneur d'Ars, les Tours et Vauzelles, de Serfavre, par sa femme, marié à noble damoiselle Barbe de Signolles, fille de noble homme Florant de Signoles, écuyer, et de damoiselle Marguerite de Montregnard.

Jehan Arod nasquit à Ronzières le dymenche deuxiesme octobre environ sept heures de soir 1530, il feust baptizé à Saint-Fourgeul et feust son parrain messire Vinçent Symonet, prebtre, demeurant à Tallaru et audict Sainct Fourgeul. Loys Arod, père dudit Jehan, lui légua, par son testament du 28 octobre 1550, 100 écus d'or au soleil.

Jehan Arod fut institué héritier universel de sa mère, par son testament du 27 décembre 1554.

Le 5 février 1557, contrat de mariage fut passé entre noble Jehan Arod, écuyer, seigneur de Ronzières, diocèse de Lyon, et damoiselle Barbe de Signolles, fille de feu Florant de Signoles et de damoiselle Marguerite de Montregnard, alors femme moderne de noble homme Pierre de Vauzelles, écuyer, seigneur dudit lieu, le futur est assisté de damoiselle Anthoynette de Quincieulx, sa tante, dame de Clervaulx, est rappelé noble et puissant seigneur Guigo Guyffrey, seigneur de Bouthières. Ledit Pierre de Vauzelles ratifie la donation qu'il a faite à ladite future de la maison forte et seigneurie de Serfavre et autres biens, par acte du 25 mai 1557, il lui donne en son nom et en celui de sa femme, certains biens, dont ils retiennent la jouissance. Il donne aussi au futur la somme de 2.000 livres, Le futur donne à la future sa maison forte et seigneurie de Ronzières, au pays de Beaujolais, rentes, droits seigneuriaux, prés, terres, bois, garennes et toutes ses dépendances. Anthoynette de Quincieulx donne au futur, son neveu tous ses biens meubles et immeubles, consistant en sa maison forte de Clérevaulx et autres biens, terres, vignes, prés, bois, maisons, rentes, etc., en s'en réservant l'usufruit.

Le 17 février 1557, Robert Hurault, abbé commendataire du monastère de Saint-Martin-aux-Murs de la cité d'Autun et archidiacre d'Autun et vicaire général dans les choses spirituelles et temporelles de révérendissime père et seigneur en Jésus-Christ messire Françoys, par la miséricorde divine évêque de Sabine, cardinal de Tournon de la Sainte Eglise Romaine, archevêque et comte de Lyon, primat des Gaules, ayant l'administration, par droit de régale, du diocèse d'Autun, pendant sa vacance, donne salut en Notre Seigneur au curé ou vicaire de Saint-Bonnet-des-Bruyères et lui ordonne d'accorder dispense de deux bans à noble Jean Arod de Ronzières, écuyer, seigneur de Clervault, et à damoiselle Barbe de Signolles, dame de Serfavre, ses paroissiens.

Suivent les lettres de mariage, en langue latine, de Jehan Arod avec Barbe de Signolles : « *In nomine sancte et individue Trinitatis, patris et filii et Spiritus Sancti. Amen. Ego Joannes Arod, scutifer, Dominus Clarevallis et de Ronzières, Lugdunensis diocesis. Accipio te in uxorem meam nomine nobilem Barbaram de Signolles filiam defuncti viri Florentis de Signolles scutifferi. Et commendo tibi elemosinas meas. Sicut Deus dixit, Sanctus Paulus scripsit et lex Romana confirmat : quod Deus conjunxit, homo non separet. Datum in capella de Vauzelles, pariochia Sancti Boneti, Eduensis diocesis, XX^a die februarii, anno Domini millesimo quingentesimo quinquagesimo septimo.* »

Le 25 mai 1557, noble Pierre de Vauzelles, écuyer, seigneur du dit lieu et noble Marguerite de Montregnard, sa femme, avaient fait donation, entre vifs à noble damoiselle barbe de Signolles, fille de ladite Marguerite de Montregnard de la seigneurie, domaine, mas et tènement de Serfavre, ensemble des cens. servis, rentes, pensions et autres biens et revenus en dépendant ; le 26 octobre suivant, ladite Barbe de Signolles, pour l'amour filial qu'elle porte à sa dite mère, lui cède tous les dits biens, au cas qu'elle mesure avant elle, sans enfants naturels et légitimes ; cet acte fut passé à Vauzelles.

Le 1er février 1558, en la paroisse de Coigny et maison noble de Serfavre, noble Jehan Aroud, seigneur de Ronzières et de Clervaulx, reçut quittance de tout ce qu'il devait a sa sœur Véronique, qui avait contracté mariage, ledit jour, avec noble Philibert de Sauge, seigneur de Saint-Ligier en Màconnais. Le même jour, et au même lieu, ledit Philibert de Sauge consentit une obligation de 700 livres, au profit du dit Jehan Aroud, en présence de noble Pierre de Vauzelles, écuyer, seigneur du dit lieu, Edouard de Salorney, écuyer, seigneur de Murseau, vénérable Pierre Ginaut, doyen d'Egueperse, chanoine de Beaujeu, et messire Pierre de Serfavre, prêtre. Jehan Arod fit, le 2 octobre 1559, en l'auditoire royal de Villefranche. une transaction avec son frère Pierre Arod, au sujet des droits de légitime de celui-ci, paternels et maternels. Jehan Arod acquit, le 12 octobre 1566, les terres et seigneuries de Montmelas et les Tours de Ludovic de Conzague, duc de Nivernais, et d'Henriette de Clèves, sa femme. Par son testament du 1er février 1569, noble Pierre de Vauzelles, seigneur du dit lieu, institua héritier universel noble Jehan de Harod, écuyer, seigneur de Clervaulx, en Dauphiné, Ronzières, Montmellas et les Tours, en Beaujolais, son bon ami, et ce, en considération et récompense des bons et fidèles services, obséquiosités et curialités qu'il a reçus et reçoit ordinairement de lui et il le nomme un de ses exécuteurs testamentaires.

Noble Pierre de Vauzelles, écuyer et seigneur de Vauzelles, en Beaujolais, étant au dit Vauzelles, donne, le 6 février 1571, par donation entre vifs, a noble homme Jehan Arod, dit de Quincyc, écuyer, seigneur de Montmelas, Serfavre, Clervaulx et Ronzières, les deux tiers de tous ses biens meubles et immeubles, dont il se réserve l'usufruit. Jehan Arod, étant au chastel de Saint-Ligier-lès-Mascon reçut, le 6 octobre 1571, de Philibert de Sagie, son beau-frère, quittance des sommes constituées à sa femme Véronique Arod, par contrat de mariage.

Le 28 avril 1576, Jehan Arod reçut des lettres de lieutenant d'une compagnie de 300 hommes de pied ainsi conçues : « Pierre le Roux, écuyer, seigneur du Terreault et de la Mure Poytoux, capitaine de Trois cens hommes de pied pour le service du Roy, nostre sire soubz Lauthorité de Monseigneur le duc Dalençon, fils et frère de sa majesté A Tous qu'il appartiendra sçavoir faisons que pour la bonne et entière confiance que nous avons de la personne de noble Jehan Arod, escuyer, seigneur de Clerevaux, Montmelaz, Ronzières et de sa suffisance, diligence, dextérité au faict des armes, bonne conduicte et expérience, Avons Icelluy commis, ordonné et député par ces présentes, nostre lieutenant en ladite compagnie. Pour ausdits troys cens hommes commander, les exploicter et conduire à La guerre, ainsy qu'il lui sera commandé et ordonné par mondit seigneur et nous. Priantz à Tous capitaines et aultres qu'il appartiendra Luy prester, en ce faisant, toutes aides et faveurs, En tesmoing et pour signe de vérité, Nous avons signé ceste de nostre seing et fait sceller de nostre cachet et armoiries. Au Terreault, le vingtzuictièsme jour du mois d'apvril mil cinq cens soixante seze. Pierre Le Roux. »

Noble Jehan Arod, écuyer, seigneur de Clervauix, Montmelas et Ronzières obtint, le 13 décembre 1576, une sentence des élus de Villefranche contre les habitants de Cogny, sur le fait des tailles.

Comme ainsi soit que feu noble Guys-Baltezard Guiffrey, seigneur de Botières eut un procès contre nobles Jehan et Jacques Aroud, seigneur de Ronzières, pour raison de la substitution apposée au testament de feu noble Jeoffrey de Quincieu fait en 1491, le 27 février, en vertu de laquelle substitution ledit sieur de Botièrez se disait appelé aux biens et héritage dudit testateur par le décès sans enfants de damoiselle Anthoynette de Quincieu, héritière instituée audit testament, auquel procès ledit demandeur avait eu gain de cause et les dits sieurs Aroud avaient été condamnés à lui relâcher les biens que possédait ledit noble Jeoffrey de Quincieu, du temps de sa vie, ainsi que le porte ledit arrêt du 8 juin 1576, et que messire Guy de Monteynard, chevalier de l'ordre du roi, seigneur de Marcieu, et dame Joachine Guiffrey. sa femme eussent baillé leur demande en exécution dudit arrêt comme héritiers dudit feu sieur de Botières décédé pendant le procès, pour avoir vidange des dits biens adjugés et restitution des dits fruits, contre laquelle les dits sieurs Aroud, défendeurs auraient baillé leurs détractions, pour la vérification desquelles, entre autres, auraient produit les testaments de feu noble Falcoz de Quincieu et damoiselle Saulvaige Archinjaude, père et mère dudit Jeoffrey, le testament aussi de nobles Jehan et Aymar de Quincieu, frères dudit Jeoffrey, ensemble le testament de feu noble Guigues Geoffrey, mari de ladite damoiselle Anthoynette de Quincieu, sur laquelle exécution et mutuelles demandes plusieurs difficultés se présentaient, qui eussent empêché la vidange des dits et qui pouvaient tenir les parties en longueur; pour à quoi obvier les dites parties font une transaction à l'amiable; les dits sieur et dame de Marcieu nomment, de leur part. pour arbitres, messire André de la Porte, chevalier de l'ordre du Roi, seigneur de l'Arthaudière, et maîtres Jehan-Anthoyne de Lescure, Loys d'Aragon et..... Barral, docteurs et avocats consistoriaux audit parlement; et les dits sieurs Aroudz, messire Philibert-Philippes de Saint-André, chevalier de l'ordre du Roi, seigneur de la Murète, de la Bastie, Beaufort et Sermerez, gentilhomme ordinaire de la Chambre de Sa Majesté et maîtres Anthoyne Averud, seigneur de Sessins, Claude Chappuis et Félix Basset, docteurs et avocats consistoriaux en ladite Cour. Séparation sera faite des biens acquis par les dits Jeoffrey, Aymar, Anthoynette et Guigues Guiffrey avec les biens anciens qui n'auront été acquis par iceux ; ceux qui se trouveront avoir été acquis, par bons et suffisrnts titres par ledit Jeoffrey, testateur, à son nom seul, appartiendront entièrement auxdits sieur et dame de Marcieu. Appartiendront entièrement auxdits sieurs Aroud les biens acquis, par bons et suffisants titres, par ledit Aymar, à son nom seul. Les acquisitions faites par ledit Jeoffrey, tant à son nom que d'Aymar, son frère, celles du dit Aymar, tant à son nom, que du dit Jeoffrey seront partagées également entre les dits sieurs et dame de Marcieu, d'une part, et les dits sieurs Aroud, d'autre ; les acquisitions faites par la dite Anthoynette de Quincieu de Guigues Guiffrey appartiendront entièrement aux dits sieurs Aroud. Tous les autres biens qui n'auront été acquis par les dits Jeoffrey, Aymar et Anthoynette de Quincieu et Guigues Guiffrey, tenus et délaissés tant par les dits frères de Quincieu et damoiselle Sauvaige Archinjaude que par les dits Jeoffrey, Jehan, Aymar et Anthoynette de Quincieu et le dit Guigues Guiffrey, que les dites parties tiennent pour anciens, seront partagés également entre les dits sieur et dame de Marcieu, d'une part, et les dits sieurs Aroud, d'autre. Cette transaction fut passée, le 14 mai 1577, à Grenoble, maison de maître Pierre de Michiel, citoyen de Grenoble, située à la rue Renauderesse.

Le 11 mai 1578, Jehan Arod fit, au château des Tours, un accord avec messire Anthoyne de Vauzelles, chanoine de l'église Saint-Martin de l'Isle-Barbe, fils de feu noble Pierre de Vauzelles, seigneur dudit lieu. Jehan Arod avait été institué héritier universel dudit Pierre de Vauzelles.

Jehan Arod fit une transaction semblable, le 9 juin 1578, avec noble Claude de Mazilles, seigneur de Villardz, comme tuteur de nobles Anthoyne, Pierrette et Loyse de Mazilles, enfants de noble Jehan de Mazilles et de damoiselle Marthe de Vauzelles et petits-enfants de Pierre de Vauzelles.

Le 12 juillet 1579, Jehan Arod traitant les articles du mariage de sa fille Philiberte avec noble Philibert de Musy, en sa maison de Serfavre, lui donne la maison noble de Vauzelles, sise en la paroisse de Saint-Bonnet-des-Bruyères. Il fit rédiger au même lieu, le 22 juillet 1579, le contrat de mariage des futurs époux.

Noble Jehan Arod, seigneur de Montmelas, fit son testament, le 6 novembre 1580, au bourg de Coigny, en la maison de maître Anthoyne Tollon, prêtre; il élit sa sépulture en l'église de la paroisse de Coigny, en la chapelle étant au-dessous du chœur et du grand autel de ladite église; il veut que dans l'an de son trépas on fasse mettre une longue pierre dessus son tombeau avec 2 boucles de fer ou laiton, avec les 2 bouts à mode de sépulchre; demande 90 messes heucharistialles qui seront célébrées dans ladite église de Coigny, 30, le jour de son enterrement, savoir : 3 grandes messes à haute voix, l'une de Notre-Dame, l'autre du Saint-Esprit et l'autre des Trépassés, et 27 messes basses; 40 jours après son décès autres 30 messes basses et autant à l'an révolu après son décès; veut que le contrat passé entre noble et religieux seigneur frère Jacques Arod, son frère, commandeur de Saint-Anthoyne de Pontcharra et de la Marche, et lui, pour raison de l'usufruit de Ronzières et de Malleval, le 11 juin 1563, et un autre contrat passé entre eux deux, pour l'usufruit de Ronzières et des Tours, acquis par ledit testateur de messeigneur et dame de Nevers, le 15 mai 1568, soient entretenus après son décès tant que sondit frère vivra. Il lègue à noble Jehan-Jacques Arod, son fils, et à noble demoiselle Marguerite Arod, sa fille, à chacun 2,000 écus d'or sol; à noble damoiselle Philiberte Arod, sa fille, femme de noble Philibert de Musy, seigneur de Satonney, outre sa dot, 2 écus d'or ; à chacun de ses posthumes, 2,000 écus d'or sol. Il institue son héritière universelle noble Barbe de Signolles, sa femme, à la charge de ne disposer de sa succession qu'en faveur desdits noble Jehan-Jacques Arod et damoiselle Marguerite Arod, ledit Jehan-Jacques préféré à ladite Marguerite, pourvu qu'il soit sage et homme de bien. Il nomme ses exécuteurs testamentaires ladite noble damoiselle de Signolles, sa femme et maître Paul Regommier, docteur ès droits, avocat pour le Roi au pays de Beaujolais et juge ordinaire de Montmallas.

Par son testament du 16 août 1581, damoiselle Marguerite de Montregnard, veuve de noble Pierre de Vauzelles, seigneur dudit lieu ratifie la donation par elle faite à damoiselle Barbe de Signolles, traitant son mariage avec noble Jehan d'Arod, seigneur de Clerevaux, et, outre ce, lui délaisse 10 écus sol.

Noble Jehan Arod, seigneur de Clervault, fut institué cohéritier universel par moitié par son cousin noble Claude Gaste, seigneur d'Ars, en son testament du 22 août 1584.

Le 8 avril 1564, noble Jehan Gaste, seigneur de l'Aubespin et de la maison forte de Ruynel, avait vendu, sous grâce de rachat, à feu le sieur Claude Manuel, marchand de la ville de Romans, 6 sestiers froment, mesure de Romans, de rente annuelle et perpétuelle ; depuis il vendit 7 sestiers froment de semblable rente, en 1567 et autres années. Ledit Jehan Gaste n'exécuta pas les conventions de ces ventes et fut assigné par le juge de Crespoul, à la pousuite d'honorable femme Françoyse Bergère, veuve dudit Manuel et tutrice de leurs enfants. Ledit Jehan Gaste mourut laissant pour héritier noble homme Claude Gaste, son frère, seigneur de la maison forte d'Ars, qui mourut également, laissant pour héritiers universels Jehan Arod, seigneur de Montmelas et de Ronzières, surnommé de Clérevaulx, et Françoys de Claveyson seigneur de Pernans, avec lesquels ladite veuve fait à Romans, le 15 septembre 1584, un accord par lequel ils promettent lui payer la somme de mil'e écus d'or sol.

Procès étant pendant en la cour de la sénéchaussée et siège

présidial de Lyon entre damoiselle Claudine de Monteux, fille et héritière de damoiselle Françoise Garnier, dame de Miribel, héritière de noble Sébastien de Monteux, son fils, d'une part ; et noble Jehan Arod de Quincieux, seigneur de Montmallas, et Françoys de Claveyson, seigneur de Pernans, héritiers de feu noble Gaste, seigneur d'Ars, d'autre ; lesdites parties font une transaction, le 21 juillet 1585, dans la ville de Saint-Anthoyne, en la maison de ladite Claudine de Monteux, en présence de maître Claude Anisson, châtelain dudit Saint-Anthoyne et de vénérable religieux noble frère Anthoyne de Gramont, chanoine clostrier du monastère dudit Saint-Anthoyne.

Noble Jehan Arod, seigneur de Montmelas, Clerevault, Ronzières et les Tours, et noble Françoys de Claveyson, seigneur de Pernans, héritiers, chacun pour moitié, de feu noble Claude Gaste, seigneur d'Ars, étant audit Ars font, le 3 juin 1586. le partage de cette terre. Le 14 juillet 1586, noble Françoys de Claveyson, seigneur de Parnans et co-héritier de feu noble Claude Gaste, seigneur d'Ars, qui fut héritier de noble Jehan Gaste, son frère, seigneur de l'Aubépin, d'une part ; et honorable Loys de la Charme et maître Claude La Combe, notaire royal, rentier de la maison-forte de Clérevaulx, procureurs spécialement fondés de noble Jehan Arod de Quincieu, baron de Montmelas, sieur de ladite maison de Clérevaulx, font les échanges suivants : ledit seigneur de Parnans cède audit seigneur de Montmelas sa moitié du château d'Ars en Bruzy ; ledit seigneur de Montmelas lui cède sa maison de Malaval, assise en la paroisse de Saint-Thomas, mandement de Saint-Nazaire-en-Royans, consistant en maison, grange, cour, pourpris, jardins, vignes, prés, terres labourables, incultes, bois, chastegnereyes, garennes, rentes et devoirs seigneuriaux, sans y comprendre la rente de Nerpoud et ses circonvoisines, ni le bétail et les meubles étant dans ladite maison de Malaval, les fruits pendants, etc. ; il leur cède encore quelques autres fonds. Cet échange fut fait au mandement de Crespols, au-devant de la maison forte de Ruynel. L'achat fait par le susdit seigneur de Parnans de la maison de

Ruynel sera commun et par indivis entre lui et ledit seigneur de Montmelas, ainsi que le bestal et la grange de Ruynel.

Le 6 décembre 1587, au château de Serfavre, en présence de vénérable et discrète personne maître François Favre, avocat, habitant de Villefranche, de noble Françoys du Prost, seigneur dudit lieu, demeurant a Cogny, d'honorable maître Loys de la Charme, receveur du seigneur de Montmelas, et de maître Jehan Gonon, clerc, serviteur du même, noble Jehan Arod, sieur de Clervaulx, en Dauphiné, Ronzières, Montmelas, Ars et Serfavre, en Beaujolais, fait un nouveau testament. Il élit sa sépulture dans l'église de la paroisse de Cogny, en la chapelle étant au-dessous le chœur et le grand autel de ladite église ; demande 90 messes, de la même manière que dans son testament du 6 novembre 1580 ; lègue à noble Philiberte Arod, sa fille, femme de noble Philibert de Musy, sieur de Satoney, outre sa constitution dotale, 2 écus d'or sol ; à noble damoiselle Marguerite Arod, sa fille, la maison et châtel d'Ars, en Bruzy, située en la paroisse de Lymonès, en Lyonnais, avec tous les domaines, droits, cens, rentes, revenus, propriétés et dépendances de ladite maison ; à noble Jehan-Jacques Arod, son fils, 200 écus d'or sol ; à chacun de ses posthumes 2.000 écus d'or. Il nomme héritière universelle damoiselle Barbe de Signolles, sa femme, à la charge de remettre son hoirie audit Jehan-Jacques Arod, son fils et aux siens, et celui-ci étant décédé, à ladite Marguerite Arod, leur fille, qui lui est substituée.

Noble Jehan Arod, seigneur de Clérevaulx, en Dauphiné, Ronzières, Montmallas et les Tours, en Beaujolais, testa de nouveau, le 25 janvier 1590, au château de Montmelas, appelé le Donjon ; il élit sa sépulture dans l'église de la paroisse de Cogny, au monument qu'il a fait faire devant le grand autel de ladite église et où est enterrée sa fille Marguerite. Il veut que le jour de son obit et enterrement, il y soit chanté 3 grand'messes a haute voix, l'une du Saint-Esprit, l'autre du jour et la troisieme des Trépassés ; il demande aussi un certain nombre de messes basses ; a l'an révolu et à la quarantaine on célèbrera le même nombre de messes. Il lègue a sa fille Philiberte, femme de noble Philibert de Musy, seigneur de Sathonay, en Maçonnais, 50 écus d'or sol, outre sa dot. Il institue héritière universelle noble Barbe de Signolles, sa femme et lui lègue l'usufruit de ses biens; il la charge de les remettre à son fils Jehan-Jacques Arod, de présent aux écoles à Lyon. Il signe: « de Clérevaulx, seigneur de Montmelaz et Ronzières ».

Le 3 mars 1590, défaut fut donné à Jehan Arod, seigneur de Montmalas, demandeur en sommation de garantie contre Hugues et Loys de Mazilles, écuyers, fils, héritiers et bien-tenants de défunt Claude de Mazilles, écuyer, seigneur de Vaubresson, qui fut tuteur et curateur d'Anthoyne et de Loise de Mazilles.

Noble sieur Hugues de Mazilles, écuyer, seigneur de Villers et Claudeau, au nom de noble Jehan Arod, seigneur de Montmelas, et de damoiselle Barbe de Signolles, sa femme, fit, le 24 août 1591, une transaction avec damoiselle Pierrette de Mazilles et honorable homme maître Marcellin de Montmessin, procureur du Roi en la ville et châtellenie du Boys-Sainte-Marie, par laquelle ceux-ci cédèrent aux dits mariés Arod tous leurs droits sur la succession de feu noble Pierre de Vauzelles, moyennant la somme de 1666 écus d'or pour ladite Pierrette et d'autant pour ledit de Montmessin, ayant droit de damoiselle Loyse de Mazilles, sœur de ladite Pierrette.

Jehan Arod vendit, le 4 septembre 1591, à noble Claude Gaspard, écuyer, seigneur du Sou, les justices haute, moyenne et basse, cens, servis, rentes lui appartenant en tout le distroit et étendue de la paroisse et dismerie de la Cenas.

A cause des biens et succession de feu noble Pierre de Vauzelles, sieur dudit lieu, procès avait été mu par devant le bailli de Beaujolais, entre Pierrette de Mazilles, fille de feu damoiselle Marthe de Vauzelles, fille unique dudit feu sieur de Vauzelles, prétendant de son chef lui appartenir le tiers des biens dudit défunt son aieul, d'une part; et Jehan Arod, seigneur de Clairvaulx et Barbe de Signolles, sa femme, se prétendant héritiers et donataires de tous les biens dudit défunt, d'autre. Nobles Anthoyne et Loyse de Mazilles, frère et sœur germains de ladite Pierrette, avaient présenté à la cour semblable requête que celle-ci. Feu noble Claude de Mazilles, leur mère, transigea avec ledit sieur Arod du droit leur pouvant appartenir dans la succession de leur dit aieul à la somme de mille écus; cette transaction fut cassée, Les dits mariés Arod demandaient d'avoir, sur ladite succession, distraction de la terre et seigneurie de Serfavre. Ladite Pierrette fut maintenue, de par le Roi et la cour, en le tiers de tous les biens des dites maisons et seigneuries de Vauzelles et Serfavre, à la charge de payer aux dits mariés Arod la somme de 2,200 livres sur la seigneurie de Serfavre... Le 24 septembre 1591, au chastel et maison forte de Villers, en présence de maître Loys de la Charme notaire et châtelain de la baronnie de Montmelas, de Loys de la Charnée, marchand du Boys-Sainte-Marie, et de Claude Rageaud, marchand du lieu de Chaudaigues, noble sieur Hugues de Mazilles, sieur de Villers et de Chaudaigues. agissant au nom du dit Jehan Arod, et ledit Anthoyne de Mazilles font la transaction suivante: Ledit Anthoyne de Mazilles cède audit Arod tous ses droits à la succession dudit feu sieur de Vauzelles, son aieul maternel, à condition d'être déchargé de tous les dettes de ladite succession, même d'un procès alors pendant à la cour du bailliage de Mâcon entre noble sieur Jehan-Baptiste de Locatel, seigneur de Varanges, comme tuteur des enfants du feu sieur du Terreault et les dits sieur et damoiselles Anthoyne, Pierrette et Loyse de Mazilles, et moyennant le prix de 1.666 écus sol et 2 tiers.

Noble Jehan Arod, sieur de Clèrevaulx et baron de Montmelas, fut institué héritier universel par son neveu noble César de Sagie, seigneur de Saint-Ligier-lès-Mascon, qui testa le 29 septembre 1591.

Le 3 novembre 1592, noble Jehan Arod, écuyer, seigneur de Montmellas, les Tours, Serfavre, Ronzières, Ars, en Bruzy, et Clervault, en Dauphiné, et damoiselle Barbe de Signolles, sa femme, passant, en leur château de Montmelaz, le contrat de mariage de leur fils noble Jehan-Jacques Arod avec damoiselle Crestienne de Glétains, lui donnèrent la moitié, par indivis, de tous leurs biens.

« Ledit seigneur de Montmellas (Jehan Arod), fut tué la nuit du 19º janvier 1593, d'un coup d'escopette qui le print soubz le menton et sorty le bollet au-dessus de la teste, par des voleurs qui l'a'larent assaillyr au Chastel de Montmelas, en nombre de quatre vingtz à cheval et pétardarent les deux faulces portes dudict chastel du cousté de soir et la petite porte d'un ravalin faict au-devant la grand porte du donjon où ledit seigneur s'estoit retiré, à cause desdits voleurs, pour estre en seurté, lesquelz furent vaillament repoucés par ledit seigneur et le seigneur de Satoney, son gendre, de manière qu'ils n'y entrarent poinct, et en fut tué desdits voleurs deux. Dieu aye l'âme dudit seigneur de Montme'las, son corps gist en l'esglize de Cogny. »

Par devant Jacques de Viry, notaire royal, habitant au lieu et paroisse de Vaulx, noble damoiselle Barbe de Signolles, veuve de noble sieur Jehan Arod, écuyer, sieur de Montmelas, Serfavre, les Tours, Hars et Ronzières, fit son testament, le 14 octobre 1596, à Serfavre, étant assise dans une chière près son lit, en la salle basse de ladite maison. Elle élit sa sépulture en l'église paroissiale de son bourg de Cogny, au tombeau du feu sieur de Montmelas, son mari ; lègue à damoiselle Philiberte Arod, sa fille, femme du sieur de Sathonay, tout ce qui lui appartient dans la seigneurie de Vaulzelles, consistant en la somme de mille écus d'or sol, plus 500 écus d'or sol, lui venant d'un légat fait par damoiselle Isabeau de Montregnard, sœur de damoiselle Marguerite de Montregnard, sa mère, p'us le dixme appelé Sainctigny, acquis par ladite damoiselle de Montregnard, des sieur et dame de la Bazolle, et annexé audit Vaulzelles, plus la rente de Chamarard, acquise par la même du feu sieur des Brosses, bourgeois et marchand de Beaujeu, annexée audit Vaulze'les, etc., une de ses robes de soie, une chaîne d'or faite en façon de jazerand, valant environ 40 écus. Elle institue héritier universel noble Jehan-Jacques Arod, sieur de les Tours et Hars, son fils ; nomme son exécuteur testamentaire noble sieur Jehan-Baptiste de Locatel, sieur de Varanges, son cousin. Ce testament fut publié au bailliage de Beaujolais, à Villefranche, le 27 mars 1601. Barbe de Signolles et son fils Jehan-Jacques Arod vendirent, le 6 septembre 1599, la seigneurie des Tours à noble Anthoyne de Damas.

Du mariage de Jehan Arod avec Barbe de Signolles naquirent trois enfants :

1º Noble damoiselle Philiberte Arod, femme de noble Philibert de Musy, seigneur de Sathonay ou Satonney, en Mâconnais.

Le 12 juillet 1579, en la maison de Serfavre, noble Pierre de Musy et noble damoiselle Anthoynette de Sainte-Colombe, père et mère de Philibert de Musy, lui donnèrent, en faveur de son mariage avec damoiselle Philiberte Arod, la moitié de tous leurs biens, meubles et immeubles, en préciput. Philibert de Musy donne à ladite Philiberte Arod mille écus d'or sol en douaire, d'augmentation de dot, si elle ne convole pas à secondes noces ; pour partie du douaire, seront baillées à ladite damoiselle les deux maisons de la Roche et Bergeron, pour la somme de 100 écus d'or sol ou ladite somme annuellement ; Philibert de Musy l'enjouaillera jusqu'à la somme de 300 écus. Noble Jehan Arod donnera à ladite Philiberte, sa fille, la maison noble de Vauzelles, sise en la paroisse de Saint-Bonnet-des-Bruyères, pays de Beaujolais, avec ses dépendances, comme le feu sieur de Vauzelles, et noble damoiselle Marguerite de Montregnard, sa femme, en ont joui et en jouit à présent icelle veuve, ensemble les acquêts faits par ledit Jehan Arod, le revenu de laquelle maison est d'environ mille livres ; on en excepte les cellier et vignes situés en la paroisse de Cogny, qui demeureront audit sieur Arod ; ladite damoiselle de Montregnard sera tenue nourrir et entretenir lesdits Philibert de Musy et Philiberte Arod, avec leur train, tant qu'ils vivront filialement avec elle ; dans le cas contraire, elle sera en liberté de les congédier et de les faire retirer là où bon lui semblera. Ledit Jehan Arod sera tenu habiller sa dite fille de bons et suffisants habits, selon sa qualité, jusqu'à 300 écus.

Le 22 juillet suivant, noble Pierre de Musy, seigneur de Satonney, et noble Philibert de Musy, son fils, de son mariage avec damoiselle Anthoynette de Sainte-Colombe, d'une part; et noble Jehan Arod, écuyer, seigneur de Montmelas, Vauzelles, Ronzières et Clervaulx, et noble damoiselle Philiberte Arod, sa fille, d'autre; et noble damoiselle Marguerite de Montrenard, veuve de feu noble Pierre de Vauzelles, seigneur dudit lieu et usufruitière des biens de son mari, d'autre, font le traité de mariage dudit Philibert de Musy avec ladite Philiberte Arod, fille de noble damoiselle Barbe de Signolles. Ce contrat fut passé en la paroisse de Cogny, au château de Serfavre, en présence de messire Jehan de Garadeur, chevalier de l'ordre du Roi, gentilhomme de sa Chambre, lieutenant de 100 hommes d'armes, seigneur de l'Ecluse et du Sollier, noble Jacques de Sainte-Colombe, seigneur du Piney et Villette, noble Jehan Anot, seigneur de Champrenard, noble Claude du Périer, seigneur de la Court, noble Anthoyne d'Ars, M. maître Paul Regomier, docteur ès droits, avocat pour le Roi au pays de Beaujolais, et noble Anthoyne de Vauzelles, chanoine de l'Isle-Barbe-lès-Lyon.

Philiberte Arod, femme de Philibert de Musy, seigneur de Satonney, eut un legs de 2 écus d'or, outre sa dot, par le testament de son père du 6 novembre 1580; celui-ci lui fait un legs semblable par un testament du 6 décembre 1587; par un autre testament, du 25 janvier 1590, il lui lègue 50 écus d'or sol, outre sa dot.

Philibert de Musy, seigneur de Satonney, se trouvait à Montmelas, la nuit du 19 janvier 1593, lorsque des voleurs, au uombre de 80, à cheval, attaquèrent ce château; il aida, à les repousser, son beau-père, Jehan Arod, y perdit la vie.

Le 14 octobre 1596, Barbe de Signollos légua, par son testament, à sa fille Philiberte Arod, tout ce qui lui appartenait dans la seigneurie de Vaulzelles, consistant en la somme de mille écus d'or sol, puis 500 écus d'or sol, lui venant d'un légat à elle fait par sa tante Isabeau de Montregnard, le dixme appelé Sainctigny annexé audit Vaulzelles, la rente de Chamarard, aussi annexée à Vaulzelles, une de ses robes de soie, une chaîne d'or en façon de jazerand, valant environ 40 écus, etc.

2° Jehan-Jacques Arod, qui suit ;

3° Noble damoiselle Marguerite Arod.
Son père, par son testament du 6 novembre 1580, lui légua 2,000 écus d'or sol et fit d'autres dispositions en sa faveur.

Jehan Arod, père de Marguerite, testant de nouveau, le 6 décembre 1587, lui légua la maison et châtel d'Ars, en Bruzy, avec toutes ses dépendances et la substitua, comme héritière universelle, à son frère Jehan-Jacques Arod.

Marguerite Arod est rappelée dans le testament de son père, du 25 janvier 1590, comme ayant été enterrée dans un monument que celui-ci avait fait construire devant le grand autel de l'église de la paroisse de Cogny.

VIII. — Noble JEHAN-JACQUES AROD, écuyer, baron de Montmelas, seigneur de Serfavre, Ars et les Tours, l'un des cent gentilshommes de la maison du Roi, marié à damoiselle Chrestienne de Rancé de Glétains.

Jehan-Jacques Arod naquit à Serfavre le 11e jour de septembre 1575. qu'estoit le dymenche, environ les 2 ou 3 heures de matin et feust baptizé à Cogny le dymenche 2e jour d'octobre suyvant, et feust son parrain noble Jacques de la Combe, escuyer, sieur de Marzé et lieutenant pour le Roy de la ville de Seurre, en Bourgogne, et marraine madame Huguette d'Oingt, femme de haut et puissant seigneur messire de Rochebonne, chevalier de l'ordre du Roy, baron dudit Oingt et de Rochebonne, en Vellay. La cérémonie du baptême fut faite par noble et religieuse personne Jacques Arod, son oncle paternel, curé dudit Cogny, à l'issue de la grant messe parrochialle ez présances de noble Pierre de Vauzelles, seigneur dudit lieu. Dieu Luy doinct une longue vie en toute prospérité et honneur. Amen.

Jehan-Jacques Arod eut un legs de 2,000 écus d'or, par le testament de son père, du 6 novembre 1580 ; celui-ci fit encore d'autres dispositions en sa faveur.

Il fut institué héritier universel par damoiselle Marguerite de Montregnard, sa grand'mere maternelle, qui testa le 16 août 1581.

Par un nouveau testament du 6 décembre 1587, son père lui fit un legs de 200 écus d'or sol et chargea sa mère de lui remettre son hoirie.

Son père testant de nouveau, le 25 janvier 1590, chargea sa mère de remettre son hoirie à son fils Jehan-Jacques Arod, de présent aux écoles à Lyon.

Le 3 novembre 1592, au château de Montmellaz, pardevant Pierre Danguin, notaire royal de Jarniost, en Lyonnais, noble Jehan Arod, écuyer, seigneur de Montmellas, les Tours, Serfavre, Ronzières, Ars, en Bruzy, et Clervault, en Dauphiné, et de son autorité damoiselle Barbe de Signolles, sa femme, et encore de leur autorité noble Jehan-Jacques Arod, leur fils, d'une part; et noble et vénérable M. Alexandre de Glétains, seigneur de Rancé-sur-Genay, chanoine de l'église collégiale Saint-Just en la ville de Lyon, oncle paternel, tuteur et légitime et administrateur de damoiselle Crestienne de Glétains, fille de feu noble Philibert de Glétains, écuyer, seigneur dudit lieu, procédant de l'autorité de son dit oncle et tuteur, d'autre part, de l'avis et conseil de nobles et puissants seigneurs Yves de Ballarin, chevalier, seigneur et baron de Poyllonay, Jacques de Glétains, seigneur de Chavanes, Estienne de Glétains, son frère, Loys Gaspard-le-Roy, seigneur de Fléchières, Claude Gaspard, seigneur de Pravins, Claude Gaspard, seigneur du Sou, La Cenaz et du Bruel, Philibert Barjot, conseiller du Roy, lieutenant-général au bailliage de Masconoys, seigneur de la Vernette, Jehan-Baptiste de Loccater et Jacques de Loccater, seigneur de Six Vingtz, oncles et cousins germains des dites parties, desquels quelques-uns ne sont comparants, à cause des troubles, empêchements et difficultés des chemins qui sont aujourd'hui, font les paches de mariage suivantes entre les dits Jehan-Jacques Arod et Crestienne de Glétains. Jehan Arod et Barbe de Signolles donnent à leur dit fils la moitié, par indivis, de tous leurs biens meubles et immeubles; si les dits futurs ne peuvent vivre avec le père et la mère dudit futur. celui-ci aura la jouissance des terres et seigneuries d'Ars en Bruzy et des Tours et de toutes leurs dépendances. Ladite Crestienne de Glétains se constitue en dot tous ses biens meubles et immeubles présents et advenir. Ledit futur, en cas qu'il prédécède ladite future. lui donne d'augment 3,333 écus, un tiers d'or sol; celle-ci, au même cas, lui donne 1,666 écus d'or sol, 2 tiers. Le futur donne 866 écus, 2 tiers de joyaux à la future. Sont présents à ce contrat nobles Jehan-Baptiste de Locater, seigneur de Varanges, Jacques de Glétains, seigneur de Chavanes, Françoys de Vallansiennes, cousins germains de ladite damoiselle épouse, Jehan Namy, seigneur de la Forestz, Claude Labourier, seigneur de Thoire, honorable Véran Gillicquin, prévôt de la prévôté de Villefranche, maître Philibert Perrin, greffier de Montmellaz, honorable Claude Favre, dit La Cosne de Vault, demeurant au service dudit seigneur de Montmellaz, et maître Pierre Marsault, châtelain dudit Montmelaz.

Le 25 juin 1594, Alphonse d'Ornano, chevalier des ordres du Roi, conseiller en son Conseil d'Etat, capitaine de cent hommes d'armes de ses ordonnances, lieutenant-général pour S. M. en Dauphiné et commandant en Lyonnais, Forez et Beaujolais, adresse, de la Chapelle de Brancion, une lettre, par laquelle, pour beaucoup de raisons, il exempte le sieur de Montmellard, du pays de Beaujolais, d'assister et de se trouver au ban et arrière-ban qui a été convoqué au dit pays, attendu même qu'il est employé à la garde dudit Montmellard, fort important au service du Roi, qu'il ne peut pour encore abandonner.

Le 21 septembre 1596, Barbe de Signolles, dame de Montmelas, Serfavre et Ronzières, et Jehan-Jacques Arod, sieur des dits lieux, des Tours, d'Ars et Clervaulx, à cause de ladite seigneurie d'Ars en Brésil, patrons et collateurs des chapelles ou commissions de messes fondées par les feuz seigneurs dudit lieu, l'une en l'église cathédrale de Saint-Jehan de Lyon et sous le vocable de Saint Anthoyne et Saint-Yves, l'autre en l'église parrochiale de Lymonès, diocèse de Lyon, en la chapelle des sieurs dudit

Ars, étant à Lyon et dûment certiorés et informés de la bonne vie, mœurs, honnête conversation, religion catholique et suffisance de noble et égrège personne Alexandre de Glétains, chanoine et secrétain en l'église collégiale Saint-Pol de Lyon, le pourvoient de ladite commission de messes fondée en ladite église de Lymonès et chapelle dudit Ars, vacante par le décès de maître Jehan Boin, pour n'y avoir aucun recteur qui fasse le service, espérant que par sa diligence le divin service y sera continué en la décharge de leur conscience et selon l'intention du fondateur d'icelle.

Jehan-Jacques Arod fut institué héritier universel de sa mère, par son testament du 14 octobre 1596.

Procès avait été intenté en la vénérable Cour de Parlement de Grenoble entre feu noble Guy-Baltazar Guiffrey, sieur de Bothières, demandeur en ouverture de substitution fidéi-commissaire pour raison de la succession de noble Geoffrey de Quincieu, sieur de Clervaulx, d'une part; et nobles Jehan et Jacques Haroud, défendeurs, d'autre, ensuite de quoi ladite Cour aurait déclaré la substitution apposée au testament dudit Geoffrey de Quincieu, du 27 février 1491, avoir eu lieu en la personne dudit Guy-Baltazar Guiffrey, par le décès de damoiselle Anthoynette de Quincieu, décédée sans enfants naturels et légitimes, et aurait ladite Cour condamné les dits défendeurs à relâcher au dit demandeur les biens que possédait ledit Geoffrey de Quincieu du temps de son décès, avec restitution des fruits ; sur l'exécution duquel arrêt messire Guy de Monthénard, chevalier de l'ordre du Roi, seigneur de Marcieu, et dame Joachime Guiffrey, sa femme, comme héritiers dudit feu sieur de Bothières, auraient baillé par devant ladite Cour demande et contre icelle aussi les dits frères Haroud leurs défenses.

Tellement qu'ils seraient entrés en nouvelle contestation, pour assoupir laquelle, par l'avis de leurs parents, amis et conseils assemblés à Grenoble, le 14 mai 1477, auraient transigé. Et d'autant que par ladite transaction restaient à liquider plusieurs choses concernant ladite hoirie, pour la liquidation desquelles messire Guy-Baltazar Guiffrey de Monthénard, baron de Marcieu, et damoiselle Laurence de Monthénard, veuve de messire Gaspard de Baronnat, seigneur de Poleymieu et Polliénas, héritiers et ayant droit et cause dudit sieur de Bothières, d'une part, et haute et puissante dame Barbe de Signolles, veuve et co-héritière de Jehan Haroud, seigneur de Montmallas, tant en son nom de co-héritière, que comme curatrice et ayant la garde noble de Jehan-Jacques Haroud, son fils et co-héritier dudit défunt seigneur de Montmallas, d'autre, étaient en voie d'entrer en procès. Pour à quoi obvier, se sont, le 7 mai 1597, pardevant Claude Sonthonas, notaire tabellion royal à Lyon, personnellement établis lesdits messire Guy-Baltazar Guiffrey de Monthénard, baron de Marcieu, agissant tant en son propre et privé nom que comme procureur de ladite Laurence de Monthénard, sa sœur, tous deux héritiers, comme dit est, dudit défunt de Bottières, d'une part ; et noble Alexandre de Glétains, sieur de Rancé, comme procureur de ladite Barbe de Signolles, agissant comme co-héritière dudit Jehan Aroud, son mari, et comme mère et curatrice dudit Jehan-Jacques Haroud, aussi co-héritier dudit défunt Haroud, son père, d'autre, lesquels font la transaction suivante : pour tous les droits que les dits sieur et damoiselle de Monthénard prétendent sur la terre et seigneurie de Clervaulx, au pays de Dauphiné, ils recevront la somme de 6.200 écus d'or sol, et ladite terre et seigneurie de Clervaulx appartiendra sans conteste à ladite Barbe de Signolles et à son dit fils. Sur lesdits 6.200 écus d'or, ladite Barbe de Signolles et son dit fils payeront à l'acquit dudit seigneur de Monthénard 2.500 écus à noble Jacques de Rébé, baron de Pollenay et de Genolly, et 2.100 écus à noble Philibert Gaspard, sieur du Breuil et du Buisson, en Dombes, à l'acquit de ladite Laurence de Monthénard, dont 2.000 écus pour le reste du dot et mariage de damoiselle Claudine de Baronnat, sa femme, et 100 écus pour un légat fait a ladite Claudine par feue damoiselle Dyanne de Baronnat, sa sœur. Cette transaction fut passée à Lyon, en la maison et domicile dudit seigneur de Glétains, en présence de M. maître Pierre

Maillet, docteur ès droits et prieur du prieuré de Saint-Romain-en-Gerais, demeurant à Lyon, et noble Etienne de Glétains, dit de Chavannes, seigneur de la Varsonnière, en Lyonnais.

Le 8 janvier 1598, M. d'Angennes, seigneur de Rambouillet, chevalier des ordres du Roi, conseiller d'Etat, capitaine de cent gentilshommes de la maison du Roi certifie, à tous qu'il appartiendra, avoir retenu en la compagnie desdits cent gentilshommes, dont il a la charge, Jehan-Jacques Arod, écuyer, sieur de Montmellas et de Clervaulx, pour servir Sa Majesté aux occasions qui se présenteront, comme font les autres de cette qualité.

Le même jour, à Paris, Jacques Gasteau, trésorier des cent gentilshommes de la maison du Roi, sous la charge de M. de Rambouillet, certifie que ledit Jehan-Jacques Arod est l'un des cent gentilshommes de la maison du Roi, couché et employé en l'état et rôle d'iceux.

Barbe de Signolles et Jehan-Jacques Arod, son fils, vendirent, le 6 septembre 1599, à noble Anthoyne de Damas, écuyer, seigneur de la Bastie et la Pillonnière, le chastel et seigneurie des Tours situé en la paroisse de Saint-Etienne-la-Varenne, consistant en maison haute et basse, terres, près, vignes, bois, garennes, pasquerages, métairies, en la même paroisse, avec justice haute, moyenne et basse, mère, mixte, impaire en la paroisse dudit Saint-Etienne, moyennant le prix de 4.000 écus d'or sol, payables à nobles Claude Gaspard, seigneur du Sou, Philibert Gaspard, seigneur du Buisson, et Jacques de Rebbé, baron de Pollionnay.

Comme par le décès abintestat de noble Philibert de Gletteins, seigneur dudit lieu, et de damoiselle Anthoynette Gaspard, sa femme, leurs hoiries soient advenues a damoiselles Cristienne et Anthoynette de Gletteins, leurs filles et héritières universelles, et comme depuis ladite Cristienne ait été conjointe par mariage avec noble Jehan-Jacques Arod, sieur de Montmelas, Cerfavre, Ronzières, Clairevaulx et Ars-en-Burzy, et ladite Anthoynette avec noble Anthoyne de Varennes, sieur de Rappetour et de L'Octave, désirant lesdites damoiselles venir en partage desdits biens, elles y procèdent, le 17 octobre 1600, à Villefranche, maison de Jehan Martignat, hoste du logis où pend pour enseigne la couppe d'or, avec l'avis et conseil de noble Bertrand Manuel, écuyer, sieur de la Fay et de l'Aubépin, commissaire général des Suisses qui viennent au service du Roi, de noble Jehan-Baptiste de Locatel, seigneur de Varanges, de noble Alexandre de Glétains, sieur de Rancé-sur-Geney, chanoine, secrétain de l'église Saint-Paul de Lyon, de noble Sébastien de Saint-Priest, écuyer, sieur de Combes, et de noble Françoys de Chevriers, écuyer, seigneur de la Fléchières et Taney. A ladite damoiselle Anthoynette sont attribués la maison forte de Gletteins, consistant en fiefs, rentes nobles, sujets corvéables, mainmortables, guet et garde, corps de logis bas, moyen et haut, cour, chapelle, cave, cellier, truel, thines, thinery, le tout clos, bassecour dans laquelle sont écuries, étableries de bétail, loge, grange, maison du pourtier, pont levis, le tout foussoié, fontaine, jardin, vergiers, allées, bois de haute futaye, bois taillis, garennes, grangeages, terres, prés, vignes ; autres grangeages au mas de Cinier, le tout situé en la paroisse de Jassens, pays de Dombes ; une grange en la paroisse de Frens ; une vigne appelée la Grand'Vigne de Gletteins ; les prés et terres dépendant dudit Gletteins, situés en la paroisse d'Ars ; le droit des repères qui sont dans la rivière de Saousne des deux côtés ; divers biens au lieu de Bourdelan et aux Escheroles ; un droit de patronage de la chapelle de Saint-Michiel fondée en l'église de Notre-Dame des Marestz de Villefranche ; les rentes nobles et pensions comprises au terrier de Gletteins ; la grange de Perciéu et l'étang du Buet, fonds et évolages, situés en Dombes ; l'étang de Graton, la plupart du fonds et entièrement l'évolage ; l'étang de Coytrieu, l'entier évolage, en la paroisse de Saint-Jehan-de-Turignieu et généralement tous les héritages, rentes, droits et devoirs seigneuriaux qui ont jadis appartenu aux dits feuz sieur et dame dudit Gletteins, le bétail se trouvant audit chastel de Gletteins et dans lesdites granges. Ces biens demeureront auxdits mariés de Rappetour pour la somme de 10.000 écus. Comme lesdits mariés de Montmelas ont reçu de ladite hoirie la somme de 4.875 écus, dont 2.437 écus. 30 sols appartenaient auxdits mariés de Rappetour, ledit sieur de Rappetour promet payer ladite somme de 2.437 écus, 30 sols audits mariés de Montmelas, pour les compenser de ce qui peut leur revenir sur ladite seigneurie de Gletteins ; cette somme sera employée, en acquit, en faveur desdits mariés de Montmelas, et en leurs noms, savoir envers noble Claude Gaspard, seigneur du Soub, 1.300 écus et envers noble Jacques de Rébé, seigneur de Genouilly et Poloney, 5 écus, et le reste directement auxdits mariés de Montmelas. Ce partage eut pour témoins noble Françoys de Chevriers, sieur de Taney et la Flachères, vénérables et discrettes personnes MM. maîtres Françoys Poyet, avocat du Roi en l'élection de Beaujolais, et Claude Le Brun, avocat audit bailliage.

Le 30 janvier 1602, Henry, prince souverain de Dombes, duc de Montpensier, pair de France fait savoir qu'ensuite de certaines ordonnances faites par son amé et féal maître Claude Trellon, conseiller en sa cour de parlement, commissaire député pour l'examen du compte rendu par messire Alexandre de Glétains, secrétaire de l'église collégiale Saint-Paul, à Jehan-Jacques Arod, écuyer, sieur de Montmalas, et Anthoyne de Varennes, sieur de Rapetour, maris de damoiselles Christienne et Anthoynette de Glétains, ledit de Glétains, après la sentence de clôture dudit compte se serait rendu appelant de certains articles dudit compte et lesdits oyant compte auraient pareillement appelé, ladite cour met à néant lesdites appellations.

Noble et vénérable personne messire Alexandre de Gletains, seigneur de Rancé-sur-Geney, secrétain de l'église collégiale Saint-Paul-de-Lyon, ayant rendu compte de la tutelle de ses nièces Christienne et Anthóynette de Glettains et s'étant trouvé leur débiteur de 797 écus, 42 sols, 6 deniers tournois. il fait, à Lyon, le 16 juin 1602 dans sa maison canonicale, une transaction avec Jehan-Jacques Arod et Anthoyne de Varennes, maris desdites Christienne et Anthoynette, pardevant Claude Sonthonas, notaire tabellion royal de cette ville, et en présence de maître

Guillaume Quincy, prêtre habitué de l'église Saint-Paul, de noble Jehan de Varennes, religieux de l'abbaye royale de Savigny, et de noble Romain d'Ogier, docteur en droits, natif de la Roche-en-Genevois. Tout procès est fini moyennant la somme de 2,600 écus que ledit Alexandre de Glétains payera à sesdites nièces.

Damoiselle Chrestienne de Glétains, femme de noble homme Jehan-Jacques Arod, écuyer, sieur de Montmelas, Serfavre et Ronzières, étant dans la salle basse de la maison de Serfavre, en son lit, malade et débile de sa personne, testa le 20 avril 1605. Elle élit sa sépulture en l'église paroissiale de Cogny, tombe des prédécesseurs parents et amis dudit sieur de Montmelas, son mari, étant au chœur de ladite église ; veut son luminaire être fait, le jour de son enterrement, tout autour de son corps, avec torches ardentes et armoiries, tant dudit seigneur que de ladite testatrice attachées avec lesdites torches, en forme d'écussons en papier, suivant les costumes de noblesse ; veut être faite aumône le jour de son enterrement aux Pauvres de Dieu, à la volonté de son héritier ou héritiers, veut que le jour de son enterrement, quarantaine et an révolu des messes heucharistialles soient célébrées dans ladite église de Cogny par les prêtres qui seront à ce convoqués par son héritier ou héritiers ; lègue aux Pauvres de Dieu 60 livres. Elle institue héritier universel noble Jehan-Jacques Arod, son mari pour un tiers, noble Alexandre Arod, leur fils pour un autre tiers et damoiselle Catherine Arod, leur fille pour un autre tiers ; elle substitue son mari à sesdits enfants susnommés, s'ils meurent en bas âge.

Jehan-Jacques Arod vendit, le 10 août 1605, sa maison noble de Ronzières et ses dépendances à noble Françoys de Valentienne, moyennant la somme de 4,000 livres.

Le 12 septembre 1605, Jehan-Jeacques Arod fit une transaction avec Françoys de Mazilles à Mâcon, par laquelle le premier reconnut avoir reçu du second la somme de 1.500 livres et intérêts pour ses droits dans la succession de noble Pierre de Vauzelles, seigneur dudit lieu.

Comme procès fut mû et pendant en la cour de parlement de Dombes, entre maître Claude Combas, capitaine et chatelain de Ceyssey (Seyssel), pays de Bresse, demandeur, d'une part ; et damoiselle Christienne de Glétains, femme de Jehan-Jacques Arod, écuyer, sieur de Montmelas, et Anthoynette de Glétains, femme d'Anthoyne de Varennes, écuyer, sieur de Rapetour, filles et héritières de défunt noble Philibert de Glettains, sieur dudit lieu, et de damoiselle Anthoynette de Pravins, défenderesses, d'autre, sur ce que ledit Combas disait qu'ores qu'il se fut tout le temps de sa vie comporté en homme de bien, sans avoir offensé personne, ni commis acte frauduleux ou illicite, ce néanmoins lesdites damoiselles de Glettains ou lesdits sieurs leurs maris, pour elles, auraient, à la sollicitation de quelques siens hayneux, imputé audit demandeur le meurtre inhumainement perpétré ès personnes de leurs dits défunts père et mère en leur dite maison de Glettains en l'an 1586, quoique ce soit, participation et assistance audit délit, et sous ce prétexte auraient fait prendre prisonnier ledit Combas audit Ceyssey, de l'autorité de ladite cour et icelui fait mener et mettre ès prisons d'icelle en la ville de Lyon scandaleusement, les pieds et mains liés, et icelui fait détenir l'espace de 3 mois ou environ, pendant lequel temps elles auraient tâché par tous moyens à elles possibles de vérifier le fait de leur accusation, ores qu'il ne fut véritable, et exécuter le mauvais dessein des ennemis dudit demandeur, lequel pour conserver son innocence, aurait été contraint d'employer et frayer grande quantité de ses moyens, et notamment ce qu'il avait de plus liquide, en sorte qu'il aurait fait enfin apparaître que lesdites demoiselles avaient été mal informées, et que ceux qui le leur avaient conseillé avaient usé d'une grande malice et vindicte, car par l'arrêt intervenu sur ladite poursuite, le 13 juin 1602, ladite cour ayant reconnu l'innocence dudit demandeur, l'aurait renvoyé absous de ladite accusation et des conclusions des dites damoiselles, avec dépens, dommages et intérêts, lesquels dépens il aurait fait depuis taxer, qui se seraient trouvés monter à la somme de 400 livres ou environ. Et pour le

regard desdits dommages et intérêts, aurait ledit Combas dès le
7 août 1602, fourni leur déclaration, par laquelle il aurait évalué
en quoi ladite procédure et vexation lui avait apporté dommage,
perte et incommodité, lesquels dommages et intérêts il estimait
revenir à plus de 6,000 livres, tant à cause de son séjour en la
prison, voyages faits par sa femme audit Lyon, voyages, séjour
et entretien d'un solliciteur exprès, cessation de l'exercice et
recepte de ses fermes, de la culture de ses vignes et autres héritages, perte et ravage de son bétail advenu par les gens de guerre
de Savoie pendant sa prison, emprisonnement et détention de
son grangier pendant le même temps, diminution de sa récolte
et revenu, par faute d'y avoir pu avoir l'œil, et pour causes
mentionnées en sa demande ; et de plus entendait ledit Combas
recouvrer contre lesdites damoiselles les dépens qu'il avait faits
en quelques poursuites par lui commencées en ladite cour contre
noble Alexandre de Glétains, chanoine et lors segrétain en
l'église collégiale de Saint-Paul, leur oncle, sur quelques soup-
çons que ledit Combas avait eus contre ledit chanoine, pour
raison de ladite poursuite faite contre lui, et de plus prétendait
que lesdites damoiselles fussent tenues de l'acquitter tant des
dépens que des dommages-intérêts que ledit chanoine prétend
obtenir contre ledit Combas en la cour de parlement de Paris...
Au contraire, lesdites damoiselles de Glétains entendaient dire
avoir poursuivi ledit Combas de bonne foi et mûes de la juste
douleur et cause qu'elles avaient de tirer raison par justice de
l'abominable assassinat qui avait été commis, pendant qu'elles
étaient encore au berceau, ès personnes de leurs dits père et mère,
et que, si tant était que ledit Combas eut été prins pour un autre,
il devait imputer cela à une infortune commune à elles et à lui,
vu que, de leur part, elles n'avaient fait moins de frais ni souffert moins de dommages à le poursuivre pour en cuider tirer la
vérité, que lui à se défendre, et n'est à croire qu'elles eussent
voulu s'incommoder et faire tant de frais pour leur plaisir et
pour calomnier un homme qu'elles n'avaient jamais vu ni connu,
ni qu'elles eussent fait lesdites poursuites, si elles n'eussent cru

que les avis donnés à elles et à leurdit oncle étaient véritables, et que partant ledit Combas se devait bien contenter du bon succès qu'il en a eu et de ladite somme qu'il a reçue pour ses dépens, et que néanmoins, quand il exhérait de lui adjuger quelque chose pour ses dommages et intérêts, ce ne pourrait être au plus que la somme de 400 ou 500 livres. Lesdites parties font une transaction au chastel d'Arginy, le 2 août 1607, en présence de messire Anthoyne Camus, chevalier, seigneur d'Arginy, de noble Nycolas Grappotte, sieur de la Verpillière, de maître Pierre Milan, notaire, demeurant à Montmelas, et d'honorable maître Claude Billias, marchand de Lyon ; ledit Combas recevra la somme de 1.500 livres, de la partie adverse, pour dépens, dommages et intérêts.

Par son testament du 28 septembre 1617, Alexandre de Glétains, dit de Rancé, premier chanoine en l'église collégiale Saint-Paul de Lyon, légua à damoiselle Cristine de Glétains, sa nièce, femme de noble Jehan-Jacques Arod, ses maisons et granges situées en la paroisse de Lozanne, au mas des Recagnons et la moitié d'un moulin les joignant.

Alexandre de Glétains, testant de nouveau, le 10 janvier 1619, institua ladite Christine de Glétains une de ses deux héritières universelles.

Comme procès fut à mouvoir entre Jehan-Jacques Arod et Cristine de Glétains, sa femme, demandeurs, d'une part ; et Anthoynette de Glétains, veuve d'Anthoyne de Varennes, sœur de ladite Cristine, d'autre, sur ce que lesdits mariés Arod entendaient dire que lesdites damoiselles de Glétains étant sœurs germaines et toutes deux filles et héritières ab intestat de feu noble Philibert de Glétains, écuyer, seigneur dudit lieu, et de damoiselle Anthoynette Gaspard, ne devaient pas avoir plus l'une que l'autre en les hoiries de leurs dits père et mère et qu'elles auraient dû supporter et payer également les frais, dettes et charges desdites hoiries, que néanmoins ladite damoiselle de Varennes, bien qu'elle ne soit l'aînée, avait trouvé moyen, par les inductions de son dit feu mari et d'elle, non seulement de s'attribuer le nom de

la maison paternelle et seigneurie dudit Glétains, mais aussi de
la prendre et les autres biens immeubles de ladite hérédité paternelle, pour moindre prix que sa juste valeur, par certain partage
fait entre les parties, pendant leur minorité, le 17 octobre 1600;
elle n'avait fait valoir lesdits immeubles en ce compris la terre
et seigneurie de Glétains, que la somme de 10,000 écus sol, en
ce qu'elle n'aurait payé ou promis payer auxdits sieur et damoiselle Arod que la somme de 2,557 écus et demi, outre ce qu'ils
avaient reçu des deniers de ladite hérédité, par les mains de noble
messire Alexandre de Glétains, leur oncle et jadis leur tuteur, et
que toutefois ladite terre de Glétains et autres héritages advenus
à ladite damoiselle de Varennes étaient de valeur de 12,000 écus,
qui étaient 2,000 écus de plus qu'elle ne les avait fait valoir,
dont la moitié faisant mille écus devait être par elle rendue à
ladite damoiselle Arod, sa sœur, et encore la somme de 500 écus
ou environ que ledit seigneur Arod, son mari, avait avancée pour
le procès qu'elles avaient eu contre Combas, en suite de la poursuite qui avait été faite, à leur requête, contre le feu capitaine
Tourbes. Ladite damoiselle de Varennes disait que ladite maison
de Glétains et héritages à elle advenus ne valaient que ladite
somme de 10,000 écus, à cause des grands troubles qui avaient
été audit pays pendant 10 ou 12 années et qui n'étaient bonne-
ment cessés et ladite année 1600, ains furent aucunement lors
rallumés, à cause de la guerre de Savoye, province voisine dudit
pays de Dombes, qui causait une nécessité et une rareté
d'argent, et par conséquent une vilité du prix des héritages; et,
en effet, si lors elle eut eu ladite somme de 10,000 écus comptant,
pour employer en fonds audit pays de Dombes, elle en eut pu
avoir deux pareilles seigneuries à celle de Glétains, voire plus,
et que ce sont choses tant véritables qu'il n'y a personne de ceux
qui ont mémoire des misères de ce temps-là, qui en doute, et
que c'est le succès d'un meilleur temps et le bon entretien que
l'on y apporte du depuis, et même pendant sa viduité, qui fait
que lesdits biens pourraient, par aventure, être maintenant appré-
ciés à quelque chose de plus qu'ils n'eussent été lorsqu'ils sor-

taient desdits troubles et des mains des fermiers auxquels leur tuteur avait été contraint de les fier pendant l'espace de 14 ou 15 ans. Par un accord fait le 11 mai 1619, au chastel de Montmellas, en présence de noble M. maître Jehan du Sauzey, seigneur de Vauregnard, et Praveins, receveur des aides et tailles de Beaujolais, de maître Pierre Milland, procureur d'office audit Montmellas, et de maître Loys Sallaye, procureur audit lieu, le dit Jehan-Jacques Arod, en son nom et en celui de sa femme, approuve le partage du 17 octobre 1600.

Par contrat de 1618, noble Pierre de Bressieu, sieur de Beaucroissant vendit à noble Charles de Rostain, de Valence, la maison forte de Ruynel, au mandement de Crespol, en Viennois, avec les fonds en dépendant, sous la condition que si dans 3 ans ledit sieur de Beaucroissant n'avait fait purger les hypothèques qui pourraient être sur lesdits biens, juger et terminer le procès de générale discussion des biens et hoirie de feu messire Jehan de Gaste, seigneur de l'Aubépin et de la maison forte de Ruynel comprise dans ladite hoirie, pendant par devant le vi-bailly de Graisivaudan contre noble Jehan-Jacques Arod, baron de Montmelas, et damoiselle Diane de Claveyson, fille et héritière de feu noble Françoys de Claveyson, seigneur de Pernans, les dits sieurs de Montmelas et de Pernans, héritiers bénéficiaires de feu Claude de Gaste, qui était de même héritier bénéficiaire de feus Jehan et Philibert de Gaste, que ledit de Rostain se pourrait départir de ladite vente et restituer les choses vendues audit sieur de Beaucroissant, et répéter d'icelui la somme qu'il se trouverait avoir reçue, à cause de ladite vente; lesdits 3 ans passés, ledit de Rostain, voyant que ledit procès était encore au même état, aurait restitué audit de Beaucroissant ladite maison forte de Ruynel et les susdits fonds, et retiré la somme de 3,000 livres par lui baillée, en diminution dudit prix, ce qui aurait été fait par le moyen d'Alexandre de Gilliers, lequel ledit de Beaucroissant aurait subrogé à la place dudit de Rostain, lequel de Gilliers serait ainsi entré en jouissance de ladite maison-forte de Ruynel et ses dépendances, moyennant ladite somme de 3,000 livres, par contrat du 16 octobre 1622. Depuis ledit de Gilliers disait avoir fait plusieurs réparations de notable valeur en ladite maison de Ruynel et aux susdits fonds, sans que le procès de discussion ait été terminé. Ledit de Gilliers s'adresse alors audit sieur de Montmelas pour savoir les droits qu'il pouvait prétendre sur lesdits biens, celui-ci étant très éloigné de Grenoble, où se jugeait ledit procès, fait la transaction suivante avec ledit de Gilliers, par devant Mathieu Guynand, notaire tabellion à Lyon, en cette ville, dans le logis où pend pour enseigne le Petit-More, paroisse Saint-Paul, le 1er avril 1625. Ledit de Gilliers payera ou fera payer à Lyon, en la maison de Philippe et Luc Sève, marchands bourgeois à Lyon, demeurant rue de Flandres, paroisse de Saint-Paul, audit sieur de Montmelas la somme de 4,000 livres. le jour feste Saint-Martin d'hiver en un an, l'an 1626, avec 75 livres pour les profits de ladite somme, plus 200 livres. Moyennant ce, ledit seigneur de Montmelas cède audit sieur de Gilliers tout ce qu'il peut prétendre sur les biens et hoiries desdits Claude, Philibert et Jehan de Gaste, au pays de Dauphiné et les prétentions qu'il peut avoir contre Diane de Claveyson. Jusqu'au payement de ladite somme, il se réserve l'hypothèque expresse sur ladite maison-forte de Ruynel, terres, rentes, domaines en dépendant et autres choses par lui cédées.

Michel-Anthoine Scarron, écuyer, sieur de Vaure, garde du petit scel royal de la sénéchaussée de Lyon, fait savoir que, le 3 septembre 1625, à Lozanne, maison du sieur de Montmelas, en présence de vénérable et discrette personne messire Philibert Pacot, chevalier en l'église de Lyon, chanoine et chantre de l'église Notre-Dame de Fourvières, et de maître Pierre Millan, procureur d'office de Montmelas, sieur Louys Le Normand-Guérin, marchand, ouvrier en draps de soie, demeurant à Lyon, et damoiselle Benoiste Maillet, sa femme, cèdent à Jehan-Jacques Arod, baron de Montmelas, une rente noble acquise par défunt noble Alexandre de Glettains, sieur de Rancé, premier chanoine en l'église Saint-Paul de Lyon, de Jehan de Foudras-Ballarin, écuyer, seigneur du Pin, et le droit de patronage et collation de la chapelle et prébende fondée par ledit sieur de Glettains en l'église paroissiale de Lozanne. Les dits mariés Le Normand-Guérin se réservent, pour eux et les leurs, de pouvoir prendre place en ladite chapelle avec ledit seigneur de Montmelas et ceux de sa maison, après qu'ils seront placés en icelle, Ces biens faisaient partie d'un légat fait par ledit défunt sieur de Glettains à noble et égrège personne messire Pierre Maillet, docteur ès droits, sieur et prieur de Saint-Romain-en-Jarestz, custode de Sainte-Croix et official de Lyon, par son testament du 10 janvier 1619, et depuis donné par ledit Maillet aux dits mariés Le Normand-Guérin, par leur contrat de mariage du 18 novembre 1624.

Jehan-Jacques Arod, écuyer, seigneur de Montmallas, Ars et Selfavre, testa à Lyon le 2 mars 1626; il élit sa sépulture en l'église paroissiale de Cogny, au tombeau de ses prédécesseurs; demande, le jour de sa sépulture, 20 messes en ladite église, savoir 3 grandes messes à diacres et sous-diacres, de l'office des trépassés, et les autres 17 messes basses; le même service sera réitéré à sa quarantaine et à la fin de l'année; ou payera 20 sols pour chaque messe haute et 10 pour chaque messe basse. Il demande une aumône à Montmalas, le jour de son enterrement, de vin, blé, fèves et argent, à tous les pauvres qui se présenteront ledit jour; veut être fait à perpétuité, par ses héritiers et leurs successeurs, une aumône de 2 ânées seigle, 2 bichets fèves, 2 ânées vin, mesure dudit Montmalas, 50 livres lard salé et 10 livres en argent lesquelles choses seront délivrées annuellement et perpétuellement par ses héritiers et leurs successeurs au lieu de Salfavre ou Montmalas, au choix des dits héritiers, chacun jour de mardi prochain suivant les jour et fêtes solennelles de Pâques de chaque année à perpétuité; lègue au curé de Cogny et à ses successeurs en ladite cure certain bois qui était autrefois de maître Anthoine Merlin et une pension annuelle et perpétuelle de 100 sols tournois, à la charge de célébrer à perpétuité au grand autel de l'église du dit lieu 4 grandes messes, savoir l'une le mardi après Pâques et les 3 autres à tel jour que ledit testateur se trouvera décédé, comme encore tous les dimanches et fêtes solennelles de chanter un *Requiem* et un *Salve* après la grand' messe parrochialle sur le tombeau dudit testateur; il lègue à nobles Alexandre, Guillaume, Jehan et Louys Arod et à damoiselles Claudine, Barbe, et Ysabeau Arod, ses fils et filles et aux enfants posthumes qu'il pourra avoir de son mariage avec Chrestienne de Glétains, son épouse, à chacun 3.000 livres, lègue à damoiselle Catherine Arod, sa fille, femme de Charles de Marette, écuyer, sieur de Saint-Agnieu et Rubaud ou à ses enfants, à son défaut, 30 livres, outre sa constitution de dot; à dame Christienne Arod, sa fille, religieuse au couvent de Saint-Martin de Salles, 30 livres, outre la pension viagère à elle accordée lors de son entrée et réception au dit couvent. Il institue héritière universelle la dite damoiselle Chrestienne de Glétains, son épouse bien-aimée, à la charge de passer son hoirie à un de leurs fils, le dit Guillaume Arod de préférence, auquel il substitue ses autres fils d'aîné en aîné, savoir Jehan, Louys, Alexandre, chanoine en l'église collégialle Saint-Paul de Lyon.

Le 20 novembre 1633, fut passé au château de Montmelas le contrat de mariage de damoiselle Claudine Arod, fille de Jehan-Jacques Arod et de Christine de Glettains, par lequel son père lui constitua 6.000 livres et sa mère 2.000. plus 2 robes et 2 jupes de soie.

Une sentence fut rendue, le 29 mai 1634, par le bailliage de Graisivaudan séant à Grenoble, entre Jehan-Jacques Arod et Diane de Claveyson, dame de Pernans, se disant héritière sous bénéfice d'inventaire de Jehan Gaste, seigneur de l'Aubespin, par le moyen de Claude Gaste, seigneur d'Ars, son frère. La Cour ordonne que dans le mois tous les biens dépendant de l'hoirie de Jehan Gaste soient mis en vente. Dans cette sentence sont mentionnés noble Alexandre de Gilliers, sieur de Ruinel; maître Charles de la Court, procureur au siège de Romans; noble Pierre de Bressieu, sieur de Beaucressant; noble Nicolas de Langon; damoiselle Anne de Costaing, veuve et héritière universelle de noble François Coste, conseiller du Roi et maître ordinaire en sa chambre des comptes de Dauphiné; damoiselle Marguerite de Rostaing, dame de Miribel, fille de feu noble Guigues-Antoine de Rostaing; damoiselle Marguerite de Clermont, veuve de noble Aymard Gruel, sieur de Fontagier; damoiselle Geneviefve de Diacette, dame de Montchenu ; noble Anthoine de Solignat, sieur d'Artennay ; feu noble Philibert de Gaste, conseiller du Roi au parlement de Dauphiné; noble François Allemand, sieur de la Levrettière; damoiselle Lionnette de Boniface, mère de noble Claude Gaste, sieur d'Ars, laquelle testa le 10 mars 1552 ; Claude, Jehan et Philibert Gaste, frères ; noble Sébastien de Monteux.

Le 17 novembre 1635, au Camp de Lay-le-Bar, au pays de Lorrayne, Alexandre de Bonne, comte d'Auriac et de Tallard, conseiller du Roi en ses conseils d'Etat et privé, maréchal de camp es armées de Sa Majesté, son lieutenant général au gouvernement de la ville de Lyon, pays de Lyonnois, Forest et Beaujollois et commandant MM. de la noblesse convoqués pour le service de Sa Majesté ès dites provinces et en celles de Limagne, Auvergne, Berry et Tourayne en son armée de Lorrayne, certifie que Jehan Nami, écuyer, sieur de la Foretz, a, pour et en place de Jehan-Jacques Arot, seigneur de Montmellas, en Beaujollois, continuellement et actuellement servi Sa dite Majesté dans la trouppe de la noblesse de Beaujollois, monté, armé et équipé selon la qualité dudit sieur de Montmellas et de lui, et conformément aux édits et ordonnances de Sa dite Majesté, et ce dès le despart de la ville de Belle-Ville le 8e jour d'aoust dernier, où ladite noblesse fut convoquée et enrolée le 5e dudit, sans avoir depuis, en façon quelconque, ni pour cause et prétexte que ce soit été, quitté ni abandonné ladite troupe jusques à ce jourd'huy qu'après que ledit sieur de la Foretz a eu entièrement servi le temps porté par les ordonnances et que généralement toute la noblesse servant dans ladite armée a été lissentiée, il donne congé audit sieur de la Foretz de se retirer de ladite armée en telle part que bon lui semblera, lui ayant, à ces fins, fait expédier un certificat, pour lui servir et audit sieur de Montmelas de témoignage dudit service.

Jehan-Jacques Arod et Christine de Glétains, par le contrat de mariage, du 26 juin 1636, de leur fils Guillaume avec Claudine de Chalmazel, l'instituèrent leur donataire universel, sous certaines charges.

Jehan-Jacques Arod, seigneur haut justicier de Montmelas, testa de nouveau, le 30 juillet 1637. au chastel de Montmelas, en présence de maître Jehan de Phélines, docteur en droits, avocat en parlement, juge ordinaire civil et criminel en la juridiction de Montmelas, et de maître Benoist Cusin, notaire royal, procureur au bailliage de Beaujolais et lieutenant dudit Montmelas. Il élit sa sépulture en l'église paroissiale de Cogny, au tombeau de ses parents trépassés et prédécesseurs ; lègue au curé de Cogny et à ses successeurs curés dudit lieu 300 livres, pour dire tous les ans à perpétuité dans ladite église de Cogny, au grand autel, 4 messes eucharistiales à diacre et sous-diacre, de l'office des trépassés. de la Vierge Marie, du Saint-Esprit et du Corps de Dieu, savoir à commencer le premier jour de mai Saint-Jacques et Saint-Philippe, le jour Saint-Jehan-Baptiste, le jour Notre-Dame de My-Août et le jour Saint-Jehan-l'Evangéliste après Noel, avec un *Requiem* et suffrages accoutumés sur la dite tombe du dit seigneur ; lègue à l'église de Montmelas 100 livres et 2 milliers de tuiles, pour la réparation de la dite église ; lègue à Pierre Sallaye, son serviteur, 30 livres, y compris ses gages, pour lui faire apprendre un métier ; à dame Isabeau Arod, sa fille, religieuse au couvent Sainte-Ursule de Villefranche, 60 livres, outre ce qu'il lui a donné par le contrat de mariage entre Guillaume Arod écuyer, son fils et damoiselle Claude de Chalmazel, la dite somme payable après sa profession au dit couvent ; à Alexandre Arod, écuyer, chanoine de l'église Saint-Paul de Lyon, a dame Christine Arod, religieuse au couvent Saint-Martin de Sales, à dame Catherine Arod, femme de messire Charles de Mareste, seigneur de Saint-Agnieu, à damoiselle Claude Arod, femme de messire Jehan de la Garde, à damoiselle Barbe Arod, à Jehan Arod et Louys Arod, à chacun des dits susnommés ses enfants, la somme de 5 livres, outre les constitutions et légats à eux ci-devant faits par le dit testateur. Il institue héritière universelle dame Christine de Glétains, sa femme, à la charge qu'à la fin de ses jours elle disposera de l'hoirie du dit testateur au profit de ses enfants, fils ou filles, tel que bon lui semblera et qui lui seront les plus obéissants.

Noble Jehan-Jacques Arod, baron de Montmelas, seigneur de Serfavre, en Beaujolais, et d'Ars en Burzy, pays de Lyonnais, et damoiselle Christienne de Glétains, sa femme, testèrent ensemble, le 8 février 1639, dans leur maison de Lozanne-d'Azergues, pays de Lyonnais; ils avaient fait donation entre vifs de 5.000 livres tournois à noble Guillaume Arod, leur fils, par son contrat de mariage avec damoiselle Claudine de Chalmazel. Ils élisent leur sépulture dans le chœur de l'église parrochialle de Cogny, au vas et tombeau des parents prédécesseurs dudit seigneur de Montmelas le plus honorablement que faire se pourra, selon leur qualité, veulent que le jour de leur sépulture, le quarantième après et l'an révolu soit célébré, chacun desdits jours, le divin service et office des trépassés, savoir 14 messes basses heucaristialles et une grande messe à diacre et sous-diacre et pour icelles être payé aux prêtres qui célébreront lesdites messes et offices audit lieu, outre leur réfection corporelle, 10 sols; le jour de l'enterrement de chacun d'eux sera fait aumône générale à toutes personnes qui la voudront recevoir de 6 deniers, du pain, vin et des fèves à chacun; afin qu'il soit continuellement prié Dieu pour le salut de leurs âmes et de leurs parents trépassés, ils veulent que leur fils et héritier universel et ses successeurs soient tenus de faire célébrer, chacun an, à perpétuité, par le curé dudit lieu de Cogny, 8 grandes messes heucaristialles, savoir : 2 du Saint-Esprit à l'autel de la chapelle de Notre-Dame du Rosaire, le lendemain et le jour suivant des fêtes de la Pentecoste, et les 6 autres de l'office des Trépassés au grand autel de ladite église de Cogny, le lendemain des fêtes Notre-Dame de mi-août, Nativité Saint-Jehan-Baptiste, Saint-Jehan-l'Evangéliste, Saint-Jacques et Saint-Philippe, Sainte-Christienne et des trépassés de chaque année, comme encore à chaque jour de dimanche, annuellement et perpétuellement, faire dire par ledit curé, à haute voix, un *Libera me* sur leur tombeau, avec l'oraison accoutumée pour les défunts, le tout pour le salut de leursdites âmes et de leursdits parents trépassés, pour la dotation desquelles messes lesdits testateurs veulent être payé par leurdit héritier et ses successeurs audit curé qui célèbrera lesdites messes et *Libera me*, chacun an, une pension annuelle et perpétuelle de 15 livres, au sort principal de 300 livres, et ce outre un bois sis audit lieu de Cogny, que lesdits testateurs lui ont ci-devant donné verbalement; lèguent à chacun de leurs autres enfants naturels et légitimes, outre ce qu'ils leur ont déjà donné : à noble Alexandre Arod, chanoine en l'église collégiale Saint-Paul de Lyon, 150 livres; à damoiselle Catherine Arod, femme de noble Charles de Mareste, seigneur de Sontagnieu, en Savoie, 30 livres; à damoiselle Claudine Arod, femme de noble Jehan du Puys, seigneur de la Garde, en Dauphiné, 30 livres; à dame Cristienne Arod, religieuse du couvent de Saint-Martin de Salles, en Beaujolais, 30 livres; à dame Yzabeau Arod, religieuse du couvent de Sainte-Ursule de Villefranche, 60 livres; à noble Jehan Arod, 1.000 livres; à noble Louys Arod, 300 livres; à damoiselle Barbe Arod, 1.000 livres. Ils lèguent à noble Jehan-Jacques de Mareste et damoiselle Christienne de Mareste, fils et fille des susnommés seigneurs mariés de Sontagnieu, fillioud et filliolle desdits testateurs, et à noble Charles du Puys, fils desdits seigneurs mariés de la Garde, à chacun d'eux 100 livres. Ils instituent héritier universel ledit noble Guillaume Arod, leur fils,

Le 27 octobre 1639, à Villefranche, Jehan de Chappon, écuyer, seigneur de la Bottière, commissaire député par monseigneur d'Halincourt, pour la recette des taxes du ban et arrière-ban, confesse avoir reçu de M. de Montmelas 75 livres pour sa taxe pour son fief de Montmelas, à cause dudit ban et arrière-ban.

Jehan-Jacques Arod, seigneur de Montmelas et Ars, damoiselle Christine de Glétains, sa femme, et Guillaume Arod, leur fils, seigneur desdits lieux, avertis du décès de messire Estienne de Glétains, prêtre, curé de Lymonès, prébendier d'une chapelle ou commission de messes fondée par feu noble Anthoine d'Ars, dans l'église de Lyon, sous le vocable de Saint Anthoine et Saint Yves, donnent, le 10 septembre 1643, étant en leur château de Montmelas, ladite prébende à messire Guillaume Chappuis, prêtre, sous-maître de l'église Saint-Jehan de Lyon.

Le 16 mars 1645, au chastel de Montmelas, en présence de maître Claude Chanpil, adjoint royal aux enquêtes de Beaujolais, de Laurent Chanpil, son fils, et de maître Charles Calemard, châtelain de Montmelas, résidant en la paroisse de Cogny, Jehan-Jacques Arod, écuyer, seigneur de Montmelas, et dame Christine de Glétains, son épouse, se souvenant d'un testament mutuel qu'ils firent ci-devant, l'approuvent, sauf pour un legs de 1.000 livres qu'ils firent à feu Jehan de Arod, leur fils, et qu'ils passent à damoiselle Barbe de Arod, leur fille, outre ce qu'ils lui ont légué par leur testament et donation de leurs biens a Guillaume de Arod, leur fils; ils lèguent aux trois enfants de Jehan du Puis, écuyer, sieur de la Garde, et de damoiselle Claudine de Arod, leur fille, la somme de 300 livres, qu'ils avaient léguée par leurdit testament à Louis de Arod, leur fils décédé ; lèguent aux deux filles qui sont de présent des seigneur et dame de Saint-Agnieu, l'une appelée Crestine, qui est filleule de ladite dame de Montmelas, à chacune 100 livres; a la charité des Pauvres qui s'établit à Villefranche, 150 livres, à la charge d'un *Requiem* et d'un *Salve* à la fin des messes qui se célèbreront les dimanches et fêtes solennelles, à la mémoire desdits seigneur et dame et de les faire inscrire dans le livre de ladite charité; veulent que la fondation qu'ils ont faite au profit du curé de Cogny par leurdit testament mutuel sorte son plein et entier effet pour la somme de 300 livres mise en un fonds, et jusqu'à ce qu'il soit payé, chacun an la rente de 15 livres. Pour institution de leur héritier universel nomment Guillaume de Arod, leur fils, à charge de remettre le tiers de ladite hoirie à Alexandre de Arod, leur petit-fils et fils dudit Guillaume, et le reste de ladite hoirie sera partagé également entre les fils et filles dudit Guillaume.

Jehan-Jacques Arod, écuyer, seigneur de Montmelas, dame Cristine de Glétains, sa femme, et Guillaume d'Arod, baron de

Montmelas, leur fils et donataire, d'une part ; et Jehan de Varennes-Rapetou, écuyer, seigneur de Glétains, d'autre, firent, le 12 juillet 1646, au chastel de Montmelas, en présence de messire Jehan de Champier, seigneur et baron de Juis, bailli de Beaujolais, de Jehan de Gaspard, écuyer, seigneur du Sou et du Bruel, et d'Anthoine de Vaulrion, écuyer, seigneur du dit lieu et de la Bernardière, un accord concernant un droit de main-morte sur un fonds venant de l'hoirie de M. de Glétains, premier chanoine de Saint-Paul de Lyon, et situé dans la paroisse du Plantey, en Bresse.

Le 5 juillet 1649, Jehan-Jacques Arod, écuyer, seigneur de Montmelas, et dame Cristienne de Glettains, son épouse, étant au chastel de Montmelas et se souvenant d'avoir fait un testament mutuel le 8 février 1639, font un codicille; ils avaient légué mille livres à feu Jehan d'Arod, leur fils, et les passent à damoiselle Barbe d'Arod, leur fille, ils lui donnent de plus 600 livres ; lèguent aux trois enfants de Jehan du Puys, sieur de la Garde, et de damoiselle Claudine d'Arod, leur fille, la somme de 500 livres, en y comprenant 300 livres qu'ils avaient léguées par leur dit testament à Louys d'Arod, leur fils décédé ; lèguent à la charité des Pauvres qui s'établit à Villefranche 150 livres, à la charge par le prêtre desservant la dite charité de dire une fois, chaque premier dimanche de chaque mois, à perpétuité, un *Salve Regina*, un *Redemptor* et un *Requiem*, à haute voix, à la mémoire des dits codicillants et leurs parents et amis trépassés ; veulent que la fondation qu'ils ont faite, au profit du curé de Cogny, par leur dit testament mutuel, sorte son plein et entier effet pour la somme de 300 livres. Pour institution de leur héritier universel nomment Guillaume d'Arod, leur fils, à condition qu'après son décès le reste de leur hoirie arrive à ses enfants par égales portions ; ils révoquent le codicille qu'ils avaient fait le 16 mars 1645.

Messire Jehan-Jacques d'Arod, seigneur et baron de Montmelas et dame de Glétains, sa femme assistèrent le 17 janvier 1651, au château de Montmelas, au contrat de mariage de leur fille Barbe d'Arod de Montmelas avec Claude de Donjon, écuyer, seigneur de l'Hopital, en Bresse, et de Faigne, au Franc-Lyonnais. Le dit seigneur de Montmelas essaye de signer et ne le peut à cause de la débilité et faiblesse de ses membres.

Défunt messire Alexandre de Glétains, premier chanoine de l'église de Saint-Paul de Lyon, quelque temps avant son décès, fit son testament par lequel il institua damoiselles Anthoinette et Cristine de Glétains, ses nièces, ses héritières particulières, chacune par moitié. Ledit chanoine mort, sesdites nièces partagèrent son hoirie par moitié, ladite Cristine procédant de l'autorité de Jehan-Jacques Arod, seigneur de Montmelas, son mari, et ladite Anthoinette, comme veuve de noble Anthoine de Rapetour ; celle ci eut les biens situés en la paroisse du Plantey, pays de Bresse, et celle-là ceux situés en la paroisse de Lozanne, pays de Lyonnais. Ceux du Plantey valant plus, ladite Anthoinette créa en faveur de sadite sœur une pension annuelle de 50 livres au sol principal de mille livres. Aussitôt après le décès de ladite Anthoinette, le sieur comte de Bolligneux fit appeler le seigneur de Varennes-Rapetour, fils de ladite Anthoinette pardevant ses officiers aux fins de se voir condamner à lui relâcher les fonds dépendant de sa directe et sujets à main-morte. Ledit sieur de Varennes-Rapetour se présenta et fit renvoyer l'affaire aux requêtes du parlement de Dijon, où fut assigné, à sa demande, ledit seigneur de Montmelas. Celui-ci ne comparut pas, mais transigea avec ledit seigneur de Varennes-Rapetour, s'engageant à supporter la moitié des charges de cette affaire. En même temps arriva le décès dudit seigneur de Varennes-Rapetour, chargé de quelques enfants pupilles auxquels aurait été décerné, par autorité de justice, leur tuteur et curateur de la personne du seigneur d'Arcy, leur grand père. Incontinent après le décès dudit seigneur de Varennes, arrêt fut donné aux requêtes du palais dudit parlement de Dijon. Pour éviter les frais du voyage du commissaire député et ceux qui se pourraient ensuivre, lesdits seigneurs de Montmelas et d'Arcy transigent, en 1653, avec ledit seigneur comte de Bolligneux et lui relâchent les fonds sujets à sa demande de main-mortable. Les héritiers de ladite Anthoinette de Glétains se trouvant ainsi lésés, on demande si on ne pourra pas procéder à un nouveau partage, en déduisant de part et d'autre ce que chacun aura payé, en acquittement dudit défunt seigneur de Glétains.

Dix enfants nés du mariage de Jehan-Jacques Arod avec Chrestienne de Glétains sont connus, savoir :

1° Guillaume Arod, qui suit.

2° Noble, messire Alexandre d'Arod de Montmelas, prêtre-chanoine en l'église de Saint-Paul de Lyon, prieur de Saint-Saturnin ou Saint-Sorlin-le-Puis, curé de Cogny, seigneur de Pierrefillant.

Par son testament du 20 avril 1605, sa mère l'institua son héritier universel pour un tiers.

Le 5 janvier 1621, Jehan-Jacques Arod, seigneur de Montmelas et d'Ars, collateur ordinaire de deux prébendes fondées l'une en l'église de Lyon et l'autre en l'église parrochiale de Lymonez, en la chapelle dudit Ars par le feu seigneur d'Ars, averti de la démission de messire Estienne de Glétains, ci-devant prébendier desdites prébendes, de celle fondée en l'église de Lymonnez, la confère à sondit fils, noble Alexandre Arod, chanoine en l'église Saint-Paul de Lyon ; cet acte fut passé au bourg de Cogny.

Le 20 janvier de la même année, se présente dans l'église parrochialle de Lymonnès messire Jehan d'Assier, curé dudit lieu, lequel prie messire Jehan Plassard, vicaire dudit lieu, de le vouloir mettre en la vraie, réelle et actuelle possession de la chapelle ou prébende sous le vocable Sainte-Catherine, autrement appelée la Chapelle d'Ars, au nom de noble Alexandre Arod ; ce que ledit Plassard exécute. Le 26 mars suivant, ledit Alexandre Arod, étant en ladite église de Lymonez, assisté et accompagné de messire Anthoyne du Voldy, curé de Cougny, en Beaujolais, celui-ci le met en possession de ladite prébende, avec toutes les solennités requises et accoutumées. Par son testament du 2 mars 1626, Jehan-Jacques Arod légua 3.000 livres audit Alexandre Arod, son fils.

Ses père et mère lui donnent 3.000 livres, par le contrat de mariage, du 26 juin 1656, de son frère Guillaume avec Claudine de Chalmazel.

Son père testant le 30 juillet 1637, lui donne 5 livres, outre ce qu'il lui a constitué précédemment.

Le 12 octobre 1638, il est parrain à Cogny de son neveu Alexandre, fils de Guillaume Arod et de Claudine de Chalmazel.

Par leur testament mutuel du 8 février 1639, ses père et mère lui lèguent 150 livres.

Le 25 mai 1642, Jehan-Jacques Arod, seigneur de Montmelas et Ars, héritier testamentaire de feu noble Claude Gaste, seigneur du dit Ars, Christine de Glétains, sa femme, et Guillaume Arod, leur fils, patrons et collateurs des chapelles ou commissions de messes fondées par feu noble Anthoine d'Ars, comte et chanoine de Lyon, avertis du décès de messire Etienne de Glétains, prêtre et curé de Lymonez, prébendier des dites commissions de messes, donnent ce bénéfice à messire Alexandre de Arod, prêtre et chanoine de Saint-Paul de Lyon, à la charge d'en faire le service.

Les mêmes, le 29 mai suivant, confèrent au dit Alexandre Arod une commission de messes que tenait le dit Estienne de Glétains, qui avait été fondée par le même Anthoine d'Ars dans l'église de Lyon, sous le vocable de Saint-Anthoine et Saint-Yves. Cet acte est passé à Montmelas.

Le 30 mai suivant, en présence de maistre Benoist Basset, receveur aux aides de la généralité de Lyon, Alexandre Arod est mis en possession de cette dernière prébende par messire Jehan Allioud, prêtre perpétuel et sous-maître en l'église Saint-Paul de Lyon.

Vénérable et égrège messire Alexandre Arod de Montmelas, étant à Montmelas, donna, le 10 septembre 1643, sa démission de la dite prébende de Saint-Anthoine et Saint-Yves, fondée en l'église de Lyon.

Le 13 septembre 1647, par acte passé à Lyon, Jehan-Claude de Ville, docteur en théologie, custode de l'église Sainte-Croix de Lyon et provicaire général dans les choses spirituelles et temporelles d'éminentissime et révérendissime seigneur Alphonse-Louis du Plessis de Richelieu, cardinal-prêtre de la Sainte Eglise Romaine, archevêque et comte de Lyon, primat des Gaules, grand aumônier de France, donne provision à maître Alexandre d'Arod, chanoine séculier de l'église collégiale de Saint-Paul de Lyon, de la cure de l'église paroissiale de Saint-Germain de Cogny, pays de Beaujolais, diocèse de Lyon, vacante par la démission de maître Jacques Bernardon, dernier possesseur de la dite cure, qui est sous le patronage de Louis Bernardon, prieur régulier de Denicé, ordre de Saint-Benoît, diocèse de Lyon, à cause du prieuré de Denicé.

Alexandre Arod, curé de Cogny baptise, le 15 mai 1648, Hyérosme Arod, son neveu, fils de Guillaume Arod et de Claudine de Chalmazel, dans l'église paroissiale de Cogny.

Le 8 juin 1648, étant toujours curé de Cogny, il baptise dans la même église son neveu, Gaspard Arod, fils des mêmes.

Le 20 novembre 1648, étant encore curé de Cogny, il baptise, dans la même église François Arod, son neveu, fils des mêmes.

Messire Alexandre Arod, prêtre, écuyer, chanoine de Saint-Paul de Lyon, prieur de Saint-Saturnin-le-Puy et curé de Cogny, est témoin, le 25 avril 1651, au château de Serfavre, du testament de messire Gaspard de Chalmazel, seigneur de Magnieu.

Le 27 juillet 1655, ayant les mêmes dignités, il est parrain en l'église de Genay d'Alexandre de Donjon, fils de Claude de Donjon et de sa sœur Barbe d'Arod de Montmelas.

Une transaction fut faite, le 12 juillet 1662, à Lyon, dans la maison du prieuré de la Platière entre messire Alexandre de Arod de Montmelas, premier chanoine en l'église Saint-Paul de Lyon, et messire Guillaume de Arod, baron de Montmelas, son frère, au dire et avis de messire Melchiol de Arod, conseiller du Roi en ses conseils, baron de Saint-Romain et abbé commandataire de Saint-Léonard de Corbigny, et de messire Guillaume de Rivirie de Coise, prieur de Notre-Dame de la Platière, parents communs des parties. Ledit baron de Montmelas cède, pour ses légitimes, à sondit frère, un domaine et fonds en dépendant situés en la paroisse de Lozanne, un autre domaine et ses dépendances, dit du Piney, en celle de Cogny, avec, sa vie durant, la justice haute, moyenne et basse de sa maison de Pierrefillan et des fonds en dépendant.

Le 2 septembre 1676, Alexandre Arod, pourvu d'une prébende fondée en l'église paroissiale Saint-Germain de Cogny, sous le vocable de Notre-Dame de Pitié, est mentionné comme décédé.

Le 5 octobre 1676, au bourg de Cogny, maison de la prébende Labbe cy-devant appartenant à feu messire Alexandre d'Arod, son prébendier, premier chanoine de Saint-Paul de Lyon et prieur de Saint-Sorlin-le-Puys, en présence de messire Hiérosme d'Arod, écuyer, fils de messire Guillaume d'Arod, écuyer, seigneur et baron de Montmelas, ayant de lui pouvoir, de noble Claude de Puys, sieur du Ronzé, fondé de procuration spéciale de noble Charles du Puys, damoiselles Christine, Barbe et Françoise du Puys, ses frère et sœurs, d'Alexandre de Donjon, écuyer, seigneur de Fagnie, et de sieur Jacques Deleu, habitant à Lyon, fondé de procuration de Jacques de Mareste, seigneur de Rochefort, comte de Saint-Agnieu, lesdits sieurs du Puys et de Donjon faisant encore au nom de damoiselle Christine d'Arod de Richi, tous héritiers purs et simples dudit Alexandre d'Arod, décédé *ab intestat*, il est procédé par un notaire royal en la sénéchaussée et siège présidial de Lyon à la description sommaire des meubles et autres effets mobiliaires de l'hoirie dudit défunt dans ladite maison de la prébende Labbe, dans les vignobles des Mosles et Broccard, au château de Pierrefilan, dans les granges de Chermet et des Estuyres, dans une tuilerie et un moulin dépendant de ladite succession. Le 6 octobre suivant, on se transporte au lieu de Lozanne distant de Cogny de 3 grandes lieues, où il y a des biens dépendant de ladite hoirie, entre autres une maison d'habitation et une petite chapelle.

3° Damoiselle Catherine Arod, mariée à noble messire Charles de Mareste, écuyer, seigneur de Saint-Agnieu, en Savoie, et de Rubaud.

Catherine Arod fut instituée héritière universelle de sa mère, pour un tiers, par son testament du 20 novembre 1605.

Par son testament du 2 mais 1626, son père lui légua 30 livres, outre sa constitution de dot.

Elle reçut 10.000 livres, en dot, par son contrat de mariage du 17 décembre 1633.

Ses père et mère lui firent une donation de 3.400 livres, par le contrat de mariage de Guillaume de Arod, son frère, avec Claudine de Chalmazel, du 26 juin 1636.

Le 17 janvier 1637, à Lyon, en la maison de sieur Joseph Bulioud, rue Saint-Jean, messire Charles de Mareste, seigneur de Saint-Agnieu, en Savoie, tant en son propre et privé nom que comme mari et conjointe personne de dame Catherine de Arod, logé à Lyon au Logis où pend pour enseigne saint Bonnaventure, à la place des Cordeliers, confesse avoir reçu de Guillaume de Arod, fils et donataire de Jehan-Jacques de Arod, seigneur de Montmelas, et de Christine de Glétains la somme de 4.400 livres, savoir celle de 3.400 livres faisant fin et entier payement de la somme de 10.000 livres constituée en dot et mariage par lesdits seigneur et dame de Montmelas à ladite Catherine de Arod, leur fille, par son contrat de mariage du 17 décembre 1633, et celle de 1.000 livres pour reste de celle de 1.207 livres, montant des profits de ladite somme de 3.400 livres, ladite somme de 4.400 livres provenant des deniers reçus par ledit Guillaume de Arod de messire Jehan de Champier, baron de Juis, bailli de Beaujolais, héritier de défunte dame Claude de Champier, dame de la Pie et Saint-Marcel, par les mains de messire Christofle de Chalmazel-Hermite de la Faye, suivant le transport fait par ledit seigneur baron de Juis à damoiselle Claude de Chalmazel contractant mariage avec Guillaume de Arod.

Catherine Arod eut un legs de 5 livres, outre ses constitutions et légats, par le testament de son père du 30 juillet 1637.

Ses père et mère, testant le 8 février 1639, lui léguèrent encore 30 livres.

Le 8 juin 1648, elle fut marraine de son neveu Gaspard, fils de son frère Guillaume Arod et de Claudine de Chalmazel.

4° Noble Jehan Arod.

Par son testament du 2 mars 1626, son père lui lègue 3.000 livres.

Ses père et mère lui assurèrent la somme de 7,000 livres, par le contrat de mariage de leur fils Guillaume Arod avec Claudine de Chalmazel, du 26 juin 1636.

Son père lui légua 5 livres, par un testament du 30 juillet 1637.

Il eut un legs de 1,000 livres, par le testament de ses père et mère du 8 février 1639.

Jehan Arod étant allé au service du Roi, sous la charge du baron de Leignac, au régiment Royal, mourut au siège de Perpignan, au mois d'août 1642.

5° Damoiselle Barbe Arod, mariée à noble Claude de Donjon, écuyer, seigneur de l'Hopital, en Bresse, et de Faigne, en Franc-Lyonnais.

Barbe Arod eut un legs de 3,000 livres, par le testament de son père du 2 mars 1626.

Ses père et mère lui assurèrent 4,000 livres, par le contrat de mariage de leur fils Guillaume Arod avec Claudine de Chalmazel, du 26 juin 1636.

Elle eut un legs de 5 livres par le testament que fit son père le 30 juillet 1637. Ses père et mère lui léguèrent mille livres, par leur testament du 8 février 1639.

Les mêmes, testant le 16 mars 1645, lèguent à la dite Barbe Arod mille livres qu'ils avaient précédemment léguées à feu Jehan de Arod, leur fils décédé, outre ce qu'ils lui ont déjà donné par leur testament et par la donation de leurs biens à Guillaume d'Arod, leur fils.

La dite Barbe Arod fut marraine, à Cogny, le 15 mai 1648, de Hyèrosme Arod, fils de son frère Guillaume Arod et de Claudine de Chalmazel.

Ses père et mère lui léguèrent 600 livres, par un codicille du 5 juillet 1649, outre les 1000 livres qu'ils avaient ci-devant léguées à Jehan de Arod, leur fils.

Le 17 janvier 1651, fut passé au château de Montmelas le contrat de mariage de damoiselle Barbe d'Arod de Montmelas avec Claude de Donjon, écuyer, seigneur de l'Hopital, en Bresse, et de Faigne, au Franc-Lyonnais. Claude de Donjon est assisté, de Baltasard de Granges, écuyer, son cousin ; Barbe d'Arod a l'avis de Guillaume d'Arod, écuyer, baron de Montmelas, son frère. Le père et la mère de la future confirment le don qu'ils lui ont fait, par le contrat de mariage de son dit frère, de la somme de 4,000 livres, avec une robe et une cotte nuptiales, selon sa condition ; ils lui donnent de plus 2,600 livres comprises dans leurs testament et codicille des 8 février 1639 et 5 juillet 1649. L'augment de survie de la future est de 3,300 livres ; celui du futur, de 1.650 livres. La future recevra du futur 600 livres en habits et joyaux.

6° Damoiselle Claudine Arod, mariée à noble messire Jehan du Puis, du Puy ou du Puys, seigneur de la Garde et de la Bastie de Recoing.

Son père lui lègue 3,000 livres, par son testament du 2 mars 1626.

Le 20 novembre 1633, au château et maison forte de Mommalla, en présence de messire Thomas Girin, prêtre et curé en la paroisse dudit Mommallas, de messire Anthoine Camus, écuyer, seigneur d-Arginy, de Jehan de Champier, écuyer, baron de Juif, seigneur de Bionnay et baillif du Beaujolois, de noble Guillaume de Revol, sieur de Servelles, capitaine au régiment de Sault, de noble Jacques de Meffray, seigneur de la maison-forte de la Poype, de noble Jacques-Louis de Cézarges, sieur de la Poype, de noble François de Revol, sieur de la Buissière, de noble Pierre-Jacques de Beauvoir, seigneur de Villeneufve, de maître Pierre Milliand, procureur d'office en la juridiction dudit Mommallas, et de maître Louis Calay, procureur en ladite juridiction, damoiselle Claudine d'Arod fait contrat de mariage, en présence de ses père et mère, avec noble Jehan du Puis, seigneur de la Garde, paroisse de la Bastie de Divisin, ressort du Parlement de Dauphiné. Les futurs époux promettent entre les mains dudit Thomas Girin eux prendre et épouser l'un l'autre en vrais mari et femme. La dot de ladite Claudine est de 8,000 livres tournois, dont 6,000 du chef de son père et 2,000 de celui de sa mère, outre 2 robes et 2 juppes de soie. Le futur donne à la future des joyaux jusqu'à la somme de 1,200 livres ; son augment est de 4,000 livres et celui du futur de 2,000.

Le 31 octobre 1635, un arrêt fut rendu par Jacques Talon, intendant de Dauphiné au profit de Jehan du Puy, pour l'exemption de la taille. Jehan du Puy, sieur de la Garde, avait procès avec les consuls et communautés de la Bastie-Mongascon, Recoing et Charancieu, Voyron et Montferas ; il demandait à être maintenu en la possession des privilèges des anciens nobles, et que les héritages roturiers qu'il possédait avant le 1er janvier 1628 fussent rayés des rôles des tailles desdites communautés ; il avait produit des preuves de sa noblesse remontant à 1488. Claudine Arod reçut de ses père et mère un don de 8,000 livres, par le contrat de mariage de Guillaume d'Arod, son frère avec Claudine de Chalmazel, du 26 juin 1636.

Le 17 janvier 1637, à Lyon, dans la maison d'habitation du sieur Joseph Bullioud, bourgeois de Lyon, en présence dudit Bullioud, de maître Pierre Faure, procureur ès Cours de Lyon, et de maître Benoist Cusin, notaire royal et procureur au bailliage de Villefranche, noble Jehan du Puys, sieur de la Garde et de la Bastie, en Dauphiné, logé à Lyon au logis où pend pour enseigne saint Bonaventure, place des Cordeliers, pour lui et Claudine Arod, sa femme, confesse avoir reçu de Guillaume de Arod, écuyer, fils et donataire de Jehan-Jacques Arod, baron de Montmelas, et de Christine de Glétains, la somme de 4,300 livres, savoir 4,000, en déduction de la somme de 8,000 livres, constituée par les dits seigneur et dame de Montmelas à ladite Claudine de Arod par son contrat de mariage et la somme de 300 livres pour les intérêts jusqu'à ce jour. Il confesse aussi avoir reçu desdits seigneur et dame de Montmelas ci-devant les 2 robes et 2 jupes de soie par eux constituées à ladite Claudine, par le susdit mariage, ladite somme de 4,300 livres provenue des derniers reçus par ledit Guillaume de Arod de messire Jehan de Champier, baron de Juis, par les mains de haut et puissant seigneur messire Christophle de Chalmazel, suivant le transport fait par ledit baron de Juis, à prendre sur ledit seigneur de Chalmazel, par le contrat de mariage dudit Guillaume de Arod avec damoiselle Claude, fille de messire Gaspard de Chalmazel, pour le payement du légat fait à ladite Claude par défunte dame Claude de Champier, dame de la Pic et Saint-Marcel.

Claudine Arod eut un legs de 5 livres, par le testament de son père du 30 juillet 1637.

Ses père et mère lui léguèrent 30 livres, par leur testament du 8 février 1639.

Le 16 juillet 1641, Henry de la Guette, seigneur de Chaze, conseiller du Roi en ses conseils d'Etat et privé, maître des requêtes ordinaires de son hôtel, intendant de la justice, police et finances en Dauphiné, commissaire et juge souverain député par Sa Majesté pour l'exécution de l'arrêt par elle rendu entre les 3 ordres de ladite province le 24 octobre 1639, fait savoir, le 16 juillet 1641, qu'ayant vu l'instance d'entre les consuls et communauté de la Bastie-Mongascon, demandeurs, d'une part ; et noble Jehan du Puy, sieur de la Garde, défendeur en maintenue de noblesse, d'autre, il défend de comprendre celui-ci à l'avenir aux tailles de ladite communauté, vu les preuves de sa noblesse qu'il a données depuis 1488.

Le 25 mai 1642, noble Jehan du Puys, sieur de la Garde, du lieu de la Bastie de Recoin, en Dauphiné, fondé de la procuration spéciale de damoiselle Claudine Arod, sa femme, reconnaît au château de Magnieu-le-Gabion, avoir reçu de messire Guillaume de Arod, baron de Montmelas, donataire de Jehan-Jacques de Arod et de Chrystine de Glétains, ses père et mère, par les mains et des deniers de messire Gaspard de Chalmazel, chevalier de l'ordre du Roi, seigneur de Magnieu-le-Gabion la somme de 4,500 livres, savoir 4,000 pour acquitter complètement la dot de sa femme et le reste pour les intérêts,

Jehan du Puy, seigneur de la Garde et de la Bastie de Recoing, testa le 10 janvier 1647, en présence de noble messire Louys de Revol, prieur de Saint-Genis, de messire Hiérosme Revol, prêtre, curé de Recoing, de noble Abel de Vachon, seigneur de Montferra, de noble Claude de Bergier, seigneur des Abrets et Roybon, et de noble Anthoine de Revol, sieur de la Buissière. Il élit sa sépulture dans l'église dudit Recoing, au tombeau de ses prédécesseurs ; fait un legs à la chapelle de l'église de Recoing, sous le vocable de Notre-Dame ; lègue 3,000 livres à son fils, noble Claude du Puy, sieur du Rosey, sa grange du Rosey, située à Montferra, et s'il prend envie d'aller à la guerre un cheval de la valeur de 100 livres ; il nomme sa femme son héritière universelle. Le 24 mai 1662, Jehan du Puy, seigneur de la Garde, de la Bastie de Divisin et de Recoing, et Claudine Arod, sa femme, reconnaissent avoir reçu de Guillaume Arod, baron de Montmelas, frère de ladite Claudine, la somme de 500 livres léguée à celle-ci par leurs père et mère.

Damoiselle Claudine d'Arod, femme de Jehan du Puy, testa, le 29 mai 1667, à Recoing, dans leur maison d'habitation appelée Authebize. Elle lègue à damoiselles Christienne, Barbe et Françoise du Puy, ses filles, à chacune 1,500 livres nomme héritier universel noble Charles du Puy, sieur d'Hautebize, son fils ; lègue l'usufruit de ses biens à son mari. Elle substitue à son héritier universel, s'il meurt sans postérité, son autre fils noble Claude du Puy, seigneur du Rosey, auquel elle substitue de même ses filles. Elle demande à être enterrée dans l'église de Recoing, au tombeau des prédécesseurs de son mari, lègue 1,800 livres à son fils noble Claude du Puy, sieur du Rozay, qui est dans l'armée royale de France.

Jehan du Puy fit, le 15 juin 1667, son dernier testament valable, par lequel il institua héritier universel son fils Charles du Puy, seigneur d'Aultebize et légua 3,300 livres à son autre fils Claude du Puy, seigneur du Rozay. Jehan du Puy, mourut, laissant beaucoup de dettes.

Le 6 juin 1667, Claudine d'Arod décéda, munie des saints

sacrements de l'église et fut inhumée dans l'église paroissiale de Recoin, comme l'atteste Charreton, curé dudit lieu.

François du Gué, chevalier, conseiller ordinaire du Roi en ses conseils d'État et privé et directeur de ses finances, maitre des requêtes honoraire de son hôtel, intendant de la justice, police et finances de la ville de Lyon, provinces de Dauphiné, Lyonnais, Forez et Beaujolais, commissaire député par Sa Majesté pour l'exécution de ses ordres, par arrêt du 22 mars 1666, étant à Grenoble. certifie, le 16 juillet 1667, que noble Jehan du Puy, seigneur de la Garde, ayant été assigné par devant lui, à la requête de maître Jacques d'Ouvreleul, commis par Sa Majesté à la recherche des usurpateurs du titre de noblesse, en Dauphiné, pour rapporter les titres et pièces justificatives de sa noblesse, il les lui a représentés, et qu'il les a vus, examinés, paraphés et à l'instant rendus audit sieur du Puy, qui par lesdites pièces a suffisamment prouvé sa noblesse.

Le 5 août 1669, noble Jehan du Puy, sieur de la Garde mourut muni des saints sacrements et fut enseveli au-devant de sa chapelle dans l'église de Recoin, comme l'atteste Charreton, curé dudit lieu.

7° Noble Louys Arod.

Par son testament du 2 mars 1626, son père lui légua 3,000 livres.

Ses père et mère lui firent une donation de 3,000 livres, par le contrat de mariage, du 26 juin 1636, de leur fils Guillaume Arod avec Claudine de Chalmazel; il possédait à Lozanne une maison, qui lni avait été donnée par Alexandre de Glétains, son grand oncle maternel; ses père et mère en avaient la jouissance.

Son père testant le 30 juillet 1637, lui légua 5 livres, outre ce qu'il lui avait déjà donné.

Il eut un legs de 300 livres, par le testament de ses père et mère, du 8 février 1639.

En 1642, Louys Arod alla au service du Roi sous la charge du baron de Leignac, au régiment Royal et mourut au siège de Perpignan, au mois d'août de ladite année.

8° Dame Crestienne, Cristienne, Cristine ou Christine Arod, d'abord religieuse au couvent de Saint-Martin-de-Salles, en 1626 et 1639, puis mariée à Anthoine de Richy, *aliàs* Le Riche, bourgeois de Lyon, écuyer, gentilhomme servant chez le Roi.

Par son testament du 2 mars 1626, son père lui légua 30 livres, outre la pension viagère à elle accordée lors de son entrée et réception au couvent de Saint-Martin-de-Salles.

Son père, testant de nouveau le 30 juillet 1657, lui légua de plus 5 livres.

Elle eut un legs de 30 livres par le testament de ses père et mère du 8 février 1639.

Le 23 août 1659, à Lyon, dans l'hôtel de noble Pierre Cholier, avocat ès cours de Lyon, et en sa présence, damoiselle Christine de Harod, majeure et maîtresse de ses droits, confesse avoir reçu de Guillaume Harod, écuyer, baron de Montmelas, son frère, comme héritier de leurs père et mère, la somme de 8,500 livres et celle de 30 livres d'intérêts, pour tous ses droits de légitime et autres à leurs successions.

Le 26 novembre 1664, à Lyon, en présence de maître Charles Calemard, châtelain de Montmelas, Guillaume d'Arod, baron de Montmelas, consent que Cristine d'Arod, sa sœur, femme de sieur Antoine de Richy, bourgeois de Lyon, reçoive de noble Pierre Jarsaillon, conseiller du Roi, receveur des consignations en la sénéchaussée et siège présidial de Lyon la somme de 7,434 livres remises en dépôt audit Jarsaillon par ladite damoiselle d'Arod le 23 août 1659, provenue des droits de légitime de ladite damoiselle ès biens de leur père et mère, et que ladite damoiselle en dispose, ainsi que bon lui semblera. Celle-ci se contente de cette somme pour sa légitime, supplément d'icelle, droits aux successions de ses père, mère, frères et sœurs.

Damoiselle Cristine d'Arod, femme de sieur Anthoine Le Riche,

bourgeois de Lyon, fut marraine, le 30 mai 1667, dans l'église de Saint-Pierre et Saint-Saturnin de Lyon, de son neveu Louis, fils de Guillaume d'Arod et de Claudine de Chalmazel.

Christine d'Arod était, le 5 octobre 1676, co-héritière de son frère Alexandre d'Arod de Montmelas, premier chanoine de Saint-Paul de Lyon,

Le 13 février 1677, à Lyon, au logis où est pour enseigne l'image de la Petite Notre-Dame, rue du Puys du Sel, Anthoine de Richy, écuyer, gentilhomme servant chez le Roi, et Christine de Harod, sa femme, font une transaction sur la sucession dudit Alexandre de Harod, avec les autres co-héritiers, par laquelle le cinquième est attribué à ladite Christine. Celle-ci ne peut signer, à cause de la dislocation du poignet de sa main droite, arrivée par la chute d'un cheval.

9° Damoiselle Ysabeau, ou Elisabeth Arod, religieuse, puis supérieure de Sainte-Ursule de Villefranche.

Elle eut un legs de 3.000 livres, par le testament de son père du 2 mars 1626.

Ses père et mère lui donnèrent 2.000 livres par le contrat de mariage du 26 juin 1636, de leur fils Guillaume Arod avec Claudine de Chalmazel.

Ysabeau Arod était, en 1636, novice aux Ursulines de Villefranche.

Le 23 juin 1637, Jehan de Champier, baron de Juis, bailli de Beaujolais, fait savoir que damoiselle Yzabeau de Arod, ayant fait résolution de quitter le monde et choisir une conversation vertueuse pour y finir ses jours au service de Dieu, à l'effet de quoi elle aurait prié ses père et mère, aussi Guillaume de Arod, baron de Montmelas, leur donataire universel, de lui obtenir l'entrée au couvent de Sainte-Ursule de Villefranche, ce qu'ils auraient fait, et ayant par ladite damoiselle Yzabeau de Arod séjourné quelques mois dans ledit couvent, elle aurait, et avec elle ses père et mère, prié et requis révérende mère dame Françoise de Saint-Gabriel La Clostre, supérieure audit couvent, de la vouloir recevoir et agréger pour religieuse et sœur de chœur en sadite compagnie et des autres religieuses audit couvent, laquelle capitulairement assemblée avec celles-ci et de leurs avis et assistances, après avoir reconnu la fervente dévotion de ladite damoiselle Yzabeau de Arod, l'a librement et capitulairement reçue en leurdite compagnie, pour y finir ses jours sous l'obéissance de ladite mère supérieure et ses successeresses audit couvent, entre les mains de laquelle elle a résigné ses volontés, En considération de cela, ledit Guillaume de Arod, son frère, pour s'acquitter de la légitime qu'il lui doit, promet de la doter de la somme de 2.000 livres, payable dans deux ans, et, en attendant, de lui faire la pension annuelle de 100 livres, de lui fournir l'habit et les cierges nécessaires à sa profession, les médecins et chirurgiens qui la serviront dans les maladies qui lui pourraient survenir et les drogues nécessaires pendant lesdites deux années de son noviciat, le lit et les linges, Si ladite Yzabeau meurt avant la fin de son noviciat, la moitié desdites 2.000 livres sera acquise audit couvent. Cet acte fut passé à Villefranche, au parloir dudit couvent, en présence de noble Jacques Viccard, conseiller du Roi et son procureur en l'élection de Beaujolais, de maître Jehan de Phélines, avocat au bailliage de Beaujolais, de maître Benoist Cusin, notaire royal, procureur audit lieu, de maître Claude Chaccipol, notaire royal et greffier en ladite élection, de Laurens Giliquin, clerc de Villefranche, de sœur Marie de l'Incarnation d'Ossaris, de sœur Suzanne de l'Assomption Langlois, de sœur Ursule du Saint-Esprit Dumont et de sœur Hélène de Jésus Cholier.

Par son testament du 30 juillet 1637, Jehan-Jacques Arod légua à ladite Yzabeau, sa fille, 60 livres, outre ce qu'il lui avait donné par le contrat de mariage de son fils Guillaume avec Claudine de Chalmazel.

Ses père et mère lui léguèrent 60 livres par leur testament du 8 février 1639.

Le 30 juin 1639, par acte passé à Villefranche, au parloir du couvent de Sainte-Ursule, en présence de maître Jehan de

Phélines, avocat en parlement, demeurant a Villefranche, de sieur Aymé Crestien, marchand, et de maître Pierre Valossière, notaire royal, demeurant à Villefranche, vénérable mère dame Françoise de Saint-Gabriel La Clostre, supérieure dudit couvent, assistée des autres religieuses capitulairement assemblées, confesse avoir reçu de Guillaume Arod, baron de Montmelas, la somme de 2.000 livres pour la dot de damoiselle Ysabeau Arod, sa sœur.

Ysabeau Arod était, le 8 juillet 1658, assistante du couvent de Sainte-Ursule de Villefranche, sous le nom de mère Elisabeth de la Sainte-Trinité de Montmelas.

Dans un acte du 12 décembre 1659, elle est qualifiée supérieure dudit couvent.

Elle exerçait encore ces fonctions le 6 mars 1662.

Le 4 mai 1663, dan e Yzabeau d'Arod, religieuse au couvent et monastère de Sainte-Ursule, à Villefranche, reconnaît avoir reçu de messire Guillaume d'Arod, son frère, par les mains de maître Pierre Choignard, notaire royal et procureur d'office de Montmelas, la somme de 60 livres, pour le légat fait à ladite dame par ses père et mère en leur testament du 8 février 1639. Cet acte fut passé à Villefranche, en la maison de damoiselle Jehanne Tholomet, veuve de Louis Bourbon, conseiller du Roi et élu en l'élection de Beaujolais.

10° Noble Jacques Arod.

Il est substitué a sa mère dans la possession des maisons et grangeages situés a Lozanne, mas des Recagnons, légués à celle-ci par son oncle Alexandre de Glétains, chanoine de Saint-Paul, en son testament du 28 septembre 1617.

IX. — Noble GUILLAUME D'AROD, baron de Montmelas, seigneur de Serfavre, Ars, etc., capitaine au régiment de Rébé, marié à damoiselle Claude ou Claudine de Talaru de Chalmazel.

Il fut substitué à sa mère et à son frère Jacques dans la possession des maisons et grangeages situés à Lozanne légués à celle-ci par son oncle Alexandre de Glétains, en son testament du 28 septembre 1617.

Le 1er décembre 1619, fut baptisée par Guillaume de la Roche, curé de Saint-Marcel de Phélines, damoiselle Claudine de Chalmazel, fille à M. de Mainieu et à dame Claude de Champier, sa femme; le parrain fut haut et puissant seigneur messire Claude de Chalmazel; la marraine fut dame Claude de Champier, veuve de puissant seigneur messire Jehan de Chalmazel.

Guillaume d'Arod eut un legs de 3,000 livres, par le testament de son père du 2 mars 1626.

Damoiselle Claude de Chalmazel, par le testament du 5 août 1633 de sa grande tante, dame Claude de Champier, veuve de messire Jehan de Chalmazel, seigneur de la Pie et de Saint-Marcel de Phélines, eut un legs consistant en 12,000 livres et 2 coffres bahuts, l'un façon d'Allemagne et l'autre de pays.

Le 17 février 1636, le cardinal de la Vallette, lieutenant général de l'armée du Roi, étant à Charme, donna congé pour deux mois au sieur de Montmelad (Guillaume d'Arod), capitaine au régiment de Rébé, pour s'en aller chez lui ou à tel lieu que bon lui semblerait et ordonna à ceux sur qui son pouvoir et autorité s'étendait de le laisser librement passer et repasser, sans lui donner ni permettre lui être donné aucun trouble ni empêchement.

Le 26 juin 1636, Guillaume de Arod, écuyer, assisté de messires Charles de Mareste, seigneur de Saint-Agneu, et Jehan du Puis, seigneur de la Garde, ses beaux-frères, d'une part; et messire Gaspard de Charmazel, chevalier, seigneur de Magnieu-le-Gabion et Estein, et damoiselle Claudine de Charmazel, sa fille et de défunte dame Claude de Champier, d'autre, avec l'avis d'illustre messire Anthoine de Gillibertès, seigneur de Lentilly, Rochetaillée, comte et archidiacre de l'église de Lyon, de haut et puissant seigneur messire Christofle de Charmazel, seigneur d'Escotay, Saint-Marcel, la Pie, et de messire Jehan de Champier, baron de Juis, Argy, Bionnay, bailli de Beaujolais, proches parents, oncle et cousin de ladite Claudine de Charmazel, font le contrat de mariage de celle-ci avec ledit Guillaume de Arod. Les futurs promettent recevoir prochainement la bénédiction nuptiale de la main de messire Pierre de la Roche, curé de Saint-Romain de Lyon. Le futur est institué donataire universel de ses père et mère, à la charge de payer à ses frères et sœurs leurs légitimes, constitutions dotales et autres, savoir à dame Catherine Arod, femme dudit seigneur de Saint-Agneux, 3,400 livres; à Claudine Arod, femme du seigneur de la Garde, 8,000 livres; à Alexandre de Arod, chanoine en l'église Saint-Paul de Lyon, 3,000 livres, dont 2,000 du chef de leur père et 1,000 de celui de leur mère; à Jehan Arod 7,000 livres; à Louis Arod 3,000 livres; à damoiselle Barbe Arod 4,000; à Ysabeau Arod 2,000. Les donateurs se réservent l'usufruit de leurs terres d'Ars et Lozanne, ladite maison de Lozanne appartenant en propriété audit Louis, leur dernier fils, comme à lui baillée par noble Alexandre de Glétains, son oncle. Ils se réservent aussi la jouissance de tous leurs autres biens et se chargent de l'entretien des futurs époux et de leur famille; si ceux-ci ne peuvent compatir avec eux, ils résideront dans la maison de Serfavre et jouiront de la moitié de tous les fruits des maisons de Montmallas et Serfavre, payant la moitié des cens et servis et autres charges imposés sur ces biens, la moitié des pensions dues à dame Cristine de Arod, religieuse au monastère Saint-Martin de Salles et de celle faite à ladite Yzabeau, à présent à Sainte-Ursule à Villefranche, jusqu'à sa profession Ledit seigneur de Magnieu-le-Gabion constitue en dot à sadite fille 6,000 livres, 2 robes et 2 cottes, de la somme de 500 livres, savoir de son chef 4,500 livres et lesdits habits, et 1,500 livres pour tous droits maternels et d'un frère décédé de ladite future. Ledit messire Jehan de Champier, seigneur et baron de Juis, héritier testamentaire de défunte dame Claude de Champier, dame de la Pie et Saint-Marcel de Phélines, constitue à ladite future la somme de 12,000 livres à elle léguée par ladite dame de la Pie, en son testament. L'augment de la future, en cas de survie, est de 9,000 livres; le futur lui donne des joyaux pour 2,000 livres. Ce contrat est passé à Lyon, au logis dudit baron de Juis, au cloître Saint-

Jehan, en présence de messire Aymé de Faulquier-Vitrey, comte et primatial en l'église de Lyon, dudit messire de la Roche, curé dudit Saint-Romain, de noble Jehan de Phélines, avocat en parlement, juge de la terre de Montmallas, demeurant à Villefranche, de noble Claude du Rousset, seigneur dudit lieu, de maître André Duguet, conseiller du Roi, lieutenant au grenier à sel de Feurs, en Forest, et de maître Benoist Cusin, procureur au bailliage de Beaujolais, demeurant à Villefranche.

Voici le texte du mariage de Guillaume Arod avec Claudine de Talaru de Chalmazel : « Au nom de la Sainte Trinité, du Père et du fils et du Saint-Esprit. Amen. Je Guillaume Arod prens pour ma femme et loyalle espouse vous Claude de Chalmazel et vous recommande mes bienfaictz et aumosnes. Ainsy que Dieu l'a dict, saint Paul l'a escript et la Loy de Rome le confirme, ce que Dieu a conjoinct, l'homme ne le peut séparer. Donné à Lyon le trentiesme juin mil six cent trente-six par moy curé de Sainct Romain. De la Roche. »

Comme ainsi soit que par le contrat de mariage d'entre messire Guillaume de Arod, écuyer, seigneur de Montmelas, Ars en Bruzi, et damoiselle Claude de Chalmazel, Jehan de Champier, baron de Juis, héritier testamentaire de Claude de Champier, dame de la Pie et Saint-Marcel de Phélines aurait constitué en dot à ladite Claude de Chalmazel la somme de 12,000 livres léguée à celle-ci par ladite dame de la Pie, de laquelle somme de 12,000 livres ledit baron de Juis aurait fait cession et transport audit seigneur de Montmelas à recevoir de haut et puissant seigneur messire Christofle de Chalmazel-Hermite de la Faye, seigneur-baron de Chalmazel, Escotay et Mas, en déduction de ce que celui-ci pouvait lui devoir, en qualité d'héritier de ladite dame de la Pie ; le 4 janvier 1637, à Lyon, dans la maison de sieur Joseph Bullioud, marchand bourgeois de Lyon, ledit Guillaume de Arod confesse avoir reçu réellement en pistoles d'Espagne, quarts d'écus et autre bonne monnaie de Roi ayant cours dudit baron de Chalmazel ladite somme de 12,000 livres de principal et ses intérêts.

Le 17 janvier 1637, en la maison du même Joseph Bullioud, à Lyon, rue Saint-Jehan, Guillaume de Arod, comme donataire de ses père et mère, reçoit de Charles de Mareste et de Catherine de Arod, sa femme, sœur dudit Guillaume, quittance de partie de la dot de celle-ci.

Guillaume Arod fut institué héritier universel de ses père et mère par leur testament du 8 février 1639.

Le 16 septembre 1644, à Lyon, Claude Gourret, maître lormier et carrossier, citoyen de cette ville, promet à Guillaume Arod, demeurant a Serfavre, en Beaujolais, de présent à Lyon, de lui faire une litière garnie de bonne vache forte et doublée de velours rouge cramoisi, les rideaux de même, avec un coffre et une chière garnis de même velours et d'une frange à l'entour des rateaux, au milieu de laquelle litière il y aura un cordon et une houppe soie rouge cramoisie, avec une couverture de treillis. Il fournira et fera les harnais complets, avec le brancard, excepté les mords des mulets ou chevaux, lesquels harnais seront semés de clous couleur d'or, le tout à dire de gens à ce experts et connaissants, et ce pour et moyennant le prix de 450 livres, en déduction de quoi ledit Gourret confesse avoir reçu comptant et réellement en écus au soleil la somme de 150 livres, et ledit sieur Arod promet payer le surplus se montant à 300 livres audit Gourret ou aux siens audit Lyon dans la Saint-Jehan-Baptiste prochain venant,

Par le codicille, du 16 mars 1645, de ses père et mère, Guillaume Arod fut institué leur héritier universel.

Le 12 juillet 1646, Guillaume Arod, de concert avec ses père et mère, fit un accord au chastel de Montmelas, avec Jehan de Varennes-Rapetour.

Guillaume de Arod fut institué héritier universel de ses père et mère par leur codicille du 5 juillet 1649.

Le 17 janvier 1651, Guillaume d'Arod donna son avis au contrat de mariage passé, au château de Montmelas, entre Barbe d'Arod, sa sœur et Claude de Donjon.

Claudine de Chalmazel, femme de Guillaume Arod, eut un legs

de 2,000 livres par le testament, du 13 septembre 1651, de son frère Christophle de Chalmazel.

Vers 1653, Guillaume Arod demanda un nouveau partage des biens donnés par Alexandre de Glétains à Christine et Anthoinette de Glétains, ses nièces ; ledit Guillaume Arod avait été substitué à ladite Christine, sa mère, par le testament dudit Alexandre de Glétains. Il était en procès avec les enfants de feu Jehan de Varennes, lequel était fils de ladite Anthoinette de Glétains, à propos de biens mainmortables attribués à celle-ci, qui avaient été réclamés par le seigneur de Bouligneux.

La terre de Vaulx, en Beaujolais, décrétée sur messire Jehan de Champier et dame Marie Thierry, sa femme, donataire de Gilbert Thierry, avait été adjugée, moyennant la somme de 70,000 livres, le 13 février 1654, à maître Jehan-Baptiste Gueston, conseiller au siège présidial de Lyon ; il est ordonné par la cour, le 21 août 1655, que distribution sera faite de ladite somme entre les créanciers des dits mariés de Champier, parmi lesquels sont nommés Guillaume de Arod, sieur de Montmelas, et Claude de Chalmazel, sa femme ; Jacques Guignard, conseiller en la cour des aides de Vienne, Claude du Saulzey, Pierre Gros, écuyer, sieur de Saint-Joire, Charles Camus, baron d'Argini, Françoise Croppet, les échevins de Villefranche, Anthoine Roussillon, sieur de Combes, Jehan des Champs, prieur de Salles, Catherine Perrachon, George de Villeneufve, Jehan Minet, juge conservateur des privilèges royaux des foires de Lyon, Marie de Masso, Louis Mabiès, Jehanne de Sevelinges, Humbert de Sève, conseiller en la cour, Pierre de Coursay, chevalier, Jehan de Damas, sieur de la Bastie et Lucresse de Champier, sa femme, le couvent de la Visitation de Lyon.

Guillaume d'Arod reçut, le 23 août 1659, de sa sœur Christine d'Arod une quittance de tous ses droits des légitimes de ses père et mère. à Lyon, dans l'hôtel de noble Pierre Cholier, avocat ès cours,

Guillaume d'Arod fit, à Lyon, un traité, le 26 novembre 1664, avec sa sœur Christine d'Arod, femme d'Anthoine de Richy, touchant la légitime de celle-ci.

François du Gué, chevalier, conseiller ordinaire du Roi en ses conseils d'Etat et privé et directeur de ses finances, maître de ses finances, maître des requêtes honoraire de son hôtel, intendant de la justice, police et finances de la ville de Lyon, provinces de Lyonnais, Forez, Beaujolais et Dauphiné, commissaire départi par Sa Majesté pour l'exécution de ses ordres ès dites provinces et en cette partie par arrêt du conseil du 22 mars 1606, étant à Lyon, le 5 avril 1667, certifie que Guillaume Arod, écuyer, seigneur et baron de Montmelas, ayant été assigné par devant lui, à la requête de Jehan Gachot, commis par Sa Majesté à la recherche des usurpateurs du titre de noblesse, lui a présenté ses titres qu'il a examinés et paraphés.

Guillaume de Harod et Claudine de Charmazel firent donation, le 16 avril 1667, à Gaspard de Harod, leur fils, de leur terre et baronnie de Montmelas, sous certaines conditions et avec certaines réserves.

Le 14 novembre 1669, Guillaume d'Arod, baron de Montmelas, Claudine de Chalmasel et Gaspard d'Arod, leur fils, seigneur de Montmelas, étant à Lyon constituèrent, au profit de noble Jehan-Baptiste du Lieu, secrétaire du Roi, ci-devant intendant des portes et maître des courriers à Lyon et pays étrangers, une rente annuelle et perpétuelle de 750 livres, moyennant la somme de 15,000 livres reçue du dit sieur du Lieu, dont 12,823 livres 19 sols payés en leur acquit, à dame Marguerite Charrier, veuve de Jehan Minet, écuyer, conseiller du Roi en ses conseils, président, juge gardien conservateur des privilèges royaux des foires de Lyon, et à Charles Minet, écuyer, seigneur de Marzé, leur fils.

François de Rambaud, écuyer, ayant acheté, le 19 mars 1673, la terre et seigneurie de Champrenard de Gaspard d'Arod et n'en ayant pas payé le prix d'acquisition, une sommation lui est envoyée ainsi qu'à dame Marie Basset, sa mère, à la requête de Guillaume d'Arod, père du dit Gaspard, le 17 février 1674.

Le 2 mars 1674, à Villefranche, en présence de messire Charles

Camus, chevalier, seigneur d'Arginy, de noble Anthoine Morestin et de Claude Cusin, avocats en parlement, Guillaume Arod reconnaît devoir à dom Philibert de Foudras, prieur de Salles la somme de 2,000 livres et 150 livres de pension annuelle, en sa qualité d'adjudicataire de la terre de Champrenard, ensuite acquise par François Rambaud.

Le 20 mars 1675, dame Claudine de Chalmazel donna tous ses biens à son fils Gaspard d'Arod, seigneur de Montmelas, à la charge de remettre 500 écus à chacun de ses fils Alexandre, Hiérosme et Christophle, pour tous leurs droits, de la nourrir et entretenir honorablement, suivant sa qualité et condition, jusqu'à son décès, de la faire ensépulturer décemment, suivant leur rang et degré, en l'église de Cogny, se réservant la somme de 500 livres, pour en disposer à la fin de ses jours. Elle substitue les dits biens successivement, par ordre de primogéniture, à ses autres fils, l'aîné et les autres mourant non mariés. Cette donation fut passée en la maison de Serfavre, paroisse de Cogny.

M. Noyel, commis par Monseigneur l'Intendant pour la recette des taxes faites sur les gentilshommes du pays de Beaujolais, à cause du ban et arrière-ban, étant à Villefranche, le 17 avril 1675, confesse avoir reçu de Guillaume de Arod, écuyer, seigneur de Montmelas la somme de 300 livres, en laquelle il a été taxé par les officiers de ce bailliage au rôle du 9 mars dernier.

Guillaume Arod, seigneur de Montmelas, Ars et Serfavre, patron et collateur laique de la prébende fondée en l'église paroissiale de Cogny, sous le vocable Notre-Dame de Pitié, étant à Cogny, maison et château de Serfavre, le 2 septembre 1676, la confère à Hyérosme d'Arod, son fils, clerc tonsuré.

Le 13 février 1677, messire Guillaume de Harod, baron de Montmelas, étant à Lyon, au logis où est pour enseigne l'Image de la Petite Notre-Dame, rue du Puys du Sel, fit une transaction, avec les autres co-héritiers, au sujet de la succession de messire Alexandre de Harod, chanoine de Saint-Paul de Lyon. Par cette transaction, il lui est attribué un cinquième de cette succession.

Cette transaction fut suivie, le 12 mai suivant, d'un partage par lequel Guillaume de Arod eut pour sa part le domaine du Piney, la tuilière et le cellier Brocard, plus cent livres qui lui furent payées par le co-héritier auquel échut le domaine des Etuiles.

Le 9 juillet 1678, haut et puissant seigneur messire Guillaume de Harod, baron de Montmelas, seigneur de Serfavre et Ars, était veuf de Claudine de Chalmazel et assistait à Lyon, maison de messire Jehan de la Roère, prêtre, docteur en théologie et de M. maître Lambert-Durand de la Roère, avocat en parlement et banquier en cour de Rome, au contrat de mariage de son fils Gaspard de Arod avec Marie de Capponi. Il confirme à son dit fils la donation qu'il lui a faite ci-devant et lui donne toutes les réserves qu'il s'était faites, sous certaines conditions.

Huit enfants sont issus du mariage de Guillaume d'Arod avec Claudine de Talaru de Chalmazel :

1º Messire Alexandre d'Arod, prêtre, docteur en théologie.

Il fut baptisé, le 12 octobre 1638, par M. du Voldy, curé de Cogny, et eut pour parrain et marraine messire Alexandre Arod, chanoine de l'église Saint-Paul de Lyon, et dame Christine de Gléteins.

Par son testament du 16 mars 1645, Jehan-Jacques Arod, son grand-père, le substitua à son père, pour un tiers, comme héritier universel.

Le 3 septembre 1666, à Montmelas, Guillaume d'Arod, pour favoriser le pieux désir de noble Alexandre d'Arod, son fils, du diocèse de Lyon, qui désire de parvenir aux ordres de prêtrise, lui constitue une pension annuelle et viagère de 150 livres sur tous ses biens, aussitôt que celui-ci sera parvenu aux ordres sacrés.

Guillaume d'Arod, étant au château de Montmelas, le 25 novembre 1666, augmente de 150 livres la susdite pension, pour donner moyen au susdit Alexandre d'Arod de subvenir à ses nourriture et entretien jusqu'à ce qu'il soit pourvu de bénéfice.

Le 29 mai 1668, en présence de messire Estienne Rebud le

jeune, prêtre et bénéficier en l'église de Lyon, et de maître Pierre Choigniard, notaire royal en Beaujolais, messire Alexandre de Arod, prêtre, demeurant à Lyon, se présente au-devant de la grande porte de l'église Saint-Jehan de Lyon et remontre à messire Estienne Rebud, prêtre perpétuel en la dite église, qu'il a été pourvu d'une prébende et commission de messes fondée en ladite église par défunt noble Anthoine d'Ars sous le vocable Saint-Anthoine et Saint-Yves, ainsi qu'appert par ses provisions du 27 du dit mois, par messire Guillaume d'Arod, seigneur de Montmelas, son père, patron et collaborateur d'icelle. Ledit Rebud prend par la main ledit messire d'Arod, le conduit dans la chapelle Saint-Raphael, comme la plus proche du lieu où était jadis l'autel Saint-Anthoine et Saint-Yves, où sont fondées lesdites prébendes et le met en possession et jouissance des dites prébendes, ayant ledit Arod baisé l'autel de ladite chapelle et fait toutes les autres cérémonies requises.

Alexandre d'Arod demeurait, le 3 juillet 1668, à Lyon chez la veuve de maître Baltazard Cordellier, notaire royal audit lieu.

Messire Alexandre d'Arod de Montmelas, prêtre, docteur en théologie, considérant exactement depuis plusieurs années, que bien que son père lui ait fait un patrimoine lors de sa promotion aux ordres sacrés, il est en quelque façon obligé de vivre en la maison de celui-ci, et ainsi d'abandonner le cours de ses études et les autres actions de science et de piété où il a été élévé, considérant aussi les grandes affaires dont la maison de son père est chargée et les événements douteux des années, cède son patrimoine, le 25 août 1674, à Gaspard d'Arod, son frère, qui lui constitue une rente viagère de 150 livres par an.

Le 20 mars 1675, Claudine de Chalmazel, étant en la maison de Serfavre, paroisse de Cogny, constitue à son fils, messire Alexandre d'Arod, prêtre, 500 écus pour tous ses droits à sa succession.

Guillaume de Harod faisant, le 9 juillet 1678, le contrat de mariage de son fils Gaspard avec Marie de Capponi, se réserva, entre autres choses, une pension viagère de 100 livres pour son fils Alexandre.

2° Gaspard d'Arod, qui suit.

3° Damoiselle Cristienne d'Arod, religieuse à Sainte-Ursule de Villefranche.

Le 8 juillet 1658, Philippe-Charles de Champier, comte de Juys et de Chigy, bailli de Beaujolais, fait savoir que damoiselle Cristienne d'Arod de Montmelas ayant fait résolution de quitter le monde et choisir une conversation vertueuse pour y finir ses jours au service de Dieu et ayant prié le seigneur de Montmelas, son père, et sa mère de lui obtenir l'entrée et réception au couvent de Sainte-Ursule de Villefranche, ce que lui ayant été accordé et reconnu son zèle et affection pour la religion, à Villefranche, dans le parloir dudit monastère, se sont personnellement établies révérende mère Anne-Marie de Jésus Chappuis, supérieure dudit couvent, mère Elisabeth de la Sainte-Trinité de Montmelas, assistante, mère Magdelayne du Saint-Esprit Simonard, zélatrice, mère Anne de Saint-Alexis Billoud, dépositaire, mère Marie des Anges Henning, discrette, capitulairement assemblées, lesquelles favorisant l'intention et inclination de ladite damoiselle Cristienne d'Arod de Montmelas, à la prière et réquisition de ses père et mère l'ont reçue et agrégée en leur société et compagnie pour religieuse et sœur de chœur audit monastère et en icelui finir ses jours sous l'obéissance de ses supérieures et observance de leur règle, et afin que ladite damoiselle Cristienne ne soit à charge audit couvent, ses père et mère lui ont constitué la somme de 2.000 livres payable au jour de sa profession, et outre ce promettent fournir audit monastère tous les ameublements contenus dans un mémoire, et de payer audit monastère au jour de ladite profession 50 livres en deniers et 25 en bois ; et cependant sera payé pour la pension de ladite damoiselle jusqu'à sa profession, par avance, en deux termes, de 6 en 6 mois, la somme de 120 livres par année. Si ladite damoiselle décède avant sa profession, une partie de sa dot sera acquise audit monastère, ainsi que les meubles. Seront tenus lesdits seigneur et dame de Montmelas de payer audit monastère les secours des chirurgiens, médecins et apothicaires qui seront nécessaires à leur dite fille pendant son noviciat, de payer les étrennes de l'aumônier et de la sœur tourière dudit monastère, à la prise d'habit de ladite damoiselle et la somme de 10 livres par mois, pendant les 3 mois de son approbation. Lesdits seigneur et dame de Montmelas payeront encore audit monastère, au profit de ladite damoiselle Cristienne, la somme de 25 livres, chaque année, pour ses nécessités, à commencer la deuxième année après sa profession. Ladite damoiselle, moyennant ce, renonce à tous droits de successions de ses père et mère.

Sœur Elizabeth de Montmelas, supérieure du couvent de Sainte-Ursule de Villefranche, étant au parloir de ce monastère, reconnaît. le 14 mars 1661, avoir reçu de M. le baron de Montmelas la somme de 60 livres pour la pension de 6 mois de sa fille Cristienne d'Arod.

La même reconnaît avoir reçu du même, le 21 novembre 1661, 60 livres pour la pension d'autres 6 mois de sadite fille.

La même donne, le 6 mars 1662, une semblable quittance au même pour autres 6 mois de pension de ladite Cristienne d'Arod.

Le 26 juillet 1663, à l'issue des vêpres célébrées par les Religieuses du couvent de Sainte-Ursule de Villefranche, damoiselle Cristine Arod de Montmelas fait profession solennelle de religieuse dans le chœur dudit couvent où lesdites religieuses ont accoutumé faire leur office, entre les mains de messire Jehan Monnier, prêtre, étant au-devant de la grille, dans l'église, avec les vœux et autres cérémonies en tel cas requises et accoutumées, en la présence de la dame Billoud, supérieure et autres religieuses et nombre de personnes de l'un et l'autre sexe, tant parents qu'autres, même des seigneur et dame de Montmelas, ses père et mère.

Cristine d'Arod, religieuse professe au monastère, de Sainte-Ursule de Villefranche, étant au parloir dudit monastère, reconnaît, le 9 décembre 1664, avoir reçu de ses père et mère la somme de 50 livres pour la pension annuelle à elle accordée par son contrat de profession.

Par le contrat de mariage, du 9 juillet 1678, de Gaspard d'Arod, son fils, avec Marie de Capponi, Guillaume d'Arod constitua à sa fille Cristine une pension viagère annuelle de 30 livres, en y comprenant celle de 25 livres à elle accordée par son contrat de réception au monastère de Sainte Ursule.

Le 7 novembre 1678, un accord fut passé à Montmelas par lequel Gaspard d'Arod, baron de Montmelas, consentit à payer annuellement à Christine d'Arod, sa sœur, religieuse professe au monastère de Sainte-Ursule de Villefranche une pension de 50 livres, avec 200 fagots de mai et 2 charges à bœufs de gros bois, la veille de chaque fête de Saint-Martin, une demie quarte d'huile de noix, tant que ledit monastère ne pourra fournir à sa nourriture.

Gaspard d'Arod, baron de Montmelas, étant à Villefranche, au parloir du couvent de Sainte-Ursule et considérant que dame Christine d'Arod, sa chère sœur, religieuse professe au couvent de Sainte-Ursule de Villefranche, n'a pas une pension suffisante pour sa nourriture et entretien, le couvent étant dans l'impuissance d'y fournir et ayant pour sa dite sœur toute les inclination et considération d'un bon et charitable frère, lui crée une pension annuelle et viagère de 100 livres.

Ladite Christine d'Arod ne resta pas au couvent de Sainte-Ursule de Villefranche; elle revint au château de Serfavre et y décéda, vers 1700, ainsi qu'il paraît par quelques missives et autres pièces.

4ᵉ Damoiselle Marie ou Manon d'Arod de Montmelas, religieuse de Sainte-Ursule de Villefranche.

Le 29 janvier 1656, la supérieure du monastère de Sainte-Ursule de Villefranche confesse avoir reçu de M. le baron de Montmelas la somme de 63 livres pour 9 mois de la pension de damoiselle Marie de Montmelas, sa fille.

Sœur Anne de Jésus Chappuis, supérieure du même monastère, confesse, le 25 juin 1656, avoir reçu demême 42 livres pour 6 mois de la pension de ladite damoiselle Marie de Montmelas.

Elle fut reçue comme religieuse au couvent de Sainte-Ursule de Villefranche, le 8 juillet 1658, et avec les mêmes formalités et conditions que sa sœur Cristienne d'Arod, reçue en même temps audit monastère.

Le 12 décembre 1659, sœur Elisabeth de Montmelas, supérieure du monastère Sainte-Ursule de Villefranche, confesse avoir reçu de madame de Montmelas la somme de 50 livres pour cinq mois de la pension de damoiselle Manon de Montmelas, sa fille.

La même donne quittance, le 14 mars 1661, à M. le baron de Montmelas de la somme de 60 livres pour 6 mois de pension de ladite damoiselle de Montmelas, sa fille.

Le 21 novembre suivant, la même reconnaît avoir reçu du même 60 livres pour la pension de ladite Marie d'Arod de Montmelas.

La même donne au même, le 6 mars 1662, une semblable quittance de 60 livres pour la pension de 6 mois de ladite Marie d'Arod,

Le 26 juillet 1663, elle fit sa profession à Sainte Ursule de Villefranche, en même temps que sa sœur Cristine.

Marie d'Arod reconnaît, le 9 décembre 1664, au parloir du monastère de Sainte-Ursule de Villefranche avoir reçu de ses père et mère la somme de 50 livres pour la pension annuelle à elle accordée par son contrat de profession.

5° Noble messire Hyérosme d'Arod de Montmelas, qualifié écuyer, puis chevalier, profès de l'ordre des chanoines de Saint Ruf, seigneur de Pierrefilant.

Le 15 mai 1648, Hyérosme Arod fut baptisé en l'église parrochiale de Cogny, à l'âge de 2 ans ou environ ; il eut pour parrain messire Hyérosme Chalon, chantre et chanoine de l'église collégialle de Saint-Paul de Lyon, et pour marraine damoiselle Barbe Arod, fille de messire Jehan-Jacques Arod, seigneur de Montmelas.

La cérémonie fut faite par son oncle Alexandre Arod, curé de Cogny.

Le 14 octobre 1663, au château de Montmelas, en présence de Claude du Puis, écuyer, seigneur de la Garde, messire Guillaume de Harod, écuyer, seigneur-baron de Montmelas et Serfavre, et dame Claudine de Chalmazel, sa femme, père et mère de Jérôme de Harod, écuyer, considérant les bons et agréables services que leur a rendus Monseigneur le révérendissime et illustrissime abbé de Saint-Ruph, par la réception de leur dit fils, reconnaissant la grâce qu'il a plu audit seigneur abbé de leur accorder pour l'avoir admis en son noviciat, afin que ledit Jérôme de Harod puisse s'entretenir d'habits linge et autres choses, créent en sa faveur une pension annuelle et viagère de 120 livres, au principal de 2.400 livres, laquelle commancera au jour de sa profession,

Guillaume Manuel de la Fay, par la grâce de Dieu et du Saint Siège apostolique, abbé et général de l'abbaye et de tout l'ordre des chanoines de Saint-Ruf, suivant la règle de Saint-Augustin, dépendant immédiatement du Saint Siège et en son absence, par devant Aymé Camus de la Bastie, chanoine profès, bachelier, vicaire général du susdit ordre, est comparu, le 26 octobre 1663, à Valence, dans l'église du prieuré de Saint-Jacques, pendant les cérémonies de la messe, Hiérosme Arod de Montmelas, qui, apres un an de noviciat, a fait profession, lisant une cédule et faisant toutes les autres cérémonies requises de fait et de droit, et pour plus grande marque d'une vraie et entière profession, il a reçu très humblement le corps de Jésus-Crist des mains de vénérable Guillaume de Genas, chanoine et claustral du chapitre de ladite abbaye.

Guillaume d'Arod et Claudine de Chalmazel, sa femme, faisant le 16 avril 1667, donation de partie de leurs biens à leur fils Gaspard d'Arod, le chargèrent de payer une pension viagère affectée sur le domaine de Picard, qu'ils avaient créée en faveur de leur autre fils messire Hiérosme d'Arod.

Le 23 juin 1668, Hiérosme d'Arod, étant au bourg et paroisse de Cogny, déclare, pardevant Maisault, notaire audit lieu, qu'il veut employer les voies établies par Notre Saint Père le Pape et autres moyens pour se faire relever de ses vœux de religion.

Camille de Neufville, archevêque et comte de Lyon, primat des Gaules, commandeur des ordres du Roi et son lieutenant-général à Lyon, fait savoir que l'an 1671, le 21 février, avant midi, il a donné la première tonsure cléricale à noble Hyérosme Arod de Montmelas, de la paroisse de Cogny, diocèse de Lyon, d'âge légitime, d'instruction suffisante et né de légitime mariage, et il l'a agrégé à la milice cléricale, à Lyon, dans la chapelle du palais archiépiscopal.

Claudine de Chalmazel faisant donation de tous ses biens, le 20 mars 1675, à son fils Gaspard d'Arod, le chargea de donner 500 écus à son autre fils Hiérosme d'Arod, pour tous ses droits a sa succession.

Le 2 septembre 1676, Guillaume d'Arod, seigneur de Montmelas, patron et collateur laïque de la prébende fondée en l'église paroissiale Saint-Germain de Cogny, sous le vocable Notre-Dame de Pitié, vacante par le décès d'Alexandre Arod, prêtre, premier chanoine de Saint-Paul de Lyon, étant à Cogny, maison et château de Serfavre, confère la dite prébende à Hyérosme d'Arod, son fils, clerc tonsuré.

Hiérosme d'Arod de Montmelas, écuyer. clerc tonsuré au diocèse de Lyon comparaît, le 9 septembre 1676, par devant un notaire royal en la sénéchaussée et siège présidial de Lyon, au-devant la porte et principale entrée de l'église paroissiale de Lymonets et dit à messire Philibert Neyret, docteur en théologie, curé du dit Lymonets, qu'il a été pourvu de la prébende appelée d'Ars fondée en la dite église sous le vocable Sainte Catherine, dans une chapelle de la dite église. Le dit Neyret le met en possession de la dite prébende, le prenant par la main, le menant dans la dite chapelle, au devant l'autel d'icelle, avec aspersion d'eau bénite, prières et oraisons accoutumées.

Messire Hiérosme d'Arod, écuyer, comme procureur de Guillaume d'Arod, baron de Montmelas, assista, les 5 et 6 octobre 1676, au bourg de Cogny, maison de la prébende Labbe, à l'inventaire des effets de feu Alexandre d'Arod de Montmelas, premier chanoine de Saint-Paul de Lyon.

Par le contrat de mariage, du 9 juillet 1678, de Gaspard d'Arod, son fils, avec Marie de Capponi. Guillaume d'Arod constitua une pension annuelle et viagère de 200 livres à messire Hiérosme d'Arod, son autre fils.

Le 11 mai 1681, messire Gaspard d'Arod, chevalier, baron de Montmelas, fit un accord, au château de Montmelas avec messire Hiérosme d'Arod, son frère, par lequel il lui céda la jouissance de son vignoble appelé Broccard situé en la paroisse de Cogny et d'un domaine à Saint-Sorlin, pour tous ses droits de légitime et autres, avec une pension viagère de 60 livres.

Gaspard d'Arod, baron de Montmelas, étant à Villefranche, le 31 juin 1681, comme patron et collateur de la prébende fondée dans l'église Saint-Jehan de Lyon sous le vocable de Saint Anthoine et Saint Yves, vacante par le décès de messire Alexandre d'Arod, prêtre, nomme à sa place messire Hiérosme d'Arod, clerc tonsuré du diocèse de Lyon.

Hiérosme d'Arod demandant à être relevé de ses vœux de chanoine de Saint Ruf, le pape Innocent XI adressa, le 11 juillet 1681, le rescrit suivant: A nos fils bien-aimés les supérieurs chanoines réguliers de l'ordre de Saint-Ruf, suivant les règles de Saint Augustin dans leur monastère à Valence, en Dauphiné, Innocent XI, salut et bénédiction apostolique. Mes chers fils, nous a été dernièrement exposé de la partie de notre cher fils Hiérosme d'Arod, clerc du diocèse de Lyon, qu'il a autrefois pris l'habit que portent ordinairement lors les chanoines réguliers de l'ordre de Saint Ruf et qu'il a fait profession, à leur manière, dans leur monastère, à Valence en Dauphiné avant que d'avoir achevé son année de noviciat, par force et par crainte, à quoi il n'a pu résister; contre laquelle profession ou plutôt contre sa nullité il a réclamé dans les 5 ans prescrits aux règles par le concile de Trente pour réclamer, et comme selon la même exposition, il prétend faire déclarer nulle sa dite profession par la voie de Dieu, c'est pour cet effet qu'il nous a fait très-humblement supplier qu'il nous plut de nos bénignités apostoliques y pourvoir selon l'exigence et vous commettre afin qu'il vous appert, après vous être exactement informés de la vérité, que la chose se soit passée de la manière que dessus et qu'il ait réclamé la dite nullité dans les 5 ans du jour de sa dite profession, vous en ce cas procédiez, mandiez et fassiez ce que de raison et jugiez que l'exposant n'est point engagé dans le susdit ordre ni à la religion, en genre ou en espèce, à cause de ce que dessus, mais déclariez qu'il peut librement et qu'il lui est permis d'abandonner et de mettre bas l'habit régulier, de retourner au monde, d'y demeurer, d'y disposer de sa personne et succéder à tous les biens qui lui peuvent légitimement appartenir, tant des côtés paternel, maternel que d'autres et qu'il peut recevoir toutes sortes de bénéfices quelques et de quelque sorte qu'ils soient, les constitutions, décrets et ordres apostoliques n'y étant point opposés.

Pour ce est-il que, nous, libérant le dit exposant et consentant, touché par ses supplications, voulons qu'il soit absous de toutes excommunications, suspensions, interdits, autres censures ecclésiastiques, de toutes peines de droit et d'homme, et de ce à quoi il avait pu être engagé, le mettons à notre discrétion, et vous mandons qu'autant que vous procèderez ensemble, l'exposant demeurant en habit et tonsure régulière sous l'obéissance de ses supérieurs et lui fassiez connaître et déclariez notre autorité en tout ce que dessus et en toutes autres choses, pourvu qu'il n'ait point ratifié sa profession tacitement ou expressément et que dans le temps de sa réclamation il ne se fut pas écoulé 5 ans depuis sa profession. Donné à Rome, à Sainte Marie Majeure, sous l'anneau du Pescheur, le 11 juillet 1681 et de notre pontificat le 5ᵉ. Signé : Archevêque d'Héraclée ; Anthoine Desvernay, avocat, banquier commis par le Roi, demeurant à Lyon, ai fait expédier et délivrer.

Le 10 septembre 1681, à Valence, Humbert de Valernod, abbé et chef général de tout l'ordre des chanoines de Saint-Ruf, Giles

Le Féron, prêtre, docteur ès saints décrets de la ville de Paris, chanoine en l'église cathédrale Saint-Apolinaire de Valence et official de ladite ville et de son diocèse et le promoteur du diocèse de Valence ordonnent que la profession et les vœux dudit Hiérosme d'Arod soient déclarés nuls, et qu'en conséquence l'habit religieux lui soit ôté et qu'il soit renvoyé au siècle, pour y vivre en séculier, ainsi qu'il avisera.

Hiérosme d'Arod fut mis en possession, le 26 septembre 1681, de la prébende de Saint-Anthoine et Saint-Yves par messire François Olier, prêtre et habitué en l'église Saint-Jehan de Lyon, avec les cérémonies requises et accoutumées.

Le 2 août 1687, messire Gaspard d'Arod, baron de Montmelas, demeurant en son château dudit Montmelas, de présent à Paris, logé rue Saint-Jacques, reconnaît avoir donné à messire Hiérosme d'Arod, son frère puîné, demeurant au lieu et paroisse de Cogny, en Beaujolais, de présent à Paris, logé rue des Carmes, en la maison où pend pour enseigne le nom de Jésus, le domaine appelé Brocart et ses dépendances, à condition que ledit donataire ne pourra disposer de ses droits de justice et de vol de chapon en faveur de qui que ce soit et qu'ils reviendront, après son décès, audit donateur. Ledit donataire réduit à 250 livres la pension de 350 livres à lui due par ledit donateur et à lui adjugée par arrêt du Parlement.

Une sentence du bailliage de Beaujolais rendue, le 29 novembre 1690, contre le seigneur de Montmelas et le fermier judiciaire des fruits de ladite terre et seigneurie, accorda provision à Hiérosme d'Arod sur lesdits fruits jusqu'à due concurrence de ses droits et dépenses.

Le 11 juin 1591, Hiérosme d'Arod fit une transaction à Villefranche, en présence de maître Claude Cusin, avocat au parlement et au bailliage de Beaujolais, et de messire Charles Grolier, l'un des 100 gentilshommes de la maison du Roi, avec Marie de Capponi, agissant en son nom et en celui de Gaspard d'Arod, son mari, seigneur de Montmelas. Ceux-ci payeront audit Hiérosme la somme de 850 livres pour les arrérages dus de sa pension viagère, 500 livres pour exécutoires et dépens et diverses autres sommes pour autres raisons, lui abandonneront le domaine Brocard ci-devant donné, lui cèderont la jouissance de leur domaine de Saint-Sorlin, pour le payement de sa pension viagère restant à 250 livres et lui feront payer une rente annuelle et viagère de 150 livres.

Le 10 juin 1695, messire Hiérosme d'Arod de Montmelas, étant à Lyon, agissait comme co-héritier de messire Alexandre de Donjon, seigneur de Faigne, son cousin germain. Hiérosme d'Arod était, le 23 juillet 1695, détenu dans les prisons de l'archevêché de Lyon, sur un décret de prise de corps, pour faits relatifs aux effets étant de la succession d'Alexandre de Donjon.

Le 30 juillet 1695, messire Hiérosme d'Arod de Montmelas, chevalier, co-héritier de défunt Alexandre de Donjon, sieur de Faigne, expose à M. le juge du comté de Lyon que ledit sieur de Donjon, étant dangereusement malade, l'envoya quérir pour lui donner quelques secours et lui confier ses effets pour les mettre en sûreté; au décès dudit sieur de Faigne, en présence de quelques témoins, il se saisit de quelques papiers et de 2 petites valises, qu'il a fait voir aux autres co-héritiers dudit sieur de Faigne. Malgré cela, ceux-ci l'ont fait arrêter et conduire dans les prisons du comté de Lyon. Cependant il a été élargi, en fournissant une caution.

Hiérosme Arod, absent, fut parrain de Benoist d'Arod, fils de son frère Gaspard et de Marie de Capponi, baptisé à Cogny, le 14 septembre 1695.

Hiérosme d'Arod avait été 10 jours en prison; le 10 février 1696, il demande la somme de 1,500 livres, comme indemnité de son emprisonnement.

Le 15 avril 1696, Hiérosme d'Arod, comme héritier pour un septième d'Alexandre de Donjon, reçoit pour sa part le domaine de Pierrefilan et les fonds en dépendant, situés en la paroisse de Cogny, province de Beaujolais, avec tous les meubles, outils d'agriculture, bestiaux, etc., à la charge de payer, pour sa part des dettes de la succession, la somme de 1,500 livres à sa belle-sœur Marie de Capponi, veuve de Gaspard d'Arod. Cet acte fut passé à Lyon, dans l'hôtel de la Chantrerie, cloître Saint-Jean, en présence et de l'avis d'illustre seigneur messire Edmé-François de Talaru de Chalmazel, chantre de l'église, comte de Lyon, de MM. maîtres Nicolas Gratia et François du Fournel, avocats en parlement et ès cours de Lyon.

Hiérosme Arod fut déchargé, en 1697, de l'arrière-ban.

Messire Hiérosme d'Arod de Montmelas, chevalier, seigneur de Pierrefilant, détenu de maladie, testa le 23 septembre 1700, dans sa maison d'habitation proche la croix de Bellavis, paroisse de Cogny. Il élit sa sépulture dans le chœur de l'église paroissiale de Cogny, tombeau de ses père, ayeul et prédécesseurs, seigneurs de Montmelas, si madame de Montmelas, sa belle-sœur l'agrée; lègue à Jean Clavel, son petit domestique, 75 livres pour lui faire apprendre le métier de tailleur d'habits chez maître Meimet, tailleur à Villefranche, plus ses vieux habits, six de ses chemises, une paire de souliers neufs, des bas et un chapeau neuf, institue héritier universel messire Joseph d'Arod, son neveu, chevalier, baron de Montmelas, pourvu qu'il ne soit repris en justice, et après lui un de ses enfants, s'il en a de légitimes, sinon le premier de ses frères. Ses biens consistent en un vignoble, en la paroisse de Cogny, près la croix de Bellavis, où il fait sa résidence, le château et domaine de Pierrefilant, moulin, vignoble, des rentes nobles se levant en Bresse, le droit de patronage de la prébende établie en l'église de Genay, en Franc-Lyonnais, sous le vocable de Sainte-Anne, et des contrats de rente.

Messire Hiérosme d'Arod de Montmelas, écuyer, seigneur de Pierrefilan, demeurant à Cogny, décédé de la veille, âgé de 52 ans, apres avoir reçu tous ses sacrements, fut enterré dans l'église paroissiale de Cogny, tombeau des seigneurs de Montmelas, seigneurs de ladite paroisse, le 6 decembre 1700. par M. Girard, curé de ladite paroisse, avec les cérémonies prescrites pour les enterrements de ceux qui meurent dans la communion de l'église.

6° François d' Arod.

Il fut baptisé le 20 novembre 1648, par Alexandre Arod, curé de Cogny, et nommé François d'après un vœu fait par ses père et mère. Ses parrain et marraine furent honnête Pierre Salaye, de Montmelas, et Claudine Toussaingt, de Cogny.

7° Louis Arod.

Ayant été ondoyé le 29 octobre 1659, et demeurant en la maison du sieur Jurduy, il fut représenté, le 30 mai 1667, pour recevoir les saintes onctions dans l'église de la paroisse Saint-Pierre et Saint-Saturnin de Lyon. Il eut pour parrain et marraine messire Louis Clerc, prêtre, chanoine et chantre dans l'église collégiale de Saint-Paul, et damoiselle Cristine d'Arod, femme de sieur Anthoine Le Riche, bourgeois de Lyon.

8° Messire Christophle d'Arod.

Sa mère faisant donation de tous ses biens à son fils Gaspard d'Arod, le chargea de donner audit Christophle 500 écus pour tous ses droits.

Par le contrat de mariage du 9 juillet 1678, de son fils Gaspard avec Marie de Capponi, Guillaume d'Arod se réserva, entre autres choses, la somme de 4,000 livres qu'il donna à messire Christophle d'Arod, son autre fils, pour sa légitime, outre ses droits maternels.

X. — Haut et puissant seigneur messire GASPARD D'AROD, chevalier, baron de Montmelas, seigneur d'Ars et Serfavre, capitaine d'infanterie au régiment de Lyonnais, marié à damoiselle Marie de Capponi.

Gaspard d'Arod, âgé de 3 ans, 5 mois et 8 jours, fut baptisé en l'église de Cogny, le 8 juin 1648, par son oncle Alexandre Arod, curé de Cogny; il eut pour parrain et marraine messire Gaspard de Chalmazel, seigneur de Magnieu-le-Gabion et d'Estein, et dame

Catherine Arod, femme et compaigne de messire Charles de Mareste, seigneur de Saint-Agnieu et de Rubaud.

Par son testament du 25 avril 1651, Gaspard de Charmazel, son grand-père maternel et parrain, lui légua 1,000 livres.

Le 16 avril 1667, messire Guillaume de Harod, écuyer, baron de Montmelas, et dame Claudine de Charmazel, son épouse, désirant reconnaître les bons et agréables services qu'ils ont reçus et espèrent recevoir à l'avenir de noble Gaspard Harod, chevalier, leur fils aîné, émancipé par acte de ce jour, lui donnent, ledit Gaspard procédant de l'autorité de maître Martin Guichet, procureur ès cour de Lyon, son curateur à conseil, assavoir, ledit seigneur de Montmelas, sa terre, seigneurie et baronnie de Montmelas, avec la justice et toutes ses dépendances en meubles et immeubles, en se réservant le château de Serfavre, trois domaines, des prés, bois, moulins, la justice et la rente de Serfavre, etc., la terre d'Hardz et ses autres biens et immeubles. Cette donation est faite à la charge de supporter par le dit donataire la moitié des conventions matrimoniales de ladite dame de Charmazel, consistant en son augment, bagues et joyaux, le cas de droit arrivant, et ce qu'il peut avoir reçu jusqu'à ce jour de ladite dame, de payer la pension viagère créée en faveur de messire Hiérosme de Harod et affectée sur le domaine Picard et de supporter la moitié des dettes que ledit donateur peut avoir créées jusqu'à ce jour. Il se réserve, en outre, l'usufruit de tous les dits biens pendant sa vie et celle de ladite dame de Charmazel ; celle-ci donne audit Gaspard de Harod la moitié de tous ses biens et droits présents et à venir sous la réserve de l'usufruit pour elle et son mari ; les dites donations faites par préciput. Si ledit donataire meurt sans être marié, les dits biens seront substitués à l'aîné de ses frères qui sera au monde à son décès, auxquels ils substituent, s'il meurt non marié, le puisné, et ainsi successivement, les aînés préférés aux cadets, en excluant leurs fils qui seront d'église ou chevaliers, séculiers ou réguliers.

Le Roi étant à Saint-Germain-en-Laye, le 30 janvier 1668, donna, en ces termes, à Gaspard d'Arod, une commission de capitaine d'une compagnie au régiment d'infanterie de Lyonnais : « Louis par la grâce de Dieu, roi de France et de Navarre, à notre cher et bien amé le cappitaine de Montmelas, Salut, ayant résolu d'augmenter de quelques compagnies le régiment d'infanterie de Lyonnois et désirant donner le commandement de l'une des dites compagnies à une personne qui s'en puisse bien acquitter, nous avons estimé ne pouvoir faire pour cette fin un meilleur choix que de vous pour les services que vous nous avez rendus dans toutes les occasions qui s'en sont présentées où vous avez donné des preuves de votre valeur, courage, expérience en la guerre, vigilance et bonne conduite et de votre fidélité et affection à notre service, c'est pourquoi nous vous commettons par ces présentes signées de notre main, cappitaine de ladite compagnie laquelle vous lèverez et mettrez sur pied le plus diligemment qu'il vous sera possible de 100 hommes de gens à pied français des plus vaillans et aguerris soldats que vous pourrez trouver et ladite compagnie commanderez, conduirez et exploiterez sous notre autorité et sous celle du colonel dudit régiment, là, par et ainsi qu'il vous sera par nous ou nos lieutenants généraux commandé et ordonné pour notre service.... Mandons au sieur marquis de Villeroy, colonel dudit régiment, et, en son absence, à celui qui le commande, de vous faire reconnaître en ladite qualité de cappitaine et à tous qu'il appartiendra qu'à vous en ce faisant soit obéi.

Claudine de Chalmazel, étant en la maison de Serfavre, paroisse de Cogny, donna tous ses biens, le 20 mars 1675, à Gaspard d'Arod, seigneur de Montmelas, son fils, à la charge de remettre à Alexandre d'Arod, prêtre, Hiérosme et Christophle d'Arod, ses autres fils, à chacun 500 écus pour tous leurs droits, de la nourrir et entretenir honorablement, suivant sa qualité et condition, jusqu'à son décès et de la faire ensépulturer décemment, suivant leur rang et degré, en l'église de Cogny, se réservant la somme de 500 livres pour en disposer à la fin de ses jours. Elle substitue lesdits biens successivement, par ordre de primogéniture, à ses autres fils, l'aîné et les autres mourant non mariés.

Guillaume d'Arod donna sa procuration à son fils Gaspard, le 29 juillet 1675, pour le représenter au bailliage de Montbrison, dans l'affaire de la collocation et distribution du prix des terres de Magnieu-le-Gabion et de Magnieu-Hauterive.

Le 20 août 1675, haute et puissante dame Claudine de Chalmazel, étant au château de Serfavre, nomme des procureurs généraux et spéciaux pour consentir à l'insinuation que prétend faire en la sénéchaussée et siège présidial de Lyon et au bailliage de Beaujolais, Gaspard d'Arod, son fils, de la donation qu'elle lui a faite de ses biens, le 20 mars 1675.

Le lieutenant criminel au siège présidial de Lyon mande, le 29 juillet 1677, à la requête de Gaspard d'Arod, au premier huissier royal ou archer sur ce requis, prendre et saisir au corps, le nommé Bussière et ceux qui étaient avec lui dans le temps où ledit sieur d'Arod descendait de son logis et qui furent vus l'attendant, avec ledit Bussière, proche la maison du sieur médecin Falconnet, iceux conduire sous bonne et sûre garde aux prisons royales de Lyon, pour y être détenus, jusqu'à ce qu'ils aient répondu, et autrement ait été ordonné, et en cas d'absence les assigner à quinzaine, saisir et arrêter leurs biens et sur iceux établir commissaire à la forme de l'ordonnance.

Le 9 juillet 1678, haut et puissant seigneur messire Gaspard de Harod, chevalier, baron de Montmelas, seigneur de Serfavre et Ars, fils de haut et puissant seigneur, messire Guillaume de Harod, baron de Montmelas, seigneur de Serfavre et Ars et de dame Claudine de Chalmazel, d'une part : et damoiselle Marie de Cappony, fille de défunt messire Gaspard de Cappony, chevalier de l'ordre du Roi, baron de Feugerolles, Roche-la-Mollière et Saint-Just et de dame Magdelaine du Peloux, d'autre part, font contrat de mariage; la future agit avec le conseil de messire Charles de Cappony de Feugerolles, son frère, et de haut et puissant seigneur messire Louis de Crémeaux, chevalier, seigneur de la Grange, baron de Thizi et Chazey d'Ain, son oncle. Guillaume de Harod confirme à son dit fils la donation qu'il lui a faite ci-devant et lui donne toutes les réserves qu'il s'était faites, à la charge par celui-ci de le loger et entretenir avec ses serviteurs et domestiques, suivant sa qualité, et où il ne voudrait on ne pourrait compatir avec les futurs époux, de lui laisser la jouissance, sa vie durant, des fruits et revenus du château de Serfavre, avec les droits honorifiques, rente noble en dépendant et autres dépendances, même des domaines de Serfavre, Barraban, Callet, Lespiney et de la thuillière de Rivollet, des celliers et vignobles de Vauzelles et de Jacques d'Ars, exempts des servis dus à la rente de Montmelas ; le donateur se réserve aussi son moulage et de sa famille dans le moulin de Rivollet ; ledit château de Serfavre, domaines et celliers demeurant garnis de tous meubles, bestiaux, thines, pressoirs, tonneaux, etc... Il se réserve encore la somme de 4,000 livres qu'il donne à messire Christophle de Harod, son fils, pour sa légitime, outre ses droits maternels ; il se réserve de plus 200 livres de pension viagère pour messires Alexandre et Hiérosme de Harod, ses fils. Le futur époux payera annuellement 30 livres de pension viagère à sœur Cristine de Harod, religieuse professe au monastère de Sainte-Ursule de Villefranche, en ce non compris celle de 25 livres, faite à celle-ci par son contrat de réception audit monastère. Ledit donataire se réserve aussi la somme de 1,200 livres pour en disposer comme il voudra. Le susdit Charles de Cappony, constitue à sa dite sœur la somme de 4,000 livres. Le futur donne à la future pour 3,000 livres de bagues et joyaux et 1,500 livres pour son année de viduité, le cas échéant. Ce contrat fut passé à Lyon, maison de messire Jean de la Roère, prêtre, docteur en théologie et de M. maître Lambert-Durand de la Roère, avocat en Parlement et banquier en cour de Rome, en leur présence et de messire Jehan de Thibaud, seigneur de Pierreux, et de M. maître Charles Calemard, capitaine-châtelain de Montmelas. Gaspard d'Arod fit, à Montmelas, le 7 novembre 1678, un traité avec sa sœur Christine d'Arod, religieuse professe au monastère Sainte-Ursule, de Villefranche.

Procès était pendant au bailliage de Beaujolais, à la requête d'Alexandre de Donjon, seigneur de Faigne, tendant à ce que

Guillaume et Gaspard d'Arod, père et fils, écuyers, seigneurs de Montmelas, Cogny, Denicé, Saint-Jullien, Blacé, fussent condamnés en tous les dommages et intérêts résultant de la coupe et enlèvement d'un bois situé en la paroisse de Cogny, dépendant du domaine de Pierrefilant, appartenait audit seigneur de Faigne, comme co-héritier d'Alexandre Arod, prêtre, chanoine de Saint-Paul de Lyon, par partage du 12 mai 1677, comme encore à payer 2,500 livres restant à payer de la constitution dotale de défunte Barbe d'Arod, et de venir au partage du château, colombier et jardin de Pierrefilan, dont quatre portions appartenaient audit seigneur de Faigne, une de son chef et 3 par acquets de co-héritiers de ladite hoirie et une 5e portion aux dits seigneurs de Montmelas. Ces derniers disaient que ce bois dépendait du domaine Pinet qui leur était échu par ledit partage et que la dot de Barbe d'Arod avait été payée entièrement, le 28 juillet 1655. L'accord suivant est fait le 3 avril 1680, à Villefranche, en présence de messire Philibert de Chevriers, seigneur de la Flachière, Tasney et Magny, de messire Estienne de Musy, écuyer, seigneur de Vauzelles et Mussery, de nobles Ponthus Bessié, sieur de Montauzan, avocat en Parlement, premier élu, assesseur en l'élection de Beaujolais, et de Claude Cuzin, avocat en Parlement, demeurant audit Villefranche; moyennant la rente annuelle et perpétuelle de 50 livres, au principal de 1,000 livres que ledit seigneur de Faigne, confesse de voir et promet payer à Gaspard d'Arod, seigneur de Montmelas, celui-ci lui cède sa portion du château de Pierrefilan et de ses dépendances, qui est le 5e, et le bois en litige appelé au Plat.

Le 20 novembre 1680, messire Charles-Henry de Capponi, prêtre du diocèse de Lyon, résidant au château de Roche-la-Mollière, étant à Saint-Etienne-en-Forez, ratifie la donation qu'il a faite à Marie de Capponi, sa sœur, de la somme de 4.000 livres, payable après son décès, par son contrat de mariage avec Gaspard d'Arod, baron de Montmelas, et lui donne de plus celle de 6.000 livres, lesdites deux sommes exigibles dès à présent sur ce qui lui est dû par les héritiers de Gaspard de Capponi, baron de Feugerolles. Cette donation est faite à la condition de payer audit donateur la pension de 500 livres, sa vie durant ; ladite somme sera hypothéquée sur la terre d'Ars, appartenant audit sieur de Montmelas.

Gaspard d'Arod et Marie de Capponi, étant à Saint-Etienne, le 20 novembre 1680, en reconnaissance de la susdite donation, promettent de payer, au nom du susdit Charles-Henry de Capponi, la somme de 50 livres, par an, au Révérend Père Bertrand de Capponi, religieux minime, jusqu'à son décès, pour être employée en œuvres pies.

Claude du Puis de la Garde de Rosey, étant à Lyon, le 17 novembre 1681, en reconnaissance des bons et agréables services qu'il a reçus et espère recevoir de Gaspard d'Arod, lui donne un domaine situé dans les paroisses de Blassé et de Saint-Sorlin, qu'il a eu par héritage d'Alexandre d'Arod, chanoine de Saint-Paul, en s'en réservant la jouissance et recevant 120 livres dudit Gaspard, qui payera ou le garantira de la somme de 220 livres qu'il doit à Jean-Jacques de Mareste, comte de Saint-Agnieu, et le garantira aussi des lettres royaux, que ledit Gaspard a contre ledit seigneur de Saint-Agnieu, tant de son chef que de son père et de Chrestienne d'Arod, femme du sieur de Richy.

Gaspard d'Arod expose aux officiers de la sénéchaussée de Saint-Etienne qu'il a contracté mariage avec Marie de Capponi, le 9 juillet 1678, et qu'il lui a été impossible depuis de tirer payement des droits paternels et maternels de sadite femme, ce qui l'oblige d'assigner Hector de Charpin et son épouse à lui payer plus de 30.000 livres, dues à sadite femme comme héritière de ses père et mère et donataire du défunt abbé de Feugerolles de la somme de 10.000 livres, hypothéquée sur tous les biens du père de sadite femme. Catherine-Angélique de Capponi, femme d'Hector de Charpin, était héritière universelle de sa mère. Le 22 novembre 1685, les officiers de la sénéchaussée de Saint-Etienne, qui sont : Anthoine Boyer, écuyer, sieur de

Merlieu, Jean Mazenod, Pierre Boyer, Jean de Pierrefort et Henry Alléon ordonnent d'exécuter la demande formée par les seigneur et dame d'Arod contre les seigneur et dame de Charpin.

Le 17 décembre 1685, Gaspard d'Arod adresse une supplique au bailli de Forez ou à son lieutenant, à Montbrison, pour avoir payement d'un legs de 2.000 livres, fait à Claudine de Chalmazel, sa mère, par Christophle de Chalmazel, seigneur de Magnieu-le-Gabion et Magnieu-Hauterive, frère de celle-ci.

Le 2 août 1687, Gaspard d'Arod, baron de Montmelas, étant à Paris, logé rue Saint-Jacques, reconnaît avoir donné à Hiérosme d'Arod, son frère puîné, le domaine Brocart, sous certaines conditions et fait avec celui-ci d'autres conventions.

Hector de Charpin fit, le 23 décembre 1687, une transaction avec Gaspard d'Arod et Marie de Capponi, sa femme, par laquelle ceux-ci se contentèrent de la somme de 6.000 livres, pour certains droits de succession que prétendait ladite Marie de Capponi.

Gaspard d'Arod et Marie de Capponi, sa femme, demeurant en leur château de Serfavre, paroisse de Cogny, firent, à Villefranche, un testament mutuel, le 23 février 1688 ; ils élisent leur sépulture dans le tombeau des prédécesseurs dudit Gaspard d'Arod, seigneur de Montmelas, en l'église paroissiale dudit Cogny. Ladite dame demande qu'on dise incontinent après son décès, dans l'église des Révérends Pères Capucins de Villefranche, un annuel de messes pour le repos de son âme, pour lequel on payera 100 livres. Ils lèguent à Claire d'Arod, leur fille, et à chacun des autres enfants qu'ils pourraient avoir, 8.000 livres, du chef de leur père, et 6.000 de celui de leur mère. Ils se nomment mutuellement héritier universel fidéi-commis, à la charge de remettre leur hoirie au poupon, leur fils aîné, qu'ils ont de présent non baptisé, lui substituant leurs autres enfants, les mâles préférés aux filles, les aînés aux cadets et, à leur défaut, au survivant desdits époux testateurs.

Claude Picon, avocat en parlement, résidant en la ville de Saint-Etienne-de-Furan ayant été nommé pour tiers expert, par une transaction passée entre Gaspard d'Arod, baron de Montmelas et Marie de Capponi, son épouse, d'une part; et Hector de Charpin, comte de Souzy, d'autre, aux fins d'estimer des fonds pour la somme de 10,000 livres, qui doivent être relâchés auxdits seigneur et dame de Montmelas pour tenir lieu de la légitime paternelle de ladite dame, a procédé à l'estime du domaine de Saint-Romain-les-Atheux, de celui de la Chovignery et d'une maison et pré au-dessous du village du Chambon; l'estime de tous ces biens n'allait qu'à 7,500 livres. Pour parfaire ladite somme, ledit Picon se transporte de nouveau, le 4 décembre 1688, avec les sieurs Matrat et Martinier, experts nommés par les parties, audit lieu de la Chovignery, et fait arpenter le pré Coraille, estimé 1,140 livres. D'autres fonds seront encore relâchés auxdits seigneur et dame de Montmelas, pour parfaire ladite somme de 10,000 livres.

Noel Mignot de Bussy, écuyer, seigneur dudit lieu, conseiller du Roi, lieutenant général civil et criminel au bailliage de Beaujeu, étant à Villefranche, certifie, le 2 avril 1689, que sur la convocation faite en la province de Beaujolais du ban et arrière-ban, messire Gaspard d'Arod, chevalier, seigneur de Montmelas, s'est présenté pour servir volontairement au premier semestre et qu'il est un de ceux qui doivent partir, qualité de gentilhomme, au 15 de mai prochain.

Gaspard d'Arod, seigneur de Montmelas, résidant en son château de Montmelas, en Beaujolais, sur son départ pour l'arrière-ban et se trouvant à Lyon, le 7 mai 1689, constitue Marie de Capponi de Feugerolles, son épouse, sa procuratrice générale et spéciale, pour administrer toutes leurs affaires, comme il pourrait faire lui-même.

Le 14 juin 1690, à Lyon, dans le cabinet du M. maître Gaspard Çompain, avocat et banquier de cour de Rome de cette ville, en présence de messire Louis de Montolivet, écuyer, seigneur de Gordans, et d'André des Verneys, praticien audit Lyon, messire Guillaume Arod, chevalier, seigneur de Mésieu, Ouilly, Morlant, receveur nommé par monseigneur l'Archevêque, lieutenant de Roi à Lyon, pour exiger les taxes faites sur les fiefs des gentilshommes sujets aux ban et arrière-ban de la province de Beaujolais, l'année présente, confesse avoir reçu de messire Gaspard d'Arod, seigneur de Montmelas, résidant ordinairement en son château dudit Montmelas la somme de 600 livres pour sa taxe auxdits ban et arrière-ban.

Le certificat suivant fut délivré, le 17 juillet 1693, à Gaspard d'Arod : « Par le livre des Chambres garnies tenues par le sieur Benoît en la maison où pend pour enseigne le Saint-Esprit rue Saint-Jean-de-Beauvais, du département de Jean-Baptiste de Soucy, conseiller du Roi, commissaire enquêteur et examinateur au Châtelet de Paris, préposé pour le fait de la police au quartier de la place Maubert et rues adjacentes, appert ce qui en suit : que le jeudi 4 janvier 1691 est entré chez ledit Benoît M. le baron de Montmelas, proche de la ville de Lyon, venu en cette ville pour affaire, et que le samedi 11 août 1691 M. de Montmelas est sorti de chez ledit Benoît. »

Gaspard d'Arod et Marie de Capponi, demeurant en leur château de Serfavre, firent un nouveau testament mutuel, le 9 mars 1694 ; ils élirent leur sépulture au tombeau des seigneurs de Montmelas sis en l'église paroissiale de Cogny. Ladite dame demande, incontinent après son décès, un annuel de messes pour le repos de son âme en l'église des Révérends Pères capucins de Villefranche. Ils lèguent à Claire d'Arod, leur fille, à Henry et Gaspard d'Arod, leurs fils, à Marie et Louise d'Arod, leurs filles, et à chacun des autres enfants qu'ils pourront avoir, à chacun 7,000 livres du chef de leur père, et 3,000 de celui de leur mère. Ils se nomment mutuellement héritier universel, à la charge de remettre leur hoirie à Joseph d'Arod, leur fils aîné, lui substituant d'abord ses frères, puis ses sœurs, par ordre de primogéniture, et enfin lesdits testateurs. Ils annulent leur testament mutuel du 23 février 1688 et un testament de ladite dame.

Le 13 mai 1694, Charles-Honoré d'Albert, duc de Luynes et de Chevreuse, pair de France, chevalier des ordres du Roi, capitaine-lieutenant de ladite compagnie des 200 chevaux-légers de la garde ordinaire de Sa Majesté, étant à Paris, certifie que

Gaspard de Montmelas est un des chevaux-légers de ladite compagnie.

Noel Mignot, lieutenant-général au bailliage de Beaujolais, maire perpétuel de Villefranche, certifie, en cette ville, le 7 juin 1694. que Gaspard d'Arod, seigneur de Montmelas, est un des gentilshommes nommés par Monseigneur le comte de Canaples, commandant au gouvernement de Lyon, provinces de Lyonnais, Forez et Beaujolais pour servir à l'arrière-ban de ladite province l'année présente et que le 5° du présent mois de juin ledit seigneur de Montmelas a passé en revue pour partir le 6° dudit, ayant son équipage nécessaire.

Le 19 juillet 1694, le même lieutenant-général au bailliage de Beaujolais certifie que Gaspard d'Arod est parti avec l'escadron du gouverneur de Lyonnais, Forez et Beaujolais, où il est actuellement en personne.

Le 2 avril 1695, par devant Noel Mignot, écuyer, seigneur de Bussy et de la Martizière, conseiller du Roi et de Son Altesse Royale Monsieur frère unique du Roi, seigneur et baron de Beaujolais, est comparu en son hôtel le procureur du Roi au dit bailliage, qui lui a dit que tout présentement il vient d'apprendre que messire Gaspard d'Arod, chevalier, seigneur de Montmelas, est décédé cette nuit, lequel a délaissé plusieurs enfants en fort bas âge et des effets en plusieurs endroits ; il requiert à ce qu'il lui plaise se vouloir transporter tant dans le château de Serfavre, où il fait actuellement sa résidence, qu'à Montmelas, Ars et autres ses domaines, pour y faire apposition des sceaux et description sommaire de ses effets et a signé: Bottu de la Barmondière. Sur quoi le dit lieutenant-général, attendu qu'il ne peut se transporter en les susdits endroits, commet maître Claude Perrin, son greffier, pour s'y transporter avec Zacharie Chapoton, son huissier, pour faire apposition des sceaux et description sommaire des effets délaissés par le dit défunt. Le même jour, le dit greffier, accompagné du dit Chapoton, se transporte en la paroisse de Cogny, au château de Serfavre, où résidait le dit défunt avec sa famille, et où il trouve dame Marie de Capponi sa veuve, à laquelle il fait savoir le sujet de leur transport. Elle leur dit, assistée de maître Poyet, son procureur qu'elle ne veut pas empêcher la dite apposition de sceaux, sauf néanmoins ses droits, actions et prétentions et exécution du testament du dit défunt faisant pour ce ses protestations utiles et nécessaires ; et ensuite a été procédé à la dite apposition et description sommaire ; il y a dans l'écurie des chevaux de Serfavre 5 chevaux ou juments. Les dits greffier et huissier vont ensuite au vignoble de Rivollet, au domaine des Brosses, au moulin, à la tuilière, aux domaines du Piney et Barraban, au vignoble appelé de Vauzelles, situé au mas de Morgon, en un autre vignoble au même endroit, aux châteaux de Montmelas et d'Ars.

Marie de Capponi accepta, le 7 avril 1695, l'hoirie de Gaspard d'Arod, son mari. sous bénéfice d'inventaire. Elle devait la remettre, quand elle voudrait, à Joseph d'Arod, leur fils aîné, entretenir et élever leurs enfants, suivant leur qualité.

Le 14 avril 1695, on fit la levée des scellés et l'inventaire des titres, terriers, papiers et effets trouvés au château de Serfavre, après le décès de Gaspard d'Arod.

Marie de Capponi, étant à Lyon, le 20 juillet 1695, dans la salle du collège de la Trinité et demeurant ordinairement à Montmelas, pays de Beaujolais vend au Révérend Père Benoît Mayaud, recteur du dit collège, et au Révérend Père Théophile Guichenon, procureur, acceptant pour le dit collège, un domaine situé en la paroisse de Saint-Romain-les-Atheux, en Forez, venant de ses biens paternels, par transaction, du 27 décembre 1687, avec les seigneurs et dame du Souzy, moyennant 3.000 livres, qui seront payées à messire François Bottu de la Barmondière, seigneur d'Arcis, Mongré, la Fontaine, procureur du Roi au bailliage de Beaujolais.

Le 13 mai 1696, à Saint-Etienne, dans le vestibule qui est à la porte du couvent des Pères Minimes, Marie de Capponi et Révérend Père Bertrand de Capponi, religieux Minime de la ville de Saint-Etienne, professeur de théologie, de l'autorité de très Révérend Père Benoît Perricaud, son supérieur, fait un accord concernant les arrérages de la pension du dit Bertrand de Capponi, laquelle est de 50 livres par an et sera prise sur la ferme du domaine Dutour de la dite dame, situé près du Chambon.

Marie de Capponi, résidant en son château de Serfavre, étant audit lieu, constitue, le 21 mai 1699, en présence de messire Pierre Francillon, prêtre, son aumônier, un procureur général et spécial, pour retirer les sommes dues par messire Sébastien de Rachais, chevalier, marquis de Montferrat, comme héritier du donataire de Charles du Puy, seigneur de la Garde, et de N. de Serre, sa femme, débiteurs de défunt Gaspard d'Arod.

Le 28 juillet 1699, honnête Pierre Ponchon, maître sellier et carrossier à Lyon, reconnaît avoir reçu de Marie de Capponi la somme de 233 livres, pour le retour de l'échange fait par ladite dame avec ledit Ponchon d'une vieille litière étant de l'hoirie de son mari contre une neuve que ledit Ponchon lui a faite, avec les harnais de deux mulets et toutes autres fournitures pour ladite litière neuve.

Marie de Capponi remontre, le 25 juillet 1701, au sieur Allard, marchand et maître tailleur d'habits de Lyon, que celui-ci ayant fait une loterie, dans laquelle ladite dame a pris 3 billets, à 12 sols pièce, l'un d'eux a gagné un collier pierres fines barroques. Elle a été demander ce lot audit Allard qui a refusé de le lui délivrer. Elle le fait donc assigner par devant le sénéchal et le présidial de Lyon, pour qu'il soit condamné à faire cette livraison.

Messire Albert-Eugène de Mareste, comte de Rochefort, comme héritier de messire Jean-Jacques de Mareste, comte de Saint-Agnieu, son père, confesse, le 29 juin 1701, avoir reçu la somme de 522 livres de Marie de Capponi, veuve et héritière de M. le comte de Montmelas, tutrice et curatrice de leurs enfants.

Le 11 août 1704, à Saint-Etienne, dans le cabinet de maître Jacques Caze, avocat au parlement, Marie de Capponi, héritière fideicommise bénéficiaire de Gaspard d'Arod, cède au Révérend

Père La Bauche, correcteur du couvent des Pères Minimes, professeur en théologie de cette ville de Saint-Etienne, la somme de 83 livres, à elle due par messire Claude du Clos, chevalier, marquis de Saint-Polgue, pour s'acquitter de la pension viagère par elle due à défunt Révérend Père Bertrand de Capponi, religieux du même ordre, décédé en cette ville le 18 juillet dernier. Moyennant ce, ledit Père La Bauche quitte ladite dame de tous les arrérages de ladite pension.

Marie de Capponi fit l'aveu et donna le dénombrement de la terre et seigneurie de Montmelas, les 10 novembre 1705 et 2 janvier 1706.

Marie de Capponi adressa, en 1706, une requête au parlement de Paris, dans laquelle elle se dit veuve de messire Gaspard d'Arod, chevalier, seigneur et baron de Montmelas, Cogny, Saint-Sorlin, Denicé, Saint-Jullien, Serfavre et Ars. Elle dit qu'il qu'il y a 11 ans que son mari est décédé, la laissant veuve avec 7 enfants, tous en bas âge, auxquels elle a été nommée tutrice. Elle a trouvé la succession chargée de beaucoup de dettes, ce qui a rendu son état des moins fortunés; par un surcroît de malheur, le sieur François Bottu, homme riche et procureur du Roi au bailliage de Beaujolais, s'est trouvé l'un des créanciers de la succession, et le sieur du Sauzay, lieutenant particulier, le sieur Fournier, commissaire aux saisies réelles, les sieurs d'Epiney, père et fils, le sieur Laurent de Montroche et plusieurs autres officiers du bailliage et de la maréchaussée de Beaujolais étaient non seulement débiteurs de ladite succession, mais aussi en procès avec les héritiers dudit seigneur de Montmelas, à cause des fonds et héritages qu'ils possèdent dans la seigneurie et directe de la baronnie de Montmelas, l'une des plus considérables de la province de Beaujolais, qui est située dans ledit bailliage où ladite suppliante est obligée de venir plaider, soit pour ses droits de chasse, soit pour les droits seigneuriaux qui lui sont dus par lesdits sieurs sus-nommés. Elle demande donc que ses causes civiles et criminelles soient portées devant un autre tribunal que ledit bailliage ; elle prétend que ledit sieur Bottu a fait tout ce qu'il a pu, par le moyen de sa créance sur ladite succession, par son grand crédit et autorité dans ledit siège pour ruiner les enfants de la suppliante et devenir le possesseur de la baronnie de Montmelas, à laquelle il doit beaucoup de cens et servis.

Marie de Capponi fit, en 1713, une retraite dont voici les résolutions :

1° « De m'appliquer avec plus de soin et d'exactitude aux exercices que je me suis prescrits, ne m'en dispensant que par une véritable nécessité et cherchant auprès du Seigneur les forces et les consolations dont j'ai besoin dans les contretemps de la vie, fondée sur cette parole du Sauveur : Venez à moi, vous tous qui êtes chargés et travaillés, je vous soulagerai ;

2° « Je veux veiller avez plus de soin sur ma famille, pour que rien ne s'y passe qui puisse offenser Dieu et que tous les devoirs de religion y soient exactement observés, car il est dit : Tu aimeras le Seigneur ton Dieu et ne serviras que lui seul ;

3° « Je tâcherai de m'établir dans une soumission parfaite aux volontés de Dieu sur tous les événements de la vie, quelque durs et fâcheux qu'ils puissent être et quelque opposés que je les ressente à mes inclinations naturelles, disant souvent avec Dieu : Mon âme, pourquoi t'affliges-tu, ne seras-tu pas soumise à ton Dieu ;

4° « Pour modérer les vivacités et les saillies de mon tempérament, je me donnerai au moins 3 fois chaque jour à l'esprit de douceur et de tranquillité de Notre-Seigneur et le prierai de le faire régner en moi, je m'appliquerai à ne rien faire ni dire dans l'émotion et dans la colère, mais attendre que ces moments soient passés pour corriger et pour ordonner ce qui sera de mon devoir, rappelant souvent dans ma mémoire ces paroles : Le Royaume de Dieu souffre violence, il n'y a que les violents qui le ravissent ;

5° « Je prendrai quelque moment chaque jour pour examiner la fidélité ou l'infidélité que j'aurai eue à la pratique de ces résolutions et je les lirai une fois la semaine et je ne manquerai jamais de m'imposer quelque pénitence, quand j'y aurai manqué, les mettant sous la protection de la Sainte Vierge, de saint Joseph, de mon ange gardien, de saint François de Salles que je supplie de me vouloir obtenir la grâce de les bien pratiquer. Ainsi soit-il. »

A une époque voisine de 1713, Marie de Capponi fit une autre retraite, dont les résolutions sont formulées en ces termes : « Je prie le Seigneur de me faire la grâce d'être fidèle à accomplir les résolutions qu'il m'a inspirées de prendre dans ma retraite que j'ai commencée le 4e avril 1708 :

1° D'être contente de mon état, me ressouvenant que c'est la volonté de Dieu, à laquelle je dois avoir une grande soumission et connaître que tous les mouvements contraires sont des tentations lesquelles je dois surmonter, soit par la prière et par le ressouvenir de ce que j'ai promis à Dieu ;

2° De veiller à faire instruire des devoirs de la vie les personnes dont Dieu m'a confié le soin et de voir de temps en temps, tous les mois, pour le plus tard, s'ils sont instruits, les faisant interroger devant moi sur les principaux mystères, sur les 4 fins de l'homme, sur les commandements, sur les Sacrements, le Saint Sacrifice de la messe et sur les péchés capitaux qu'ils doivent éviter ;

3° De m'approcher tous les 15 jours, autant que je le pourrai, du Sacrement de la Pénitence et de l'Eucharistie, me préparant 3 jours par de courtes et fréquentes prières, de faire tous les jours demi-heure d'oraison, le matin sur l'Evangile et le soir sur la Passion ;

4° De me détacher de toutes les créatures, de tout le temporel, être prête à tout quitter, sans me troubler, quand je connaîtrai la volonté de Dieu, en me soumettant entièrement aux ordres de la Providence, sans rien négliger de ce qui dépendra de moi pour faire réussir ce que je croirai juste et raisonnable, et je me résignerai avec plaisir à la volonté de Dieu, quand le contraire de ce que je pourrais souhaiter arriverait, afin de mourir entièrement à tout pour revivre et ressusciter avec Jésus-Christ et et mener une vie nouvelle ;

5° D'aimer Dieu de cet amour de persévérance et de faire toutes mes actions dans la vue d'obtenir cet amour et de le conserver ;

6° De lire tous les 8 jours ces résolutions. »

« Le 26ᵉ avril l'on m'a changé les vœux que j'avais faits dans ma maladie, celui de dire l'office de la Conception est changé en celui que j'ai accoutumé de dire le grand et surtout ne jamais manquer de dire les matines ; celui de donner une Nostre-Dame en celui de donner la valeur d'une Nostre-Dame et celui de jeûner toutes les veilles de Nostre-Dame et tous les samedis est changé à celui de faire une demi-heure d'oraison ou lecture en place pendant demi-heure, l'une ou l'autre, à mon option ; communier tous les vendredis, à commencer le dernier vendredi du présent mois d'avril, le 27ᵉ duditmois. Je supplie le Seigneur de me faire la grâce d'accomplir le tout. Dieu soit loué. »

A la même époque environ, Marie de Capponi écrivit les résolutions suivantes : « Seigneur, que j'ay mal reconnu vos bienfaits, je suis indigne de m'appeler votre créature. Je suis indigne beaucoup plus que le Publicain de l'Evangile d'entrer dans votre temple et lever mes yeux en haut. Mais, mon doux Rédempteur, père de miséricorde, mes offenses auront-elles plus de force à me condamner que votre bonté à m'absoudre. Pourrai-je être jamais aussi méchante que vous êtes miséricordieux. Ah ! Mon aimé Sauveur, je vous demande vos grâces que vous donnez souvent à ceux qui ne vous les demandent pas. Oubliez mes crimes passés, non à cause de ce que je souffre pour vous, car c'est trop peu de chose, mais en faveur de ce que vous avez souffert pour moy; ne regardez plus mes égarements et mes révoltes, cachez les sous les pieds de votre croix ou dans vos plaies sacrées... Intercédez pour moi. »

« Le dernier jubilé, en mai, on m'a changé le vœu de donner une Notre-Dame en quelque aumône à l'Eglise; celui de jeûner les samedis et les veilles de Notre-Dame, à donner un sol marqué aux pauvres tous les samedis pendant un an, et celui de communier pendant 12 vendredis, communier pendant 12 dimanches, en l'honneur de la Passion. J'ai commencé à donner depuis le 1er vendredi, 32e juin... »

Marie de Capponi écrivit encore le règlement suivant pour une retraite : « Vous vous leverez entre 5 et 6 heures; à votre réveil, élevez votre esprit à Dieu pour l'adorer et vous donner toute à lui. A 6 heures jusqu'à 6 1/2, votre première méditation. A 6 1/2, prime de l'office de la Sainte Vierge et les litanies du Saint Nom de Jésus. A 7 heures, jusqu'à 8, la lecture spirituelle. Retour sur soi-même. A 8 heures, tierce et sexte de l'office, ensuite entendre la Sainte Messe, vous unissant à Jésus-Christ immolé sur l'autel pour votre amour, ne désirant rien tant que de vous immoler vous-même pour sa gloire et devenir une victime digne de ses complaisances. Après la messe, none de l'office et les litanies du Saint-Esprit pour demander à cet Esprit Saint qu'il vous remplisse de ses divines lumières et embrase votre cœur de son divin amour. Après la messe, lisez quelques chapitres du 1er livre de l'Imitation de Jésus-Christ et faites quelques réflexions sur ce qui vous aura le plus touché dans vos exercices. A 10 heures, dîner. Après le dîner, prenez une heure de récréation, ayant soin de temps en temps de rappeler le souvenir de Dieu. A midi, la visite du Saint Sacrement pour rendre à Jésus-Christ vos adorations, lui faire amende honorable des infidélités et des défauts que vous pourriez avoir commis en sa présence ou dans l'usage des sacrements. Vous pourriez dire à cette intention, les litanies du cœur de Jésus, faire la consécration et l'amende honorable que vous trouverez dans le petit livre de la dévotion au cœur de Jésus. A midi 1/2 jusqu'à une heure, préparez-vous pour votre confession. A une heure, lisez la considération qu'il y a pour chaque jour dans la retraite du Père Nepveu. A 2 heures jusqu'à 2 1/2 la seconde méditation, pensées chrétiennes ; à 2 1/2 jusqu'à 3 la lecture spirituelle. A 3 heures, vêpres et les litanies de la Passion. A 4 heures jusqu'à 4 1/2, la lecture spirituelle. A 4 heures 1/2 jusqu'à 5, un chapelet de 6 dizains. A 5 heures, complies et les litanies de la Sainte Vierge. Ensuite votre 3º méditation pendant une demi-heure ; à 6 heures, souper. Après le souper, une heure de récréation. Après la récréation, matines et laudes, la prière du soir, l'examen de conscience et la lecture du sujet de la méditation du lendemain. Vous pourrez prendre les sujets de vos méditations dans la retraite du Père Nepveu ; au lieu de celle qu'il y a sur la fin de l'Etat Religieux, prenez celle qui est à la fin du livre sur la fin du chrétien. »

Marie de Capponi transcrit aussi cette oraison à saint Amable : « Glorieux saint Amable, par la grande vertu que Dieu le créateur vous a donnée sur le feu et les serpents, pour empêcher par vos mérites l'ardeur et les impétuosités de l'un et le venin et le poison des autres, nous vous prions très instamment que vous nous obteniez de Dieu la guérison de nos âmes, aussi bien que celle de nos corps, en nous préservant et délivrant du poison du péché, du venin des serpents, des incendies, de la fièvre et des autres infirmités corporelles et éteignant en nous le feu de nos passions criminelles qui nous brûle sans cesse, pour allumer dans nos cœurs les chastes flammes du plus pur amour de Dieu, pour être des amables en vertu et aimables ensuite par mérites, aux yeux de la divine Majesté, ce que nous vous demandons, ô mon Dieu, en toute confiance et en toute humilité, en considération des mérites de ce grand saint, par Notre-Seigneur Jésus-Christ qui vit et règne avec le Père, le Fils et le Saint-Esprit. Ainsi soit-il.

Marie de Capponi étant, le 21 février 1715, en la maison de sa sœur de la Grange, reconnaît devoir à M. le chevalier de Musy

1.000 livres pour argent qu'il lui a prêté, en bonnes espèces d'or et d'argent, pour être employées à l'équipage et argent comptant de son fils le chevalier, pour aller à Malte.

Haute et puissante dame Marie de Capponi, par le contrat de mariage de son fils Joseph d'Arod avec Sibille de Mallet de Vandègre, passé au château de Romanèche, en Dauphiné, le 5 février 1716, lui donne, par donation entre vifs et à cause de noces, tous les biens meubles et immeubles dépendant de la succession du feu seigneur d'Arod, son père, à la réserve de la terre d'Ars et des meubles qui lui sont nécessaires; elle lui donne encore par préciput, la somme de 6.000 livres, payable seulement après son décès.

Le 17 novembre 1720, frère Jacques de Saint-Jeyre, religieux feuillant, envoya à Marie de Capponi une lettre dont voici l'adresse : « A Madame, madame la marquise de Montmelas, douairière dans son château, près de Villefranche »; et le texte : « † J. M. Lyon, ce 17 novembre 1720. Il est temps, Madame, de donner le reste de vos jours à votre salut, après en avoir tant donné à votre famille. Le Seigneur confirme ce que j'ay eu l'honneur de vous dire quelquefois, puisque vous me dites qu'il vous ôte la santé. Vous m'assurez, Madame, que vous désirez accomplir le dessein qu'il vous inspire de vous retirer. C'est à vous à prendre garde que la mort ne vous surprenne dans ce dessein inutile et que ce ne soit pour vous un sujet de condamnation d'avoir négligé un dessein qu'il vous inspire depuis longtemps. Faites pourtant les choses avec prudence. Mais souvenez-vous pourtant que le jeune homme de l'Evangile fut réprouvé du Seigneur pour n'avoir pas suivi sur-le-champ Jésus-Christ qui l'appelait. Les raisons qu'il avait de différer étaient peut-être aussi légitimes que les vôtres, puisqu'il s'agissait de rendre les derniers devoirs à son père et à sa mère. Mais il est des vocations si pressantes qu'il faut renoncer à toutes les bienséances du monde et laisser les morts ensevelir les morts. Je vous prie, Madame, de faire quelques réflexions à ce que j'ay l'honneur de vous dire et d'être persuadée que je suis avec beaucoup d'attachement votre très-humble et très-obéissant serviteur. F. Jacques de St-Jeyre, R˟ feuillant.

Vers cette époque, Marie de Capponi inscrivit ce règlement de vie : « Se lever à 6 heures. La prière du matin et ensuite demi-heure d'oraison mentale, sans jamais y manquer. Entendre la sainte messe. Demi-heure de lecture spirituelle une heure après le dîner. Visiter le Très-Saint Sacrement en quelque église commode et à sa commodité et une petite dévotion journalière à la Sainte Vierge. Examen de conscience et se coucher à dix heures. Pendant le jour faire souvent des oraisons jaculatoires et des élévations d'esprit à Dieu et se ressouvenir tant qu'on peut de sa sainte présence. Se confesser et communier de 15 en 15 jours, ou plus souvent, selon l'avis du directeur. Avoir un directeur réglé, comme M. Manys, le promoteur, ou le R. P. prieur de Saint-Anthoine. Les livres qu'on doit lire sont l'Introduction à la vie dévote, le Directeur spirituel et les autres ouvrages de saint François de Sales, le Guide des Pécheurs, l'Imitation de Jésus-Christ, les œuvres de M. Ollier, la Vie des Saints, Rodri-guès, etc. S'occuper tous les jours manuellement à quelque chose est très utile. Résolutions : Chaque année, je ferai une revue générale depuis la dernière, je ferai tous les ans une retraite ou deux et pendant ce temps-là je renouvellerai les bonnes résolu-tions que je veux faire. Chaque mois : Je tirerai ou prendrai, à mon choix, un Saint, chaque mois, pour l'invoquer et je com-munierai le jour de la fête ou le dimanche le plus proche et je pratiquerai les vertus dans lesquelles il s'est distingué, en tant qu'elles conviendront à mon état. Je me confesserai et commu-nierai pendant le mois deux fois, selon l'advis de mon directeur, la veille je serai plus recueillie que les autres jours. Chaque semaine : Je voue une dévotion à la Sainte Vierge, entre autres les samedis, je ferai quelque pénitence, si mon directeur y con-sent. J'assisteray à la messe tous les jours, autant que je le pourrai, pendant le jour j'élèverai mon esprit à Dieu et je n'en passerai aucun sans produire des actes de foy, d'espérance et de charité. J'ay fait résolution lorsque je serai tombé dans quelque péché d'habitude de m'imposer quelque pénitence, Dieu soit béni éternellement. »

Marie de Capponi transcrivit, vers 1720, cet extrait des riches indulgences des chapelets bénis par les prieurs de l'ordre de Sainte-Brigitte : « Affint que tout et un chacun entend mieux le fondement des susdites indulgences, je veux premièrement écrire et éclaircir l'origine des susdits chapelets : Henri septième, Roy d'Angleterre ayant enduré une grande persécution de ses sujets rebelles laquelle dura depuis l'année 1489 jusqu'à l'année 1499 et ne sachant plus comment les réduire sous son obéissance résolut d'employer l'assistance des Roys voisins pour les extirper par le fer et le feu, mais il en fut dissuadé par des personnes pieuses qui croyaient qu'il était plus à propos d'adoucir cette longue et grande rebellion par le recours à Dieu, par des pénitences et des prières, le lui conseillèrent et d'employer celle des Religieux de Sainte Brigitte qui s'étaient acquis par leur doctrine et piété une grande réputation. Le Roi même et la Reine avaient pour eux beaucoup d'estime et une grande confiance en leurs prières, c'est pourquoi le Roi alla en personne au couvent de l'ordre nommé le mont de Sion prier les Saints Religieux et Religieuses de ce Saint Ordre de lui obtenir par leurs ferveurs et prières la paix avec son royaume. Ils la demandèrent avec tant d'ardeur et dirent si ferveniment leurs chapelets auxquels ils étaient très dévots, que l'on vit aussitôt, non sans miracle, ces sujets rebelles se soumettre au Roi et vivre depuis dans une grande soumission et obéissance pour leur Roi, qui, attribuant ce changement si subit et merveilleux aux prières de ces saints Religieux voulut leur en marquer sa reconnaissance, leur ordonnant pour cela de lui demander une grâce royale. Ils marquèrent bien dans la demande qu'ils firent quel était leur détachement de toutes les choses du monde et qu'ils ne faisaient cas que des biens spirituels, suppliant le Roy de leur obtenir le pouvoir singulier de bénir des chapelets et d'attacher, à cette bénédiction qu'il leur permettrait, certaine indulgence qu'ils puissent y appliquer. Sa Majesté demanda cette grâce au pape Alexandre VIe, l'informant de tout ce qui s'était passé et obtint de lui une bulle pontificale et une lettre de grâce, laquelle arriva à l'ordre l'année 1500 le 27 de mars, par laquelle Sa Sainteté donna puissance aux prieurs de l'ordre de Sainte-Brigitte de bénir des chapelets et Rosaires, avec cette grâce que chaque grain, après être béni, aurait 500 ans d'indulgence ; par une bulle qui est encore à Cologne dans le couvent de l'ordre de Sainte-Brigitte le pape Alexandre VIIe a confirmé de bouche la même indulgence. Le pape Innocent XIe ayant depuis révoqué plusieurs indulgences, et quelques-uns doutant que celle-ci ne fût du nombre des révoquées, l'ordre de Sainte-Brigitte a supplié la Sainte Congrégation et en a obtenu un décret nouveau de Rome le 15 juillet 1681. Le Pape à présent régnant Clément XIe l'a confirmée. Celui qui veut gagner ces trésors de grâces, il faut qu'il ait un chapelet de 5 ou 6, ou 15 dizaines qui soit béni par un prieur de l'ordre de Sainte-Brigitte ; les autres pères de cet ordre ont aussi obtenu du pape Léon X[e] le pouvoir de bénir des chapelets, mais un grain n'a que 100 jours d'indulgence. Les chapelets qui sont seulement d'une, 2 ou 3, ou 4 dizaines n'ont plus d'indulgence, et si quelqu'un partageait son chapelet en dizaines il perdrait les Indulgences. Devant que de pouvoir gagner les indulgences il faut que premièrement il dise son dit chapelet 3 fois, l'une après l'autre, soit qu'il soit de 5, de 6 ou de 15 dizaines, sçavoir la première fois pour le pape régnant, la 2e pour les besoins de l'église catholique et la 3e pour le prieur qui l'aura béni. Après cela il gagne à chaque grain de son dit chapelet, moyennant qu'il ne se sache aucun péché mortel non confessé, 500 ans d'indulgence, lesquels il peut gagner pour soi ou pour les autres et pour les âmes du purgatoire, comme bon lui semblera. Il n'est point nécessaire de dire son chapelet tout une fois ni à genoux, ni de le méditer. L'on peut prendre sa commodité et l'on ne laisse pas de gagner chaque pater et chaque *Ave Maria* et chaque *Credo* 500 ans d'indulgence d'autant que chaque grain a 500 ans d'indulgence. Celui qui est de la confrérie du Rosaire ou de celle de Notre-Dame-Auxiliatrice et qui dit le Rosaire ou chapelet béni satisfait au devoir des dites confréries et gagne les indulgences, de même aussi si on avait pour pénitence de dire le chapelet, ou la moitié, ou *Pater* et *Ave*, en les disant dessus son chapelet béni, on satisfait à sa pénitence et on gagne les indulgences. Si l'on avait fait vœu de dire le chapelet tous les jours, en accomplissant son vœu on peut aussi gagner les indulgences. Celui qui dit ce chapelet avec une autre personne, quoiqu'il ne dise que la moitié des *Pater, Ave*, ne laisse pas de gagner les indulgences. On peut vendre son chapelet béni ou le donner avant sa mort, mais celui qui obtient ou qui emprunte ledit chapelet doit avant que gagner les indulgences le dire 3 fois, comme nous avons dit, et encore une 4ᵉ pour celui qui le donne ou prête. Quand un grain est perdu ou rompu, on peut mettre un autre grain, pour faire le chapelet entier, mais le grain ajouté n'a point d'indulgence ; ainsi il faut prier doublement sur les autres et non sur celui-là, quand on a perdu la moitié de son chapelet, ce qui reste n'a plus d'indulgence. D'un rosaire on peut bien faire 2 ou 3 chapelets, dont chacun aura les indulgences. Les petits grains qui ne seraient que pour l'ornement des chapelets n'en ont point. L'on peut remarquer par ce que nous venons de dire quels trésors sont renfermés dans ces chapelets et l'ardeur et l'empressement que l'on doit d'en avoir un, puisqu'il n'y a point d'indulgence plus facile à gagner, n'étant point nécessaire de dire le chapelet tout entier, ni de suite, ni de méditer aucun mystère, et néanmoins l'on peut gagner avec un seul *Ave Maria* 500 ans d'indulgence, ou pour soi, ou pour les âmes du Purgatoire, pourvu qu'on prie dévotement et avec foi et confiance. Ayons donc une grande fidélité à profiter d'un si grand bien et ne le perdons pas par négligence. »

Le 18 novembre 1721, Marie de Capponi, pour l'amitié particulière qu'elle a pour dames Marie et Louise d'Arod de Montmelas, ses filles, religieuses au couvent de la Visitation de Sainte-Marie de Villefranche leur donne, à chacune, par acte passé au château de Serfavre, la pension annuelle et viagère de 25 livres commençant un an après son décès.

Joseph d'Arod étant en difficultés, en 1721, avec ses frères

Gaspard-Marie et Benoît d'Arod, au sujet des légitimes paternelles de ceux-ci, on fit un état et dénombrement de la succession de Gaspard d'Arod, leur père, consistant en la terre seigneuriale de Montmelas, le fief et terre d'Ars, le bien de Serfavre, les domaines de Barraban, de Romanset, Calet, de Saint-Sorlin, d'Adillon, de Brosse, du Carra et du Pinay, une tuilerie, un moulin et un pressoir à huile, un vignoble en Rivolet, un autre appelé de Voselle, situé à Morgon, un autre vignoble au même lieu, des vignes particulières aussi à Morgon, le domaine de Grillet, des fonds appensionnés et le domaine des Etuiles.

Marie de Capponi fit un codicille, le 9 décembre 1723, à Lyon, en la demeure de Guillaume Rigollet, marchand épicier au dit Lyon, place du Petit-Change, maison du sieur Dervieu de Vilieu, en présence de Jérôme Valoux, écuyer, avocat en parlement. Elle révoque un testament qu'elle a fait, il y a environ 12 ans ; veut que celui qu'elle a fait mutuellement avec son mari, le 9 mars 1694, soit exécuté de point en point ; que son héritier universel paye à damoiselle Claire, à Gaspard et Benoît d'Arod, ses enfants, à chacun 2.167 livres pour leur portion dans ses augment, bagues et joyaux ; institue héritier universel son fils aîné messire Joseph d'Arod, chevalier, marquis de Montmelas.

Dame Marie de Capponi, dame et comtesse de Montmelas, Cogny, Saint-Jullien, Blacé, douairière de messire Gaspard d'Arod, haut et puissant seigneur de Montmelas, décédée de la veille, âgée de 70 ans, après avoir reçu tous ses sacrements, fut enterrée dans l'église paroissiale de Cogny, tombeau de ses prédécesseurs, le 15 octobre 1725, avec les cérémonies prescrites par le rituel du diocèse de Lyon pour les enterrements de ceux qui meurent dans la communion de l'Eglise.

Avant sa mort, la comtesse de Montmelas, Marie de Capponi avait chargé M. le marquis, son fils, de remettre une petite lampe d'argent à l'église de l'Hopital de Chenay ; le 5 juin 1726, M. Baget, prieur de l'Hopital reconnaît avoir reçu de M. Arnoux, curé de Chamelet, cette lampe qui doit rester en la dite église à l'honneur de la Sainte Vierge.

Les archives de Montmelas mentionnent 7 enfants issus du mariage de Gaspard d'Arod avec Marie de Capponi, savoir:

1° Joseph d'Arod qui suit.

2° Messire Benoît d'Arod, d'abord chevalier de Saint-Jean de Jérusalem, puis chevalier, seigneur de Pierrefilant et marié à demoiselle Benoîte Vernay.

Benoît d'Arod, né le 12 fut baptisé par Germain Girard, curé de Cogny, le 14 septembre 1695; il fut tenu, sur les fonts baptismaux, par sieur Benoît des Ayet, bourgeois de Claveizolle, au nom de messire Hiérosme d'Arod, écuyer, son oncle paternel, absent, et par damoiselle Antoinette Peurier, veuve de sieur Jean Deguay, bourgeois de Beaujeu.

En 1711, il était question de faire recevoir Benoît d'Arod dans l'ordre de Malte et il fit, le 2 juin, à Lyon. ses preuves à cet effet. Voici l'acte qui le témoigne. Pour justifier de l'âge et légitime naissance de noble Benoît d'Arod, prétendant, il produit son acte baptistaire, en date du 14 septembre 1695, signé : Girard, curé de la paroisse de Cogny, en Beaujolais, par lequel on voit que ledit prétendant est fils naturel et légitime de feu haut et puissant seigneur messire Gaspard d'Arod, chevalier, baron de Montmelas et de dame Marie de Capponi et qu'il est né le 12 septembre 1695. Plus il produit le contrat de mariage de ses père et mère dans lequel on voit que messire Gaspard d'Arod prend la qualité d'haut et puissant seigneur baron de Montmelas, etc., et se dit fils légitime de haut et puissant seigneur messire Guillaume d'Arod, baron dudit Montmelas et de dame Claudine de Chalmazel, et ladite damoiselle de Capponi, son épouse, se dit fille légitime de défunt messire Gaspard de Capponi, chevalier de l'ordre du Roi, baron de Feugerolles, Roche-la-Mollière et Saint-Just, et de dame Madelaine du Peloux, ledit contrat du 9 juillet 1678 ; plus produit le contrat de mariage de Guillaume d'Arod, écuyer et ayeul du prétendant, par lequel il se dit fils de messire Jean-Jacques d'Arod, baron de Montmelas et de damᵉ Christine de Glétains, et de damoiselle Claudine de Chalmazel, son ayeule, fille de messire Gaspard de Chalmazel, chevalier, seigneur de Magnieu-le-Gabion et Estaing et de dame Claude de Champier, ledit contrat du 26 juin 1636 ; plus produit le contrat de mariage, du 3 novembre 1593, de noble Jean-Jacques d'Arod, bisaïeul du prétendant, procédant de l'autorité de noble Jean d'Arod, écuyer, seigneur de Montmelas, et de damoiselle Barbe de Signolles, ses père et mère, avec damoiselle Christine de Glétains, fille de feu noble Philibert de Glétains, seigneur dudit lieu ; plus produit le testament dudit noble Jean d'Arod, sieur de Clérevaux, en Dauphiné, Ronzières et Montmelas, dans lequel il fait un legs à noble Jean-Jacques d'Arod, son fils naturel et légitime, ledit testament du 16 décembre 1587 ; plus produit le contrat de mariage dudit Jean d'Arod, écuyer, seigneur de Ronzières, diocèse de Lyon, avec damoiselle Barbe de Signolles, fille naturelle et légitime de feu noble homme Florand de Signolles et de damoiselle Marguerite de Montrenard, dans lequel on remarque que Jacques Arod, qui était frère dudit noble Jean, était commandeur de la Marche ; plus produit le testament de ladite noble damoiselle Barbe de Signolles, du 14 octobre 1596 ; plus produit pour titre honoraire et centenaire le testament de noble Louis Arod, écuyer, seigneur de Ronzières, par lequel il fait un legs a noble Jean Arod, son 2ᵉ fils, et institue héritière universelle damoiselle Ysabeau Gaste, sa femme, ledit testament du 28 octobre 1550 ; plus produit pour autres titres honoraires et entière justification de la noblesse dudit Jean-Jacques Arod, seigneur de Montmelas, bisayeul dudit prétendant, un certificat du seigneur de Rambouillet, chevalier de l'ordre du Roi, conseiller d'Etat, capitaine des 100 gentilshommes du Roi, par lequel il appert que ledit seigneur de Montmelas est qualifié écuyer et retenu en la compagnie des 100 gentilshommes du Roi, ledit certificat du 8 janvier 1598 ; plus produit le contrat de mariage en langue latine passé entre noble homme Louis d'Arod, damoiseau, et fils naturel et légitime des nobles mariés Jacques d'Arod, damoiseau, seigneur de la Fay, et Catherine du Vernay (*lisez* : *Brunici*), de l'Aubépin, diocèse de Lyon, d'une part, et noble Isabeau, fille naturelle et légitime de défunt noble Jacques Gaste, autrefois seigneur de Bellecize et de noble Béatrix de Ronchivol, qui fut autrefois fille de défunt noble et puissant homme Antoine de Ronchivol, chevalier, seigneur de Pramenoux, et de dame Marie Bochu, ledit contrat du 22 octobre 1514 ; ledit prétendant produit aussi le contrat de mariage de haut et noble seigneur Antoine de Champier, seigneur de la Faverge, père de la susdite Claude de Champier, sa bisayeule, dans lequel il prend la qualité de gentilhomme ordinaire de monseigneur le duc de Bavière et se dit fils de haut et puissant seigneur messire Claude de Champier, seigneur de la Bastie, chevalier de l'ordre du Roi et gouverneur de la province de Dombes, et de feue haute dame Madeleine. d'un part. et damoiselle Isabeau de Chabeu, dame de Feuillans, fille de feu haut et puissant noble François de Chabeu. seigneur de Feuillans, et veuve de feu noble Gaspard de Chandée, baron dudit lieu, laquelle procède du consentement de damoiselle Hélène d'Aguerre, sa mère, ledit contrat du 5 février 1577 ; plus produit le codicille dudit haut et puissant seigneur messire Claude de Champier, chevalier de l'ordre du Roi, seigneur de la Bastie, gouverneur de Dombes, du 7 juillet 1579 ; plus produit, pour titres honoraires des maisons de Champier et de Chabeu, les provisions de l'état et charge de chambellan de Bavière accordées par Guillaume, comte Palatin du Rhin, duc des Deux-Bavières, en faveur dudit messire Antoine de Champier, seigneur de la Faverge, trisayeul paternel du prétendant, en date du 29 mai 1588 ; plus produit un acte de foi et hommage rendu à la Chambre des comptes à Dijon pour la terre et seigneurie de Feuillans, en Bresse, par ledit Antoine de Champier, dans lequel il est qualifié de messire Antoine de Champier, gentilhomme ordinaire du Roi, seigneur de la Faverge, du 11 juin 1602 ; plus produit un acte des limites de la haute justice de la terre de la Bastie, en Dombes, daté du 4 mars 1570, passé entre Louis de Bourbon. duc de Montpensier, souverain de Dombes, et ledit messire Claude de Champier, dans lequel il est qualifié de messire, chevalier de l'ordre du Roi, seigneur de la Bastie, gouverneur du pays de Dombes. Plus, pour prouver la noblesse de ladite dame Isabeau de Chabeu, trisayeule seconde paternelle du prétendant, il produit un passeport accordé par Madame la régente de France, dans lequel Humbert de Chabeu, père de ladite dame Ysabeau de Chabeu, est qualifié de messire Humbert de Chabeu, chevalier, seigneur de Feuillans et de gentilhomme ordinaire du duc de Savoie, frère de ladite dame régente, ledit passeport du 24 décembre 1525 ; plus pour montrer que lesdites maisons de Champier et de Chabeu sont connues dans l'ordre de Saint-Jean-de-Jérusalem, il produit l'acte de réception audit ordre de noble Joseph-Henry de Monspey-Valière, dans lequel on voit les mêmes filiations, d'autant que ledit de Monspey descend en ligne directe, du côté de sa mère, dudit messire Jean de Champier, baron de Juis, lesdites preuves du 27 septembre 1707. Ledit prétendant produit le contrat de mariage de messire Gaspard de Capponi, chevalier de l'ordre du Roi, seigneur de Feugerolles, avec dame Madeleine du Peloux, veuve du seigneur de Clermont, du 10 février 1647, dans lequel ledit messire Gaspard de Capponi se dit fils de messire Alexandre de Capponi, écuyer, seigneur d'Ambérieu. et de damoiselle Françoise d'Augerolles, et ladite dame du Peloux, fille de messire Nicolas du Peloux, seigneur de Bayard, et de dame Chaterine du Puy ; plus, produit le testament de ladite dame Madeleine du Peloux, ayeule première du prétendant, dans lequel est rappelée ladite Marie de Capponi, sa fille naturelle et légitime, du 29 mai 1674; plus, produit le contrat de mariage dudit noble Alexandre de Capponi, bisaieul premier maternel du prétendant, dans lequel il est qualifié d'écuyer, seigneur d'Ambérieu et fils de messire Laurent de Capponi, seigneur d'Ambérieu, et de dame Hélène de Gadaigne, d'une part, et damoiselle Françoise d'Augerolles, fille de défunt Antoine d'Augerolles, seigneur de Saint-Polgue et de dame Anne de Chevrières, du 17 mars 1586 ; plus, produit le testament dudit messire Alexandre de Capponi, du 27 août 1661 ; plus, le contrat de mariage dudit Laurent de Capponi avec dame

Hélène de Gadaigne ; plus, produit, pour titres honoraires de ladite maison de Capponi, les provisions et titres de réception en l'ordre de chevalier de Saint-Michel, en faveur dudit Alexandre de Capponi, du 19 mars 1621, dans lesquelles il est qualifié de noble ; et d'autant que ladite maison de Capponi est étrangère et illustre par les premiers rangs qu'elle a tenus dans la République de Florence, comme il est notoire par les grandes alliances qu'elle a eues avec celle de Médicis et qu'elle n'est établie en France que depuis le mariage de la reine Chaterine de Médicis, on justifiera jusqu'audit temps des emplois honorables que les dits Laurent, Alexandre et Gaspard de Capponi et leur postérité ont en France depuis leur établissement, aussi bien que de la maison de Gadagne qui n'est pas moins connue. Ledit prétendant produit le contrat de mariage de messire Nicolas du Peloux, seigneur de Bayard, chevalier de l'ordre du Roi avec haute et puissante dame Chaterine du Puis, qui se dit pour lors veuve de haut et puissant seigneur messire Nicolas du Peloux, seigneur de Gourdan, ledit Nicolas du Peloux procédant de l'autorité de noble Charles du Peloux, son père, seigneur du Peloux, ledit contrat du 20 novembre 1605. Plus. produit le testament dudit messire Nicolas du Peloux, seigneur du Peloux, Bayard, chevalier de l'ordre du Roi du 22 juin 1631.

Suivant différentes pièces concernant la réception de Benoît d'Arod de Montmelas, en l'ordre de Malte : Nous frère Jacques des Boyaux de Colombière, chevalier de l'ordre de Saint Jean de Hiérusalem, commandeur de Bellecombe, en l'absence d'illustrissime et révérendissime frère Jean de Saint-Viance, chevalier dudit ordre, commandeur de l'Ormeteau et Celles, grand prieur d'Auvergne, et nous chevaliers, commandeurs et frères dudit ordre, assemblées en l'hôtel de la commanderie Saint-George, à Lyon, pour la célébration de l'assemblée provinciale du Grand Prieuré d'Auvergne, à nos chers et amés frères les commandeurs de Forsat, Saint-Mauris et chevaliers de Foudras-Chateautier et de la Porte ou deux de vous sur ce premier requis : Salut en Notre-Seigneur, de la part de noble Benoît d'Arod, fils de noble

Gaspard d'Arod et de dame Marie de Capony, sa femme et ses père et mère, âgé de 16 ans, né en Beaujollois, baptisé en la paroisse de Cogny, en Beaujollois, le 12 septembre 1695, Nous a été exposé qu'il désire être reçu en Rang de frère chevalier de Notre Ordre, et faire les preuves de sa noblesse, et Légitimation, Nous priant à cet effet de lui octroyer nos Lettres de commission; Et d'autant que l'Inventaire de ses titres a été trouvé bon et valable, comme aussi l'acte de son Baptistaire en bonne et dûe forme, et que par l'inspection de sa personne, il Nous a paru de disposition à rendre service à Notre Religion, Nous Vous avons commis et député, commettons et députons par ces présentes, pour après avoir prêté le serment solennel ès mains d'un Tiers de Notre Ordre, ou ès mains l'un de l'autre, faute de Tiers, de fidèlement et diligemment exécuter Notre commission, et après avoir attraint par serment celui qui vous le présentera, de ne vous produire pour Témoins que des gentilshommes de Nom et d'armes, étant de la Religion catholique, Apostolique et Romaine. non Parents ni Alliés du présenté, pour vous informer tant au lieu de la naissance dudit Présenté, qu'au lieu de l'origine de ses Parents par quatre Témoins de la qualité susdite, desquels vous prendrez aussi le serment et que vous interrogerez séparément l'un de l'autre sur les articles suivants :

1. Quel nom a ledit Présenté.

2. De qui il est fils.

3. Quel âge il a.

4. Où il est né et baptisé, et en quel Evêché.

5. Et s'il est né dans les limites du Grand Prieuré d'Auvergne.

6. S'il est né en légitime mariage.

7. Et de Parens aussi légitimes.

8. S'il est de la Religion catholique, Apostolique et Romaine.

9. Si ses Père et Mère, Ancêtres en sont et en ont été.

10. Si luy ni ses parens ne descendent pas de race de Juifs, Mahométans ou Sarrazins.

11. S'il vit vertueusement et chrétiennement.

12. S'il n'a pas commis quelque crime ou été repris de Justice.

13. Si Luy ou ses parens ne retiennent aucuns biens ou droits de Notre Ordre.

14. S'il n'est point débiteur de sommes considérables qu'il ne puisse payer.

15. S'il est sain, fort et robuste pour rendre service à Notre Religion.

16. S'il n'a point fait vœu en quelque religion, contracté ou consommé mariage.

17. S'il est Gentilhomme de Nom et d'Armes, et issû de Père et Mère, Ayeuls et Ayeules, Bisayeuls et Bisayeules, tant que Paternels et Maternels Nobles et vivant Noblement, tels tenus et réputés au pais et jouissant des Privilèges de Noblesse du moins depuis 100 et 16 ans.

18. Si ses Parents ont toujours été appelés aux Bans et Arrière-Bans, et autres assemblées de Gentilshommes.

19. S'ils ont eu des charges et dignités qui ne se donnent qu'aux Nobles.

20. S'ils n'ont point dérogé à leur Noblesse, par quelque Marchandises; Trafic ou tenant Banque, et ayant Compagnie ou Société avec des Marchands.

21. Et s'ils sont sujets à aucuns Impôts et Subsides des Rois et Princes.

21. Enfin s'il est tel que pour être chevalier de notre Ordre, les Statuts et Ordonnances le veulent et requièrent.

Vous informer pareillement des dits Témoins touchant les armes et blasons de la famille du Présenté, s'ils sçavent ce que sont et ont été de temps immémorial les Armes dudit Présenté, et des parens Paternels et Maternels, et de tout ce que dessus vous enquérir secrètement par d'autres Témoins, pour vérifier les dépositions de ceux qui vous auront été produits. Comme aussi voir et examiner les contrats de Mariages, Testaments et autres actes prouvant la filiation et légitimation du présenté et de ses parens; Et ayant été déclaré par divers décrets du Grand Maître et de son conseil, et particulièrement sous les 27 Mars et 26 Mai 1662, qu'on ne doit pas porter pour preuves de Noblesse les contrats de Mariages et Testaments, à cause de la trop grande facilité des Notaires à laisser prendre aux parties qui contractent des Titres et qualités qui fort souvent ne leur sont pas dûs, les dits contrats ne sont considérés que comme une simple Enonciation de Noblesse, laquelle seule par conséquent ne fait aucune preuve de Noblesse. C'est pourquoi vous examinerez les partages nobles et avantageux, Actes de Tutelles Lettres de Garde Noble, Foy et Hommages, Aveux et Dénombrements, Commissions, Brevets ou Provisions de charges, Offices et Dignités, portant Titres de Noblesse, Assistances aux Bans et Arrière-Bans, et aux Assemblées des Gentilshommes, Sentences et Arrêts, adjugeant la qualité de Noble, et autres Titres, qui prouveront sa Noblesse et celle de ses Parens, au moins de 100 et 16 ans, conformément au décret du Grand Maître et du Conseil d'Etat, du 24 novembre 1673. Et procéder encore à la vérification des Armes de la Famille, et de tous les 8 quarts par Ecritures anciennes, Epitaphes, Titres et autres Enseignements, dont vous ferez dresser votre procès-verbal écrit par un ou deux notaires publics astraints par Serment, qu'à ce faire appellerez avec Vous, lequel Signé et Scellé de vos Seings et Sceaux, et paraphé par ledit Notaire ou Notaires, sera rapporté clos et cacheté, au premier Chapitre ou Assemblée Provinciale, Pour icelles preuves, après la vérification et Rapport qu'en sera fait par nouveaux commissaires, être renvoyées à Monseigneur l'Eminentissime Grand Maître et Seigneurs de la Vénérable Langue d'Auvergne à Malte, pour en ordonner ce que de raison. De ce faire Vous donnons Pouvoir et Commission. Donné à l'Hôtel de la Commanderie Saint-George à Lyon, durant la célébration du Chapitre sous le scel Dauphin dudit Chapitre le 12e jour de novembre 1711. Le commandeur Ragon, secrétaire de la vénérable Assemblée.

Nous frère Adrian de la Poippe de Serrière, chevalier de l'ordre de Saint Jean de Hiérusalem, commandeur de Saint-George et Temple de Vaux, président en l'absence d'illustrissime et révérendissime frère Jean de Saint-Viance, chevalier dudit ordre, commandeur de l'Ormetteaux et de Celles, conseiller du Roi en ses conseils d'État et privé, grand prieur d'Auvergne, général des armements maritimes de notre Sacrée Religion, et nous chevaliers commandeurs et frères dudit ordre tenant le chapitre provincial du Grand Prieuré d'Auvergne, avons vu la commission de l'autre part et nommé pour commissaires Messieurs les commandeurs de Forsac, de Saint-Mauris, les chevaliers de Vogué-Gourdans, de Foudras-Châteautiers et de la Porte ou deux premiers requis pour faire les dites preuves, après avoir préalablement observé ce qui est porté par le décret de Son Eminence au sacré conseil et vénérable langue d'Auvergne pour la confection desdites preuves et procès-verbal des titres dont ledit sieur d'Arod prétend se servir, lequel décret a été envoyé à M. le commandeur de Saint-Mauris, suivant ce qu'il nous a paru par une lettre écrite par ladite vénérable langue à M. le commandeur de Maubourg le 12 mars 1712. Donné à Lyon le 2e jour de juin de l'année 1712 sous le scel Dauphin dudit chapitre. Le commandeur Ragon, secrétaire du vénérable chapitre. ⚜

Nous frère Adrian de la Poippe de Serrières, chevalier de l'ordre de Saint-Jean de Hiérusalem, commandeur de Saint-George et temple de Veaux, président au chapitre provincial du Grand Prieuré d'Auvergne, en l'absence d'illustrissime et révérendissime frère Jean de Saint-Viance, chevalier dudit ordre, commandeur de Celles et de l'Ormetteau, grand prieur d'Auvergne, conseiller du Roi en ses conseils d'Etat et privé, en compagnie de plusieurs chevaliers, commandeurs et frères y assistant, à Vous Messieurs les commandeurs de Forsac, de Saint-Mauris, de Vogüé-Gourdan, de la Porte et de Foudras- Châteautiers ou à deux de Vous sur ce premiers requis, Vous avons commis pour faire les preuves de Noble Benoît d'Arod, conformément aux commissions ci-dessus données au chapitre tenu en l'hôtel de Saint-George de Lyon le 3° juin 1714. Le commandeur Ragon, secrétaire du vénérable chapitre.

Au nom de Dieu, Amen, ce jourd'hui 5° jour du mois de novembre 1714, nous frère Jean de la Baulme de Forsact, chevalier de l'ordre de Saint-Jean de Jérusalem. commandeur de la commanderie des Feuillées, temple de Molisolle et membres en dépendant, lieutenant général des armées du Roi et nous frère Léonard-François de Chevriers de Saint-Mauris, chevalier de l'ordre de Saint-Jean de Jérusalem, commandeur des commanderies des Eschelles et de la Ville-Dieu, en Fontenette, sçavòir faisons qu'après avoir examiné l'inventaire à nous remis par haut et puissant seigneur messire Joseph d'Arod, chevalier, seigneur et baron de Montmelas, Serfavre et Hars, frère aîné de noble Benoît d'Arod, des noms, surnoms, titres et contrats, dont il prétend se servir pour la preuve, légitimation, filiation et noblesse dudit Benoît d'Arod, son frère, pour être reçu au rang de chevalier dudit ordre, en la vénérable langue d'Auvergne et n'ayant rien appris sur les informations particulières que nous avons faites qui nous puisse obliger de refuser l'exécution de la commission qui nous a été présentée par ledit seigneur baron de Montmelas, obtenue par ledit noble Benoît d'Arod dans le chapitre et assemblée du grand prieuré d'Auvergne tenu et célébré à Lyon, dans l'hôtel du bailliage le 12° jour de novembre 1711..... Nous sommes, à la réquisition dudit sieur baron de Montmelas transportés en la ville de Villefranche en Beaujolais, distante d'environ une lieue de la paroisse de Cogny, en laquelle est né ledit noble Benoît d'Arod et avons appelé maître Alexandre Calemard, notaire et secrétaire en cette partie pour procéder à l'exécution de ladite commission que nous avons acceptée avec l'honneur et le respect que nous devons, et nous étant retirés dans le logis du Faucon, audit Villefranche occupé par damoiselle Anne Breton, veuve de sieur François Mazy, après avoir tous deux prêté le serment en tel cas requis, sur nos croix, de bien et fidèlement vacquer au fait de ladite commission, suivant les us, statuts et ordonnances capitulaires de notre ordre, après avoir fait faire le serment audit notaire de rédiger fidèlement par écrit ce que par nous lui sera dit et ordonné et encore audit seigneur de Montmelas, frère du prétendant de ne nous produire pour témoins que de véritables gentilshommes de nom et d'armes et des titres et contrats qui ne soient bons et valables et dans la vérité, ce que l'un et l'autre ont promis de faire par leurs serments nous avons du tout dressé procès-verbal..... (Suit la teneur de l'acte baptistaire de Benoit d'Arod). Et avant que de commencer notre procédure, ledit seigneur de Montmelas, frère du prétendant nous a présenté un inventaire des titres qu'il avait produits ci-devant au chapitre général à Malthe, pour obtenir des commissaires desquels nous avons fait ténoriser ici le rapport. Ledit inventaire a été vu par nous commissaires; après l'avoir examiné avons trouvé les titres être suffisants pour faire preuve et qu'on pourra lui donner des commissaires, quand il aura 16 ans qui sera la Saint-Martin prochain; cependant MM. du Chapitre ont ordonné qu'on écrirait à la Vénérable Langue sur la difficulté qu'il y avait d'exécuter le décret du vénérable conseil du 15 avril 1709, qui ordonne qu'on enverra à Malthe les titres de noblesse du prétendant pour être reçu, quand il n'y a aucun chevalier de sa famille reçu dans l'ordre. Fait à Lyon, le 2 juin 1711. Signé : le chevalier de Colombière, le chevalier de Mantrit, M. le commandeur de Chabrilland et M. le chevalier de Sainte-Geay. De nombreux titres sont communiqués aux commissaires par le seigneur de Montmelas. Entre autres : le testament d'haut et puissant seigneur messire Antoine d'Ogerolles, chevalier de l'ordre du Roi, seigneur de Saint-Polgue, Roche-la-Mollière, baron de Brunard, en Bourbonnais, père de Françoise d'Ogerolles, femme d'Alexandre de Capponi, ledit testament du 31 mars 1583, ledit Antoine d'Ogerolles, épousa, par contrat du 27 mars 1554, damoiselle Anne de Chevrières. agissant avec l'autorité de messire Jean de Miolans, chevalier, seigneur de Chevrières, gentilhomme de la maison du Roi, de dame Françoise Maréchal, sa femme, ses père et mère. Les titres honoraires des maisons de Capponi et Feugerolles produits sont : les lettres patentes de gentilhomme ordinaire de la Chambre du Roi octroyées par le Roi à Gaspard de Capponi, aïeul maternel du prétendant, seigneur et baron de Feugerolles, le Chambon, Saint-Romain et Roche-la-Mollière, du 22 août 1625 ; les lettres de nomination en l'ordre de Saint-Michel, de M. le baron de Feugerolles, du 19 mars 1620 ; une commission donnée par Henry le Grand à Alexandre de Capponi, seigneur de Feugerolles, d'une compagnie de 50 hommes de ses ordonnances, du 22 août 1590 ; un ordre donné par le même Roi à messire Guillaume de Gadaigne, chevalier des deux ordres et lieutenant-général au gouvernement de Lyonnais pour donner le collier de l'ordre de Saint-Michel à M. de Capponi, sieur d'Ambérieu..... Preuves testimoniales : 1er témoin, haut et puissant seigneur messire François-Joseph Damas, chevalier, seigneur d'Antigny, le Breuil, Chevrot, Ruffé, lieutenant général et gouverneur de la Souveraineté de Dombes, âgé d'environ 57 ans, après le serment prêté sur les Saints Evangiles dit connaître le prétendant, qui est né dans le château de Serfavre, appartenant à son père, dans la paroisse de Cogny, en Beaujolois, diocèse de Lyon, dans l'etendue du grand prieuré d'Auvergne, qu'il n'est ni son parent ni son allié, qu'il a vu ses père et mère faire profession de la religion catholique, apostolique et romaine et qu'ils sont tenus et réputés pour être de bonne et ancienne noblesse, sans avoir dérogé, que le prétendant est sain de corps et d'esprit, de bonne et forte complexion, capable de bien servir la Religion, que ses aïeux ont toujours vécu dans la religion catholique, apostolique et romaine, qu'il y a eu un Jacques d'Arod, commandeur de la Marche, que dame Claudine de Chalmazel, ayeule du prétendant était d'une grande édification de vertu, et appartenait à une famille qui a donné dans tous les temps des chevaliers de Saint-Jean de Jérusalem et des chanoines de Saint-Jean de Lyon. que Gaspard de Chalmazel était sorti cadet de l'ancienne maison de Talaru-Chalmazel qui a donné tant de chevaliers de l'ordre de Saint-Jean de Jérusalem et des chanoines et comtes de Lyon, que dame Claude de Champier est d'une bonne et ancienne noblesse, qu'Antoine de Champier, son père, était chevalier de l'ordre du Roi, bailli de Bugey et de Bresse, et dame Ysabeau de Chabeu, sa mère d'une très ancienne noblesse de Bresse, prouvée par les preuves de noblesse de Jean d'Angeville et d'Henry-Joseph de Monspey-Vallière, chevalier de Saint-Jean de Jérusalem, que la maison de Capponi était originaire de Florence et avait produit des gonfaloniers de cette république, que celle du Peloux était ancienne en noblesse et souvent prouvée en ledit ordre de Saint-Jean de Jérusalem..... Second témoin, haut et puissant seigneur messire Gaspard de Chaponay, chevalier, seigneur-baron de Morancé, Lizérable, le Pin, âgé d'environ 60 ans. Troisième témoin, haut et puissant seigneur messire Camille de Sacconay, chevallier, seigneur de Vaurion, âgé d'environ 48 ans. Quatrième témoin, noble et puissant seigneur messire Gracien de Ménardeau, seigneur de Champrey, Jarniost, Charbonnière et la Brosse, âgé d'environ 67 ans. Les commissaires se retirent ensuite du logis du Faucon et se transportent dans celui de l'Ecu de France de ladite ville de Villefranche occupé par sieur Charles Mélines, hôte dudit logis de l'Ecu, où ils appellent d'office et secrètement sieurs François Pignard, Claude Reynard, Pierre Perret et François Dachot, tous bourgeois marchands, demeurant en ladite ville, lesquels disent, par serment, bien connaître lesdits Messieurs Damas d'Antigny, de Chaponay, de Sacconnay et de Ménardeau, tenus et réputés pour personnes d'honneur et de probité, gentilshommes de noms et d'armes, très distingués dans ces provinces, d'une foi entière...... et que ledit maître Calemard est homme d'honneur, digne de foi et connu pour tel dans toute la province..... Fait à Lyon, le 12 novembre 1714.

Le 15 novembre 1714, le chevalier de la Rivoire, receveur de l'ordre de Malte, au grand prieuré d'Auvergne, passe quittance, à Lyon, à madame la comtesse de Montmelas, de la somme de 80 livres, à cause des droits de la vénérable langue d'Auvergne et de la noblesse, pour la réception de noble Benoît d'Arod, son fils, chevalier de justice de majorité en la vénérable langue d'Auvergne.

Le même jour, le même passe à la même, à Lyon, une autre quittance de 1.843 livres, pour le droit de passage dudit Benoît d'Arod, pour être reçu chevalier de justice de majorité en ladite langue.

Par permission d'Eminentissime et Révérendissime Monseigneur frère don Raymond de Perellos et Roccefeuil, très digne grand maître de l'ordre de Saint-Jean de Jérusalem et du Saint-Sépulcre, s'est tenue la vénérable langue d'Auvergne, présidant en icelle illustre Monsieur le commandeur frère François Camus d'Arginy, en l'absence d'illustre Monsieur le Mareschal, dans laquelle M. le chevalier de Vougue (Vogüé) et M. le chevalier Ferdinand de Langon, ci-devant nommés commissaires pour examiner les preuves de noblesse de noble Benoît d'Arod, ont fait la déclaration suivante : Monsieur et Messieurs, pour exécuter la commission qu'il vous a plu nous donner à Messieurs les commandeurs de Vougue et de Langon, d'examiner les preuves de noble Benoît d'Arod de Montmelas, faites à la diligence de Messieurs les commandeurs de Forsat et de Saint-Mauris, et revues au vénérable Chapitre par Messieurs les commandeurs de l'Estang et de Brossia qui les ont trouvées bonnes et valables, après les avoir bien examinées, nous avons trouvé qu'il a l'âge compétant, que la filiation est bien suivie, et légitimation bien prouvée par les contrats de mariage et que les alliances en sont parfaitement bonnes, sauf que le quartier de Gléteins, dont la filiation et légitimation nous paraît suffisamment prouvée, excepté que ne donnant aucun titre honoraire pour ladite maison de Gléteins, il produit, pour y suppléer, un certificat du chapitre de MM. les comtes de Lyon qui attestent que cette ligne est prouvée dans leurs chapitres, dans les preuves de M. le comte de Saint-Mauris, frère de M. le marquis de Chevrier, ci-devant chevalier de notre ordre, ce que nous croyons suffisant, nous en remettant, pourtant, Monsieur et Messieurs, à tout ce qu'en voudra ordonner la vénérable langue. Ce que entendu par les seigneurs de la vénérable langue, ils ont accepté les dites preuves pour bonnes et valables..... Les procureurs de la vénérable langue d'Auvergne, le chevalier de Sainte-Jay. Frère J. Ricard, secrétaire de la vénérable langue. Fait le 9 janvier 1715.

Le chevalier de Montmelas donna quittance à son frère aîné, le 21 février 1715, de 600 livres, pour son voyage de Malte.

Par une sentence du bailliage de Beaujolais, du 4 avril 1718, terminant un procès entre Joseph d'Arod, seigneur de Montmelas, et Benoît d'Arod, son frère, le premier est condamné à payer au second, à titre de provision, jusqu'à sa majorité, une pension de 350 livres, outre sa nourriture.

Benoît d'Arod, par le testament de Marie de Capponi, sa mère, du 9 décembre 1723, eut un legs de 2.167 livres, pour sa portion dans ses augment, bagues et joyaux.

Le 31 décembre 1727, un traité fut fait à Villefranche, par la médiation et le conseil du sieur Cochard de Brosse, avocat au parlement, et en son cabinet, entre Joseph d'Arod et Benoît d'Arod, son frère. Le premier cède au second pour sa légitime dans les successions de leurs père et mère, droits d'augment, bagues et joyaux : 1° le fief et château de Pierrefiland, le domaine en dépendant et le vignoble des Moles ; 2° le domaine du Piney ; 3° le vignoble de Porchaillon, au canton de Morgon, près du vignoble de Rébé, une maison d'habitation dans le bourg de Cogny et une petite vigne audit Morgon ; 4° tous les bois situés aux cantons de Pierrefiland, Maugran et Piney, à l'exception des bois Fontanay et Paletière ; 5° son droit de chasse depuis le bourg de Saint-Cire jusqu'à l'orme du Vanel, à l'exception sur les terres dudit Joseph d'Arod, auquel ledit droit de chasse reviendra, si ledit Benoît d'Arod meurt sans enfants nés en légitime mariage et auquel la haute justice est réservée ;

6º certaines censives sur la paroisse de Saint-Cire ; 7º huit bicherées de la forêt de Serfavre. Benoît d'Arod prend encore dans cet acte la qualité de chevalier de Saint-Jean de Jérusalem.

Par traité du 29 juillet 1733, messire Benoît d'Arod, chevalier, seigneur de Pierrefiland, reçut de Joseph d'Arod. marquis de Montmelas, son frère aîné, la somme de 5.200 livres pour le tiers lui revenant dans la succession de leur frère défunt Gaspard-Marie d'Arod, clerc tonsuré du diocèse de Lyon.

Benoît d'Arod, âgé de 57 ans, demeurant en la paroisse de Cogny, faisait partie du conseil de famille qui procéda, le 2 octobre 1752, à la nomination de la tutelle des enfants mineurs de François-Marie d'Arod de Montmelas, son neveu.

Le 20 août 1778, Benoît d'Arod résidait à Pierrefilant, était veuf de Benoîte Vernay et se faisait représenter au contrat de mariage de son fils Gaspard d'Arod de Pierrefilant avec Marie-Renée de Gangnières de Souvigny.

Du mariage de Benoît d'Arod avec Benoîte Vernay, naquirent :

a). Gaspard d'Arod de Pierrefilant, seigneur dudit lieu, marié avec damoiselle Marie-Renée de Gagnières de Souvigny.

Il était filleul de sa tante Claire d'Arod de Montmelas, femme d'Edme Danicourt, laquelle lui légua 1.000 livres, par son testament du 27 décembre 1737.

Gaspard Arod fut parrain, le 16 septembre 1747, en l'église paroissiale de Montmelas de Gaspard, fils de François-Marie d'Arod et de Marguerite Denis.

Le 20 août 1778, Gaspard d'Arod de Pierrefilant, résidant à Pierrefilant, paroisse de Cogny, fit contrat de mariage avec Marie-Renée de Gangnières de Souvigny, fille de feu François et de Jeanne-Marie Rivet de Fromente. Le père du futur est représenté par François-Gabriel Corteille de Vaurenard ; la future est assistée de sa mère, de Pierre-François de Gangnières de Souvigny, son oncle, de Louis-Marie de Gangnières de Souvigny, son frère ; elle réside avec sadite mère en la ville de Lyon, rue du Pérat, paroisse d'Ainay. Le père du futur lui donne tous ses biens présents et à venir, à la charge de payer a Jean-Louis d'Arod, curé de Blacé, à dame Magdelaine d'Arod, épouse de M. Sain, et à damoiselle Marguerite d'Arod, ses 3 autres enfants, après son décès, leurs légitimes de droit. M. d'Arod, père, se réserve la jouissance de la moitié desdits biens. La mère et le frère de la future lui constituent en dot 30.000 livres. savoir 10.000 pour ses droits paternels et sa portion dans la succession de la dame Fourcade, femme de M. de Gorce, et 20.000 pour tous ses droits dans la succession de sadite mère. Ce contrat fut passé au château de Fromente, paroisse de Saint-Didier-au-Mont-d'Or et fut ainsi signé : Marie Renée de Gangnières de Souvigny de Saint-Vincent ; Arod ; Rivet de Souvigny ; de Vaurenard ; Souvigny de Saint-Vincent ; Gangnières de Souvigny ; Arod de Montmelas ; Souvigny-Pestalozzi ; Colabau de-Souvigny ; Bertelot de Penhoet ; des Gouttes de la Salle ; Pestalozzi ; du Bost de Curtieux ; le baron de Mont-d'Or, chanoine de Saint-Just ; C. Charvet ; Rochemure de Ruolz-Montchal ; de Ruolz-Montchal ; Richard. curé de Saint-Didier-au-Mont-d'Or ; Girard et Dugueyt, notaires.

Gaspard d'Arod, seigneur de Pierrefiland, fut présent à l'assemblée de la noblesse du Beaujolais tenue le 17 mars 1789. dans l'une des salles des Révérends Pères Cordeliers de Villefranche, en son nom et comme fondé de procuration de M. Blaise Arod, seigneur de Montmelas.

b). Dame Madeleine d'Arod, femme de Claude-Antoine Sain, chevalier de Saint-Louis.

Elle fut marraine, le 16 septembre 1747, dans l'église paroissiale de Montmelas, de Gaspard, fils de François-Marie d'Arod et de Marguerite Denis.

Par le contrat de mariage, du 20 août 1778, de son frère Gaspard d'Arod de Pierrefilant avec Marie-Renée de Gangnières de Souvigny, son père lui légua sa légitime de droit.

c). Jean-Louis d'Arod, curé de Blacé.

Son père lui légua sa légitime de droit, par le contrat de

mariage, du 20 août 1778, de son frère Gaspard d'Arod de
Pierrefilant.

d). Damoiselle Marguerite d'Arod.

Par le contrat de mariage, du 20 août 1778,, de son frère
Gaspard d'Arod de Pierrefilant, son père lui légua sa légitime de
droit.

3° Damoiselle Claire d'Arod de Montmelas, mariée à sieur
Edme Danicourt, bourgeois.

Claire d'Arod eut un legs de 8.000 livres de son père et un de
6.000 de sa mère, par leur testament mutuel du 23 février 1688.

Par un nouveau testament mutuel de ses père et mère, du
9 mars 1694, le premier ne lui lègue plus que 7.000 livres et la
seconde 3.000.

Sa mère lui lègue, par un codicille du 9 décembre 1723,
2.167 livres, pour sa portion dans ses augment, bagues et
joyaux.

Claire d'Arod fit une transaction, le 13 février 1727, avec
Joseph d'Arod, marquis de Montmelas, son frère, au sujet de ses
droits dans les successions de leurs père et mère.

Sieur Edme Danicourt, bourgeois, demeurant en la paroisse
de Montmelas, et dame Claire Arod, son épouse, reconnaissent,
a Villefranche, le 22 septembre 1732, avoir reçu de Joseph Arod,
chevalier, seigneur-marquis de Montmelas, la somme de
6.050 livres, sur les droits paternels et maternels de ladite dame,
ladite somme venant des deniers de Benoît Vial, écuyer, contrô-
leur ordinaire des guerres à Lyon.

Le 29 juillet 1733, Joseph d'Arod, marquis de Montmelas,
remet 5.200 livres à Claire d'Arod, sa sœur, pour le tiers lui
revenant dans la succession de leur frère, Gaspard-Marie d'Arod,
clerc tonsuré du diocèse de Lyon.

Edme Danicourt et Claire d'Arod, sa femme, donnent quittance,
le 30 juin 1734, à Joseph d'Arod, de la somme de 5.830 livres,

que celui-ci leur a remise, à compte des droits de ladite Claire d'Arod dans les successions de ses père, mère et frère.

Claire d'Arod de Montmelas, épouse de sieur Edme Danicourt, bourgeois, demeurant en là paroisse de Montmelas, fit son testament le 27 décembre 1737. Elle élit sa sépulture dans l'église paroissiale de Montmelas, où elle demande, aussitôt après son décès, 400 messes basses de l'office des trépassés, pour le repos de son âme, savoir : 200 au grand autel et 200 à la chapelle de Notre-Dame ; lègue à ladite église les habits les plus propres servant à son usage, pour y faire des ornements ; à son mari 300 livres de pension annuelle et viagère, la propriété de tous ses meubles meublants, linges, etc., et la jouissance, sa vie durant, de la maison et jardin dans lequel est le pavillon où ils habitent actuellement ; à Gaspard d'Arod de Pierrefilan, son neveu et filleul, fils du chevalier de Montmelas de Pierrefilan, son frère, 1.000 livres. Elle institue héritier universel François d'Arod de Montmelas, son neveu, fils de messire Joseph d'Arod, chevalier, marquis de Montmelas, et de défunte dame de Mallet de Vandègre.

Claire d'Arod, damoiselle, épouse de sieur Edme Dannicourt, demeurant ordinairement dans la paroisse de Montmelas, en Beaujolais, reconnut, vers 1738, avoir reçu en bonnes espèces d'or et d'argent ayant cours, de Joseph d'Arod, marquis de Montmelas, son frère, la somme de 3,675 livres, à compte de celle de 6.000 livres qu'il lui doit en reste de ses droits de légitimes paternelle et maternelle et des droits successifs qu'elle avait dans l'hoirie de Gaspard-Marie d'Arod, leur frère, clerc tonsuré du diocèse de Lyon, laquelle somme ledit seigneur de Montmelas a empruntée de messire Nicolas Chapuy, chanoine et baron de l'église de Saint-Just de Lyon, et lesdits mariés Dannicourt la remettent à messire Nicolas des Champs, chevalier, ancien président à mortier au parlement de Dombes, résidant ordinairement à Lyon, leur créancier.

Le testament de Claire d'Arod fut contrôlé à Villefranche, le 25 mai 1740.

Sieur Edme Danicourt, bourgeois, demeurant à Montmelas, âgé de 58 ans, fit partie du conseil de famille qui nomma, le 2 octobre 1752, la tutelle des enfants mineurs de Joseph d'Arod et de Marguerite Denis de Cusieu.

4° Messire Henry d'Arod de Montmelas, d'abord clerc tonsuré, puis cornette au régiment de Commissaire général-cavalerie.

Henry d'Arod, né le 30 mai, fut baptisé le 1er juin 1688, par M. Girard, curé de Cogny; il fut présenté par Claude Barras, habitant dudit Cogny, au lieu et place de messire Henry de Charpin, seigneur de Feugerolles, fils de messire Hector de Charpin, comte de Souzy, et par Philiberte de Montfray, fille de feu Georges de Montfray, habitant de Saint-Cyre-de-Chatoux, au lieu et place de dame Christine d'Arod, tante dudit Henry d'Arod.

Par leur testament mutuel du 9 mars 1694, ses père et mère lui léguèrent, l'un 7.000 livres et l'autre 3.000.

Claude de Saint-George, archevêque et comte de Lyon, étant dans son palais épiscopal, à Lyon, lui conféra, le 19 février 1701, la tonsure cléricale et l'agrégea à la milice cléricale.

Le 24 février 1701, Marie de Capponi, veuve et héritière fidéi-commise de Gaspard d'Arod, baron de Montmelas et seigneur d'Ars, en Lyonnais, patron et collateur de la prébende fondée en l'église de Limonez, en la chapelle dépendant du château d'Ars, sous le vocable de Sainte-Catherine, tutrice et ayant la garde noble de leurs enfants, étant audit château d'Ars, nomma prébendier en ladite prébende, à la place de défunt messire Hiérôme d'Arod, clerc tonsuré du diocèse de Lyon, noble Henry d'Arod de Montmelas, son fils, clerc tonsuré du même diocèse. Le même jour, ledit Henry d'Arod est mis en possession de ladite prébende par messire François Besson, prêtre et curé de Limonnetz, avec les cérémonies accoutumées et le plus de dévotion que l'on a pu.

Le 25 février 1701, Marie de Capponi, veuve de Gaspard d'Arod, patron laïque et collateur de la prébende fondée sous le vocable de Saint-Antoine et de Saint-Yves, par les seigneurs du château et terre d'Ars et desservie à l'autel de Saint-Nicolas, sous la tribune de l'église de Lyon, étant à Lyon, nomme à ladite prébende, vacante par le décès d'Hiérôme d'Arod, Henry d'Arod de Montmelas, chevalier, son fils. Le même jour ledit Henry d'Arod est mis en possession de ladite prébende par messire Jean Enjaluin, prêtre perpétuel de l'église de Lyon, lequel le conduit à l'hôtel de Saint-Nicolas et fait toutes les cérémonies accoutumées en pareil cas, les cierges allumés sur ledit autel.

Henry d'Arod expose le 9 février 1704, au sénéchal et au présidial de Lyon, qu'il a appris que Philippe Genthon, prêtre, s'était fait pourvoir en cour de Rome de la prébende de Saint-Antoine et Saint-Yves ; il dit que ladite prébende n'a jamais vaqué, puisque Hiérosme d'Arod, le dernier titulaire étant mort à Cogny, le 6 décembre 1700, le suppliant a été pourvu de ladite prébende, le 25 février 1701, par Marie de Capponi, sa mère.

Le 21 février 1704, Henry d'Arod de Montmelas, chevalier, clerc tonsuré, étant au château de Serfavre, et en présence de messire Claude Tamain, docteur en théologie, prêtre, aumônier, demeurant audit Serfavre, et de maître Jean Dumont, commissaire en droits seigneuriaux de Chamellet, constitue son procureur général maître Antoine Rougnard, procureur ès cours de Lyon dans l'instance qu'il a en la sénéchaussée de Lyon contre Philippe Genthon, se prétendant pourvu de la susdite prébende de Saint-Antoine et Saint-Yves.

Henry d'Arod avait donné, le 24 juin 1706, sa démission de la prébende de Sainte-Catherine, en l'église de Limonnetz. Il n'était pas appelé à la vocation ecclésiastique, et le 14 juillet de la même année, le Roi étant à Versailles, prenant une entière confiance en la valeur, courage, expérience en la guerre, vigilance et bonne conduite du sieur de Monmellart (Henri d'Arod), et en sa fidélité et affection à son service, lui donna la charge de cornette en la compagnie de Terrenaire dans le régiment du commissaire général de la cavalerie, vacante par la promotion de Galibert à une lieutenance.

Une lettre datée de Versailles le 1er janvier 1707, signée La Chaise et adressée à Joseph d'Arod, rappelle un congé de deux mois accordé, à cette époque, à son frère Henry d'Arod.

5° Messire Gaspard-Marie. *aliàs* Gaspard d'Arod de Saint-Jullien, clerc tonsuré du diocèse de Lyon.

Gaspard-Marie d'Arod, né la veille, fut baptisé, le 22 octobre 1690, à Saint Martin de Limonèz-au-Mont-d'Or ; ses parrain et marraine furent sieur Jean-Pierre-Marie de Ruolz, écuyer, seigneur des Trois-Fourneaux, et demoiselle Jeanne de la Monière. Présence de messire Jean-Pierre de Ruolz, écuyer, ancien capitaine commandant le régiment de Sarron.

Par leur testament mutuel du 9 mars 1694, ses père et mère lui léguèrent, l'un 7,000 livres et l'autre 3,000.

Marie de Capponi, sa mère, le pourvut, le 23 juin 1706 de la prébende de Saint-Antoine et Saint-Yves, fondée en l'église cathédrale de Lyon, sur la démission volontaire de son frère Henry d'Arod. Il en fut mis en possession le même jour.

Le lendemain, 24 juin 1706, elle lui conféra la prébende de Sainte-Catherine. en l'église de Limonnetz, vacante par la démission du même. Le même jour, Gaspard-Marie d'Arod se transporte à l'église de Limonnetz, avec sa mère ; il y trouve messire François Besson, prêtre et curé dudit lieu. qui le met en possession de ladite prébende, le prenant par la main, lui offrant l'eau bénite, le menant au grand autel, où ils chantent le *Veni Creator*, baisent ledit autel, l'aspergent, font toutes les génuflexions accoutumées ; ils vont ensuite au-devant de celui qui est sous le vocable de Sainte-Catherine, où ils font les mêmes fonctions, ainsi qu'aux autres autels, les cloches étant sonnées pendant tout ce temps.

Gaspard d'Arod de Saint-Jullien résida chez son frère Joseph d'Arod de Montmelas du 13 juillet 1722 au 8 mai 1723, au prix de 300 livres de pension par an.

Par son codicille du 9 décembre 1723, Marie de Capponi légua à son fils Gaspard-Marie d'Arod 2,167 livres, pour sa portion, dans ses augment, bagues et joyaux.

Le 6 septembre 1727, Gaspard-Marie d'Arod tient quitte son frère Joseph d'Arod, seigneur de Montmelas, de tout ce qui lui est dû dans les successions de leur père et mère moyennant la somme de 15,000 livres que son dit frère lui payera, savoir : 2,000, par la cession de la maison et vignoble de Bellevue, située à Cogny, avec ses dépendances, et le reste en bonnes espèces. Ce traité fut ratifié le 31 mars 1729.

Le 29 juillet 1733, fut réglé le partage de la succession de Gaspard-Marie d'Arod entre ses héritiers; il dut mourir peu de temps auparavant.

6° Damoiselle Marie d'Arod de Montmelas, religieuse à la Visitation de Villefranche.

Ses père et mère lui léguèrent, par leur testament mutuel du 9 mars 1694, l'un 7,000 et l'autre 3,000.

Sœur Marie-Emmanuelle, novice dans le couvent des religieuses de la Visitation de Villefranche, nommée au monde demoiselle Marie d'Arod de Montmelas, étant sur le point de faire profession audit couvent, fait son testament au parloir de ce monastère, le 4 novembre 1713. Elle élit sa sépulture dans le charnier des religieuses dudit couvent et institue héritière universelle dame Marie de Capponi, sa mère, à la charge de lui payer la pension annuelle et viagère de 25 livres.

Le 18 novembre 1721, Marie de Capponi, pour l'amitié particulière qu'elle a pour dame Marie d'Arod de Montmelas, sa fille, religieuse au couvent de la Visitation de Sainte-Marie de Villefranche, lui donne par acte passé au château de Serfavre, une pension annuelle et viagère de 25 livres, commençant un an après son décès.

7° Damoiselle Louise d'Arod de Montmelas, religieuse à la Visitation de Villefranche.

Son père et sa mère lui léguèrent, l'un 7,000 livres et l'autre 3,000, par leur testament mutuel du 9 mars 1694.

Sœur Marie-Louise, novice dans le couvent des religieuses de la Visitation de Villefranche, nommée au monde damoiselle Louise d'Arod de Montmelas de Blacé, étant sur le point de faire profession audit couvent, fit son testament, le 4 février 1714, à Villefranche, dans une chambre étant à côté de l'église dudit couvent, Elle veut être enterrée dans le charnier des religieuses de ce couvent et institue héritière universelle Marie de Capponi, sa mère, à la charge de lui payer une pension annuelle et viagère de 25 livres.

Le 18 novembre 1721, Marie de Capponi, pour l'amitié particulière qu'elle a pour dame Louise d'Arod de Montmelas, sa fille, religieuse au couvent de la Visitation de Sainte-Marie de Villefranche, lui donne par acte passé au château de Serfavre, une pension annuelle et viagère de 25 livres, commençant un an après son décès.

XI. — Haut et puissant seigneur JOSEPH D'AROD DE MONT-MELAS, baron de Montmelas, seigneur d'Ars, Serfavre, Cogny, Saint-Julien, Blacé et autres lieux, marié à Sibille-Charlotte de Mallet de Vandègre.

Joseph d'Arod de Montmelas naquit le 9 mars 1680, et le 15 avril 1688 il fut présenté en l'église paroissiale de Cogny, pour lui suppléer les saintes cérémonies du baptême omises par messire Antoine Ronchivol, curé de Montmelas, qui lui avait donné les eaux du baptême privément et ondoyé par permission de M. le Révérend Vicaire général de Monseigneur l'archevêque de Lyon, en date du 11 mars 1680. Il fut présenté et nommé au baptême par Jean Germain, habitant dudit Cogny, et Claudine Matheu du même lieu.

Sibille-Charlotte, née le 19 février 1688, fille de messire Gaspard-Charles de Mallet, chevalier seigneur de Bulhon, la Forest et Vandègre, et de dame Marie-Françoise de Musy, fut baptisée, le 20 février suivant, en l'église paroissiale de Bulhon ; ses parrain et marraine, furent messire Charles de Musy, prêtre, docteur de Sorbonne, à Paris, représenté par M. Claude Tronche, bourgeois de Montferrant, et damoiselle Sybille de la Verchère.

Joseph d'Arod fut institué héritier universel de ses père et mère, par leur testament mutuel du 9 mars 1694.

Son oncle Hiérosme d'Arod, seigneur de Pierrefilant, testant le 23 septembre 1700, le nomma également son héritier universel.

Joseph d'Arod donna, en 1708, le dénombrement de ses terres de Montmelas, Pierrefilant et Ars.

Le 5 février 1716, par devant Pierre L'Hoste, notaire à la Tour-du-Pin, haut et puissant noble Joseph d'Arod, chevalier, seigneur marquis de Montmelas, Cogny, Denicé, Saint-Jullien, Blacé, Saint-Cire, la Mure, Ars en Lyonnais, fait contrat de mariage avec damoiselle Sibille de Mallet de Vandègre, fille de feu messire Gaspard-Charles de Mallet, chevalier, seigneur de Vandègre, Bullon, et de dame Marie-Françoise de Musy, dame desdits lieux, agissant avec l'avis et conseil de haute et puissante dame Marie-Catherine de Clermont, veuve de messire Pierre de Musy, président à mortier au Parlement de Metz, seigneur de la Tour-du-Pin, Diémoz, Romanèche, sa grand'mère et de l'agrément de M. le chevalier de Musy, son oncle. La dot de la future se compose de 6,000 livres de capital, 3,000 d'intérêts, pour le légat à elle fait par son dit feu père, et 7,000 livres à elle données par sadite mère et devant être payées par son frère messire Joseph de Mallet, seigneur de Vandègre et Bullon ; la future a des droits et prétentions sur la succession de feu noble François de Mallet, son frère. Son augment, le cas échéant, sera de 8,000 livres, ses bagues et joyaux iront à la somme de 3,000 livres. La mère du futur lui donne, par donation entre vifs, et à cause de noces, tous les biens meubles et immeubles dépendant de la succession de son feu père, à la réserve de la terre d'Ars et des meubles nécessaires à sadite mère. Elle lui donne encore, par préciput, la somme de 6,000 livres, payable seulement après son décès. Ce contrat fut passé au château de Romanèche, en présence de M. le comte de Musy, cousin germain de la future, et de noble Gaspard-Marie d'Arod, frère du futur.

Joseph d'Arod, pour lui et sa femme, fit, le 19 juin 1720, une transaction avec messire Gabriel-Marie de Mallet, chevalier, seigneur de Vandègre, Bullion, la Forest, résidant en son château de Bullion, frère de celle-ci, au sujet des droits paternels de madame d'Arod et de ce qui lui revenait dans la succession de François de Mallet de Vandègre, son frère, qui sont réduits à la somme de 11,350 livres. Cet accord fut passé à Riom, dans la maison de M. maître Jacques Chabrol, conseiller, avocat du Roi en la sénéchaussée d'Auvergne et siège présidial de Riom, en sa présence et de son avis, et en présence de puissant seigneur messire Anne-Gilbert de la Queuille, chevalier, seigneur, marquis de Châteaugay, Bourassol, Ménétrol, Cébazat, Bonne, Vendat, comte d'Amanzé, Prizi, les Serteaux, conseiller du Roi en tous ses conseils privés, premier lieutenant-général pour Sa Majesté au duché de Bourgogne, gouverneur des villes et château de Bourbon-Lancy et de Fort de Talend, et encore en présence et de l'avis de Claude-Ignace de Brugières, seigneur de Barante, avocat en parlement.

Joseph d'Arod fut institué héritier universel de sa mère, par son testament du 9 décembre 1723.

Noble seigneur Joseph d'Arod, de la paroisse de Saint-Paul de Lyon, veuf depuis quelque temps de Sibille-Charlotte de Mallet de Vandègre, et damoiselle Jeanne-Louise de Monspey, âgée de plus de 40 ans, de la paroisse de Saint-Georges de Rogneins, pays de Beaujolais, diocèse de Lyon, étant tous deux de la même condition et épris d'un amour mutuel, avaient résolu de s'unir légitimement avec le conseil et l'assentiment de leurs parents; mais ils avaient comme empêchement à leur mariage un lien de parenté du 3e au 4e degré. Le 18 juin 1725, François-Paul de Neufville, archevêque et comte de Lyon, primat des Gaules, commandeur des ordres du Roi et son lieutenant à Lyon leur donne des dispenses de parenté et leur permet de se marier ensemble.

Quatre jours auparavant, le 14 juin 1725, haut et puissant seigneur messire Joseph d'Arod, chevalier, marquis de Montmelas, seigneur dudit lieu de Montmelas, Cogny, Denicé, Saint-Jullien, Blacé, Saint-Sorlin, Saint-Cyr, la Mure en partie, Serfavre, Pierrefilant, avait fait contrat de mariage avec damoiselle Jeanne-Louise de Monspey, fille de noble et puissant seigneur messire Antoine de Monspey, chevalier, marquis de Vallière et de défunte dame Charlotte de Champier. La dot de la future est de 15,000 livres, dont 12,000 du chef de son père et 3,000 de celui de sa mère. Son augment, le cas échéant, sera de 8,000 livres, faisant 400 livres de rente, dont elle pourra disposer, s'il n'y a point d'enfants de ce mariage; son douaire sera de 350 livres de rente viagère. Elle aura mille livres de bagues et joyaux et son habitation, à son choix, dans l'un des châteaux du futur, sa vie durant, meublé comme il se trouvera être au décès de celui-ci, avec la même voiture ou équipage qui se trouvera dans la maison dudit seigneur de Montmelas au temps de sa mort. Ce contrat fut passé au château de Vallière paroisse de Rogneins, en présence de messire Joseph-Henry de Monspey, chevalier, capitaine de dragons, frère de la future, de messire Jean-Baptiste Janson, prêtre, curé dudit Rogneins, et de messire Pierre-Claude Giraud, vicaire dudit lieu.

Joseph d'Arod fit à Montmelas, le 13 février 1727, une transaction avec sa sœur Claire d'Arod, au sujet des droits de celle-ci dans les successions de leurs père et mère.

Le 31 décembre suivant, il fit un accord avec son frère Benoît d'Arod, par lequel il lui céda différents immeubles pour ses droits dans les mêmes successions.

Edme Dannicourt et Claire d'Arod, son épouse, donnèrent au dit Joseph d'Arod quittance, à Villefranche, le 22 septembre 1732, d'une somme qu'il leur remettait sur les droits paternels et maternels de la dite Claire.

Jeanne-Louise de Monspey demeurait, au mois de juillet 1733, au château de Serfavre.

Le 29 juillet 1733, Joseph d'Arod fit un accord avec Benoît et Claire d'Arod, ses frère et sœur, au sujet de la succession de Gaspard-Marie d'Arod, leur frère.

Le 30 juin 1734, Edme Danicourt et Claire d'Arod, son épouse passèrent à Joseph d'Arod quittance de certaine somme qu'il leur avait remise sur les droits que la dite Claire avait aux successions de ses père, mère et frère.

Jeanne-Louise de Monspey, demeurait toujours, en 1734, à Serfavre. Son adresse était : « Madame, Madame la marquise de Montmelas, route de Lyon par la Bourgogne, pour Serfavre, à Villefranche, en Beaujolais. »

Dame Jeanne-Louise de Monspey, épouse de messire Joseph d'Arod, seigneur marquis de Montmelas, autorisée par celui-ci, ratifie, au château de Serfavre, le 5 septembre 1734, un emprunt de 16.900 livres que celui-ci avait fait de noble François Dervieu, ancien président en l'élection de Lyon, ex consul de la dite ville, pour payer ses créanciers. Cet acte eut pour témoins messire Jean Benoît, prêtre, docteur en théologie et ès droits, avocat en parlement et juge des terres de Montmelas, demeurant à Lyon, paroisse d'Ainay, et messire Jean-Claude Pierrefeu, prêtre du diocèse de Lyon, docteur en théologie, demeurant à Cogny.

Joseph d'Arod demeurait en son château de Serfavre, au mois de mai 1735.

Claire d'Arod, épouse d'Edme Dannicourt, donna quittance, vers 1738, à son frère Joseph d'Arod de certaine somme qu'il lui avait remise sur ce qui lui revenait dans les successions de leurs père et mère et de leur frère Gaspard-Marie d'Arod.

Le 11 décembre 1739, Joseph d'Arod et Jeanne-Louise de Monspey, son épouse, firent une transaction à Villefranche, en l'hôtel de M. Janson de Roffrey, avec Joseph-Henry de Monspey, chevalier, comte de Vallière, seigneur de Beaulieu et Belmont, frère de celle-ci, avec le conseil de M. Noyel, chevalier seigneur de Sermézy, président en la Cour des monnaies et au présidial de Lyon et de M. Janson de Roffrey, lieutenant particulier au bailliage de Villefranche. Par cette transaction la dot de Jeanne-Louise de Monspey est augmentée de 2.400 livres.

Messire Joseph d'Arod, chevalier, marquis de Montmelas, demeurant en son château de Serfavre, y testa, le 8 avril 1741, en présence de sieur Antoine-Marie Gonnet, maître chirurgien et apothicaire juré demeurant au Bois d'Oingt, en Lyonnais. Il élit sa sépulture dans le chœur de l'église de Cogny, au tombeau de ses prédécesseurs; demande 500 messes basses, de l'office des trépassés, qui seront célébrées par les Révérends Pères Capucins de Villefranche; veut que son héritier fasse mettre dans les églises dont il est haut justicier les littres et ceintures funèbres de ses armes, tant au dedans qu'au dehors d'icelles; lègue à damoiselle Marguerite-Victoire d'Arod, sa fille aînée et de défunte dame Sibille de Mallet de Vandègre, sa première épouse, 10.000 livres, dont 7.000 pour ses droits paternels et 3.000 pour sa portion de la somme touchée par ledit seigneur des droits de ladite dame; à damoiselle Catherine-Claudine d'Arod, fille des mêmes, la même somme; à dame Jeanne-Louise de Monspey de Vallière, sa femme, 8.000 livres d'augment, faisant 400 livres de rente, pour son douaire 350 livres de pension viagère, mille livres de bagues et joyaux, son habitation, à son choix, dans un des châteaux dudit testateur, avec la même voiture et équipage qui se trouvera dans son château, au temps de son décès. le tout ainsi qu'il a été convenu par son contrat de mariage avec ladite dame de Monspey, du 14 juin 1725. Il institue héritier universel de ses biens et de ceux qui lui viennent de son oncle messire Jérôme d'Arod, dont il est héritier, François-Marie d'Arod, son fils et de ladite défunte dame de Mallet de Vandègre, lui substituant, s'il meurt sans postérité, d'abord ladite damoiselle Catherine-Claudine d'Arod, sa sœur, puis ladite damoiselle Marguerite-Victoire d'Arod, son autre sœur.

. Le 11 janvier 1742, François-Noel Mignot de Bussy, lieutenant-général civil et criminel au bailliage de Beaujolais, sur la réquisition de maître Calemard et assisté de messire François-Marie Arod, chevalier, seigneur de Montmelas, Cogny, héritier testamentaire et bénéficiaire de messire Joseph d'Arod de Montmelas, son père, se transporte au château de Serfavre, paroisse de Cogny, où résidait ledit défunt, pour procéder à l'inventaire requis par ledit Calemard. Il trouve audit château dame Jeanne-Louise de Monspey, veuve dudit défunt, chargée des effets de la succession. Sont comparues demoiselles Marguerite-Victoire et Catherine-Claudine d'Arod de Montmelas, filles dudit défunt, qui disent qu'étant proches de leur majorité, elles ont écrit à Paris pour obtenir des lettres d'émancipation, lesquelles n'étant pas encore arrivées, et leur étant nécessaire d'avoir un curateur, pour veiller à leurs intérêts, pendant le cours dudit inventaire, elles requièrent de leur décerner maître Pierre Lièvre, notaire royal, demeurant à Saint-Cyr, qui est nommé à ces fonctions.

Par acte passé à Chamelet, dans son domicile, le 9 janvier 1743, Jeanne-Louise de Monspey, veuve de Joseph d'Arod, après avoir ouï la lecture d'une quittance passée, au nom de ladite dame, par messire Joseph-Henry de Monspey, chevalier, comte de Vallière, seigneur de Charentay, demeurant ordinairement en son château de Vallière, son frère, au profit de François-Marie d'Arod, héritier universel dudit Joseph d'Arod, son père, ratifie volontairement ladite quittance de 16.000 livres, contenant cession de meubles et effets faite à son profit par ledit François-Marie d'Arod.

Joseph d'Arod n'eut pas d'enfant de son mariage avec Jeanne-Louise de Monspey ; il en avait eu trois de Sibille-Charlotte de Mallet de Vandègre, sa première femme, savoir :

1° Damoiselle Claudine-Catherine d'Arod de Montmelas.

Elle naquit le 13 janvier 1722, et reçut, le 29, les eaux salutaires du saint baptême dans l'église de Dième, en Dauphiné, en présence de messire Pierre de Chaboud, capiscol de la sainte église de Vienne et vicaire général, et de messire Jean-François Marion. Ses parrain et marraine furent noble Claude de Guérin, conseiller au parlement de Dauphiné, et noble dame Catherine de

Mazenod, comtesse de Servient, résidant à Lyon. Signé : Berthoin, curé de Dième.

Par son testament du 8 avril 1741, son père lui légua 7.000 livres pour ses droits paternels et 3.000 pour sa portion de la somme qu'il avait touchée sur les droits de la mère de ladite damoiselle. Il la substitua aussi, comme héritière universelle, à son fils François-Marie d'Arod.

Claudine-Catherine d'Arod comparut, le 11 janvier 1742, à l'inventaire des effets de son père récemment décédé, fait au château de Serfavre.

Damoiselle Claudine-Catherine d'Arod de Montmelas, demoiselle, demeurant au château de Montmelas, où elle est alitée et indisposée de sa personne, y teste, le 3 mars 1781. Elle élit sa sépulture en l'église de Cogny, tombeau de ses prédécesseurs, si elle décède à Montmelas ; sinon dans la paroisse de sa demeure ; demande, dans l'année de son décès, pour le repos de son âme, 150 messes, toutes à voix basse, de l'office des trépassés, excepté 12 a haute voix, moitié à Montmelas, moitié à Saint-Sorlin, par MM. les curés desdites paroisses ; donne 30 livres aux pauvres de la paroisse de Montmelas. Elle institue héritière universelle damoiselle Françoise-Marguerite-Gabrielle Evrard de Courtenay, sa nièce, fille aînée de messire Evrard de Courtenay, demeurant en Dauphiné et de défunte dame Marguerite Arod.

2° Noble François-Marie d'Arod, qui suit :

3° Damoiselle Marguerite-Victoire d'Arod de Montmelas, mariée à messire Gabriel-Marie d'Evrard de Courtenay, seigneur de Courtenay, Montchallin, Optevoz et Gratet.

Marguerite-Victoire d'Arod naquit le 18 juin 1718 ; trois jours après elle reçut les eaux salutaires du baptême dans l'église de Romanesche, en Dauphiné, des mains de messire de Gumin, curé de ladite paroisse, par permission de Monseigneur l'archevêque de Vienne. Le 12 juillet 1720, les cérémonies de l'église lui furent suppléées en l'église de Dièmes. en présence de noble

François, chevalier de Musy, dudit lieu de Diemes, de sieur Scipion Truchet, châtelain dudit lieu, et de maître Jean Sarrazin, notaire, greffier de Dièmes, Ses parrain et marraine furent noble messire François-Victor de Musy, seigneur de la Tour-du-Pin, marquis de Pressin, et noble dame Marguerite de Châteauvilain, épouse dudit seigneur.

Marguerite-Victoire d'Arod eut, par le testament de son père, du 8 avril 1741, un legs de 10,000 livres, dont 7,000 pour ses droits paternels et 3,000 pour sa portion de la somme que son père avait touchée sur les droits de sa mère. Son père la substitua aussi, comme héritière universelle à son frère François-Marie et à sa sœur Catherine-Claudine.

Marguerite-Victoire d'Arod, comparut le 11 janvier 1742, à l'inventaire des effets de son père fait au château de Serfavre.

Le 26 mars 1742, damoiselle Marguerite-Victoire d'Arod de Montmelas, fit contrat de mariage avec messire Gabriel-Marie d'Evrard de Courtenay, chevalier, seigneur de Courtenay, Monchallin, Optevoz, Gratet, fils de feu messire Jean d'Evrard baron de Courboin, ancien capitaine et pensionnaire du Roi au régiment de Vendôme, et de dame Marie-Anne de la Balme de Monchallin. Elle agit avec l'avis, conseil et autorité de messire François, chevalier de Musy, son grand oncle et curateur à conseil, avec l'avis et conseil de haute et puissante dame Marguerite-Gabrielle de Vallin, comtesse de Romanesche, sa tante, veuve de haut et puissant seigneur messire François-Victor de Musy, comte de Romanesche, seigneur de la Tour-du-Pin. Ledit chevalier de Musy lui donne 10,000 livres payables après son décès ; son augment sera de 10,000 livres, le cas échéant ; elle recevra 3,000 livres en bagues et joyaux du futur époux. Ce contrat fut passé à Crémieu, dans l'hôtel de ladite dame comtesse de Romanesche, en présence de messire Pierre-Joseph de Vallin, fils de messire Guy, comte de Vallin, seigneur d'Hyères, de messire Pierre du Bourg de Genevray, de messire Pierre Guillet, comte d'Aoste, de messire Jean-François de Loras, seigneur de Jaillonas, de messire Jacques de Vachon, seigneur d'Ecotier, de noble Jean-Baptiste Le Foulon de Boishéroult, de noble Guillaume de Boulieu, de noble Guillaume-François de Boulieu, son fils et d'autres seigneurs et dames parents et amis des parties.

Gabriel-Marie d'Evrard de Courtenay et Marguerite-Victoire d'Arod, sa femme, demeurant ordinairement à Crémieu, en Dauphiné, étant à Lyon, logés à l'hôtel du Palais-Royal, confessent, le 4 septembre 1742, avoir reçu de François-Marie d'Arod, comte de Montmelas, frère de ladite dame et héritier universel de leur père, la somme de 10,000 livres, pour le legs en principal fait à celle-ci par son père et 1,000 livres pour les intérêts de ladite somme. Ladite dame de Courtenay se réserve de se pourvoir en supplément de légitime dans les successions de ses père et mère.

Marguerite-Victoire d'Arod décéda, sans avoir testé, le 30 mars 1752.

XII. — Haut et puissant seigneur messire FRANÇOIS, *aliàs* FRANÇOIS-MARIE D'AROD DE MONTMELAS, chevalier, comte de Montmelas, seigneur dudit lieu, Cogny, Denicé, Blacé, Saint-Jullien, Saint-Sorlin, Serfavre, partie de Saint-Cyr et de la Mure, lieutenant aux régiments de la Vallière et de Dauphin-infanterie, marié à damoiselle Marguerite Denis de Cuzieu.

François d'Arod, né le vendredi 4 décembre 1716, à 7 heures 1/2 du matin, fut baptisé, le 9 décembre suivant, en la paroisse de Roche et Toyrin, en Dauphiné ; il fut tenu, sur les fonts, par François Pinet et Benoîte Thevenon, au nom de messire François, chevalier de Musy, ci-devant commandant d'une brigade de gendarmes, et pour haute dame Marie-Catherine de Clermont-Crusy.

Il servit en qualité de volontaire et de lieutenant en second dans le régiment de la Vallière depuis le mois de mars 1732 jusqu'au mois d'octobre 1734.

Une lettre adressée de Landau, le 13 juillet 1733, par un

officier qui signe : Boyssière, à Jeanne-Louise de Monspey, seconde femme de Joseph d'Arod, contient ce qui suit, au sujet de François-Marie d'Arod : « Il est vray que M^r d'Arod a été malade, il a eu d'abord mal à une jambe et ensuite la fièvre qu'il a gardée longtemps, mais il est bien guéri de l'un et de l'autre et se porte fort bien à présent... A l'égard de l'argent, lorsque vous voudrés luy en faire tenir, vous pouvés le faire remettre au trésorier de Lion, ou à quelque autre, si vous en avez de plus à portée, qui vous donnera une lettre de change sur M. de la Rue, trésorier d'icy, payable à M^r d'Arod ou à moy, et il y sera fait honneur... Vous verrez, par l'état cy-joint que j'ay avancé soixante-dix livres, deux sols, non compris ce qu'il faudra pour l'auberge du mois courant et une dizaine d'écus, pour le chirurgien ou apoticaire de pendant la maladie... Il me demande de luy faire acheter un fusil, trouvant celui de munition trop pesant, ce que je n'ay pas voulu faire, sans sçavoir si vous l'aprouvés, il est vray qu'il lui serviroit lorsqu'il serait officier.., M^r d'Arod est d'une fort jolie figure et bien fait. »

Le 1er janvier 1734, François-Marie d'Arod reçut des lettres de lieutenant en second au régiment de la Vallière, conçues en ces termes : « Mon cousin, aiant donné à M. d'Arotte (*sic*) la charge de lieutenant en second en la compagnie de Frémicourt, dans le régiment d'infanterie qui est sous votre charge, je vous écris cette lettre pour vous dire que vous aiez à le recevoir et faire reconnoître en ladite charge de tous ceux qu'il apartiendra, et La présente n'Etant pour autre fin, je prie Dieu qu'il vous ait, mon cousin, en sa Sainte et digne garde. Ecrit à Versailles le premier janvier 1734. Louis. A mon cousin le duc de Vaujours, colonel d'un Régiment d'Infanterie, et en son absence à celuy qui commande la compagnie de Frémicourt. »

Le 9 juillet 1734, François-Marie d'Arod se trouvait avec son régiment devant Philisbourg qu'on assiégeait.

Voici la teneur de ses lettres de lieutenant en second au régiment Dauphin : « M. le comte de Maillebois, ayant donné à d'Arod la charge de Lieutenant en second, en la compagnie de

Gessan, dans le régiment d'Infanterie de mon fils le Dauphin, que vous commandez, vaccante par la promotion de Mont Saint Jean à une lieutenance, je vous écris cette lettre pour vous dire que vous ayiez à le recevoir..... Ecrit à Versailles le troisième février 1735. Louis. A Monsieur le Comte de Maillebois, colonel lieutenant du régiment d'infanterie de mon fils le Dauphin, et en son absence à celuy qui commande la compagnie de Gessan. »

Une lettre de M. de Maillebois adressée, le 7 mai 1735, de Crémone à M. d'Arod de Montmelas lui annonce que son fils François-Marie est arrivé à son régiment depuis 15 jours ; il l'a trouvé fort aimable.

François-Marie d'Arod écrit de Crémone à son père, le 9 mai 1735 ; il le prie de faire honneur à la lettre de change qu'il a pris la liberté de tirer sur lui à M. Sibert. marchand toilier à Lyon ; celui-ci lui a fait le plaisir de lui prêter 400 livres ; il n'aurait pas pu faire campagne, s'il n'avait pas rencontré M. Sibert dans l'auberge où il était logé ; celui-ci ayant vu le chagrin qu'avait François-Marie d'Arod d'avoir perdu son mulet et ayant su son nom s'est empressé de lui venir en aide. Les chevaux sont d'une si grande cherté qu'à moins de 20 sequins on ne peut en avoir un ; c'est le prix de celui que vient d'acheter François-Marie, et cela équivaut à 240 livres de France. Il lui a fallu encore acheter une tente qui lui a coûté 100 livres et de la batterie de cuisine. M. de Maillebois peut justifier de l'exactitude de toutes ces dépenses. François-Marie a été très bien reçu de M. de Maillebois, le père et le fils aussi. On va entrer en campagne dans une semaine et attaquer les ennemis dans leurs retranchements, faire des sièges et chasser les ennemis d'Italie. Il fait très cher vivre dans ce pays, il n'en coûte pas moins, par mois, de 60 livres de Piémont, qui fait 70 livres de France, et vivre petitement.

Le 28 avril 1735, François-Marie d'Arod avait annoncé à Jeanne-Louise de Monspey, seconde femme de son père, son arrivée à Crémone, où il était allé rejoindre son régiment : « Madame et très chère mère, je viens d'arriver. j'ai trouvé très mauvais chemin, j'ai demeuré 4 jours au bas du Mont Cenis qui était très-mauvais et j'ai manqué à y périr, j'ai manqué à être tué par 15 voleurs, sans un capitaine de grenadiers du régiment de Chablais, Savoyard, avec qui je suis très-bon ami ; il demeure à Genève, il m'a prié, quand je m'en retournerai, d'aller passer 2 ou 3 mois avec lui. Celui avec qui j'étais parti m'avait quitté, parce que j'allais très doucement, mon mulet s'est éreinté par la trop grosse charge, j'ai été obligé d'acheter un cheval qui m'a coûté très-cher. Je fais ordinaire avec M. de Revol. Il faut que je nourrisse mes chevaux de mon argent, et le fourrage est très cher. »

Le 21 mai 1735, François-Marie d'Arod reçut le certificat suivant des officiers du régiment de la Vallière pour les services qu'il avait rendus dans ce régiment : « Nous Lieutenant-colonel, Major et capitaines du Régiment d'Infanterie de la Vallière certifions à tous qu'il appartiendra que le sieur comte d'Arod, lieutenant en second audit Régiment y a servi sans reproche depuis le mois de mars 1732 jusqu'au mois d'octobre 1734, en qualité de volontaire et de Lieutenant en Second, et qu'en ces deux qualités il a bien et assidûment remply son devoir d'homme de guerre, en foy de quoy nous Luy accordons Le présent certificat pour Luy servir ce que de Raison. Fait à Heiligstein, près Spire, ce 21ᵉ may 1735. Beauregard, Lieutenant-colonel ; Boyssière, major ; Peyrote ; le chevalier de Foucaud ; de Crespy ; Cahurs. Veu bon par nous colonel dudit régiment. Le duc de Vaujours.

Le chevalier de Murard, commissaire provincial des Guerres de Dauphiné, servant à l'armée d'Italie certifie, le 28 mai 1735, que M. d'Arod (François-Marie), lieutenant en second au Régiment Dauphin a prêté en ses mains le Serment de fidélité en ladite qualité de Lieutenant en second, conformément aux Edits et déclarations du Roi. Fait à Crémonne.

François-Marie d'Arod écrit à son père, le 4 juillet 1735, du camp de Mantoue. Les vivres sont très chers, les soldats ont tout pillé les vins, les blés ont été tout coupés pour les chevaux, il lui faut de l'argent. On va faire le siège de Mantoue, l'on y perdra beaucoup de monde. Il espère aller voir son père à la fin de la campagne, pour faire des recrues.

Le 1er octobre 1735, le laissez-passer suivant fut délivré à François-Marie d'Arod : « Adrien-Maurice duc de Noailles, pair et maréchal de France, Grand d'Espagne de la première classe, et capitaine général des Troupes de Sa Majesté Catholique, chevalier des Ordres du Roy, et de celuy de la Toison d'Or, premier capitaine des Gardes du corps de Sa Majesté, Gouverneur et capitaine général de la province de Roussillon, Conflans et Cerdaigne, Gouverneur des ville et citadelle de Perpignan, Gouverneur et capitaine des chasses de Saint-Germain en Laye, Versailles, Marly et dépendances, Général des Troupes de Sa Majesté Très-Chrestienne, en Italie, etc.. Laissez librement et seurement passer et repasser le sieur d'Arod, lieutenant au Régiment Dauphin-Infanterie, auquel nous avons accordé un congé pour six mois afin d'aller en France, sur la soumission qu'il nous a fait d'amener à son retour une Recreüe au Régiment. Ordonnons à tous ceux qui sont sous nos ordres et prions ceux qui sont à prier de ne luy causer aucun trouble ny empeschement, mais au contraire de luy donner les secours dont il pourra avoir besoin. Fait au camp de Zevio, le 1er octobre 1735. Le mal de Noailles. Par Mgr : Bussillet. »

François-Marie d'Arod écrivait, le 4 mai 1736, à Jeanne-Louise de Monspey, seconde femme de son père: « Madame ma très-chère mère, j'ai enfin remis ma recrue aux casernes de Vienne, où ils sont, comme bien d'autres, à la solde du Roi, je suis bien fâché de n'avoir plus tôt pris ce parti, d'autant mieux que m'en voilà débarrassé, et comme il n'y a pas apparence que le régiment vienne sitôt, j'ai cru prendre le parti de renvoyer mes chevaux avec mon valet, car il me serait difficile de pouvoir les garder, attendu que les foins ne valent absolument rien, et d'ailleurs la dépense en serait exhorbitante. J'ai consulté sur cela M. le chevalier de Musy, qui m'a conseillé de prendre un tel parti. Il faut actuellement que je reparte pour Vienne afin d'être à la revue, sans quoi je serais privé de mes appointements et je ferai mon possible de m'en retourner le plus tôt que je pourrai si vous voulez bien me faire la grâce de me recevoir jusqu'à ce que le Régiment soit venu. Tous les autres officiers en font de même. Voilà, ma très-chère mère, le parti que j'ai cru le plus convenable, sans parler de la consolation que j'aurai d'être plus longtemps auprès de vous et de mon cher père... A Lyon, ce 4e may 1736. »

François-Marie d'Arod fut institué héritier universel de sa tante Claire d'Arod, femme d'Edme Danicourt, par son testament du 27 décembre 1737.

Par son testament du 8 avril 1741, son père le nomma également héritier universel de ses biens et de ceux lui venant de son oncle Jérôme d'Arod.

Le 11 janvier 1742 il assista, au château de Serfavre, à l'inventaire des effets de son père récemment décédé.

Haut et puissant seigneur messire François-Marie Arod, chevalier, comte de Montmelas, seigneur dudit lieu, Denicé, Blacé, Saint-Julien, Saint-Sorlin, partie de Saint-Cyr, et de la Mure, Serfavre, demeurant ordinairement dans son château de Serfavre, paroisse de Cogny, en Beaujolais, fit contrat de mariage, le 22 juin 1742, avec Marguerite Denis, demoiselle, fille de Benoît Denis, écuyer, seigneur de Cuzieu et Unias, et de dame Catherine Rousseau, demeurant à Lyon, rue du Bât-d'Argent, paroisse de Saint-Pierre, et Saint-Saturnin. En faveur de ce mariage, sieur Pierre Debombourg, négociant à Lyon, au nom de dame Jeanne-Louise de Monspey, douairière du seigneur marquis de Montmelas, père du futur époux, donne à celui-ci la somme de 8,000 livres d'augment, celle de 1,000 livres de bagues et joyaux, l'habitation dans un château et la voiture ou équipage que ledit défunt marquis de Montmelas a donné à ladite dame de Monspey, son épouse, dans leur contrat de mariage du 14 juin 1725, comme tout ce que ledit défunt a pu lui léguer dans son testament du 8 avril 1741. Ledit seigneur de Cuzieu constitue en dot à sa dite fille 40,000 livres. Ce contrat fut passé à Lyon, au domicile dudit seigneur de Cuzieu,

Sur un fragment de livre des domestiques de François-Marie

d'Arod, on lit ce qui suit, concernant leurs gages : «......, de Villefranche, entrée le 17 août 1747, comme tante à Serfavre, moyennant 24 livres par an ; Amédée, entrée en qualité de gouvernante, le 4 février 1742, a 60 livres par an ; Pierre Chabert, natif de Cogny, entré comme bouvier, le 24 juin 1743, à 27 écus par an ; Beaujolais, payé 36 livres par an, en 1742 ; Jeanne Goutelle, bergère, le 24 juin 1743, à 33 livres par an ; Louis, le muletier, en 1742, à 66 livres par an ; Claude Ducherne, charbonnier, en 1746, à 22 écus par an ; Laurent Poulet, chasseur, venu, en 1742, à 37 écus par an ; Claudine, cuisinière, en 1746, à 18 écus par an ; la Chenevas, femme de chambre, en 1745, à 25 écus par an ; Chambéry, savoyard, laquais, en 1754, à 30 écus par an. »

Le 9 janvier 1743, Jeanne-Louise de Monspey, veuve de Joseph d'Arod, ratifie une quittance de 16.000 livres, en faveur de François-Marie d'Arod.

François-Marie Arod, seigneur marquis de Montmelas, résidant en son château de Montmelas, mari et maître des droits de dame Marguerite Denis, étant audit Montmelas, reconnaît, le 16 août 1744, avoir reçu ci-devant de messire Benoît Denis, son beau-père, la somme de 20.000 livres, à compte des droits de légitime de sadite épouse.

Le 6 juillet 1746, François-Marie Arod donne semblable quittance de 9.000 livres à Blaise Denis, ancien échevin de Lyon, aïeul de sa femme ; cette somme lui avait été remise ci-devant par la cession que sieur Etienne Gallet, ancien chirurgien du régiment d'Anjou-cavalerie, résidant à Jarnioux, en Lyonnais, lui en avait faite à Montmelas, au nom dudit Blaise Denis, qui était créancier de pareille somme sur ledit François-Marie d'Arod.

Messire François-Marie Arod, chevalier, seigneur marquis de Montmelas, Cogny, Denicé, Saint-Julien, Blacé, Saint-Sorlin, Saint-Cyr et Serfavre, testa, le 4 juillet 1752, dans son château de Montmelas, où il était détenu malade et alité. Il élit sa sépulture dans l'église paroissiale de Cogny, au tombeau de ses prédécesseurs, seigneurs de Montmelas ; demande 150 messes pour le repos de son âme ; lègue a Marie, Blaize, Gaspard et Benoît Arod, ses quatre enfants, à chacun 5.000 livres, et autant aux autres enfants qu'il pourra avoir dans la suite ; à dame Marguerite Denis de Cuzieu, sa femme, tous ses meubles meublants, or, argent, promesses, obligations, arrérages de servis et fermes, denrées, bestiaux, outils d'agriculture, équipages, etc., à la charge de rendre à son héritier ou à ses héritiers 8.000 livres ; il lui lègue aussi la jouissance de tous ses immeubles, a la charge de nourrir et entretenir, suivant son état, leur commune famille. Il institue ses héritiers universels un ou deux de ses enfants que son épouse voudra nommer, par portions égales ou inégales ; si elle ne fait aucune désignation, ledit testateur nomme ledit Blaize Arod, leur fils aîné.

François-Marie d'Arod mourut, le 4 juillet 1752, dans son château de Montmelas, après avoir reçu tous ses sacrements des mains du curé dudit lieu ; le lendemain, 5 juillet, après les cérémonies faites dans l'église de Montmelas, il fut transporté à Cogny, pour être inhumé dans le tombeau de ses ancêtres ; il fut accompagné par ledit curé de Montmelas et plusieurs autres ecclésiastiques ; arrivés sur les limites de la paroisse de Cogny, le curé de Montmelas présenta l'étole à celui de Cogny qui l'accepta et conduisit le corps du seigneur de Montmelas dans son église paroissiale, où il fit les cérémonies de sa sépulture.

Le 2 octobre 1752, sur l'ordre de Benoît Jacquet, sieur de la Collonge, conseiller du Roi, lieutenant-général civil et criminel au bailliage de Beaujolais, et à la requête de Marguerite Denis de Cuzieu, veuve de François-Marie Arod, on procéda à la nomination d'un tuteur et d'un curateur à leurs enfants mineurs. Maître Pierre Chaptal, commissaire en droits seigneuriaux, demeurant à Villefranche, fondé de la procuration de messire Gabriel-Marie Mallet de Vandaigre, seigneur de Bulhon et de la Forest, résidant à Thiers, paroisse de Sain-Jean, âgé de 66 ans, oncle maternel dudit défunt, de celle de messire Sébastien de Macon-Ducher, chevalier, seigneur d'Anglard, et de dame Marie de Muzy, son épouse, résidant en leur château d'Anglard, paroisse du quartier, ledit sieur de Macon, âgé de 81 ans, et ladite dame de Muzy, aïeule dudit défunt, de 86 ans, et encore de celle de messire Gilbert Mallet de Bulhon, chevalier, seigneur de la Valette, demeurant audit château d'Anglard, paroisse du quartier, âgé de 58 ans, oncle maternel dudit défunt, donne sa voix pour la tutelle à ladite dame Denis de Cuzieu et pour la curatelle à maître Claude-Louis Barnoud, procureur au siège de Beaujolais, autorise ladite dame de Cuzieu à vendre deux forêts situées en la paroisse de Cogny, dépendant de la succession de son mari, pour en acquitter les dettes. Maître Laurent Perrin, procureur au bailliage de Beaujolais, demeurant à Villefranche, fondé de la procuration de messire Pierre Monlong, écuyer, demeurant à Lyon, place des Terreaux, paroisse Saint-Pierre et Saint-Saturnin, âgé de 40 ans, oncle par alliance du côté maternel de ladite dame Denis de Cuzieu, de celle de messire Jean de Combles, écuyer, secrétaire du Roi, demeurant à Lyon, place de Louis-le-Grand, paroisse d'Ainay, âgé d'environ 53 ans, et grand-oncle maternel par alliance des mineurs, à cause de son mariage avec dame Marie Rousseau, et de celle de Benoît Denis, écuyer, seigneur de Cuzieu et Unias, demeurant à Lyon, place de Louis-le-Grand, paroisse d'Ainay, âgé d'environ 57 ans et ayeul desdits mineurs, de celle de noble Charles Palerne, ancien échevin de Lyon, y demeurant, rue Tupin, paroisse Saint-Nizier, âgé d'environ 84 ans, arrière-grand-oncle maternel desdits mineurs, et de celle de messire Vincent-Marie Denis de Cuzieu, chevalier, demeurant à Lyon, place de Louis-le-Grand, paroisse d'Ainay, âgé d'environ 26 ans, et oncle maternel desdits mineurs, et de celle de messire Vincent Palerne, écuyer, trésorier de France en la généralité de Lyon, chevalier, seigneur de Chintré et Saint-Amour, grand oncle maternel desdits mineurs, âgé de 60 ans, ayant connaissance du peu de bien laissé par ledit défunt, nomme ladite veuve à ladite tutelle et ledit Barnoud à ladite curatelle et consent que ladite veuve vende lesdites forêts, pour le payement des dettes dudit défunt. Sieur Edme Danicourt, bourgeois, demeurant à Montmelas, grand-oncle par alliance du côté paternel desdits mineurs, âgé de 58 ans, agit comme le précédent. Messire Benoît Arod, chevalier, seigneur de Pierrefilant, âgé de 57 ans, demeurant en la paroisse de Cogny, grand-oncle desdits mineurs du côté paternel, agit de même. Sieur Jean-François Serre, marchand, demeurant à Villefranche, fondé de la procuration de messire Claude-Louis Mallet de Vandeigre, écuyer, seigneur de Lormet, demeurant en la paroisse de Vallignac, élection de Gannat, généralité de Moulins, oncle maternel dudit défunt et âgé de 65 ans, fait aussi de même. La tutelle est donc déférée à Marguerite Denis de Cuzieu et la curatelle à Claude-Louis Barnoud, qui acceptent ces fonctions.

Le 15 décembre 1765, Marguerite Denis de Cuzieu reçut, de la supérieure de Sainte-Ursule, de Mâcon, quittance de la dot en religion de sa fille Marie et des faux frais de son noviciat, prise d'habits et profession.

Marguerite Denis de Cuzieu, étant à Paris, logée dans la maison de Saint-Joseph, rue Saint-Dominique, quartier Saint-Germain des Prés, paroisse Saint-Sulpice, fit, au mois d'août 1766, le traité du mariage de son fils Blaize Arod avec Marguerite-Catherine Hénault.

Son fils Blaise Arod la constitua, le 26 juillet 1767, sa procuratrice générale et spéciale pour administrer ses terres et seigneuries du marquisat de Montmelas.

Le 27 avril 1772, Marguerite Denis de Cuzieu et ses trois enfants, Blaize, Gaspard et Marie reçurent des lettres de participation aux prières des Religieux, de l'ordre des Capucins, lesdites lettres datées du couvent de Saint-Honoré, de Paris, et signées de frère Aimé de Lamballe, ministre général de tout l'ordre des frères mineurs Capucins de Saint-François.

Haute et puissante dame Marguerite Denis de Cusieux, demeurant ordinairement à Lyon, de présent à Paris, chez M. le marquis de Montmelas, son fils aîné, grande-rue du Faubourg Saint-Honoré, paroisse de la Madeleine, de la Ville l'Evêque, assiste, le 29 novembre 1778, au contrat de mariage de son second fils Gaspard d'Arod avec mademoiselle Agnès-Louise Montreuil.

Du mariage de François-Marie d'Arod avec Marguerite Denis de Cuzieu naquirent quatre enfants, savoir :

1° Haut et puissant seigneur messire Blaise d'Arod, chevalier, marquis de Montmelas, seigneur de Cogny, Denicé, Saint-Jullien, Blacé, Saint-Sorlin, Saint-Cyr, Serfavre, chevalier de Saint-Louis, colonel aux régiments des Gardes Françaises, de Bourbonnais et de Forez, brigadier d'infanterie, gentilhomme de la Sainte-Chapelle de Vincennes, marié avec demoiselle Marguerite-Catherine Hénault.

Celle-ci naquit le 11 novembre 1736.

Blaize d'Arod était né le 30 décembre 1744, et il fut baptisé, le 2 janvier 1745, dans l'église de Montmelas; ses parrain et marraine furent Blaize Denis, ex-consul de la ville de Lyon, représenté par Pierre Grenier, curé de Limans, et Catherine Rousseau, épouse de Benoît Denis de Cusieu, représentée par Catherine Arod, sœur du père de l'enfant.

Par son testament du 4 juillet 1752, son père lui légua 5.000 livres et le désigna comme héritier universel, au choix de sa femme, mère dudit Blaize.

Blaise Arod entra aux Pages de la Reine, au mois de juillet 1758, et y resta trois ans.

Le 8 février 1761, il reçut un brevet de second enseigne dans le régiment des Gardes Françaises ainsi conçu : « Mon cousin, ayant donné au sieur Blaise Arod de Montmelas la charge de second enseigne, en la compagnie du sieur de Tourville, dans le régiment de mes Gardes Françaises, qui est sous votre charge, vacante par la promotion du sieur de Cepay à une première enseigne, Je vous écris cette lettre pour vous dire que vous ayiez à le recevoir et faire reconnoître en ladite charge, de tous ceux et ainsi qu'il apartiendra ; Et la présente n'étant pour autre fin, Je prie Dieu qu'il vous ait, Mon Cousin, en sa sainte et digne garde. Ecrit a Versailles, le 8 février 1761. Louis. Le duc de

Choiseul. — A mon cousin le maréchal duc de Biron, colonel du régiment des Gardes Françoises. »

Le Roi adressa de Versailles, le 26 décembre 1762, une lettre au même duc de Biron, colonel du régiment des Gardes Françaises, par laquelle Blaise Arod de Montmelas est nommé à la charge de premier enseigne du sieur Mithon dans ledit régiment, à la place du sieur Charles de Ségur, nommé à une sous-lieutenance.

Haute et puissante dame Marguerite Denis de Cuzieu, veuve de haut et puissant seigneur messire François-Marie Arod, chevalier, marquis de Montmelas, Cogny; Denicé, Saint-Jullien, Blacé, Saint-Sorlin, Saint-Cire, Serfavre, demeurant ordinairement au château de Montmelas, près Villefranche, en Beaujolais, étant à Paris logée dans la maison de Saint-Joseph, rue Saint-Dominique, quartier Saint-Germain-des-Prés, paroisse Saint-Sulpice, tant en son nom que pour haut et puissant seigneur messire Blaize Arod, chevalier, marquis de Montmelas, ayant l'agrément du grade de colonel dans le corps des grenadiers de France, âgé de 23 ans ou environ, son fils aîné, demeurant à Paris, rue Saint-Benoît, même quartier Saint-Germain-des-Prés, paroisse Saint-Sulpice, d'une part ; et damoiselle Marguerite-Catherine Hénault, fille majeure de défunt sieur Jean-Baptiste Hénault, entreposeur de tabacs à Lorient et de damoiselle Catherine Coupris de la Salle, demeurant ordinairement a Versailles, rue Saint-Médéric, paroisse Saint-Louis, assistée de maître Jean-Antoine Maynier, conseiller premier avocat pour Sa Majesté au siège général de Provence, maire et administrateur de l'Hôpital Royal des Quinze-Vingt, comme fondé de la procuration de ladite dame veuve Hénault, d'autre part, traitent du mariage entre lesdits Blaise Arod de Montmelas et Marguerite-Catherine Hénault, en présence, de l'agrément et permission du Roi, en la présence de Monseigneur le Maréchal de Soubise, de messire Benoît Arod de Montmelas, clerc tonsuré du diocèse de Lyon, frère du futur, de messire Jean-Blaize Denis, chevalier, seigneur de Cuzieu, son oncle maternel, et de dame Jeanne-Marie

Dareste, son épouse, de haute et puissante dame Madelaine-Françoise Méliant, veuve de haut et puissant seigneur René-Louis de Voyer de Paulmy, marquis d'Argenson, ministre et secrétaire d'Etat, ayant le département des affaires étrangères, de très-haut et très-puissant seigneur messire Gilbert-Allire, marquis de Langhac, grand sénéchal d'Auvergne, et de Pérette-Catherine Dodieu, damoiselle majeure. Ladite dame, mère du futur, en vertu du pouvoir à elle donné par le testament de son mari, désigne ledit futur pour recueillir seul, en qualité d'héritier universel dudit feu seigneur son père, tous les biens de sa succession ; il sera ainsi propriétaire de la terre de Montmelas, à la charge de fournir à ses puînés leur légitime. La mère dudit futur lui cède la jouissance qu'elle avait des biens immeubles de son dit mari et lui fait donation, entre vifs, de tous ses biens, dont elle se réserve la jouissance, à la charge de payer à sa dite mère une pension annuelle et viagère de 6.000 livres. La fortune de la future est de 667,498 livres. Son douaire sera de 2.400 livres de rente annuelle. Si le futur survit à la future, celle-ci lui donne 150.000 livres, au cas qu'elle meure sans postérité. Fait à l'égard du Roi, au château de Versailles, le 4 août 1766 ; à l'égard de Monseigneur le maréchal prince de Soubize, à Paris, en son hôtel le 5 août ; à l'égard des parties contractantes, à Paris, en l'étude de maître de la Delamanche le 11 août, et à l'égard des autres, en l'hôtel de madame la marquise d'Argenson, faubourg Saint-Honoré le 26 août. Les biens de la future consistent en une maison située à Clichy-la-Garenne, estimée 70.000 livres ; des rentes, des actions des fermes, des meubles meublants, porcelaines, plats, cuillers, flambeaux, bibliothèque ; un collier composé de dix fleurons formant les deux côtés, avec une attache au milieu où pend un petit nœud, avec la pendeloque en dessous, estimé 25.000 livres ; une paire de boucles d'oreilles à fleurs avec double rosette, 5.500 livres ; une sultane, avec un diamant principal au milieu, 4.000 livres ; quatre ponpons, 4.000 livres ; deux boucles de bracelets en jarretière, 4.000 livres ; une cordellière composée de 36 chatons, dont un gros et deux moyens, avec un petit nœud à une croix en bas, le tout en filet, avec des perles, 6.000 livres ; une table de bracelets avec portraits, 700 livres ; un jonc en diamant, 200 ; deux agraffes de corps, 6.000 livres; autres bijoux, 5.396 livres ; des dentelles, 17.946 livres ; linge, comme draps, nappes, serviettes, chemises, etc., etc., 10.480 ; deniers comptants, 380.000 livres. Le mariage religieux desdits futurs époux fut célébré, le 27 août 1766, en l'église des Quinze-Vingt.

Le même jour, 27 août 1766, Blaise Arod de Montmelas reçut une commission de colonel dans les grenadiers de France ; elle est formulée ainsi : « Louis par la grâce de Dieu, Roy de France et de Navarre, à notre cher et bien amé le sieur Blaise Arod de Montmelas, enseigne de grenadiers dans nos Gardes Françoises, Salut, mettant en considération les services que vous nous avez rendus dans toutes les occasions qui s'en sont présentées et voulant vous en témoigner notre satisfaction, à ces causes et autres à ce Nous Mouvant, Nous vous avons commis, ordonné et établi, commettons et établissons par ces présentes signées de notre main pour prendre et tenir rang de colonel dans nos troupes d'infanterie du jour et date de ces présentes, à l'effet d'être employé en ladite qualité dans le corps de nos grenadiers de France. Là, par et ainsi qu'il vous sera par nous ou nos lieutenants généraux commandé et ordonné pour notre service. De ce faire vous donnons pouvoir, commission et mandement spécial, mandons à Tous qu'il appartiendra de vous recevoir et faire reconnoistre en ladite qualité, et qu'à vous en ce faisant soit obéi, car tel est notre plaisir. Donné à Compiègne, le 27e jour d'aoust, l'an de grâce 1766 et de notre règne le 51e. Louis. Par le Roy : Le Duc de Choiseul. »

Le duc de Choiseul écrivit de Compiègne, le 15 septembre 1766, à Blaise Arod de Montmelas, pour lui annoncer cette nomination de colonel dans les grenadiers de France.

Sur la requête présentée au Roi étant en son conseil par Blaise Arod, marquis de Montmelas, colonel des grenadiers de France, contenant que ses biens, partie en vignobles situés en

Beaujolais lui deviendraient fort à charge, par le défaut de débouché de ses denrées qui font son principal revenu, s'il n'obtenait le droit de bourgeois de Lyon, dont les privilèges consistent principalement dans la faculté de vendre le vin de son crû, sans payer le droit de gros; que, suivant les Règlements, il serait tenu de donner sa nommée à l'Hôtel de ville et d'y faire une résidence de dix années; mais qu'étant obligé d'être toujours éloigné de la ville de Lyon, pour raison du service de Sa Majesté, il espère qu'elle voudra bien le dispenser de cette formalité; requérait, à ces causes, le suppliant qu'il plut à Sa Majesté ordonner qu'il sera et demeurera réputé bourgeois de la ville de Lyon et qu'il jouira de tous les droits, prérogatives et privilèges accordés aux véritables bourgeois de ladite ville, sans exception, et sans que le défaut d'avoir donné sa nommée à l'Hôtel de ville et d'y avoir fait une résidence de dix années puisse lui nuire ni préjudicier. Vu ladite Requête et l'avis des Prévôts des Marchands et échevins de la ville de Lyon, ouï le rapport, le Roi, étant à Versailles, le 2 juin 1767, ordonne que ledit sieur marquis de Montmelas demeurera réputé bourgeois de la ville de Lyon, et qu'il jouira de tous les droits, prérogatives et privilèges accordés aux véritables bourgeois de ladite ville, sans aucune exception, et sans que le défaut d'avoir donné sa nommée à l'Hôtel de Ville et d'avoir fait la résidence de dix années prescrites par les Règlements puisse lui nuire ni préjudicier, et dont Sa Majesté l'a relevé et dispensé, pour ce regard seulement, et sans tirer à conséquence. Enjoint Sa Majesté au sieur Intendant de Lyon de tenir la main à l'exécution du présent arrêt. Cet acte fut enregistré au greffe de l'élection de Lyon le 14 février 1772 et au secrétariat du consulat de cette ville le 18 février suivant.

Par une lettre datée de Versailles le 30 juin 1767, le duc de Choiseul annonce à Blaise d'Arod que le roi le dispense de servir, cette année, au corps des grenadiers.

Le 26 juillet 1767, Blaise Arod, marquis de Montmelas, colonel dans le corps des grenadiers de France, mineur émancipé par son mariage, demeurant en sa maison de Clichy-la-Garenne, étant à

Paris, constitue sa mère, sa procuratrice générale et spéciale pour administrer ses terres et seigneuries du marquisat de Montmelas.

Le duc de Choiseul informe de Marly, le 10 mai 1769, Blaise Arod que le Roi le dispense de servir, cette année, au corps des grenadiers de France.

M. de Monteynard lui apprend, de Versailles, le 20 mai 1771, que le Roi lui a accordé une semblable dispense pour la présente année.

Le 18 avril 1772, M. de Monteynard lui mande de Versailles que le Roi ayant décidé que MM. les colonels du corps des grenadiers de France qui n'ont pu être placés à la tête de régiments provinciaux seront attachés à des régiments d'infanterie, de cavalerie ou de dragons, à leur choix, pour y servir pendant trois mois du 1er juin de chaque année, il le prie de lui marquer auquel de ces régiments il lui convient d'être attaché, afin qu'il puisse faire expédier l'ordre nécessaire pour l'y faire recevoir, en supposant toutefois que M. d'Arod n'ait pas été prévenu par un autre colonel. D'après les règlements de Sa Majesté, M. d'Arod ne pourra commander ce régiment de préférence au lieutenant-colonel et au major, et il n'aura aucun droit de prétention de succéder au colonel qui en est pourvu, dans le cas où ce régiment viendrait à vaquer.

Le 13 mai 1772, Blaise Arod sortit du corps des grenadiers de France pour servir comme colonel au régiment de Bourbonnais-infanterie.

Le Roi Louis XV, étant à Versailles donna, le 18 mai 1772, à Blaise d'Arod les lettres suivantes de colonel en second au régiment d'infanterie de Bourbonnais : « De Par le Roy, Sa Majesté ayant supprimé le corps des grenadiers de France et voulant mettre ceux des colonels qu'elle y avait attachés, qui n'ont pu être placés à la tête des régiments provinciaux, à portée de continuer leurs services, elle ordonne au sieur Blaise Arod de Montmelas, l'un d'eux, de se rendre au régiment d'Infanterie de Bourbonnois, pour y servir sous le titre de colonel en second, pendant les mois de juin, de juillet et d'août de la présente année, son intention étant que pendant ce temps il soit payé de ses appointements, en passant présent aux revues dudit régiment, et non autrement, à raison de 300 livres, par chacun desdits mois, et qu'en l'absence du colonel titulaire il commande ledit régiment, et jouisse des honneurs et prérogatives attachées au commandement, sans néanmoins pouvoir, pour quelque cause et sous quelque prétexte que ce puisse être, se mêler d'aucun des détails dudit Régiment; à l'effet de quoi elle veut et entend que le lieutenant-colonel et le major soient conservés dans le plein exercice des fonctions de leurs charges, de façon qu'en l'absence du colonel titulaire, ils n'ayent à rendre compte audit sieur de Montmelas que sur les objets qui auront rapport au service général et purement militaire. Mande et ordonne Sa Majesté au sieur marquis de Caupennes, colonel dudit Régiment, et en son absence, à celui qui le commande, de recevoir et faire reconnaître ledit sieur de Montmelas en ladite qualité de colonel en second et de lui faire obéir en tout ce qu'il ordonnera pour le service de Sa Majesté, conformément au présent ordre. Fait à Versailles le 18 mai 1772. Louis. Monteynard. »

Le 22 mai 1772, le marquis de Monteynard avise Blaise Arod de sa nomination à la charge de colonel en second au régiment d'infanterie de Bourbonnais.

Un arrêt du roi Louis XV, daté de Compiègne, le 5 août 1772, confirme celui du même Roy, du 27 juin 1767, conférant la bourgeoisie de Lyon à Blaise Arod, marquis de Montmelas. Il fait défenses à l'adjudicataire des fermes générales de le troubler ni inquiéter dans son exemption des droits d'aydes.

Le 26 septembre 1773, M. d'Hiver écrivait, de Lusserg. la lettre suivante : « à M. le marquis de Montmelas, colonel en second du régiment de Bourbonnois, rue du Faubourg Saint-Honoré, à Paris. J'ay remis, Monsieur, sous les yeux de M. le marquis de Monteynard le mémoire dont vous m'avez chargé pour lui demander la croix de Saint-Louis, il n'a jamais voulu vous l'accorder, quelque fortement que je l'en ai pressé, il dit qu'en 1758, lorsque vous étiez page de la Reine vous n'aviez que 15 ans, qu'ainsi on ne peut vous compter votre service que de 1759, qu'ainsi vous ne pouvez avoir la croix qu'au travail de l'année prochaine et non à celuy-ci ; voilà quelles sont ses raisons, tâchez de les détruire, si vous pouvez ; pour moy j'y ai perdu mon latin ; au reste d'avoir la croix un an plus tôt ou plus tard ne signifie pas grand chose pour vous ; aussitôt que je serai de retour à Paris, je m'empresseray d'aller vous voir, et vous assurer du très-parfait attachement avec lequel j'ay l'honneur d'être, Monsieur, votre très-humble et très-obéissant serviteur. d'Hiver. »

Le 29 septembre 1773, Blaise Arod répond de Paris à la lettre de M. d'Hiver ; il se détermine à attendre l'année suivante pour obtenir la croix de Saint-Louis ; il croit cependant être un des seuls à qui pareille difficulté ait été faite, surtout servant dans son grade de colonel depuis 8 années avec la plus grande exactitude et ayant des exemples de plusieurs de ses camarades moins anciens et pour lesquels on n'a pas été si sévère.

Le duc d'Aiguillon mande de Versailles, le 2 avril 1774, à Blaise Arod, marquis de Montmelas, que sur le compte qu'il a rendu au Roi des services de celui-ci, Sa Majesté, pour en marquer sa satisfaction, a bien voulu lui accorder une place de chevalier dans l'ordre de Saint-Louis.

Jean-Joseph de Sahuguet d'Espagnac, baron de Cuzillac, maréchal des camps et armées du Roi, lieutenant pour Sa Majesté des ville et château d'Issoudun, commandeur de l'ordre royal et militaire de Saint-Louis, gouverneur de l'hôtel royal des Invalides, inspecteur général des compagnies détachées dudit hôtel, certifie qu'en exécution des ordres dont le Roi l'a honoré le 10 avril 1774, il a conféré, le 13 avril 1774, la croix de chevalier de l'ordre militaire de Saint-Louis à M. Blaise Arod de Montmelas, colonel en second au régiment de Bourbonnais.

Le 1er mai 1775, Louis-Philippe-Joseph, duc d'Orléans constitua une rente de 8,500 livres, au capital de 170,000 livres, au profit de Blaise Arod de Montmelas et de sa femme ; cette rente fut remboursée le 12 mars 1788 et convertie en un prêt de

340,000 livres, pour 8 ans, fait au duc d'Orléans, par M. de Montmelas.

Le maréchal..... écrivit de Versailles, le 19 juin 1775, la lettre suivante à Blaise Arod, marquis de Montmelas : « Vous êtes, Monsieur, dans le cas de Messieurs les colonels réformés ou par commission sans troupe, qui suivant l'ordonnance du 26 avril dernier, concernant l'infanterie française, pourront être admis à concourir dans les promotions avec les colonels titulaires; mais le Roy a annoncé par cette ordonnance que Sa Majesté attend de votre zèle que, pour continuer à vous instruire et ne point perdre de vue le service, vous vous rendrez dans une grande garnison, pour y faire le service d'officier supérieur, pendant les mois de juillet, août et septembre, en y portant l'uniforme réglé pour les colonels réformés; vous devez regarder cette invitation de sa part, comme une espèce d'obligation qui vous est imposée et à laquelle nous ne pouvons manquer, sans risquer de retarder l'avancement qui doit être la récompense de votre zèle et de votre application; vous devez entendre par grandes garnisons celles qui sont reconnues pour présenter plus d'occasions et de moyens d'instruction à un militaire qui veut acquérir les connoissances propres à son état, et je ne doute point que vous ne vous determiniez par ce motif, à aller passer, les trois mois indiqués pour l'espèce de service que Sa Majesté exige de vous, à Strasbourg, à Metz ou à Lille. Je vous prie de me marquer celle de ces trois places que vous aurez choisie, pour y résider dans ce temps, et vous y occuper de remplir les vues de Sa Majesté; vous voudrez bien aussi me mander le jour que vous y serez arrivé, afin que je puisse lui en rendre compte. Vous aurez attention à vous présenter au commandant pour son service dans la place et à lui montrer ma lettre, afin qu'il vous emploie conformément à ce qui est porté par ladite ordonnance. »

Le 18 avril 1776, Blaise Arod reçut du Roi une commission de colonel en second au régiment de Forez, ainsi conçue : « Louis, par la grâce de Dieu, Roi de France et Navarre, à notre cher et bien amé le sieur Blaise Arod, marquis de Montmelas, ci-devant colonel dans le corps de nos grenadiers de France, Salut. Etant nécessaire de pourvoir à la charge de colonel en second du régiment d'Infanterie de Forez créée par notre ordonnance du 25 mars dernier, et désirant la remplir d'une personne qui ait toutes les qualités requises pour s'en acquitter dignement; Nous avons estimé que nous ne pouvions faire pour cette fin un meilleur choix que de vous, pour les services que vous avez rendus dans toutes les occasions qui s'en sont présentées, où vous avez donné des preuves de votre valeur, courage, expérience en la guerre, vigilance et bonne conduite, et de votre fidélité et affection à notre service. A ces causes et autres à ce nous mouvant, Nous vous avons commis, ordonné et établi, commettons, ordonnons et établissons par ces présentes signées de notre main, colonel en second dudit régiment de Forez et capitaine de la compagnie colonelle d'icelui, pour en ladite qualité de colonel en second commander ledit Régiment, le conduire et exploiter sous notre autorité et sous celle du sieur comte de Menou. colonel commandant dudit Régiment, là, par et ainsi qu'il vous sera par Nous ou nos lieutenants généraux commandé et ordonné pour notre besoin; et Nous Vous ferons payer, ensemble les officiers, sergents et soldats dudit Régiment, des états, appointements et solde qui vous seront et à eux dus, suivant les montres et revues qui en seront faites par les commissaires et contrôleurs des guerres à ce départis, tant et si longuement que ledit Régiment sera sur pied pour notre service; Tenant la main à ce qu'il vive en si bon ordre et police, que nous n'en puissions recevoir de plaintes. De ce faire nous donnons pouvoir, commission, autorité et mandement spécial. Mandons audit sieur comte de Menou, colonel, commandant dudit Régiment, et, en son absence à celui qui le commande, de vous recevoir et faire reconnoître en ladite charge, de tous les capitaines, officiers subalternes, sergents et soldats dudit Régiment, et à tous qu'il appartiendra, qu'à vous en ce faisant, soit obéi, et afin que la présente commission ne vous puisse nuire ni préjudicier nous voulons et entendons que vous conserviez le rang qui vous appartient dans nos troupes d'infanterie, en vertu de votre première commission de colonel. Car tel est notre plaisir. Donné à Versailles, le 18ᵉ jour d'avril, l'an de grâce 1776 et de notre règne le deuxième. Louis. Par le Roy : Saint-Germain ».

M. de Saint-Germain mande à Blaise Arod de Montmelas, de Versailles, le 14 mai 1776, que le Roi l'ayant choisi pour remplir la charge de colonel en second du régiment de Forez qui doit être formé des 2ᵉ et 4ᵉ bataillons de celui de Bourbonnais, l'intention de Sa Majesté est qu'il soit rendu le 30 du présent mois au plus tard à Toulon, où est le régiment de Bourbonnais. Il le prie de l'informer des jours de son départ et de son arrivée au régiment, afin qu'il en rende compte au Roi.

Le Roi étant à Versailles, le 15 mai 1776, ordonne à Blaise Arod de Montmelas de se rendre incessamment au régiment de Forez, pour y être reçu colonel en second et en faire les fonctions, en attendant sa commission que le Roi lui fera expédier.

Haut et puissant seigneur messire Blaise Arod, chevalier, marquis de Montmelas, ci-devant colonel en second du régiment de Forez, chevalier de Saint-Louis, et haute et puissante dame madame Marguerite-Catherine Hénault, son épouse, demeurant à Paris, en leur hôtel, grande rue du faubourg Saint-Honoré, assistèrent à Paris, le 29 novembre 1778, au contrat de mariage de Gaspard Arod, comte d'Arod de Montmelas, avec Agnès de Montreuil.

Le prince de Montbarey mande de Versailles, le 5 mars 1779, au comte de Menou, colonel commandant du régiment de Forez, que le Roi a bien voulu accorder en gratification les appointements de M. le marquis de Montmelas (Blaise Arod), ci-devant colonel en second du régiment de Forez, du 1ᵉʳ octobre 1777 au 9 mai 1778, jour de sa retraite.

Le 1ᵉʳ mars 1780, le Roi étant à Versailles, mettant en considération les bons et fidèles services que le sieur Blaise Arod, marquis de Montmelas, colonel d'infanterie, lui a rendus en diverses charges et emplois de guerre qui lui ont été confiés, dans lesquels il a donné des preuves de sa valeur, courage, expérience en la guerre, diligence et bonne conduite, ainsi que de sa fidélité et affection à son service ; et voulant lui en marquer sa satisfaction, le retient et établit en la charge de brigadier d'infanterie, pour dorénavant en faire les fonctions.

Le même jour, le prince de Montbarey informe Blaise Arod de sadite nomination au grade de brigadier d'infanterie.

Le 15 août 1784, Louis Richard de la Bretêche, écuyer, receveur général des finances de la généralité de Tours, demeurant à Paris, grande rue du faubourg Saint-Honoré, paroisse de la Madeleine de la Ville l'Evêque, vend à Blaise Arod, marquis de Montmelas, et à Marguerite-Catherine Hénault, sa femme, l'usufruit et jouissance, pendant la vie de la marquise de Montmelas, celle de dame Agnès-Louise de Montreuil, épouse de Gaspard, comte d'Arod, et de la survivante desdites dames marquise de Montmelas et comtesse d'Arod, d'une maison située à Paris, grande rue du Faubourg Saint-Honoré, ayant quatre corps de logis, dans laquelle demeurent M. et Mme de Montmelas, et M. et Mme d'Arod, plus celui du jardin, cour et de toutes les dépendances de ladite maison, tenant du nord à la grande rue du Faubourg Saint-Honoré, du midi aux Champs-Elysées, du couchant à M. de la Bretêche, et du levant à M. Le Roy de Senneville ; cette vente est faite moyennant la somme de 95.000 livres.

Blaise Arod reçut, le 30 décembre 1786, les provisions de gentilhomme du corps de la Sainte-Chapelle de Vincennes, dont la teneur suit : « Les trésorier, chanoines et chapitre de la Sainte Chapelle royale du Bois de Vincennes, sujets quant au spirituel au Saint Siège Apostolique, et quant au temporel à nos seigneurs du Parlement de Paris, salut : à tous ceux qui ces présentes verront savoir faisons que nous à pleins confians et dûment informés des sens, suffisance, capacité, probité, religion catholique, apostolique et romaine de haut et puissant seigneur messire Blaize Arod, marquis de Montmelas, brigadier des armées du Roi, à icelui pour ces causes et autres à ce nous mouvans, avons donné et conféré par ces présentes la charge et état de suppôt, membre, gentilhomme de corps attaché à notre Sainte Chapelle par la réunion de la Sainte Chapelle du Vivier en Brie unie à la Sainte Chapelle de Vincennes par lettres patentes de 1694, pour par ledit marquis de Montmelas jouir en cette qualité des honneurs, privilèges et droit de *committimus* tant au grand sceau qu'aux Requêtes du Parlement de Paris et requêtes de l'Hôtel... Fait au château de Vincennes, le 30 décembre, l'an de grâce 1786. »

Blaise Arod, seigneur de Montmelas, fut représenté, le 16 mars 1789, à l'assemblée de la noblesse de Beaujolais, par son cousin Gaspard Arod, seigneur de Pierrefilland.

Le 13 mai 1793, Blaise Arod fit une transaction avec Jean Casse, héritier testamentaire d'Antoinette-Charlotte-Gabrielle d'Evrard de Courtenay, son épouse, et Laurent Plantier, mari de Françoise-Maguerite-Gabrielle d'Evrard de Courtenay.

Le 1er décadi, 10 frimaire, an II de la République Française une et indivisible et démocratique, Pierre Dulac, commissaire nommé par le citoyen Goyne, chef de la 3e légion du district de Villefranche-sur-Saône, et, en vertu d'un mandat d'arrêt lancé contre Blaise Arod, ci-devant seigneur de Montmelas, signé La Palus, commissaire du Comité de sûreté générale de la Convention nationale, en date du 1er jour de la 1re décade du 3e mois de l'an second de la République Française, se transporte en la paroisse de Montmelas, accompagné de six gardes nationaux, où étant il entre dans le domicile du dit Arod, où il le trouve, et après lecture à lui faite dudit mandat, il le met en état d'arrestation et l'arrête conformément au dit mandat. A l'instant, le dit Arod lui observe qu'il est affligé de la goutte et qu'il est hors d'état de marcher ni de monter à cheval, qu'il désirerait d'être mis en arrestation chez lui, sous la sauvegarde de la responsabilité de la municipalité de Montmelas, laquelle par lui mandée et étant survenue, a déclaré qu'elle se charge volontairement de la personne du dit Arod, et promet le représenter quand et à qui de droit. Pierre Dulac met ensuite les scellés sur l'écusson de la serrure du cabinet où Blaise Arod a ses titres, papiers et correspondances, au moyen d'un cachet en cire rouge aux armes de la justice de paix du canton de Chamelet.

Blaise Arod, étant toujours détenu dans son domicile de Montmelas adressa une lettre, le 26 floréal an II, aux représentants du peuple envoyés à Commune Affranchie. Il y expose qu'au mois d'octobre 1789, il quitta Paris où il habitait, pour s'établir en Beaujolais, au lieu de sa naissance, où il resta jusqu'au 1er août 1791. Il alla alors s'établir a Lyon pour être à portée d'avoir les secours qu'exigeait sa santé, il y resta deux ans, tant pour cette cause, que pour l'éducation de ses neveux et nièces; lors de l'affaire du 29 mai, il était à la campagne ; le 1er août 1793, il a quitté définitivement la ville de Lyon.

Blaise Arod de Montmelas et sa femme assistèrent, le 26 mai 1807, au contrat de mariage passé à Paris, dans leur domicile, entre leur neveu Gaspard-Louis-César Arod de Montmelas et Madeleine-Eugénie Mertreau de Chattelard ; Blaise Arod y fit une donation à son dit neveu.

Marguerite-Catherine Hénault, femme de Blaise Arod de Montmelas testa, en bonne santé et ayant toute sa raison, à Paris, le 2 mai 1812. Le papier monnaie et les autres circonstances de la Révolution avaient détruit la presque totalité de sa fortune; elle ne possédait plus qu'une maison à Lorient et des jouissances usufruitières. Son héritier universel fut son neveu Louis-Victor Arod de Montmelas. Elle fit un codicille le 12 mars 1815. Elle survécut à son mari et mourut au château de Montmelas, le 17 mars 1823.

2° Gaspard d'Arod, qui suit.

3° Noble Benoît-Marie d'Arod de Montmelas, clerc tonsuré du diocèse de Lyon.

Il naquit le 11 avril 1752, et fut baptisé le lendemain par le curé de Montmelas, dans l'église paroissiale du dit lieu; Claude Picard, habitant à Denicé, et demoiselle Simonne Ray, demeurant au château de Montmelas, le tinrent sur les fonts au nom de messire Benoît Denis, seigneur de Cuzieu, et de dame Marie Rousseau, femme de M. de Comble, de Lyon.

Par son testament du 4 juillet 1752, son père lui légua 5,000 livres.

Le 1ᵉʳ septembre 1760, Antoine de Malvin de Montazet, archevêque et comte de Lyon, expédia de Lyon des lettres autorisant l'archevêque de Paris ou tout autre évêque catholique à conférer la première tonsure cléricale à Benoît d'Arod de Montmelas.

Benoît d'Arod assista, au mois d'août 1766, à Paris, au contrat de mariage de son frère Blaise d'Arod, marquis de Montmelas avec Marguerite-Catherine Hénault.

Il mourut le 24 octobre 1768 et il fut inhumé, le lendemain, dans le tombeau de ses ancêtres, situé dans l'église de Cogny.

4° Damoiselle Marie d'Arod de Montmelas, religieuse ursuline à Mâcon.

Son père lui légua 5,000 livres, par son testament du 4 juillet 1752.

Le 15 décembre 1765, la Supérieure de Sainte-Ursule de Mâcon reconnaît avoir reçu de Madame Marguerite-Aimée Denis de Cuzieu, veuve de messire François-Marie Arod, marquis de Montmelas, ayant la garde noble de ses enfants, la somme de 5,200 livres, pour la dot en religion de chère Sœur Marie Arod, dite de Sainte Hélène, sa fille, reçue pour sœur de chœur dans ledit monastère, celle de 1,000 livres pour faux frais de son noviciat, prise d'habit et profession, lesdites sommes payées tenant quitte ladite dame de Montmelas des 5,000 livres de légitime paternelle de sa dite fille et des 1,000 livres lui venant de la succession de M. Benoît Arod, son frère, mort intestat. Fait à Mâcon et signé : sœur Suzanne de la Souche de l'Assomption, supérieure ; sœur Jeanne Moisson de Sainte Suzanne, assistante ; sœur Henriette Viard de Saint Alexis, zélatrice ; sœur Marie Desvigne de Saint Ambroise, dépositaire ; sœur Marie de Rambuteau Constance de Jésus ; sœur Ursule Lamartine de Saint Benoît ; sœur Antoinette Caupagnot de Saint-Laurent ; sœur Marie Arod de Montmelas, dite de Sainte Hélène.

XIII. — Haut et puissant seigneur messire GASPARD AROD, chevalier, comte d'Arod de Montmelas, sous-lieutenant au régiment de Bourbonnais, lieutenant au même régiment, capitaine au régiment d'Artois, chef d'escadron, lieutenant-colonel, marié à très haute et très puissante demoiselle Agnès-Louise de Montreuil.

Gaspard d'Arod naquit le 15 septembre 1747 (*aliàs*, le 30 décembre 1844), fut baptisé le 16 septembre 1747, dans l'église paroissiale de Montmelas, par M. de Nouilly, curé dudit Montmelas. Ses parrain et marraine furent Gaspard, fils de Benoît Arod et Madeleine Arod.

Son père lui légua 5,000 livres, par son testament du 4 juillet 1752.

Gaspard Arod entra aux Pages de la Reine, le 1ᵉʳ juillet 1760.

Le 15 août 1763, il reçut un brevet de sous-lieutenant au régiment de Bourbonnais dont voici la teneur : « Monsieur le marquis de Miran, ayant donné à Gaspard Arod de Montmelas la charge de sous-lieutenant en la compagnie de Saint-Chamarant dans le régiment de Bourbonnais que vous commandés, vacante par l'abandonnement de Bonnefous, je vous écris cette lettre pour vous dire que vous ayiez à le recevoir et faire reconnaître en ladite charge de tous ceux et ainsi qu'il apartiendra ; Et la présente n'étant pour autre fin, Je prie Dieu qu'il vous ait, Monsieur le Marquis de Miran, en sa sainte garde. Ecrit à Compiègne, le 15 août 1763. Louis. Le duc de Choiseul. »

Le 19 mai 1768, le roi écrit de Versailles au marquis de Miran qu'il a donné à Gaspard Arod de Montmelas, sous-lieutenant, la charge de lieutenant en la compagnie de Marcenac, dans le regiment d'infanterie de Bourbonnais que M. de Miran commande, vacante par la promotion de Monteau à une charge de capitaine commandant.

M. de Monteynard adresse une lettre de Fontainebleau, le 27 octobre 1773, à la marquise de Montmelas, qui lui avait écrit au sujet de son beau-frère Gaspard Arod, à l'avancement duquel elle s'intéressait. Il se propose de mettre le nom de celui-ci sous les yeux du Roi dans le premier travail qu'il fera avec Sa Majesté pour la nomination aux compagnies vacantes.

Par une lettre datée de Versailles, le 9 avril 1774, le duc d'Aiguillon apprend à la marquise de Montmelas que le Roi a accordé le rang de capitaine dans le régiment de cavalerie d'Artois à M. le chevalier de Montmelas (Gaspard Arod), lieutenant dans celui de Bourbonnais. Il payera le prix d'une compagnie et sera regardé comme capitaine réformé pour être remplacé à son tour.

Le 7 mai 1774, Gaspard Arod reçut le laissez-passer suivant :
« Louis-Charles-René, comte de Marbeuf, premier gentilhomme de la Chambre du feu Roy de Pologne, duc de Lorraine et de Bar, lieutenant de Roy des quatre Evêchés de la haute Bretagne, commandeur de l'Ordre Royal et militaire de Saint-Louis, Lieutenant Général des Armées du Roy et de l'Isle de Corse, commandant en chef dans ladite Isle et ses dépendances, Ordonnons à tous ceux qui sont sous nos ordres et prions ceux qui sont à prier de laisser librement passer M. le chevalier de Montmelas, lieutenant au régiment de Bourbonnois, nommé à une compagnie de cavalerie, dont il va prendre possession, sans permettre qu'il lui soit fait aucun tort, ou apporté aucun retard ou empêchement. Fait à Bastia. »

Le 7 septembre 1774, le Roi envoya de Versailles au baron de Fumel le brevet de capitaine au régiment d'Artois de Gaspard Arod : « M. le baron de Fumel, ayant donné au sieur Gaspard Arod, chevalier de Montmelas, capitaine, la compagnie vacante dans le régiment de cavalerie d'Artois que vous commandés, par la promotion du sieur de Quinemont à la majorité du régiment de mes cuirassiers, je vous écris cette lettre pour vous dire que vous ayiez à le recevoir et faire reconnoître en qualité de capitaine de ladite compagnie de tous ceux et ainsi qu'il appartiendra, avec le Rang qu'il a tenu jusqu'à présent dans ledit régiment et dans mes troupes de cavalerie... »

M. de Félix du Mui écrit, le 8 septembre 1774, de Versailles, à Gaspard Arod, pour l'avertir que le Roi désire qu'il vienne sans délai au régiment de cavalerie d'Artois, où il vient d'être nommé capitaine.

Robert de Fremusson, écuyer, conseiller du Roi, secrétaire général de sa cavalerie, donna à Paris, le 1er novembre 1774, au nom du marquis de Béthune, chevalier des ordres du Roi, lieutenant-général de ses armées, colonel général de la cavalerie de France, à Gaspard Arod de Montmelas, capitaine dans le régiment de cavalerie d'Artois, un certificat de prise d'attache audit régiment ; en attendant qu'il puisse représenter sa commission, afin de le soustraire aux peines portées par les Ordonnances.

Le 22 juillet 1775, le marquis de Castries délivra les lettres suivantes en faveur de Gaspard Arod : « Nous Charles-Eugène-Gabriel de la Croix, marquis de Castries, lieutenant-général des armées du Roi, chevalier de ses Ordres, gouverneur des ville et citadelle de Montpellier, ville et port de Cette, lieutenant-général de la ville de Lyon, province du Lyonnois et Forez, mestre de camp général de la Cavalerie Françoise et Etrangère, capitaine-lieutenant de la compagnie des gendarmes Ecossois, commandant général et inspecteur du Corps de la Gendarmerie, et commandant en chef dans les provinces de Flandres, Hainaut et Cambrésis, Vu le Brevet donné le 7 avril 1774, par lequel Sa Majesté a commis et étably le sieur de Montmelas en la charge de capitaine au régiment d'Artois cavalerie pour en ladite qualité exercer et remplir les fonctions attachées audit état sous l'autorité du Roi, de M. le marquis de Béthune, colonel général de la cavalerie, et de la nôtre, la part et ainsi qu'il lui sera ordonné : Nous, en vertu du pouvoir à Nous donné par Sa Majesté, à cause de notre charge de mestre de camp général de ladite cavalerie ; ordonnons à tous Brigadiers et autres commandans de Cavalerie, de reconnoître ledit sieur de Montmelas en la susdite qualité, et à tous ceux qu'il appartiendra, de lui obéir et entendre, en ce qui concernera sa charge, suivant et conformément auxdites Lettres-Patentes du Roi. En témoin de quoi Nous lui avons donné et signé notre présente Attache, fait contresigner par notre secrétaire ordinaire, et Sceller de nos Armes, pour lui valoir et servir en ce que besoin sera. Fait à Lille le 23 juillet 1775. Castries. Par monseigneur : Bertelune. »

Haut et puissant seigneur messire Gaspard Arod, chevalier, comte d'Arod de Montmelas, capitaine de cavalerie au régiment d'Artois, demeurant à Paris, en son hôtel, Grande-Rue du Faubourg-Saint-Honoré, paroisse de la Madeleine de la Ville-l'Evêque, assisté de sa mère, de Blaise Arod, marquis de Montmelas, son frère, et de Marguerite-Catherine Hénault, femme de celui-ci, fit contrat de mariage, le 29 novembre 1778, avec très-haute et très-puissante demoiselle mademoiselle Agnès-Louise Montreuil, demoiselle issue de la plus ancienne noblesse de France, suivant les lettres patentes de reconnaissance à elle accordées par Sa Majesté Louis XVI données à Compiègne au mois d'août 1774, assistée de maître Jean-Michel Delage de Chaillou, écuyer, conseiller du Roi, notaire honoraire au Châtelet de Paris, seigneur de Chaillou et du Mortier, demeurant à Paris, rue des Fossés du Temple, paroisse de Saint-Laurent, son tuteur, ladite damoiselle Agnès-Louise Montreuil, demeurant au couvent des Dames de Sainte-Périne de Chaillot, paroisse de Chaillot. Lesdites parties agissent de l'agrément de très-excellent et très-auguste monarque Louis XVI, roi de France et de Navarre, de très-puissant et très-excellent prince monseigneur Charles-Philippe, comte d'Artois fils de France, frère du Roi, de très-haut et très-puissant seigneur monseigneur Gaspard, maréchal, duc de Clermont-Tonnerre, pair de France, connétable, grand maître héréditaire et premier commis né de la province de Dauphiné, gouverneur des ville et citadelle de Belfort, cousin du futur, de très-haut et très-puissant seigneur monseigneur François-Joseph, marquis de Clermont-Tonnerre, maréchal des camps et armées du Roi, cousin du futur;

de très-haut et très-puissant seigneur messire Jean-Louis Aymard de Clermont-Tonnerre, abbé de Luxeuil et vicaire général du diocèse de Besançon, cousin du futur ; de très-haute et puissante dame Catherine-Stanislas, comtesse de Clermont-Tonnerre, cousine du futur ; de très-haut et puissant seigneur messire Joseph-Gabriel-Sidon-Fidel-Armant-Constant, comte de Vandègre, cousin issu de germain du futur ; de haut et puissant seigneur Jean-Louis-Thomas Heurtault, comte de Lammerville, chevalier de Saint-Louis, et très-haute et très puissante dame Marie-Françoise-Jacqueline-Claudine de Vandègre, son épouse, cousin et cousine issus de germains du futur, à cause de ladite dame ; de très-illustrissime et révérendissime seigneur monseigneur François d'Etienne de Saint-Jean de Prunières, évêque de Grasse, conseiller du Roi en ses conseils ; de très-haute et très-puissante dame Madame Madelaine-Françoise Melian, marquise d'Argenson, veuve de très-haut et très-puissant seigneur monseigneur René de Voyer, marquis d'Argenson, ministre d'Etat et des affaires étrangères ; de M. de Sartine, ministre et secrétaire d'Etat au département de la marine ; de très-haut et très-puissant seigneur Stanislas-Catherine de Biandos, comte de Casteja, colonel commandant du régiment royal comtois, ami ; de très-haute et très-puissante dame Jeanne-Henriette de Rosée, marquise de Casteja, amie ; de très-haut et très-puissant seigneur M. le vicomte d'Estresses, commandant-gouverneur de Saint-Rémy, chevalier de Saint-Louis, et Mme son épouse, amis ; de très-haut et très-puissant seigneur M. de Brosses, marquis de Montendre, capitaine commandant des chasseurs du régiment d'Anhalt, ami ; de haut et puissant seigneur messire Jacques de Mehegau, chevalier, baronnet, brigadier des armées du Roi, ami ; de haut et puissant seigneur messire Jules-François-Philibert, comte d'Auxi, officier aux Gardes Françaises, ami ; de haute et puissante dame Etiennette-Anne-Thérèse, comtesse d'Auxi, amie ; de haut et puissant seigneur messire Louis-Mathieu-Benoît, baron de Fumel, mestre de camp, commandant du régiment d'Artois cavalerie, ami ; de haut et puissant seigneur messire Achille-Michel-Baltazard de

Surlaville, chevalier, seigneur de Lourdres, Martraigny, maréchal des camps et armées du Roi, ami; de messire Jean Chevalier du Bosc, ci-devant major du régiment de Forest, chevalier de Saint-Louis, ami ; de messire Nicolas Beaujon, conseiller d'Etat, ancien banquier de la Cour, receveur général des finances de la généralité de la Rochelle, ami ; de dame Charlotte-Marguerite Philippe, veuve de messire Chapron, écuyer, conseiller du Roi, correcteur en sa chambre des comptes, amie; de dame Marie Subtil, veuve de messire Claude de Lormery, secrétaire des commandements de son Altesse Royale Monseigneur le duc d'Orléans, régent du Royaume, amie ; de haute et puissante damoiselle Anne-Louise de la Réalle, damoiselle, amie ; de messire Juste-Louis Belon de Coges, capitaine de cavalerie, ami ; de messire Jean-Antoine Bugot *(sic)* de la Piconnerie, grand vicaire de Lombez, ami et de maître Claude Pipelet, ancien chirurgien du Roi et maître en chirurgie, ami. Le marquis et la marquise de Montmelas s'obligent solidairement de loger et nourrir les futurs époux, leurs valets de chambre et femme de chambre, gratuitement, tant qu'ils demeureront ensemble ; en cas de séparation, ils leur payeront, pendant leur vie, à l'un et à l'autre et au survivant d'eux, 6.000 livres annuellement, pour leur tenir lieu desdites nourriture et logement. Le marquis de Montmelas, pour l'amitié particulière qu'il porte au comte Arod de Montmelas, son frère, lui fait, en faveur du présent mariage, suivi de sa célébration. et aux enfants et descendants à naître de lui en légitime mariage, tant du présent que de tout autre subséquent, donation de tous les biens qu'il laissera au jour de son décès, sous certaines réserves, qui sont :

1º Que cette donation ne pourra nuire aux reprises et créances que la marquise de Montmelas aurait à exercer sur la succession de son mari, ni à l'effet de leur don mutuel ;

2º Que cette donation n'aura lieu que dans le cas où le donateur décéderait sans enfants nés en légitime mariage ;

3° Que le donateur se réserve 100,000 livres pour en disposer comme il voudra ;

4° Que dans le cas où la marquise de Montmelas, douairière, mère dudit donateur, lui survivrait, ledit donataire ou ses enfants lui survivant lui paieront une pension annuelle et viagère de 8,000 livres de rente.

En considération dudit mariage, Marguerite-Catherine Hénault, épouse dudit donateur, par la parfaite estime et l'amitié qu'elle porte audit comte Arod de Montmelas, son beau-frère, lui fait donation, ainsi qu'aux enfants qu'il aura du présent mariage seulement, et à leur défaut, à ceux qui pourront naître de tous autres subséquents mariages, de la moitié de tous ses biens, pour en jouir après son décès, sous les conditions suivantes :

1° Que ladite donation ne pourra nuire à l'effet du don mutuel fait entre elle et son mari ;

2° Qu'elle ne pourra avoir lieu qu'au cas où elle mourrait sans enfants nés de légitime mariage ;

3° Que ladite dame se réserve la libre disposition de 50,000 livres.

Les biens de la future consistent en 15,000 livres de rente perpétuelle. Sa Majesté, en considération dudit mariage, lui accorda 4,000 livres de pension sur son trésor royal. Le survivant des dits futurs époux prendra, par préciput, la somme de 20,000 livres. Mademoiselle Montreuil aura, chaque année, pour sa bourse particulière, 7,000 livres ; elle fait donation à son futur époux de tous ses biens, s'il lui survit et ne se remarie pas ; elle se réserve la faculté de disposer de 50,000 livres. Le futur lui fait semblable donation, se réservant la faculté de disposer de la même somme.

Le 6 mai 1784. le Roi mande de Versailles au baron de Fumel qu'il a donné à Gaspard Arod, chevalier de Montmelas, capitaine en second, la charge de capitaine commandant de la compagnie vacante dans le régiment d'Artois cavalerie que M. de Fumel commande, par la promotion du sieur de Hauboutet à la majorité du premier régiment de chevau-légers.

Gaspard Arod était absent pour le service du Roi, le 6 juillet 1787, jour où sa fille Stéphanie-Sidonie-Marthe, fut baptisée à Paris, dans la paroisse de la Ville-l'Evêque.

Il fut nommé chef d'escadron, le 7 mai 1788.

Le 5 février 1792, L. de Narbonne, ministre de la guerre, annonce à Gaspard Arod de Montmelas que le Roi a bien voulu nommer ledit M. de Montmelas à la place de lieutenant-colonel dans le 9e régiment de cavalerie vacant par l'abandonnement de M. de Carniville. Il n'accepta pas cette nomination.

Gaspard Arod avait été mis en arrestation le 4 thermidor an II, par un mandat d'arrêt de Revol, accusateur public du Tribunal de Commune-Affranchie (Lyon), et il était détenu depuis ce temps dans la maison d'arrêt de Villefranche. Le 1er vendémiaire an III, le Conseil général de la commune de Bonnet-la-Montagne, ci-devant Saint-Sorlin. réclame sa délivrance, auprès des représentants du peuple envoyés à Commune-Affranchie.

Le 19 ventôse an III, Gaspard Arod faisait sa résidence à Montmelas.

Le ministre de la guerre mande, le 23 brumaire an X, à Gaspard Arod, résidant à Montmelas, qu'il est compris pour une solde de retraite de 1,079 francs 71 centimes, dans l'état de proposition qui doit être soumis à la sanction des consuls de la République, le 1er germinal prochain.

Le 8 prairial an XI, une lettre du Ministre de la guerre adressée à Gaspard Arod, lui apprend qu'il n'a pas droit, d'après la loi du 22 août 1790, à la retraite annoncée ci-dessus, n'ayant pas 30 ans de service effectif et étant âgé de moins de 50 ans, lorsqu'il a quitté le service, où il n'a reçu aucune blessure, ni contracté aucune infirmité.

Gaspard Arod de Montmelas assista à Paris, le 26 mai 1807, au contrat de mariage de son fils Gaspard-Louis-César, avec

Madeleine-Eugénie Mertreau de Chattelard. Il était logé chez son frère Blaise Arod de Montmelas.

Gaspard Arod de Montmelas fit son testament à Montmelas, le 13 juillet 1815, et y mourut le 28 août suivant, sur les 9 heures du soir.

Dame Agnès-Louise Montreuil, veuve de Gaspard Arod de Montmelas, fut héritière universelle de son fils Louis-Victor, comte d'Arod de Montmelas. lequel testa le 9 mars 1824, et mourut peu de jours après.

Le 15 décembre 1824, Mme Agnès-Louise Montreuil, veuve comtesse d'Arod de Montmelas, était tutrice de Mlle Marguerite-Louise-Blanche d'Arod, sa petite-fille mineure.

Elle était présente, le 11 février 1828. au contrat de mariage passé, au château de Montmelas, entre sa petite-fille Mlle Marguerite-Louise-Blanche Arod de Montmelas et M. le marquis Charles de Tournon-Simiane.

Elle fit son testament le 25 juin 1632 et mourut, sans doute en 1837, car ce testament fut enregistré à Villefranche le 12 septembre de cette dernière année.

Du mariage de Gaspard d'Arod de Montmelas avec Agnès-Louise Montreuil naquirent trois enfants savoir :

1º Stéphanie-Sidonie-Marthe d'Arod de Montmelas, mariée à Louis-Jean-Marie, comte de Carnazet.

Née le 5 juillet 1787, à Paris, rue du Faubourg-Saint-Honoré, elle fut baptisée le lendemain dans la paroisse de la Ville-l'Evêque ; elle eut pour parrain et marraine haut et puissant seigneur Gilbert-Joseph-Gabriel-Sidon-Amand-Fidèle de Mallet de Vandègre, comte de Vandègre, chevalier, seigneur de Bullion et la Forest, et haute et puissante dame Marthe de Boysseulh, comtesse de Vandègre, son épouse, demeurant rue de Bellechasse, paroisse de Saint-Sulpice,

Elle assista à Paris, le 26 mai 1807, au contrat de mariage de son frère Gaspard-Louis-César Arod de Montmelas avec Madeleine-Eugénie Mertreau de Chattelard.

Le 15 décembre 1824, son mari, Louis-Jean-Marie, comte de Carnazet, demeurant en la commune de Saint-Julien faisait partie du conseil de famille de leur nièce mineure, Marguerite-Louise-Blanche d'Arod.

Tous deux assistèrent au château de Montmelas, le 11 février 1828, au contrat de mariage de Mlle Marguerite-Louise-Blanche Arod de Montmelas avec M. le marquis Charles de Tournon-Simiane.

2° Gaspard-Louis-César d'Arod de Montmelas, qui suit.

3° Louis-Victor, comte d'Arod de Montmelas.
Il naquit le 24 décembre 1779.

Le 16 mai 1810, il était maire de la commune de Montmelas, où il demeurait, et se trouvant à Paris, rue du faubourg Saint-Honoré, n° 27, division des Champs-Elysées, il comparaissait comme témoin de la naissance de sa nièce, Marguerite-Louise-Blanche Arod de Montmelas.

Par le testament du 2 mai 1812, de Marguerite-Catherine Hénault, femme de Blaise Arod de Montmelas, son oncle, Louis-Victor Arod de Montmelas fut institué héritier et légataire universel, et exécuteur testamentaire.

Louis-Victor Arod de Montmelas comparut comme témoin de la mort de son père, à Montmelas, le 29 août 1815.

Il est présent, le 17 mars 1823, à l'apposition des scellés mis à Montmelas sur les meubles et effets mobiliers de Marguerite-Catherine Hénault, veuve de Blaise d'Arod de Montmelas, après sa mort.

Louis-Victor, comte d'Arod de Montmelas, fit, le 9 mars 1824, au château de Montmelas, un testament qui fut enregistré à Villefranche, le 15 mars suivant.

XIV. — Gaspard-Louis-César d'Arod de Montmelas, marié à Madeleine-Eugénie Mertreau de Chattelard.

Il naquit le 5 juin 1781.

Le 31 mai 1783, il reçut des lettres de chevalier de Malte de minorité, dans lesquelles on donne pour auteur à la maison d'Arod Girin Arod, damoiseau, seigneur de la Rivière et de la Forest des Halles, vivant vers 1250 et père de Pierre Arod, damoiseau, seigneur des mêmes lieux, marié à Marguerite.

Le 20 mai 1807, à Paris, au domicile de Blaise Arod de Montmelas, Gaspard-Louis-César Arod de Montmelas, demeurant audit lieu, rue du Faubourg-Saint-Honoré, n° 27, premier arrondissement, assisté de son oncle Blaise Arod de Montmelas, fit contrat de mariage avec Madeleine-Eugenie Mertreau de Chattelard, fille de défunts Louis Mertreau de Chattelard, capitaine au régiment de Castella, et Madelaine Finielz, assistée de Louis-François Brageuse de Saint-Sauveur, demeurant à Paris, rue Thiroux, n° 5, stipulant au nom de Thérèse-Blanche Dérives. veuve de François Finielz. demeurant au Vigan, grand'mère maternelle de la future, de Jean-Pierre de Lasaudade, licencié en droit, demeurant à Paris, quai Voltaire, n° 21, division de la fontaine de Grenelle, stipulant au nom d'Augustin-Antoine Cavalier, procureur impérial près de la Cour de justice criminelle du Gard, demeurant à Nîmes, subrogé-tuteur et curateur de ladite future. Gaspard-Louis-César Arod de Montmelas a l'agrément de son père, demeurant ordinairement a Montmelas, de présent à Paris, logé chez M. de Montmelas, son frère, de Marguerite-Catherine Hénault, sa tante, de Stéphanie-Sidonie-Marthe Arod de Montmelas, sa sœur, de Marc-Joachim Tardi, prêtre, son ami, de Gaspard-Paulin de Clermont-Tonnerre, son ami, de Charles Denis de Cusieu, ancien capitaine au 9° régiment de cavalerie, son cousin issu de germain, d'Alexandre-Louis-Gilbert Colbert de Chabannais, son ami. La fortune du futur consiste en la nue propriété des terre et domaine de Montmelas et de toutes leurs dépendances, dont il vient de faire l'acquisition de Blaise Arod de Montmelas, son oncle, par acte du 8 mai 1807, et en 20.000 francs. En faveur dudit mariage, ledit Blaise Arod de Montmelas s'engage à donner à son dit neveu une rente annuelle de 5.000 livres sur la terre de Montmelas, plus une habitation convenable dans le château de Montmelas. La fortune de la future consiste en les domaines de Sauzet et Daumessargue, arrondissement d'Uzès, département du Gard, la métairie du Causse, dans la commune de Montdardier, et autres biens fonds, dans celle du Vigan, même département, dans le domaine de Chaume, commune de Latès, près Montpellier, département de l'Hérault, une maison a Nîmes, une au Vigan et la moitié de deux maisons indivises avec M. de Blavi, a Montpellier, tout le mobilier des maisons de Nîmes, du Vigan et Sauzet, des créances, la nue propriété d'une somme donnée par sa grand'-mère, Mme veuve Finielz, à sa grand'mère par son contrat de mariage. Mme Finielz lui donne encore, sous certaines charges, la métairie de la Cadette, à Beaucaire et des créances,

Gaspard-Louis-César Arod de Montmelas mourut avant le 15 mai 1810, jour où naquit sa fille Marguerite-Louise-Blanche.

Lorsque cette dernière fit contrat de mariage, le 11 février 1828, avec le marquis *Charles*-Marie-François-Just de Tournon-Simiane, sa mère était remariée avec Jacques-Louis-Madeleine Viviez, avec lequel celle-ci demeurait à Nîmes.

Madeleine-Eugénie Mertreau de Chattelard mourut à Nîmes le 21 novembre 1850 ; elle avait testé le 25 avril 1840 et le 7 décembre 1848. Elle eut de son mariage avec Jacques-Louis-Madeleine Viviez :

1° Edwine, mariée avec François-Ernest de Saporta, ancien capitaine de cavalerie, chevalier de la Légion d'honneur, dont une fille nommé Gabrielle ;

2° Octave-Louis-Victor.

Du mariage de Gaspard-Louis-César d'Arod de Montmelas avec Madeleine-Eugénie Mertreau de Chattelard naquit une fille unique :

1° Marguerite-Louise-Blanche d'Arod de Montmelas, mariée au marquis *Charles*-Marie-François-Just de Tournon-Simiane.

Née le 15 mai 1810, à 4 heures du matin, à Paris, rue du faubourg Saint-Honoré, n° 27, division des Champs-Elysées, sa naissance fut déclarée le lendemain, à 2 heures et demie du soir, par Louis-Victor Arod, maire de la commune de Montmelas, son oncle paternel, et Louis-François Psalmon, âgé de 45 ans, demeurant à Paris, au domicile où était né l'enfant objet de cette déclaration.

D'après une délibération du 15 décembre 1824, le conseil de famille de Marguerite-Louise-Blanche d'Arod de Montmelas se composait d'Agnès-Louise Montreuil, veuve comtesse d'Arod de Montmelas, sa grand' mère et tutrice, de Louis-Jean-Marie, comte de Carnazet, demeurant en la commune de Saint-Julien, son oncle paternel par alliance, de Charles-Denis-Ovide Denis de Cuzieu, chevalier de Saint-Louis, demeurant en la commune de Saint-Lager, son cousin paternel au 3° degré, de Charles-Denis-Robert Denis de Cuzieu, demeurant au même lieu, son cousin au même degré, de Jean-Jacques Truchot, négociant, demeurant à Villefranche, son subrogé-tuteur, de Pierre-Zacharie Chanrion, avoué, demeurant à Villefranche, et de Jacques-Marie, vicomte du Peloux, chevalier de Saint-Louis, demeurant à Blacé ; ces deux derniers amis de la famille,

Marguerite-Louise-Blanche Arod de Montmelas, demeurant en la compagnie de madame la comtesse Arod de Montmelas, son aïeule paternelle en la commune de Montmelas, fit contrat de mariage, le 11 février 1828, avec le marquis *Charles*-Marie-François-Just de Tournon-Simiane, demeurant à Paris, rue d'Anjou, n° 58, fils de défunts Jacques-Claude-Philippe, comte de Tournon-Simiane et Marie de Mascon. La future épouse agit sous l'autorité et assistance de Jean-Jacques Truchot, mandataire de madame Viviez, sa mère. Sont présents, du côté du futur époux : la vicomtesse de Tournon, aïeule paternelle du futur ; la baronne de Lavigney, sa tante paternelle ; le marquis et la marquise de la Celle, ses beau-frère et sœur ; le chevalier de Tournon, son oncle ; le comte de Lestrange, son oncle paternel par alliance ; et du côté de la future : madame Agnès-Louise

Montreuil, veuve comtesse Arod de Montmelas, son aïeule paternelle ; le comte et la comtesse de Carnazet, ses oncle et tante ; M. de Cusieu, père, son cousin issu de germain ; Victor-Amédée de Raousset, ami des parties; Pauline de Raousset, amie de la future ; Mme de Ferrus de Plantigny, le marquis de Montaigu, le vicomte du Peloux, M. et Mme Truchot, amis des parties.

CHAPITRE IV

Arod, dits Musard, de Riverie.

I. — Noble Jacquemet AROD, dit MUSARD, de Riverie fut père de :

II — Noble Eustache AROD, damoiseau, de Rivirie, marié à noble Catherine Guichard ou Guicherd, *aliàs* Bochu ou Bocheu.

Il épousa, par contrat du 30 janvier 1397, passé par devant Jehan Pellerin, de Rivirie, clerc, notaire royal et notaire de la cour du seigneur official de Lyon, Catherine, fille de messire Hugonin Guicherd, *aliàs* Bochu, chevalier, dudit lieu de Rivirie et de noble Béatrix Vert. La dot de la future est de 800 livres tournois, payables en divers termes. Le contrat fut passé à Rivirie, dans la maison dudit messire Hugonin Bochu, chambellan du roi Charles VII, en présence de nobles hommes messire Pierre de Lavieu, Henri de Viégo, *aliàs* Museton, chevalier, Jehan de Bron, *aliàs* Ysuart, Jacquemet de... Pierre Arod, Bonet, son fils, Pierre de Loyes, *aliàs* Boquet, Hugonin, fils dudit messire Henri de Viégo, et Anthoine « de Boco Valerio », damoiseau,

De ce mariage vinrent :

1° Eustache Arod.

2° Pierre Arod qui suit.

3° Hugonin Arod.

III — Noble Pierre AROD, marié à noble Catherine Arod, dit Bonet, dame de Ronzières, en eut :

1° Noble Marie Arod, *aliàs* Bochu, dame de Ronzières, mariée à noble Anthoine de Ronchevol, chevalier, seigneur de Bosdemont, en Mâconnais.

Par le contrat de mariage de sa petite-fille Ysabelle Gaste avec Loys Arod, passé le 22 octobre 1514, ladite Marie Bochu, *aliàs* Arod, dame de Bosdemont et de Ronzières, veuve d'Anthoine de Ronchevol, lui fait donation de tous ses biens, sur lesquels elle se fait certaines réserves, entre autres, l'administration de tous ses biens, sa dîme cens, rentes, etc. à elle dus dans la paroisse de Saint-Maurice-sur-Dargoire ; 1,200 livres 100 écus d'or royaux pour noble Symphorien de Ronchevol, son fils ; autant pour noble Pierre de Ronchevol, son autre fils, avec ses vêtements et sa demeure honorable. Elle donne à noble Symonde de Ronchevol, sa fille, épouse de noble Louis Court, seigneur de la Pérouse, et à noble Béatrix, sa fille, mère de la future épouse et veuve de noble Jacques Gaste, 100 sols tournois, outre leurs dots.

Marie Arod, *aliàs* Bocheu, mourut à Rivirie le 3 septembre 1518, et fut enterrée en sa chapelle de Saint-George, en l'église de Rivirie.

CHAPITRE V

D'Ars.

I. — N. d'Ars fut père de :

1° noble Catherine d'Ars, morte avant le 29 avril 1391,

2° N. d'Ars, qui suit.

II — N. d'Ars fut père de :

III — Huffred d'Ars, damoiseau, père de :

1° Guillaume d'Ars, damoiseau, vivant en 1391.

I. — Noble homme messire Estienne d'Ars, damoiseau, seigneur du château d'Ars, en Lyonnais, et de Taney, marié à noble femme Marie de Chiel.

Le 13 février 1499, par devant Jehan de la Chièze, clerc, notaire public juré de la cour de l'official de Lyon, discret homme Anthoine Girbert, clerc, notaire de Chazey-d'Azergues vendit à noble homme messire Estienne d'Ars, damoiseau, seigneur du château d'Ars, pour le prix de 100 écus royaux neufs d'or, un pré situé a Morancé, dans la prairie du dit Morancé, jouxte le chemin tendant du dit Morancé à Ysérable de vent, le pré de la chapelle du bienheureux Anthoine de Chazey de bise. Cet acte fut passé à Chazay, en présence de noble homme Loys de Chiel, damoiseau, seigneur de Beaulieu.

Noble homme Estienne d'Ars, damoiseau, seigneur d'Ars, diocèse de Lyon fit son testament, le 8 juillet 1505, à Ars, dans sa maison d'habitation, par devant Girerd Renoyrard, prêtre et vicaire de Lymonès, notaire public, et en présence de noble homme Loys de Chiefz, damoiseau et autres témoins. Il élit sa sépulture dans l'église paroissiale de Saint-Martin de Lymonès, dans sa chapelle nouvellement construite, où sont enterrés ses parents prédécesseurs défunts ; demande 50 messes basses dans l'église de Lymonès, le jour de son trépas, si c'est possible ; 50 autres messes basses dans la même église, à l'an révolu de sa mort ; lègue à noble homme messire Anthoine d'Ars, son fils, chanoine de l'église de Lyon, 20 livres tournoiz monnaie de Roi, d'annuelle et perpétuelle pension ; à noble Claudine et Guillermette d'Ars, ses filles religieuses, chacune par moitié, l'usufruit de toute sa rente appelée de Longri, avec les étangs en dépendant ; si elles ne font pas profession en religion, à chacune 400 livres tournoiz ; à noble femme Charlotte d'Ars, sa fille 100 solz tournoiz, outre sa dot ; à noble femme Marie. sa femme, sa maison appelée la grange de Taney, avec la moitié de tous les revenus et rentes en dépendant, pour tout ce qu'il lui doit. Il institue héritier universel noble homme Charles d'Ars, damoiseau, son fils, auquel il substitue, s'il décède sans laisser des enfants naturels et légitimes, messire Anthoine d'Ars, chanoine de l'église de Lyon, son fils, auquel il substitue, si celui-ci meurt sans testament, noble femme

Charlotte d'Ars, sa fille, à laquelle il substitue, au cas qu'elle meure sans postérité naturelle et légitime, noble femme Marie, sa femme.

Du mariage d'Estienne d'Ars avec Marie de Chiel naquirent :

1° Vénérable et égrège homme messire Anthoine d'Ars, chanoine de l'église cathédrale de Lyon, maître du chœur de la dite église, seigneur d'Ars et de Doyrieu et seigneur mansionnaire d'Anse.

Le 1er juillet 1476, en présence de discrets hommes messire Jehan Auriol, chanoine de l'église de Saint-Paul de Lyon, et Anthoine de la Cour, curé de Villefranche, diocèse de Lyon, Anthoine Bertrand, docteur en droit canon, chanoine et sacristain de Saint-Paul, chevalier dans l'église cathédrale, official de Lyon, étant dans sa maison, approuve une supplique écrite sur parchemin adressée à notre Saint Père en Jésus-Christ et Seigneur le Pape et signée de vénérable et égrège homme messire Anthoine d'Ars, chanoine de l'église de Lyon, par laquelle le dit Anthoine d'Ars, nobles Claude Gaste, docteur en droits, prothonotaire et référendaire du Siège apostolique, doyen de l'église de Lyon, conseiller du roi de France très chrétien et maître des requêtes de son hôtel, Loys Gaste, chevalier, seigneur de la Barge, Ymbert Gaste, seigneur de Luppé, Jehan Gaste, chevalier, seigneur de Ruffieu, Ymbert de Baternay, seigneur du Bochage, Marie de Saint-Germain, dame de Saint-Julien, Jehan de Saint-Priest, seigneur du dit lieu, Guillaume de Lisle, Jehan Descuier, chevalier, seigneur de la Garde, Gastonet Gaste, seigneur de l'Aubépin, et Jehan de Semur, seigneur « de Sancto Cyveyo », leurs femmes et enfants, désirant faire leur salut, supplient humblement et dévotement Sa Sainteté de leur permettre de se choisir un confesseur séculier ou d'un ordre régulier, qui puisse les absoudre de toute excommunication ou censure ecclésiastique, de parjures, homicide volontaire ou mental, adultère, fornication, sacrilège, transgression de vœux, usure, omission de jeûnes et pénitence de toutes sortes de péchés réservés au siège apostolique, une fois dans leur vie et à l'article de la mort, et des autres cas non réservés, toutes les fois qu'ils se confesseront ; demandent aussi d'avoir dans leurs maisons un autel portatif, où tout prêtre idoine puisse célébrer la messe ; d'obtenir les indulgences du jubilé pour leurs familles et 50 personnes à leur choix, qui visiteront 4 églises de leur choix, pendant 3 jours, auxquels jours ils feront des aumônes ; désirent avoir les mêmes faveurs que ceux qui vont en pèlerinage aux tombeaux des Saints Apôtres Pierre et Paul et autres églises privilégiées ; prient de leur accorder, pendant le carême, l'usage du beurre et du laitage, et celui de la viande pour les malades. Cet acte est transcrit par Anthoine de l'Orme, recteur des églises paroissiales de Saint-Maurice-en-Gorgoys et d'Ars, en Dombes, diocèse de Lyon, notaire public par les autorités apostolique et impériale et juré de la cour du seigneur official de Lyon.

Par le testament de son père, du 8 juillet 1505, Anthoine d'Ars eut un legs de 25 livres tournois, monnaie de Roi, d'annuelle et perpétuelle pension et fut substitué, comme héritier universel, à son frère Charles d'Ars.

En 1514 fut fait le terrier de la seigneurie de Doyrieu appartenant au seigneur Anthoine d'Ars.

Benoist Buatier, docteur ès droits, official de Lyon fait savoir que par devant messire Floris Barrot, par l'autorité apostolique notaire public et juré de l'officialité de Lyon et secrétaire de l'église cathédrale de Lyon, vénérable et égrège homme messire Anthoine d'Ars, chanoine de ladite église de Lyon, à la louange, gloire et honneur de Notre Seigneur Jésus-Christ et de la glorieuse Vierge Marie, sa mère, fait son testament à Lyon, dans sa maison et chambre, où il est malade, le 26 août 1538, en présence de Mathieu de Vauzelles, juge, de Mathieu Sollasson, vice-maître, de messire Mathieu Court, chapelain perpétuel de la dite église, et de maître Pierre Faramand, notaire royal. Il invoque le nom béni de Dieu et fait le signe de la Croix, disant : au nom du Père, et du Fils, et du Saint-Esprit. Amen. Il recommande son âme, quand elle sera séparée de son corps, au très haut créateur Notre Seigneur Jésus-Christ, à la bienheureuse Vierge Marie, sa mère, et à toute la Cour Céleste ; il demande des funérailles, comme voudra son exécuteur testamentaire ; élit sa sépulture dans l'église cathédrale de Lyon, au tombeau de ses prédécesseurs. Veut qu'on fonde perpétuellement, pour le remède de son âme et de ses parents et amis défunts deux prébendes, ou chapellenies, ou commissions de messes, l'une dans l'église paroissiale de Lymonès, diocèse de Lyon, dans la chapelle de ses prédécesseurs, et l'autre dans la dite église de Lyon, à l'autel des saints Anthoine et Yves ; veut que les recteurs de ces chapellenies soient nommés, leur vie durant, par ses exécuteurs testamentaires, et, après la mort de l'un, par l'autre de ceux-ci, et ensuite par son héritier universel, et les siens après lui ; pour la fondation et dotation de ces deux chapellenies et la célébration des messes, il lègue tous ses biens immeubles et pensions qu'il a acquis dans la baronnie d'Anse, lieux et paroisses de Chazay, Morancé et Lymonez, diocèse de Lyon ; il déclare avoir tant en or qu'en monnaie la somme de 600 écus d'or ou environ, laquelle somme et tous ses autres biens meubles, ustensiles de maison étant dans la ville de Lyon, revenus et fruits de ses canonicat et prébende et aussi tout ce qui lui est dû, il veut être distribué par ses exécuteurs testamentaires, à leur discrétion, aux pauvres de Jésus-Christ et à ses serviteurs domestiques. Il veut que noble Claudine d'Ars, sa sœur soit usufruitière, sa vie durant, du château et de la maison d'Ars au Royaume et de la grange de Taney, près du Bois d'Oingt et de leurs appartenances ; il lègue à noble Meraud de Chiel, seigneur de Beaulieu, toutes les sommes d'argent qu'il lui peut devoir, tant à cause de la restitution de la dot de feu noble Marie de Chiel, mère du dit testateur qu'autrement ; lègue à noble Charlotte d'Ars, sa sœur, épouse de noble François de Varey, seigneur d'Avauges la somme de six vingts livres tournoiz, que ledit seigneur d'Avauges lui doit et tout ce qu'il peut lui devoir ; à la fabrique de la dite église de Lyon 25 livres tournoiz. Il fonde, pour le salut de son âme et de celles de ses parents et amis, dans ladite église de Lyon, perpétuellement, à pareil jour de son obit, un anniversaire avec vigiles des morts, à la discrétion de ses exécuteurs testamentaires. Il passe quittance à maître Estienne Pynquanon, notaire, son serviteur et receveur de tous les actes qu'il a reçus pour lui. Il nomme héritier universel, noble Claude Gaste, fils aîné de feu noble Philibert Gaste, son neveu très cher, auquel il substitue ses frères successivement, par ordre de primogéniture. Il nomme ses exécuteurs testamentaires vénérables hommes messire Mathieu de Vauzelles, juge ordinaire de ses châteaux, et Mathieu Sollasson, vice-maître de ladite église de Lyon.

Chapitre de l'église primatiale de Lyon célébré le 13 septembre 1538. auquel furent présents vénérables et égrèges hommes messires Charles de l'Estang, chamarier, Claude de Fougères, Louis de la Barge, Jehan de Semur et Pierre Nagu, chanoines de la dite église capitulants, auquel jour parut dans ledit chapitre, devant les dits seigneurs capitulants noble homme Claude Gaste, héritier universel de défunt messire Anthoine d'Ars, chanoine et comte de la dite église de Lyon, lequel, en suivant les louables coutumes observées de tout temps en la dite église, pour la future mémoire de la chose, a demandé et requis être publié le testament dudit feu messire d'Ars, en date du 26 août dernier. Ledit Claude Gaste, interrogé par les dits chanoines capitulants répond qu'il accepte l'hérédité du dit feu Anthoine d'Ars.

2° Noble femme, dame Claudine ou Claude d'Ars, d'abord religieuse, sans avoir fait profession, puis dame usufruitière d'Ars et de Taney.

Par son testament du 8 juillet 1505, Estienne d'Ars lègue à ladite Claudine, sa fille, religieuse, la moitié de l'usufruit de sa rente appelée de Longri et des étangs en dépendant, plus 400 livres tournoiz, si elle ne fait pas profession en religion.

Le 28 mars 1538, par devant Jehan Pezand, clerc, notaire royal juré de l'officialité, citoyen de Lyon, noble femme dame Claude d'Ars, alors habitant au château d'Ars, situé au lieu et paroisse de Lymonez, pays et diocèse de Lyon, mue d'affection et de dévotion, connaissant que les choses terriennes et de ce mortel monde sont misérables, passées en peu de temps, comme l'ombre de la mort, et celles qui sont célestes et au royaume des cieux sont perdurables et demeurent sans fin : pour ce désirant faire le salut de son âme et de celles de ses parents et amis trépassés, pour lesquelles elle est tenue prier Dieu, secourir et aider, ladite noble Claude d'Ars, à l'honneur et louange de Dieu tout puissant, de la glorieuse Vierge Marie, sa digne mère et de tous les Saints et Saintes de Paradis, aussi pour le salut et rédemption de son âme et de celles de ses parents trépassés, fonde, institue et ordonne dire et célébrer perpétuellement, dès à présent, toutes les semaines, une messe eucaristialle par un prêtre idoine et suffisant, durant le cours de sa vie naturelle, au lieu et de l'office où sera sa dévotion et volonté, et, après son trépas, en l'église parrochialle dudit lieu et paroisse de Lymonés et la chapelle édifiée en ladite église par ses parents et prédécesseurs trépassés, toutes les semaines, de l'office des trépassés, et à la fin desdites messes le pseaume *De profundis*, avec aspersion d'eau benoyte sur sa sépulture ou tombeau, si son corps est sépulturé et enseveli dans ladite église, sinon sur le tombeau et sépulture de ses parents trépassés ensevelis dans ladite église, avec une oraison pour les âmes desdits trépassés. Elle veut que perpétuellement, à l'avenir, après son trépas, et à semblable jour de sa sépulture, on célèbre, en ladite église parrochialle de Lymonés, une messe haute de l'office des trépassés et 6 messes basses dudit office, pour le salut de son âme et de celles de sesdits parents trépassés, ladite messe haute par le curé ou vicaire de Lymonés et les 6 basses par 6 prêtres de Lymonés ou des environs ; cette messe haute sera suivie du *Libera me* chanté sur sa sépulture ou sur celle de ses parents trépassés ; les 6 prêtres qui célébreront les 6 messes basses seront présents à la messe haute et au *Libera me*.

Par son testament du 26 août 1538, Anthoine d'Ars, chanoine de l'église de Lyon, légua à sa sœur Claudine d'Ars l'usufruit, sa vie durant, du château et de la maison d'Ars au Royaume et de la grange de Taney, près du Bois d'Oingt, avec leurs dépendances.

Claudine d'Ars testa, le 17 novembre 1538, au château d'Ars, paroisse de Lymonès. Elle élit sa sépulture dans l'église paroissiale de Lymonès, au tombeau de ses père, mère et parents; demande 4 messes hautes à intelligible voix, une de la croix de Notre Seigneur Jésus-Christ, la deuxième de Notre-Dame, la troisième du Saint-Esprit et la quatrième des morts; demande 100 messes qui seront dites le jour de sa mort ou le lendemain, pour chacune desquelles on donnera 3 sols. On distribuera, le jour de sa sépulture, 10 livres tournoiz à 400 pauvres, dont 6 deniers à chacun; demande une messe haute et 100 basses le trentième jour après son décès, avec semblable aumône que dessus; encore 100 messes à l'an révolu de sa mort. Elle veut que son héritier universel dote un *Libera me* et un *Salve regina* pour le remède de son âme et de celles de ses parents, dans l'église paroissiale de Lymonès, lesquels seront dits sur sa tombe par le curé ou le vicaire de Lymonès; il donnera 12 livres pour cette fondation. Elle lègue à noble Charlotte d'Ars, sa sœur, femme de noble François de Varey, seigneur d'Avauges, 100 sols. Elle institue héritier universel noble Claude Gaste, fils de feu noble Philibert Gaste, seigneur de l'Aubépin.

3⁰ Noble femme Charlotte d'Ars, mariée à noble François de Varey, seigneur d'Avauges.

Son père lui légua 100 sols tournoiz, outre sa dot, par son testament du 8 juillet 1505; il la substitua, comme héritière universelle, à son fils Charles et à son autre fils Anthoine d'Ars, si celui-ci meurt sans testament.

Anthoine d'Ars, chanoine de l'église de Lyon, testant le 26 août 1538, légua à sa sœur Charlotte d'Ars, femme de François de Varey, six vingtz livres tournoiz que celui-ci lui devait et tout ce qu'il pouvait lui devoir.

Charlotte d'Ars eut un legs de 100 sols, par le testament de sa sœur Claudine d'Ars.

4ᵉ Noble Guillermette d'Ars, religieuse.

Par son testament du 2 juillet 1505, son père lui légua la moitié de l'usufruit de sa rente appelée de Longri et des étangs en dépendant, et, de plus si elle ne faisait pas profession en religion 400 livres tournoiz.

5° Noble homme Charles d'Ars, damoiseau, seigneur d'Ars. Son père l'institua son héritier universel, par son testament du 8 juillet 1505.

CHAPITRE VI

Gaste.

Noble Claude Gaste, docteur en droits, doyen de l'église de Lyon, prothonotaire et référendaire du Siège apostolique, conseiller du roi de France et maître des requêtes de son hôtel, noble Loys Gaste, chevalier, seigneur de la Barge, noble Ymbert Gaste. seigneur de Luppé, noble Gastonet Gaste, seigneur de l'Aubépin, et noble Jehan Gaste, chevalier, seigneur de Ruffieu adressèrent, avec d'autres personnes en 1470, une supplique à Notre Saint Père le Pape.

I. — Noble Jacques GASTE, seigneur de la Bastie, marié à noble Béatrix de Ronchevol, fille de noble et puissant homme Anthoine de Ronchevol, chevalier, seigneur de Bosdemont, en Mâconnais et de noble dame Marie Bochu, *alias* Arod, dame de Ronzières.

Tous deux étaient déjà morts en 1514.

De leur mariage naquirent :

1° Noble Ysabelle, ou Ysabeau Gaste, femme de noble homme Loys Arod, damoiseau, et dame de Ronzières et de Bosdemont.

2° Noble Loys de Gaste.

Son oncle noble Pierre de Ronchevol, dit de Baudemont lui fit un don de 10 sols, le 30 novembre 1547.

3° Noble frère Anthoine de Gaste.

Il eut aussi un don de 10 sols, le 30 novembre 1547. de son oncle Pierre de Ronchevol.

I. — Noble PHILIBERT GASTE, seigneur de l'Aubépin, marié à damoiselle Lyonnète de Boniface, *alias* de la Forteresse.

Philibert Gaste est mentionné comme défunt dans un acte du 26 août 1538.

Le 13 septembre 1538, Lyonnète de la Forteresse est présente, dans le chapitre de l'église de Lyon, à la publication du testament d'Anthoine d'Ars, chanoine de la dite église,

Lyonnète de Boniface testa le 10 mars 1552.

Du mariage de Philibert Gaste avec Lyonnète de Boniface, alias de la Forteresse, naquirent :

1° Noble homme Claude Gaste, écuyer, seigneur d'Ars-en-Burzy et Taney, en Lyonnais et d'Ars, en Dombes,

Il fut institué héritier de son oncle Anthoine d'Ars, chanoine de l'église de Lyon, par son testament du 16 août 1538.

Claude Gaste assista, le 13 septembre 1538, à la publication du testament du dit Anthoine d'Ars faite dans le chapitre de l'église primatiale de Lyon.

Claudine d'Ars, testant le 27 novembre 1538, l'institua héritier universel.

Le 27 août 1542, Claude Gaste, seigneur d'Ars en Bresi, pays de Lyonnais, d'Ars, en Dombes et de Taney, au dit pays de Lyonnais et Jehan Gaste, son frère, pour eux et au nom de Philibert Gaste, leur frère vendirent à honorable homme Thomas Gayand. marchand de Villefranche, en Beaujolais, pour la somme de 1,500 écus d'or au soleil à raison de 45 sols tournoiz pièce, le château-fort, terre et seigneurie du dit lieu d'Ars, en Dombes, situé en la dite paroisse d'Ars, avec les domaines, maisons, granges, étableries et autres édifices et bâtiments, terres, prés, bois, garennes, vignes, moulins, étangs, pasturages, cens, servis, devoirs, lodz, mylodz, justice haute, moyenne et basse, etc. ; ils vendent au même leurs maison, rentes, cens, servis, devoirs. lodz, mylodz, prés, terres, bois, champéages, etc. de Pra Ront et Montout, situés en la paroisse de Saint-Vincent-de-Rayns, au pays de Beaujolais, avec la plus-value que ces biens pourront prendre. Cet acte fut passé à Lyon, au logis du dit acheteur, près de l'église de Saint-Nizier.

Le même jour, le dit Thomas Gayant donne aux dits trois frères Gaste la faculté de racheter de lui et des siens les biens, objet de la susdite vente, quand ils voudront, en lui payant la somme de 1,500 écus d'or.

Le 20 avril 1545, à Chastelneuf, en présence de vénérable et religieuse personne domp Gérard Boyer, chambrier de Charlieu, Claude Gaste, seigneur d'Ars-en-Burzy, pays de Lyonnais, d'Ars en Dombes et de Tanay au dit pays de Lyonnais pour lui, Jehan et Philibert Gaste, ses frères vend à noble et puissante dame Claude Damas, dame de Ragny, Sougy, Caix, la Bazolle et Chastelneuf, veuve de noble seigneur Girard de la Magdelaine seigneur des dits lieux et bailli d'Auxois le Chastel, maisonforte, terre et seigneurie du dit lieu d'Ars, en Dombes, avec les domaines, maisons, granges, étables et autres édifices et bâtiments, terres, prés, bois, garennes, vignes, moulins, étangs, pâturages, cens. rentes, servis, laods, mylods, justice haute, moyenne et basse. etc. en dépendant, et la maison, cens, servis, rentes, lods, mylods, prés, terres, bois, etc, de la maison appelée Praront et

Monteux, situés en la paroisse de Saint-Vincent-de-Rains, au pays de Beaujolais, moyennant 1,500 écus d'or soleil et sous grâce de rachat dans 3 ans.

Hugues du Puy, docteur ès droits, seigneur de la Mothe, conseiller du Roi et son lieutenant particulier en la sénéchaussée de Lyon, fait savoir que, le 20 juin 1545, est comparu pardevant lui maître Sébastien Berthet, au nom de noble Claude Gaste, seigneur d'Ars, pays de Lyonnais, lequel lui a remontré qu'encore que ledit Gaste soit noble et issu de noble lignée, tant du côté paternel que maternel et vivant noblement, néanmoins ès assemblées qui auraient été ci-devant faites par le commandement du Roi par les nobles dudit pays de Lyonnais, roturiers et autres tenant rentes nobles audit pays, par inventaire de ses procureurs ou autrement, aurait été mis et cottisé entre les roturiers non nobles du pays de Lyonnais, ce qui lui est chose grandement préjudiciable : à cette cause il aurait fait appeler, par devant ledit Hugues du Puy, maître Pierre Bullioud, procureur du Roi en ladite sénéchaussée, pour ouïr plusieurs témoins qu'il veut produire pour la vérification de son titre noble et vie noble qu'il tient, aussi maître Mathieu Sollasson, sous-maître de l'église de Lyon, Estienne Quentin, Claude Pictron, Jacques Faure, procureur ès cours de Lyon, maître Jehan Croppet, greffier de ladite sénéchaussée et siège présidial, et maître Bonaventure Rebutin, notaire royal, demeurant à Lyon, dont ledit du Puy reçoit le serment fait sur les Saints Evangiles de dire vérité. Ledit Sollasson dit qu'il est âgé de 60 ans, qu'il a connu et connaît ledit Claude Gaste, seigneur d'Ars, pour l'avoir vu dans la maison de feu noble Anthoine d'Ars, chanoine et comte de l'église de Lyon, oncle maternel dudit Claude Gaste, 20 ans sont passés, étant illec nourri et entretenu noblement, comme neveu propre dudit défunt d'Ars, et après a été fait son héritier universel, étant tenu et réputé noble, et depuis a su que ledit Claude Gaste a toujours vécu noblement et tel est tenu et réputé, et si dit que par les statuts de ladite église de Lyon, et pour ce que les chanoines et comtes d'icelle, avant que d'être reçus, vérifieront leur noblesse par 3 générations, tant du côté paternel que maternel, et partant où le dit feu messire Anthoine d'Ars, frère de la mère dudit Gaste n'eut vérifié sadite qualité de noblesse, n'eut été reçu chanoine de ladite église, et du côté paternel dudit Gaste dit qu'ils sont nobles d'ancienneté et qu'il y a eu un de leur maison et parent doyen de ladite église de Lyon. Les dits Quentin, Faure et Pictron, âgés de 60, 63 et 65 ans disent avoir connu les feus père et mère dudit Claude Gaste, le père duquel il était parent d'un feu doyen de ladite église de Lyon. Ledit Bonaventure Rebutin, âgé de 45 ans atteste, en paroles de vérité, avoir connaissance, passés sont 15 ans, dudit Claude Gaste, lequel il a vu comme homme vaillant et noble porté à faire actes des armes au service du Roi, tant au camp de Jaillon en Champagne, il y a 11 années, que l'année suivante au camp devant Boullogne sur la mer que ledit Gaste était le capitaine enseigne des nobles du ban et rière-ban de Lyonnais, Forez et Beaujolais ; il sait aussi que ledit seigneur d'Ars a places et châteaux nobles, directe et franc-fief, pour lesquels il a été appelé et a fait son devoir au ban et arrière-ban, et entre les nobles et gentilshommes de son pays et autres qui le connaissent, a été et est réputé homme noble et de lignée anciennement noble. Tous les témoins attestent l'ancienne noblesse dudit Claude Gaste, qui a toujours vécu noblement.

Le 23 août 1551, Loys Jaquillon, sergent royal de Chazey d'Azergues, se transporte au château d'Ars, en Lyonnais, pour appréhender en personne Claude Gaste, seigneur dudit Ars, il ne le trouve pas, et lui fait commandement, de par le Roi, parlant à Jehan Allioud, serviteur dudit Claude Gaste, de payer la somme de 205 livres à noble Symphorien Buatier, seigneur de Montjoly, commis à la recette des deniers des francs-fiefs des nouveaux acquêts en Lyonnais, en laquelle somme ledit château d'Ars a été taxé. Ledit Jehan Allioud lui répond que ledit Claude Gaste ne devait être mis ès roles des roturiers, parce qu'il est gentilhomme de noble race et vivant noblement comme ses prédécesseurs. Ledit sergent saisit le château d'Ars.

Claude d'Ars, étant en sa maison forte d'Ars-en-Burzy, fit, le

28 décembre 1551, le dénombrement des biens nobles qu'il tenait en fiefs : 1° de la maison forte d'Ars-en-Burzy ; 2° la maison forte de Taney, consistant en maisonnements, grange, terres, prés, vignes, moulins, etc., en domaine et fief noble, rentes et servis, du revenu annuel de six vingts livres tournois, de laquelle pièce de Taney dépendaient la rente noble due à Champfergeul, valant 30 livres tournois par an, aliénée au seigneur de Saint-Fergeul et la grange de la Bene, près de Tarare, qui fut noble, valant 50 livres tournois, par an aliénée à Regné Guytière, dudit Tarare.

Le roi de France Henri II donne, le 13 juillet 1555, de Saint-Germain, des lettres ordonnant la mainlevée des biens saisis de Claude Gaste, situés en Lyonnais.

Vu les lettres patentes précédentes, Hugues du Puy, lieutenant particulier en la sénéchaussée de Lyon, ordonne, le 28 août 1555, que Claude Gaste sera rayé du rôle des roturiers et non-nobles de ladite sénéchaussée, que sa seigneurie d'Ars lui sera restituée et qu'il sera remis dans tous ses droits de noblesse.

Vers 1575, Claude Gaste hérita de son frère Jehan Gaste, seigneur de l'Aubespin et de la maison forte de Ruynel.

Le 22 août 1584, Claude Gaste, étant en son lit malade, dans son château d'Ars, paroisse de Lymonais, testa pardevant Anthoine Gayet, notaire et tabellion royal de Saint-Didier-au-Mont-d'Or ; il recommande son âme, quand de son corps départira, à Dieu le créateur, à la glorieuse Vierge Marie, sa mère, à M. Saint-Estienne et à tous saints et saintes de Paradis ; veut être inhumé à la chapelle Saint-Estienne, au lieu et paroisse de Lymonais, au tombeau de ses parents et amis prédécédés, demandant pour le remède et le salut de son âme et de ses parents et amis décédés 300 messes heucaristialles, de l'office des Trépassés, savoir 100 le jour de son décès et celui de son enterrement et le reste tous les ans une messe au jour de son décès jusqu'à ce que lesdites 300 messes soient dites, payables 4 sols l'une ; elles devront être célébrées dans l'église parrochialle de Lymonais ; lègue à messire Jehan Boing, curé dudit Lymonais et prébendier de ladite chapelle de Saint-Estienne, fondée par feu noble Anthoine d'Ars 20 écus d'or sol, outre ce qu'il lui doit par 6 cédulles ; a damoiselle Anthoinette Gaste, sa donnée 400 écus d'or sol et tous les biens meubles et immeubles et la rente noble qui lui est due au lieu et paroisse de Lozanne ; à noble Pierre Gaste, fils de feu noble Françoys Gaste, sieur de Morron 200 écus d'or sol ; à Anthoine et Jehan Thomé, frères, de Lymonais, ses grangiers 40 écus d'or sol ; à Florys Mathieu, dudit Lymonais 30 écus sol ; à Loys de la Charme, receveur de noble Jehan Aroud, seigneur de Clervault 30 écus d'or sol ; veut que ledit Jehan Boing auquel il avait donné la préhende Saint-Estienne en l'église de Lymonais en puisse jouir pendant sa vie, et après son décès la puisse résigner à qui il voudra. Il institue héritiers universels noble Françoys de Claveyzon, seigneur de Parnant, son neveu, et noble Jehan Aroud, seigneur de Clervault, son cousin, par moitié et égale portion. Il lègue au luminaire de Lymonais 100 écus d'or sol pour la réparation de l'église dudit lieu ; aux recteurs de la confrérie du Saint-Esprit dudit lieu 200 fagots de bois tous les ans.

2° Noble homme messire Jehan Gaste, seigneur de l'Aubépin et Ruynel, co-seigneur d'Ars, en Dombes.

Il vendit, le 27 août 1542, de concert avec ses frères Claude et Philibert Gaste, le château et seigneurie d'Ars, en Dombes, à Thomas Gayand, ainsi que les maisons de Pra Ront et Montout, en la paroisse de Saint-Vincent-de-Reins.

Le même jour, Thomas Gayand leur donna la faculté de racheter lesdits biens.

Le 20 avril 1545, Jehan Gaste, avec ses frères Claude et Philibert Gaste, vendit les mêmes château, seigneurie et maisons à Claude Damas, veuve de Girard de la Magdelaine.

Le 8 avril 1564, Jehan Gaste vendit, sous grâce de rachat, à sieur Claude Manuel, marchand de la ville de Romans, 6 sestiers froment, mesure de Romans, de rente annuelle et perpétuelle ; depuis il lui vendit encore 7 sestiers froment de rente, les 7 février et 1er avril 1567. Le 7 mars 1573, il désigna les tenanciers qui seraient chargés de ces rentes. Il mourut laissant pour héritier son frère Claude Gaste ; ses biens et hoirie donnèrent lieu à un procès.

3° Noble homme Philibert Gaste, co-seigneur d'Ars, en Dombes, peut-être celui du même nom, qui fut conseiller au parlement de Dauphiné.

Il vendit, avec ses frères Claude et Jehan Gaste, le 27 août 1542, à Thomas Gayand les château et seigneurie d'Ars, en Dombes, les maisons de Pra Ront et Montout, à Saint-Vincent-de-Rayns,

Le même jour, Thomas Gayant accorda auxdits vendeurs la faculté de racheter les susdits biens, quand ils voudraient.

Philibert Gaste, de concert avec ses frères Claude et Jehan Gaste vendit, le 20 avril 1545, le chastel et seigneurie d'Ars, en Dombes, et les maisons de Praront et Monteux, situés à Saint-Vincent-de-Rains, à Claude Damas, veuve de Girard de la Magdelaine.

Philibert de Gaste mourut avant 1587 et eut pour héritier bénéficiaire son frère Claude Gaste.

CHAPITRE VII

De Ronchevol.

I.—Noble puissant homme messire ANTHOYNE DE RONCHEVOL, chevalier, seigneur de Bosdemont en Mâconnais eut de noble dame Marie Arod, *aliàs* Bocheu, dame de Ronzières :

1º Noble Béatrix de Ronchevol, femme de noble Jacques Gaste, seigneur de la Bastie ;

2º Noble Symphorien de Ronchevol, qui suit ;

3º Noble Pierre de Ronchevol, dit Baudemont,
Sa mère lui légua, le 22 octobre 1514, 100 écus d'or, avec ses vêtements et sa demeure honorable.
Pierre de Ronchevol fut parrain de son petit-neveu Pierre Arod, né à Rivirie un mercredi, fête sainte Marguerite, entre 11 et 12 heures de nuit 1519.
Le 29 novembre 1547, demeurant à Rivirie, il fit donation de tous ses biens à sa nièce Yzabeau Gaste et à Loys Arod, son mari.

4° Noble damoiselle Symonde de Ronchevol, femme de noble homme Loys Court, damoiseau, seigneur de la Pérouze, en Dauphiné.

Leur contrat de mariage est du 2 juillet 1493 ; Loys Court était seigneur de la Pérouze, paroisse de Caseneuve, diocèse de Vienne ; Symonde de Ronchevol fut dotée de ses père et mère de 1.200 livres tournois, bonne monnaie de Roi ; si elle survit à son mari, elle aura la jouissance, sa vie durant, de ses maisons hautes et basses de la Pérouze. Furent présents à ce contrat nobles et religieux hommes frères Claude Rostaing, prieur d'Artas, Rolet de Larbent, prieur de Bailly, Loys de Bron, bailli de , Anthoine Arod, seigneur de Cenevas, Anthoine de Larbent, Astorg de la Faye, prothonotaire, Anthoine du Molard, écuyer, de la paroisse de Bourgoin, en Dauphiné.

Symonde de Ronchevol reçut de sa mère, le 22 octobre 1514, un legs de 100 sols tournois, outre sa dot.

II. — Noble Symphorien de RONCHEVOL.

Sa mère lui légua, le 22 octobre 1514, 100 écus d'or royaux. Symphorien de Ronchevol fut probablement le père de :

1° Noble Aymard de Ronchevol.

Son oncle Pierre de Ronchevol lui légua 10 sols, le 29 novembre 1547.

2° Noble Renault de Ronchevol.

Le 29 novembre 1547, son oncle Pierre de Ronchevol, lui fit un legs de 10 sols.

3° Noble Marie de Ronchevol.

Son oncle Pierre de Ronchevol lui légua 10 sols, le 29 novembre 1547.

CHAPITRE VIII

De Signolles.

I. — Noble homme Florent ou Florant de SIGNOLLES épousa damoiselle Marguerite de Montregnard.

Florent de Signolles épousa Marguerite, fille de défunt Gaspard de Montregnard, le 9 novembre 1532, dans l'église paroissiale de Saint-Georges-de-Baroilles, en Forez, diocèse de Lyon.

Il était déjà mort, le 5 février 1557, et Marguerite de Montregnard, sa femme, était remariée à noble homme Pierre de Vauzelles, écuyer, seigneur dudit lieu.

Du mariage de Florent de Signolles avec Marguerite de Montregnard naquit une fille unique :

1° Noble damoiselle Barbe de Signolles, mariée avec noble Jehan Arod, écuyer, seigneur de Ronzières et Clervaulx.

CHAPITRE IX

De Montregnard.

I, — Noble et puissant seigneur Gaspard de MONTREGNARD, écuyer, baron de Montbellet, seigneur de Montregnard et de la Plasse, marié à noble damoiselle Gabrielle de Saint-Marcel.

Gabrielle de Saint-Marcel fit un testament, le 15 avril 1506, dont voici le texte : « Au nom de la Saincte Trinité, père, fils et Sainct Esprit, Amen. Nous Jehan Payen, licencié en loix, juge ordinaire de la terre et baronnie de Beaujollois, s'est establie en sa propre personne noble damoiselle Gabrielle de Sainct-Marcel, femme de noble et puissant seigneur Gaspard de Mont Renard, baron de Montbellet, seigneur dudit Mont Renard et de la Plasse, saine de pensée et d'entendement, jaçoit qu'elle soyt débille de son corps, gesant au lict, détenue de gésine, malade doubtans les périlz de la mort et cognoissans qu'il n'est riens plus certain que la mort ni plus incertain que l'heure et passage d'icelle, voulant à ce prévenir et contribuer à son pouvoyr afin qu'elle ne décède intestée, et pour ce cependant qu'elle a temps et espérance, elle fait son testament nuncupatif sur sa dernière volonté nuncupative. Premièrement icelle damoyzelle testeresse quand son âme sera partie de son corps, elle rend et rendra à nostre Saulveur Jésus-Crist, à sa gloryeuse mère la doulce Vierge Marie et à tous les Sainctz et Sainctes et à toute la cour célestialle de paradis leurs priant qu'ils la veulhent représenter devant nostre dict saulveur Jésus-Crist en son royaulme de paradis. Elle élit la sépulture de son corps au couvent des frères mineurs de Cherlieu en la chappelle de Saincte Barbe en laquelle elle veut être ensevelie en l'abit de l'ordre du gloryeulx Sainct Françoys pour honneur d'icelluy. Veut être faite sa luminaire, tant de son enterrement, de sa quaranteyne que de l'an révollu de 60 livres de cire qui seront converties en torches et cierges; veult que le jour de son enterrement soyt donné et balhé par son héritier à 6 des moines dudit couvent, à chacun d'eulx, un habit de drap gris de Cordellier, à 7 filz masles et à 13 pouvres filles pucelles, à chacun d'eulx une robe du même drapt, les queulx moines, filz et filles accompagneront le corps de ladicte damoyzelle, pourtant chacun une torche allumée depuis le chasteault dudict Mont Renard jusques audict couvent et que ladite damoyzelle sera inhumée. Veult que quand l'âme sera séparée de son corps estre dict par les frères dudict couvent sur son corps 4 psaultiers pour lesqueulx elle veult estre payé par son dit héritier ès dictz frères 4 livres tournoiz à leur volonté. Le jour de son enterrement seront célébrées 100 messes heucaristialles avec le divin service à tel cas accoutumé et ainsi qu'il appartient à l'état de sa personne, par les frères dudict couvent et aultres prêtres séculiers: pour lesquelles messes elle veult estre payé èsdictz frères par son dict héritier, à chacun d'eulx 3 solz tournoiz et èsdictz chapellains séculiers à chacun d'eulx 6 blans pour une foy, et ce pour le remède de l'âme de ladite damoiselle testatrice et de ses parens et amys trespassez; veult que son dict héritier donne à tous les pouvres de Nostre Seigneur Jésus-Crist affluans le dict jour de son enterrement audict couvent, à chacun 5 deniers tournoiz, les exhortant prier Dieu pour l'âme de ladicte damoyzelle. Veult la dicte damoyzelle estre célébré un trentenier de Sainct Grégoyre, que sont 30 messes avec les suffraiges et deppendances d'icelluy, par un religieux que bon luy semblera, lequel sera tenu en commencer ledict trentenier le propre jour de son enterrement, et pour icelluy veult estre payé par sondict héritier au dict Religieux 20 livres tournoiz, incontinant icelluy estre célébré et parachevé. Veult que 40 jours après son dict trépas, à tel jour qu'elle sera sépulturée soit célébré audict couvent des frères mineurs par lesdictz frères et autres chapellains qui voudront venir 100 messes, lesquelles elle veult estre payé par son dict héritier èsdictz frères et chappellains comme dessus et estre faict sa luminaire de l'autre tierce partie desdictes 60 livres de cire.

L'an révolu après sondict trespas à tel jour qu'elle sera enterrée elle veult estre célébré audict couvent par lesdictz frères mineurs et aultres chappelains aultres 100 messes et semblable service divin en tel cas acostumé et à iceulx veult estre payé par sondict héritier comme dessus et sa luminaire de l'aultre tierce partie restant desdictes 60 livres de cire, tout lequel luminaire elle donne audict couvent pour augmentation de la luminaire d'icelluy. Veult que les curés et les chappellains de Polhy viennent accompaigner et conduire son corps depuis le chasteau de Mont Regnard jusques audit couvent des Frères mineurs et qu'elle sera inhumée, avec leur croix et eau bénite, et pour leur peyne veult leur estre payé par son dict héritier 100 solz tournois. Donne 10 livres tournoiz pour la réparation et profit de l'église parrochialle dudict Polhy. Requiert Messieurs les Religieux du prieuré de Cherlieu et messieurs les curés et chappellains de Saint-Philibert dudict lieu qui viennent au-devant de son corps le jour qu'on la portera ensépulturer jusques au lieu de la Magdeleyne et de l'accompagner avec leur croix et eau bénite, chantans les suffraiges des trespassez au couvent desditz Frères mineurs et jusques elle sera inhumée, èsquels religieux elle veult estre payé 10 livres tournoiz et autant auxdictz curés et chappellains de Sainct-Philibert. Requiert ledit seigneur de Montregnard, son mari qu'il donne audict couvent onze aulnes de velours noyr pour faire des abillemens pour le service divin èsquels soient mis les armes de ladicte damoyzelle, et au cas qu'il feroit difficulté de ce faire, elle ordonne à son dict héritier, que moyennant les rigueurs de justice, il le contreigne à ce faire, et moyennant ce lesdictz religieux et leurs successeurs seront tenus. tous les jours de l'an, à perpétuité, dire une antiphone de Nostre Dame avec l'oraison de Sainct Françoys et après de Profundis avec Fidelium. Donne pour aumosne ès pauvres ladres de la Maladyère 100 solz tournoiz. Veult estre célébré à perpétuité audict couvent des Frères mineurs de Cherlieu et en leur chappelle de Saincte Barbe par les dictz frères qui sont de présent et seront au temps advenir audict couvent toutes les sepmaines 2 messes Heucaristialles, dont l'une sera de l'Annonciation Nostre Dame, qui se célébrera à tel jour que sera chacun an solempnisé la dicte feste et l'autre sera des cinq Plaies de Nostre Seigneur Jésus-Crist, qui sera célébrée chaque vendredy toutes les sepmaines de l'an par frère Pierre Cherbonieur, compère de ladite damoyzelle tant qu'elle vivra, et après par les Religieux et frères dudict couvent, pour lesquelles 2 messes elle donne 200 livres tournoiz, des quelles elle veult estre acheté par son héritier et les frères dudict couvent, une rente, au profit d'iceluy couvent et la célébration desdictes 2 messes. Veult estre célébré une messe des trespassés ou du sainct Esprit en ladicte chapelle de Saincte Barbe chacun lundy à perpétuité par frère Pierre Ragone, religieux dudict ordre de Saint Françoys, à présent résidant audict couvent, tant qu'il vivra et après luy les religieux dudict couvent et leurs successeurs, pour laquelle messe elle donne 100 livres tournoiz, qui seront converties en rentes au profict dudict couvent,

Si lesdictz religieux refusent de se charger de cette messe, il en charge le curé de Polhy, en la chappelle du dit seigneur de Mont Regnard. Elle donne au dit seigneur de Mont Regnard, son mari, 500 livres tournoiz, sur les 2.474, qu'il a reçues des deniers du mariage de la dite testatrice. Lègue à Joachim, son fils aîné 800 livres tournoiz; à Loys, son fils 400; à Eugénie, sa fille aînée 500, sa robe de velours noir; à Pierre, son fils, 100 livres tournoiz; à Yzabeau et Marguerite. ses filles, à chacune

100 livres tournoiz, et à ladicte Yzabeau, sa robe de satin noir ; à Anthoine, son fils, 100 livres tournoiz ; à l'enfant dont elle est enceinte, fils ou fille, 100 livres tournois ; à dames Anne et Gabrielle, ses filles, religieuses de Bonlieu, à chacune 100 livres tournoiz ; à dame Françoyse, sa fille, religieuse de Polhy les Nonnains, 100 livres tournoiz ; à dame Marguerite de Sainct-Marcel, religieuse de l'ordre de Sainct-Benoist et à damoyselle Marie de Saint-Marcel, ses sœurs, à chacune 50 livres tournoiz ; donne à Marguerite, sa damoiselle de chambre 15 livres tournoiz et sa robe d'escarlate ; à Glaudine, Catherine, Philiberte et Claude, ses chambrières, a chacune 100 sols tournoiz. Parce que le dict seigneur de Mont Regnard, au contract du mariage de luy et de ladicte damoyzelle auroyt promis enjoller ladicte damoyzelle jusqu'à la somme de 400 livres tournoiz, et despuis il luy a baillé une chaîne d'or en laquelle avoit 33 chaînons, les deux chaînons valant 21 livres, ce qui fait 346 livres 10 sols tournoiz, laquelle chaîne est de présent entre les mains d'un sieur parent, elle veult que sondict héritier recouvre la dicte chaîne ou sa vraye valeur, afin qu'il soit curieux et diligent d'accomplir et faire accomplir le contenu en ce présent testament et pour luy ayder les charges d'icelluy. Au résidu de tous ses biens elle institue héritier universel noble et puissant seigneur Hugue de Sainct-Marcel, son chier frère, escuier, seigneur du dict lieu, exécuteur testamentaire, est noble Rollet de l'Estoille, escuier, seigneur dudict lieu. Son cosin. Fait au château de Mont Régnard, en la chambre basse. auprès de la cuisine, en laquelle la dicte damoyzelle estoit malade le 15ᵉ jour d'apvril l'an 1506, après Pasques, présens religieuse personne frère Pierre Ragone, cordellier, Pierre et Anthoyne, fils de Martin Cotas, Vincent Bernerd, fils de feu Jehan Bernerd, de la paroisse de Polhy, Claude, filz de feu Mathieu du Boys, de la paroisse d'Aigulle. serviteur dudict seigneur de Mont Regnard et Martin, fils de Thomas Berge, de la paroisse de Varennes-sous-Dun-le-Roy, serviteur et cuysinier dudict seigneur de Mont Regnard.

Gaspard de Montregnard ne vivait plus, le 11 mai 1537,

avant de mourir, il avait légué à sa fille Marguerite 2,500 livres tournois, plus 250 livres pour ses habillements.

Gaspard de Montregnard eut de son alliance avec Gabrielle de Saint-Marcel :

1º Noble homme Joachim de Montregnard, écuyer, seigneur dudit lieu et de Vaulx.

Il eut un legs de 800 livres tournois, par le testament de sa mère, du 15 avril 1506.

Le 17 mai 1537, il céda à sa sœur Marguerite de Montregnard, femme de Pierre de Vauzelles, pour la payer de partie de sa dot, les fruits, profits et revenus de sa seigneurie de Vaulx.

2º Noble messire Loys de Montregnard.

Sa mère lui légua 400 liv., par son testament du 15 avril 1506.

Son frère Anthoine de Montregnard, partant pour aller à l'armée delà les monts, lui lègue, le 7 août 1527, le tiers de ses biens, s'il meurt dans ce voyage.

3º Eugénie de Montregnard.

Sa mère lui légua, par son testament du 15 avril 1506, 500 livres et sa robe de velours noir.

4º Pierre de Montregnard.

Il eut un legs de 100 livres tournois, par le testament de sa mère du 15 avril 1506.

5º Damoiselle Isabeau de Montregnard, sans doute femme de noble messire Anthoine de Lugny, chevalier, seigneur d'Igé.

Par son testament du 15 avril 1506, sa mère lui légua 100 livres tournois et sa robe de satin noir.

Le 7 août 1527, Anthoine de Montregnard, partant pour l'armée delà les monts, laisse, s'il meurt dans ce voyage, le tiers de ses biens à son beau-frère, noble messire Anthoine de Lugny. chevalier, seigneur d'Igé.

6° Noble damoiselle Marguerite de Montregnard, femme d'abord de noble Florent de Signolles, puis de noble Pierre de Vauzelles, écuyer, seigneur dudit lieu.

Elle eut un legs de 100 livres tournois, par le testament de sa mère du 15 avril 1506.

Marguerite de Montregnard reçut, le 7 août 1527, de son frère, Anthoine de Montregnard, partant pour l'armée, donation du tiers de ses biens, s'il décédait dans le voyage delà les monts qu'il allait entreprendre.

Elle épousa, le 9 novembre 1532, Florent de Signolles.

Demeurant dans la paroisse de Poilly, diocèse de Mâcon, elle se remaria avec noble Pierre de Vauzelles, écuyer, seigneur dudit lieu, diocèse d'Autun; à cette occasion, le 11 mai 1537, au chastel de Montregnard, en présence de nobles Jehan de la 'Garde, seigneur dudit lieu, et Pierre de Serfavre, seigneur dudit lieu, noble homme Jacques de Valence, seigneur d'Ozières, et monsieur maître Mathieu Athiaud, docteur ès droits, au nom de noble homme Joachim de Montregnard, écuyer, seigneur dudit lieu, constituèrent en dot à ladite damoiselle Marguerite de Montregnard, 1.500 livres tournois, à elle léguées par son père, plus 250 livres tournois pour ses habillements et encore 1.000 livres. Ledit noble de Valence cède à ladite Marguerite de Montregnard, pour la payer de partie de sa dot, les fruits, profits, revenus de la seigneurie de Vaulx, appartenant audit Joachim de Montregnard,

Feu noble écuyer Gaspard de Montregnard, seigneur dudit lieu, avait légué, par son testament, à noble damoiselle Marguerite de Montregnard, sa fille, la somme de 3.000 livres, tournois et autres choses; depuis ladite seigneurie de Montregnard était advenue à noble et puissant seigneur Jacques d'Albon, écuyer, seigneur de Saint-André, maréchal de France, à la charge de payer à ladite Marguerite de Montregnard ladite somme de 3.000 livres. Le 25 mai 1557, noble écuyer Pierre de Vauzelles, mari de ladite Marguerite de Montregnard, étant en sa maison de Vauzelles, reconnaît avoir reçu de celle-ci lesdites 3,000 livres payées par ledit Jacques d'Albon et les assigne sur tous ses immeubles dépendant de la maison noble et seigneurie de Serfavre.

Marguerite de Montregnard, étant veuve de Pierre de Vauzelles, testa, le 16 août 1581, au chastel du Terreault, paroisse de Vérovre, pays de Charollais, en présence de vénérable personne messire Catherin de la Roche, prêtre. curé de Vérovre. Elle élit sa sépulture en la maîtresse église du lieu où elle décédera ; veut qu'on célèbre le jour de sa sépulture 25 messes, autant 40 jours après, et autant au bout de l'an révolu, pour le remède de son âme et de ses bons parents et amis trépassés ; ratifie la donation par elle faite à damoiselle Barbe de Signolles, sa fille, traitant son mariage avec Jehan-Jacques d'Arod, seigneur de Clèrevaux, et outre ce, lui délaisse 10 écus sol. Elle institue héritier universel Jehan-Jacques d'Arod, fils desdits Jehan d'Arod et Barbe de Signolles. Ses exécuteurs testamentaires sont noble et religieuse personne Jacques d'Arod, commandeur de Saint-Anthoine de Viennois et noble Jehan-Baptiste de Locatel, écuyer, seigneur dudit lieu.

7° Noble messire Anthoine de Montregnard, écuyer.

Sa mère lui légua 100 livres tournois par son testament du 15 avril 1506.

Noble Anthoine de Montregnard, écuyer, étant à Mâcon, le 7 août 1527, et considérant présentement qu'il est sur son département pour aller delà les monts, suivant l'armée, sous la charge et conduite de Monseigneur de Lautrec allant de là lesdits monts pour le Roi notre seigneur et la conquête de sa duché de Milan et autres seigneuries lui appartenant ; considérant aussi le zèle, amour et dilection qu'il a eus et a envers messire Anthoine de Lugny, chevalier, seigneur d'Igé, son beau-frère, Loys de Montregnard, son frère, et damoiselle Marguerite de Montregnard, sa sœur, et les services agréables à lui faits par les dessudits, leur donne, par égale portion, tous ses biens, meubles et immeubles, s'il décède dans ce voyage delà les monts et à condition qu'ils feront faire ses obsèques bien honnêtement.

8° Dame Anne de Montregnard, religieuse de Bonlieu.
Elle eut un legs de 100 livres tournois, par le testament de sa mère du 15 avril 1506.

9° Dame Gabrielle de Montregnard, religieuse de Bonlieu.
Sa mère testant le 15 avril 1506, lui légua 100 livres tournois.

10° Dame Françoyse de Montregnard, religieuse de Polhy-les-Nonnains.
Sa mère lui légua aussi 100 livres tournois, par son testament du 15 avril 1506.

CHAPITRE X

De Vauzelles.

I. — Noble homme Jehan de VAUZELLES, seigneur dudit lieu.

En 1482, il était seigneur de Vauzelles, paroisse de Saint-Bonnet-des-Bruyères, près Aigueperse, et possédait des biens dans l'étendue de la seigneurie de Montmelas, appartenant au seigneur de Beaujeu.

Il mourut avant le 27 février 1491.

Jehan de Vauzelles fut père de :

1º Noble Thomas de Vauzelles, qui suit.

2º Damoiselle Léonnette de Vauzelles.

Le 17 février 1491, elle possédait avec sa sœur Anthoinette et son frère Thomas de Vauzelles la directe et censive du mas de Viveroux, en la paroisse de Chambost.

3º Noble damoiselle Anthoinette de Vauzelles, femme de noble homme Jehan de Serfavre.

Elle possédait, le 27 février 1491, avec sa sœur Léonnette et son frère Thomas de Vauzelles, la directe et censive du mas de Viveroux.

Le 17 octobre 1503, elle était fiancée à noble homme Jehan de Serfavre, fils de noble homme Estienne de Serfavre et d'Anthoinette.

II. — Noble THOMAS DE VAUZELLES, seigneur dudit lieu, marié à noble Alix de Montjon.

Il possédait, le 27 février 1491, avec ses sœurs Léonnette et Anthoinette de Vauzelles, la directe et censive du mas de Viveroux.

Thomas de Vauzelles fut présent, le 21 janvier 1522, au château d'Avauges, au contrat de mariage de son fils Pierre avec Louyse de Varay, par lequel il donna à son dit fils sa maison ou fort et hôtel de Vauzelles et toutes ses dépendances. en se réservant l'usufruit et l'administration de la moitié desdits biens pendant sa vie et celle de noble Alix de Montjon, sa femme.

Thomas de Vauzelles eut d'Alix de Montjon :

III. — Noble homme PIERRE DE VAUZELLES, damoiseau, seigneur de Vauzelles, de Mussery et de Serfavre, marié d'abord à damoiselle Louyse de Varay, puis à noble damoiselle Marguerite de Montregnard.

Le 21 janvier 1522, au château d'Avauges, noble Françoys de Varay, damoiseau, seigneur d'Avauges, et Louyse, sa sœur, enfants de feu noble homme Charles de Varay, damoiseau, seigneur dudit Avauges, diocèse de Lyon, habitants de la paroisse de Saint-Romain-de-Popey, d'une part ; et Thomas de Vauzelles, et, de son autorité, Pierre, son fils, de la paroisse de Saint-Bonnet-des-Bruyères, diocèse d'Autun, d'autre, font les conventions de mariage suivantes : ledit Pierre promet de prendre ladite Louyse pour sa vraie et légitime épouse, et celle-ci promet de prendre ledit Pierre pour son vrai et légitime mari en face de notre Mère Sainte Eglise. Ledit. Françoys de Varay constitue en dòt à ladite future, pour tous ses droits de succession dudit Charles de Varay, de noble Meraude de Leschallier, sa veuve et de noble Françoys de Varay, frère de ladite future, 1,400 livres tournois, monnaie de Roi. Thomas de Vauzelles donne à son dit fils sa maison ou fort et hôtel de Vauzelles et toutes ses dépendances, granges, cens, rentes, dîmes, etc., en se réservant l'usufruit et l'administration de la moitié desdits biens pendant sa vie et celle d'Alix de Montjon, sa femme.

Pierre de Vauzelles se remaria, un peu avant le 17 mai 1537, avec Marguerite de Montregnard.

Vers 1546, Pierre de Vauzelles adressa une demande pardevant vénérable et saige monsieur le juge ordinaire du pays de Beaujolais ou son lieutenant, à l'encontre de certains habitants de la paroisse de Chamboz, lesquels possédaient un mas et tènement appelé de Viveroux, assis en ladite paroisse, contenant maisons, verchères, prés, bois, garennes et plusieurs autres héritages, joignant au chemin tendant de Montfort au treyvo de la Chenevière de vent, à celui tendant de la croix de la Chenevière, à la croix de Viveroux de bise, sous certains cens, servis, etc.

Le 30 avril 1548, Pierre de Vauzelles étant au lieu de Vauzelles vendit à Marguerite de Montregnard, sa femme, une sienne rente assise au lieu de Chambo, en Lyonnais.

Pierre de Vauzelles étant au même lieu, connaissant les agréables services à lui rendus par Marguerite de Montregnard, sa femme, lui cède, le 4 mai 1548, par donation entre vifs, tout le droit qu'il a sur une rente, qui fut de la noble maison de Sancennier, assise en la paroisse de Saint-Bonnet-des-Bruyères. lieu des Channeaulz, qu'il avait acquise, avec sadite femme, d'honorable homme Anthoine des Brosses, marchand bourgeois de la ville de Beaujeu.

Le 10 novembre 1555, au lieu de Vauzelles, en présence de

noble Jehan de la Garde, seigneur dudit lieu, noble Jacques de Méry et noble Jacqueline de Serfavre, sa femme vendent à Pierre de Vauzelles et à Marguerite de Montregnard, sa femme, habitants de la paroisse de Saint-Bonnet-des-Bruyères, pour le prix de 450 livres tournois, des prés, bois, vigne, maison, grange, terres et garenne, qui furent de feu noble Pierre de Serfavre, seigneur dudit lieu et par lesdits vendeurs acquis dudit Pierre de Vauzelles, lesdits biens appelés de Champeaulz, assis en la paroisse de Cogny, joignant le chemin tendant de Saint-Cyre à Villefranche de vent.

Pierre de Vauzelles était présent, le 20 juin 1556, au contrat de mariage de sa fille Marthe, passé à Vauzelles, avec noble Jehan de Mazilles, chevalier, co-seigneur de Vaubresson; il lui donne en dot 1,200 livres tournois, et 100 pour ses joyaux et habits.

Pierre de Vauzelles, seigneur dudit lieu et de Serfavre, et Marguerite de Montregnard, sa femme, étant en la maison noble de Vauzelles, pour l'amour naturelle qu'ils ont envers Barbe de Signolles, fille de ladite Marguerite de Montregnard, et pour les agréables services qu'elle leur a rendus, lui font donation entre vifs, le 25 mai 1557, savoir ledit Pierre de Vauzelles, de sa seigneurie, domaine, mas et tènement de Serfavre, de la grange appelée de Culet, de maisons et vignes situées ès paroisses de Cogny et Saint-Sorlin, consistant en châteaux, maisons fortes, granges, étableries, colombiers, prés, terres, vignes, bois, garennes, paquerages, rentes, revenus, cens, servis, pensions, etc., qui dépendirent des seigneurs de Serfavre, sous certaines réserves durant la vie des donateurs.

Le 26 octobre 1557, ladite Barbe de Signolles, pour l'amour filial qu'elle porte à ladite Marguerite de Montregnard, sa mère, lui cède tous les biens objet de la donation ci-dessus, au cas qu'elle meure avant sa dite mère, sans enfants naturels et légitimes. Cet acte fut passé à Vauzelles.

Pierre de Vauzelles assista au contrat de mariage de Barbe de Signolles avec Jehan Arod, seigneur de Ronzières, passé le 5 février 1557. A cette occasion, il ratifia la donation qu'il avait faite, le 25 mai 1557 (ancien style), à ladite Barbe de Signolles, de la maison forte de Serfavre et autres biens; il lui donna encore d'autres biens, en son nom et en celui de Marguerite de Montregnard, sa femme, en s'en réservant la jouissance. De plus il donna au futur la somme de 2,000 livres.

Pierre de Vauzelles fut témoin, en la maison noble de Serfavre, le 1er février, 1558, à un accord entre Jehan Arod et sa sœur Véronique Arod, femme de Philibert de Sagie.

Jehan Gaspard, docteur ès droits, juge ordinaire, lieutenant général civil et criminel de M. le bailli de Beaujolais pour le Roi, fait savoir que comme noble Pierre de Vauzelles, seigneur dudit lieu eut donné à noble demoiselle Barbe de Signolles, femme de noble Jehan Arod, dit de Quincieulx, seigneur de Clervaulx et de Ronzières, tous ses biens immeubles venant de feu noble Pierre de Serfavre, seigneur dudit lieu, et advenus audit Pierre de Vauzelles, par contrat d'accord entre celui-ci et Anthoine Sandrin, fondé de procuration de noble Jacqueline de Serfavre et de Jacques de Mury, son mari, et comme ladite Barbe de Signolles se fut mariée depuis avec ledit Jehan Arod, par lequel contrat de mariage ledit noble seigneur de Vauzelles avait donné à ladite Barbe de Signolles tous les biens contenus audit contrat d'accord, sauf le mas et tènement d'une grange appelée de Champeaulx, sise en la paroisse de Cogny et lieu de Rivollet, mandement de Montmelas et quelques autres biens; le 1er juin 1561, ledit Pierre de Vauzelles étant à Vauzelles en fait également donation à ladite Barbe de Signolles.

Le 11 août 1566, noble demoiselle Jacqueline de Sauffavre (de Serfavre), relicte (veuve) de défunt Jacques de Myry, seigneur dudit lieu, de la paroisse d'Estrossat, en Bourbonnais, étant en la maison de Pierre de Vauzelles, paroisse de Saint-Bonnet des Bruyeres reconnaît avoir reçu de celui-ci la somme de 1,700 livres tournois qu'il lui devait pour la cession qu'elle lui a faite de la seigneurie, maisons et biens de Sauffavre (Serfavre) et ses dépendances.

Le 1er février 1569, en présence d'honorables hommes Henry

Austrain, Claude Vize le jeune et autres témoins, Pierre de Vauzelles testa à Lyon, par devant Benoist du Troncy, notaire tabellion royal, demeurant en ladite ville. Il proteste de vouloir vivre et mourir en la foi et union de l'église catholique et romaine ; élit sa sépulture en l'église de la paroisse de Saint-Bonnet-des-Bruyères ; demande le jour de son enterrement, s'il se peut, sinon le lendemain et autres jours, 3 grandes messes et 50 petites de l'office des Trépassés, plus un trentenier avec lesdites 50 messes, et à l'an révolu pareille quantité de messes ; lègue à damoiselle Marguerite de Montregnard, sa femme 10 livres tournois et une robe de deuil ; à Anthoine, Pierrette et Loyse, enfants de feu noble Jehan de Mazilles et de damoiselle Marthe de Vauzelles, sa fille, à chacun 150 livres tournois. Pour le regard de ladite Marthe de Vauzelles, et en tant que concerne aussi maître Anthoine de Vauzelles, chanoine de l'église collégiale de Saint-Martin de l'Isle Barbe, ses enfants naturels et légitimes, ledit testateur ayant égard à la désobéissance, ingratitude et mauvais traitements qu'il a reçus d'eux, ayant même ladite Marthe de Vauzelles, favorisée et conseillée par sondit frère, fabriqué ou fait fabriquer une fausse donation à son profit de tous les biens dudit testateur, après son décès ; celui-ci averti de cela, la serait allé trouver en son château, pour lui remontrer le tort qu'elle lui faisait par cette fausse donation ; mais elle se serait contentée, contre tout devoir l'humanité et de piété de fille à père, de lui fermer la porte, sans le recevoir, ni lui présenter à boire et à manger, et elle l'aurait encore menacé de l'en faire repentir. Elle est entretenue dans ces folies, désobéissance et ingratitude par sondit frère, contre sa profession ecclésiastique, qui lui commande tout honneur, révérence, aide et secours à son père... Lesdits Marthe et Anthoine de Vauzelles s'étant rendus indignes de la succession de leur dit père, et afin qu'à l'avenir ils servent d'exemple aux enfants rebelles et ingrats à leurs pères, Pierre de Vauzelles les exhérède et les déclare inhabiles à lui succéder, il leur lègue néanmoins, à chacun 10 livres tournois et une robe de deuil. Il institue héritier universel noble Jehan de Harod, écuyer, seigneur de Clervaulx, en Dauphiné, Ronzières, Montmallas et les Tours, en Beaujolais, son bon ami, en considération et récompense des bons et fidèles services, obsèques et curialités qu'il a reçus et reçoit ordinairement de lui. Il nomme ses exécuteurs testamentaires ledit seigneur de Clervaulx et ladite Marguerite de Montregnard.

Pierre de Vauzelles fut nommé un des exécuteurs testamentaires de sa fille Marthe, qui testa le 23 septembre 1570.

Etant en son château de Vauzelles, il donne, le 6 février 1571, par donation entre vifs, à Jehan Arod, seigneur de Montmelas, les deux tiers de tous ses biens, dont il retient l'usufruit.

Marguerite de Montrenard, veuve de Pierre de Vauzelles, fut présente au contrat de mariage passé, le 22 juillet 1579, au château de Serfavre, entre Philiberte Arod, sa petite-fille, et Philibert de Musy.

Du mariage de Pierre de Vauzelles avec Louise de Varay naquirent :

1° Noble damoiselle Marthe de Vauzelles, mariée avec noble Jehan de Mazilles, chevalier, seigneur de Vaubresson.

Le 20 juin 1556, à Vauzelles, en la grande salle, en présence de noble Jehan de Marzé, par devant Vincent de Chagny, notaire royal, habitant en la paroisse de Saint-Cristofle-la-Montagne, noble écuyer Pierre de Vauzelles, seigneur dudit lieu et de Saubfavre (Serfavre), et de son autorité noble damoiselle Marthe, sa fille, de la paroisse de Saint-Bonnet-des-Bruyères, au diocèse d'Autun, d'une part ; et noble Jehan de Mazilles, co-seigneur de Vaubresson, de la paroisse de Gibles, diocèse d'Autun, d'autre part, firent les pactes et promesses de mariage qui suivent entre ledit Jehan de Mazilles et ladite Marthe de Vauzelles. Pierre de Vauzelles donne en dot à sa fille 1.200 livres tournois et 100 pour ses joyaux et habits ; Jehan de Mazilles donne à ladite Marthe de Vauzelles 600 livres d'argent, si elle lui survit ; celle-ci lui en donne 300, si elle meurt avant lui. Noble messire Claude de Mazilles, seigneur de Villiers et co-seigneur de Vaubresson, donne audit Jehan de Mazilles, son frère, la moitié qui lui appartient au mas, tènement et seigneurie de Vaubresson, qu'il avait achetée dudit Jehan.

Marthe de Vauzelles, veuve de Jehan de Mazilles, gisant au lit malade, testa, le 23 septembre 1570, au lieu de Vaubresson. Elle recommande son âme à Dieu, notre créateur et rédempteur Jésus-Christ, à la glorieuse Vierge Marie et généralement à toute la cour célestielle de Paradis. Elle élit sa sépulture dans l'église de Gibles, au tombeau de ceux de la maison de Vaubresson ; lègue à la luminaire de Notre-Dame en ladite église une livre de cire pour son augmentation et entretenement. Quant à son luminaire, elle veut qu'il soit fait honnêtement, comme à gens de sa qualité appartient ; ordonne que l'on fasse et célèbre 3 chanters en ladite église de Gibles, l'un le jour ou le lendemain de son obit, l'autre à la quarantaine et le 3e à l'an révolu, à chacun desquels seront appelés 20 prêtres qui diront messe, vigile, les exaudi et feront le service divin à la manière accoutumée et le plus dévotement que faire se pourra, à chacun desquels on payera 3 sols tournois, sans réfection ; veut que Louys, donné de son mari, soit payé des droits à lui légués par celui-ci et elle lui lègue 15 livres tournois. Elle lègue à Pierrette et Loyse, ses filles, à chacune, par moitié, ce qui peut lui être encore dû par son père du reste de sa constitution de mariage, qui est 800 livres et plus ; elle leur lègue aussi ses habits, à chacune par moitié. Pour tous ses autres biens et ceux lui venant de feue Loyse de Varay, sa mère, elle institue héritier universel son fils Anthoine de Mazilles. Ses exécuteurs testamentaires sont Pierre de Vauzelles, son père, et noble sieur Claude de Mazilles, écuyer, sieur de Villiers, oncle desdits enfants.

2° Vénérable messire Anthoine de Vauzelles, curé et recteur de l'église paroissiale de Saint-Germain de Cogny, chanoine de l'église collégiale de Saint-Martin de l'Isle-Barbe.

Anthoine de Vauzelles fit un accord avec Jehan Arod, seigneur de Montmelas, au château des Tours, le 11 mai 1578, par lequel celui-ci promit lui payer la somme de 333 écus, un tiers.

Le 8 mars 1579, par devant Claude Salus, notaire royal au baillage de Beaujolais, vénérable maître Anthoine de Vauzelles, curé et recteur de l'église Saint-Germain de la paroisse de Cogny, diocèse de Lyon, pays de Beaujolais, étant en sa maison d'habitation au bourg de Cogny, nomme ses procureurs généraux et spéciaux et irrévocables maîtres Pierre Berthet et Cholier pour résigner la cure de Cogny ès mains de vénérable messire Jehan d'Amansé, prieur de Denicé, collateur de ladite cure.

CHAPITRE XI

De Mazilles.

I. — Noble Jehan de MAZILLES, chevalier, seigneur de Vaubresson, marié avec noble damoiselle Marthe de Vauzelles.
Il mourut avant le 23 septembre 1570.

Marthe de Vauzelles mourut avant le 24 septembre 1691.

Du mariage de Jehan de Mazilles avec Marthe de Vauzelles naquirent :

1º Noble damoiselle Pierrette de Mazilles.

Pierre de Vauzelles, grand-père maternel de Pierrette de Mazilles, lui légua 150 livres tournois, par son testament du 1er février 1569.

Sa mère, testant le 23 septembre 1570, lui légua la moitié de ce que Pierre de Vauzelles, son père lui devait encore sur sa constitution de mariage et la moitié de ses habits.

Le 24 août 1591, au château de Villers, noble sieur Hugues de Mazilles, seigneur de Villers et Claudeau, au nom de Jehan Arod, seigneur de Montmelas et de Barbe de Signolles, sa femme, fit une transaction avec Pierrette de Mazilles et Marcellin de Montmessin ; les derniers cèdent auxdits mariés Arod tous leurs droits sur la succession de Pierre de Vauzelles, moyennant la somme de 1.666 écus, 2 tiers d'or sol pour ladite Pierrette et autant pour ledit de Montmessin, ayant droit de damoiselle Loyse de Mazilles, sœur de ladite Pierrette.

2º Noble Loyse de Mazilles, qui semble être la femme d'honorable maître Marcellin de Montmessin, procureur du Roi en la ville et châtellenie du Bois-Sainte-Marie.

Elle eut legs de 150 livres tournois, par le testament du 1er février 1569, de Pierre de Vauzelles, son grand-père maternel.

Sa mère testant le 23 septembre 1570, lui légua la moitié de ce que Pierre de Vauzelles, son père, lui devait encore sur sa constitution de mariage et la moitié de ses habits.

Le 9 juin 1578, elle était sous la tutelle de son oncle, Claude de Mazilles, seigneur du Villardz, qui fit une transaction, en son nom, avec Jehan Arod, seigneur de Montmelas.

3º Noble Anthoine de Mazilles.

Par son testament du 1er février 1569, Pierre de Vauzelles, son grand-père maternel lui légua 150 livres tournois.

Sa mère, testant le 23 septembre 1570, l'institua son héritier universel.

Le 9 juin 1578, il avait pour tuteur son oncle, Claude de Mazilles, qui fit une transaction, en son nom, avec Jehan Arod.

Il fit un accord, au chastel et maison forte de Villers, le 24 septembre 1591, avec Jehan Arod, seigneur de Montmelas.

I. — Noble messire CLAUDE DE MAZILLES, écuyer, seigneur de Villiers, *alias* de Villers ou du Villardz, co-seigneur de Vaubresson, frère de Jehan de Mazilles susdit.

Le 20 juin 1556, assistant à Vauzelles, au contrat de mariage de son frère Jehan de Mazilles avec Marthe de Vauzelles, il donna à celui-ci la moitié de la seigneurie de Vaubresson que son dit frère lui avait vendue ci-devant.

Il fut institué un des exécuteurs testamentaires de sa belle-sœur, Marthe de Vauzelles, par son testament du 23 septembre 1570.

Claude de Mazilles, en sa qualité de tuteur d'Anthoine, Pierrette et Loyse de Mazilles, ses neveu et nièces, fit un accord, le 9 juin 1578, avec Jehan Arod, seigneur de Montmelas.

Il mourut avant le 3 mars 1590.

Claude de Mazilles fut père de :

1° Noble sieur Hugues de Mazilles, seigneur de Villiers ou Villers et Claudeau.

Le 3 mars 1590, il avait affaire avec Jehan Arod, seigneur de Montmelas, comme fils, héritier et bien-tenant de défunt Claude de Mazilles, qui était tuteur et curateur d'Anthoine et de Loyse de Mazilles.

Hugues de Mazilles, au nom dudit Jehan Arod, fit au château de Villers, le 24 août 1591, une transaction avec Pierrette de Mazilles et Marcellin de Montmessin.

Le 24 septembre 1591, il en fit une autre, au même lieu, au nom du même, avec Anthoine de Mazilles.

2° Noble Louys de Mazilles, écuyer, marié à damoiselle Dyanne de la Vesvre.

Il avait affaire, le 3 mars 1590, avec Jehan Arod, comme fils, héritier et bien-tenant de Claude de Mazilles, qui était tuteur et curateur d'Anthoine et de Loyse de Mazilles.

Du mariage de Louys de Mazilles avec Dyanne de la Vesvre naquit :

a) Noble Françoys de Mazilles.

Son père, Louys de Mazilles avait été condamné à payer la somme de 500 écus et intérêts à Jehan Arod, seigneur de Montmelas : il mourut sans en avoir effectué le payement ; Jehan-

Jacques, fils de Jehan Arod, fit mettre en criées ses biens au bailliage de Mâcon; Françoys de Mazilles demande à être colloqué avant Jehan-Jacques Arod, pour la constitution dotale de sa mère, se montant à 5,600 livres en principal. Le 12 septembre 1605, Jehan-Jacques Arod et Françoys de Mazilles firent, à Mâcon, une transaction, par laquelle le second remit au premier la somme de 1.500 livres et intérêts.

CHAPITRE XII

De Serfavre.

I. — Noble Jehan de SERFAVRE, damoiseau, seigneur dudit lieu, autrefois appelé la Roche, marié d'abord à Marie de Cogny, puis à noble Marie ou Mariette de Cucurieux. (Ces deux femmes n'en font, peut-être, qu'une seule sous deux noms différents.)

Le 14 juin 1428, en présence de noble homme Regnaud, seigneur de la Buxière, chevalier, par devant Meraud de Bourg, de Villefranche, notaire public, noble Jehan de Serfavre, de la paroisse de Coigny, d'une part; et nobles hommes Jehan et Philibert de Cogny, enfants et héritiers de feu noble et puissant seigneur Philibert de Cogny, chevalier, pour eux et au nom de Marie de Cogny, leur sœur et donnée dudit chevalier, d'autre part, font le traité suivant : la dot de la future est de 100 livres tournois, léguées à ladite Marie par ledit chevalier, en son testament, et 6 vingts écus d'or à la même, légués par feu noble Girin, bâtard de Cogny, seigneur de Peysselay et frère dudit chevalier. Ledit Jehan de Serfavre, en contemplation de ce mariage, lui donne 20 livres d'augment, qu'il assigne sur sa maison, qui fut de noble Jehan de Bruilliat, sise dans la ville close de Chamelet.

Noble Mariette, veuve de Jehan de Serfavre, fut présente, le 25 mars 1467, au contrat de mariage d'Anthoinette de Serfavre, sa fille, avec noble Estienne Aubert, damoiseau, et lui donna la moitié de tous ses biens, en s'en réservant l'usufruit.

Guillaume Hugonet, licencié en l'un et l'autre droits, juge ordinaire dans les causes civiles de la baronnie de Beaujeu, pour le duc de Bourbonnais et d'Auvergne, comte de Forez, seigneur de Beaujeu, fait savoir que comme, à cause de la somme de 235 francs d'or dûs par feu noble homme Jehan de Serfavre, damoiseau, de la paroisse de Cogny, à noble Marie de Cucurieu, femme dudit Jehan de Serfavre, en vertu de lettres du juge de Beaujeu contre nobles Jehan de Serfavre, Anthoinette, Sibille, Guillaume, Philibert, Estienne et Philibert, enfants et héritiers et biens-tenans dudit Jehan de Serfavre, certains biens meubles et immeubles dudit Jehan de Serfavre furent saisis par Loys Boichet, chacipol et sergent de Montmelas, lesdits biens sont vendus, le 11 juillet 1469, à Guillaume Alby, notaire.

Noble Mariette de Cucurieu donna 50 écus d'or de dot à sa fille Estiennette de Serfavre, faisant contrat de mariage, le 31 janvier 1469, avec Jehan de Mares.

Jehan de Serfavre fut père de :

1º Noble Jehan de Serfavre.

Il est mentionné dans un acte du 11 juillet 1469, analysé ci-dessus.

2º Noble Anthoinette de Serfavre, femme de noble Estienne Aubert, damoiseau.

Jacques de Viry, licencié ès lois, juge ordinaire en les causes civiles de la terre et baronnie de Beaujeu, fait savoir que, le 25 mars 1467, en la maison d'habitation de noble Jehan de Mononton, damoiseau, pardevant Jehan Chappuis, clerc, notaire public, noble Estienne Aubert, damoiseau, d'une part; et noble

Mariette, veuve de feu noble homme Jehan de Serfavre, damoiseau, Guillaume et Anthoinette, enfants desdits Jehan et Mariette, d'autre part, font le traité de mariage suivant entre ledit Estienne Aubert et ladite Anthoinette de Serfavre : la future épouse donne au futur époux tous ses biens meubles et immeubles, consistant en maisons, granges, prés, terres, vignes, bois, etc.; ladite noble Mariette donne à la future la moitié de tous ses biens meubles et immeubles, en s'en réservant l'usufruit.

Estienne Aubert, mari d'Anthoinette de Serfavre, était présent, le 2 février 1469, au contrat de mariage passé au château de Chamosset, entre Estiennette de Serfavre, sa belle-sœur, et Jehan de Mares.

Ennemond Pagan, docteur en l'un et l'autre droits, juge ordinaire de la terre et baronnie de Beaujeu, de toute sa supériorité et de ses ressorts dans les causes civiles pour très-illustre prince et puissant seigneur le comte de Clermont et de la Marche, seigneur et baron de Beaujeu, fait savoir que noble Estienne Aubert et Anthoinette, sa femme, de la paroisse de Cogny, cédèrent, du consentement de Jehan, leur fils, à noble homme Robinet Loret, cousin dudit Estienne Aubert, la moitié par indivis, de leurs biens meubles et immeubles, présents et à venir, sous certaines réserves. Robinet Loret obtint ensuite des lettres de sauvegarde émanées de la chancellerie de noble et puissant seigneur le sire de Beaujeu, par lesquelles il fut autorisé à conserver la moitié desdits biens donnés. Jehan et Pierre, fils desdits mariés Aubert et Anthoinette, obtinrent, à leur tour, des lettres de cas nouveau de la même Cour et du bailli de Mâcon, ainsi que leur exécution contre Robinet Loret, basées sur la circonstance que les biens compris dans la donation et les autres biens des impétrants provenaient de l'héritage de noble damoiselle Marie de Cucurieux, mère de ladite Anthoinette et ayeule de ses enfants. Un procès allait donc s'engager entre Pierre et Jehan Aubert, d'une part et Robinet Loret, d'autre, devant le bailli de Mâcon ; pour le prévenir, les parties transigèrent de la manière suivante devant Pierre Guillaud, notaire de Villefranche. Tous les biens de la Roche et de Serfavre provenant de la succession de noble damoiselle Marie de Cucurieux, quelque soit leur nature, demeureront entre les mains des parties, savoir un tiers dans celle de Robinet et deux tiers dans celles des enfants Aubert. Quant aux époux Aubert ils jouiront, pendant leur vie, du tiers à eux accordé et pourront en sus disposer de dix livres, à prendre sur les mêmes biens. Si Robinet Loret décède sans enfants naturels et légitimes, tous ces biens adviendront, par portions égales, à Jehan et Pierre Aubert. Au cas où ces derniers décéderaient eux-mêmes sans postérité, Robinet Loret pourrait disposer de son tiers. Il sera tenu de co-habiter avec les époux Aubert, de leur prêter le secours de son travail et de ses économies. Il pourra toutefois prendre du service dans les armées du Roi, toucher sa solde et faire part de ses gains à ses consorts en pariage. Les biens acquis par lesdits Aubert et Loret depuis la susdite donation appartiendront, à chacun d'eux, dans la proportion d'une moitié. Il en sera de même pour les biens à acquérir par la suite. Si Robinet Loret était dans l'impossibilité de co-habiter avec ses consorts en pariage, au pays de Beaujolais, il pourra disposer de sa part d'usufruit, s'il en a besoin, tant qu'il restera dans ce pays; mais s'il fixe sa résidence ailleurs, il ne pourra rien toucher de son tiers. Les mariés Aubert ne pourront aliéner ces biens et les donataires ne pourront y renoncer eux-mêmes, sans la plus urgente nécessité et sans le consentement desdits époux Aubert. Cette transaction fut passée à Villefranche, dans la maison d'habitation de discrette personne Jehan Annequin, notaire, le 29º jour du mois de janvier, l'an du Seigneur 1483.

En 1489, Estienne Aubert et Anthoinette de Serfavre, sa femme possédaient des biens relevant du duc de Bourbon, à cause de la rente de Montmelas, lesquels avaient appartenu à Jehan de Serfavre.

Le 26 mai 1490, noble Estienne Aubert et Anthoynette de Serfavre, sa femme, de la paroisse de Cogny, reconnaissent, au profit de Monseigneur de Bourbon, à cause de son château de Montmelas : 1º certaines terres et bruyères, qui furent de la confession de Jehan de Serfavre situées en ladite paroisse, au mas de Champeaux, jouxte le chemin tendant de Saint-Cyr à Villefranche de vent ; 2° des maisons hautes et basses, cours, curtils, terres, prés, garennes, vignes et bois contigus (c'est Serfavre), situés aux mas de la Roche, de Romanzet et du Michel et traversés par le chemin public de Saint-Cyr à Villefranche.

3° Noble Sibille de Serfavre.
Elle est nommée comme vivante dans un acte du 11 juillet 1469.

4° Noble Guillaume de Serfavre.
Il est mentionné dans le même acte du 11 juillet 1469.
Guillaume de Serfavre assista, le 2 février 1469, au château de Chamosset, au contrat de mariage de sa sœur Estiennette de Serfavre avec Jehan de Mares.

5ᵉ Noble Philibert de Serfavre.
Il est nommé comme vivant dans un acte du 11 juillet 1469.

6° Noble Estienne de Serfavre qui suit.

7° Noble Philibert de Serfavre.
Dans un acte du 11 juillet 1469, on le mentionne comme vivant.

8° Noble Estiennette de Serfavre, femme de discret homme Jehan de Mares, clerc, notaire public.
Le 31 janvier 1469, et le 2 février suivant, en présence de noble et puissant homme Jehan de Saint-Simphorien, seigneur de Chamosset, fut passé au château de Chamosset, par devant Jehan de Besse, de Saint-Jehan de Panissières, notaire public, le contrat de mariage de noble Estiennette, fille de feu noble Jehan de Serfavre, de la paroisse de Cogny, avec discret homme Jehan de Mares, clerc, notaire public, fils d'honnête homme Pierre de Mares, de la paroisse de Montrottier. Pierre de Mares, dont la femme nommée Anthoinette est morte, donne à son fils tous ses biens

meubles et immeubles, en se réservant certains biens situés à Montrottier. Noble Estienne Aubert, mari de noble Anthoinette de Serfavre, sœur de ladite Estiennette, et Guillaume de Serfavre, frère de la même, pour eux et au nom de noble Mariette de Cucurieu, veuve dudit Jehan de Serfavre et mère desdites Anthoinette et Estiennette donnent à la future 50 écus d'or.

II. — Noble homme ESTIENNE DE SERFAVRE, seigneur dudit lieu, marié à Anthoinette.....
Il est mentionné dans un acte du 11 juillet 1469.
Noble homme Estienne de Saffavre (Serfavre) et Anthoinette, sa femme, font, le 17 octobre 1503, donation de tous leurs biens à leur fils noble homme Jehan de Saffavre, en faveur de son mariage avec noble Anthoinette de Vauzelles.
Estienne de Serfavre eut d'Anthoinette :

1° Vénérable et discret homme, noble Pierre de Serfavre, prêtre habitué en l'église cathédrale de Lyon.
Messire Pierre de Serfavre, prêtre, habitant de la paroisse de Cogny, donne, le 17 octobre 1503, le tiers de tous ses biens, dont il se réserve l'usufruit, à son frère Jehan de Serfavre, qui allait épouser Anthoinette de Vauzelles.
En 1523, Pierre de Serfavre, prêtre, habitué en la grande église de Lyon possédait des fonds à Cogny, qui devaient des cens et servis au chapitre de l'église collégiale de la Bienheureuse Marie de Beaujeu.
Jehan Gay, docteur ès droits, official de Lyon, et Philippe Ponceton, docteur ès droits, juge ordinaire dans les causes civiles de la terre et juridiction de Montmelard (Montmelas), pour le seigneur dudit lieu, fait savoir que, le 21 juin 1527, à Cogny, par devant messire Benoist de Chardonay et Nicolas de Ronzières, notaire public, dans la maison de ce dernier, vénérable et discret homme messire Pierre de Cerfavre, prêtre, habitué dans l'église cathédrale de Lyon, appensionne à Jehan Poncet, *aliàs* Auloup,

de la paroisse de Cogny, une vigne située dans la même paroisse sur la rivière de Morgon, jouxte le pré de Jehan Namy d'orient, le chemin tendant du moulin Neuf à l'église de Cogny d'occident et bise et ladite rivière de Morgon de vent, sous l'annuelle et perpétuelle pension de 100 sols.

Le 30 septembre 1527, Pierre de Serfavre, considérant la pauvre, misérable et brève vie de ce monde, qu'il n'est rien si certain qu'il faut mourir et rien si incertain que l'heure de la mort, pour quoi, s'il plaît à Notre Seigneur, il ne veut pas mourir sans faire son testament; étant tout seul en sa maison d'habitation, dedans le cloître de Monsieur Sainct Jehan, en bon sens et bonne prospérité et santé de sa personne, Dieu merci, écrit, de sa propre main, son testament et sa dernière volonté. Il recommande son âme à Notre Seigneur, à la glorieuse Vierge Marie, à Monsieur Saint Michiel Archange, à Monsieur Saint Pierre apôtre, à Monsieur Saint Jehan Baptiste, à Monsieur Saint Jehan Evangéliste, à Monsieur Saint Etienne, premier martyr, à Monsieur Saint Glaude, à la glorieuse Magdeleyne, et généralement à tous les glorieux anges, archanges, Saints et Saintes du Paradis. Il élit sa sépulture avec son père et sa mère, si c'est possible, dans l'église de Cogny; demande le jour de son enterrement 50 messes basses et une grand'messe des trépassés, donne 2 sols pour chaque messe basse et 10 pour la grand'messe; lègue perpétuellement 5 francs de pension pour faire dire une messe basse, toutes les semaines, en l'église de Cogny; donne à Estienne; à Pierron; à Humber, à la Philiberte, religieuse, et à la Jacqueline, ses neveux et nièces à chacun 20 sols; à son cousin Pierre de Mare, 40 sols; à la fabrique de Monsieur Saint Jehan, 10 sols; à celle de Sainte Croix, 5 sols; à madame Marguerite Caille, élève de notre seigneur le Roi en cette ville de Lyon et veuve de Canyon de Villars, pour les biens qu'elle lui a faits et fait tous les jours, tous les biens qu'il a achetés en la paroisse de Vaux en Velin, en Dauphiné, et qu'il achètera à l'avenir, prés, terres, granges, maisons, bœufs, vaches, etc., à la charge de donner annuellement une ânée de froment a l'hôpital du pont du Rhône; lègue a Pierre, son neveu, fils aîné de Jehan de Serfavre, son frère toutes les pensions qui lui sont dues dans les paroisses de Cogny et de Ville-sur-Jargno, ses terres, maison et vigne du Four. Il institue héritier universel Pierre de Serfavre, son neveu, fils dudit Jehan de Serfavre, auquel il substitue successivement Pierron, frère dudit Pierre, Humbert de Serfavre, leur frère et Jacqueline de Serfavre. si elle n'est pas religieuse.

Le 1ᵉʳ février 1558, Pierre de Serfavre, prêtre, fut présent, en la maison noble de Serfavre à un accord entre Véronique Arod, femme de Philibert de Sagie, et Jehan Arod, son frère.

Il fut encore témoin, le 2 octobre 1559, d'une transaction passée, en l'auditoire royal de Villefranche, entre Pierre et Jehan Arod, frères.

2° Noble homme Jehan de Serfavre, qui suit.

III. — Noble homme JEHAN DE SERFAVRE, damoiseau, seigneur de Serfavre, marié avec noble Anthoinette de Vauzelles.

Girard de la Bruyère, docteur en l'un et l'autre droits. juge ordinaire dans les causes civiles de la terre et baronnie de Beaujeu. de toute sa supériorité et de ses ressorts pour illustrissime et puissante duchesse et dame notre dame la comtesse de Clermont et de la Marche, dame et baronne de Beaujeu, fait savoir que, le 17 octobre 1503, en présence de noble homme Pierre d'Estiegue, seigneur de Corcelles, noble homme Estienne de Saffavre (Serfavre), Anthoinette, sa femme, et messire Pierre, leur fils, prêtre, habitant de la paroisse de Cogny, diocèse de Lyon, considérant les services à eux rendus par noble homme Jehan de Saffavre, leur fils et frère, et en contemplation de son mariage futur avec noble Anthoinette, fille de feu noble homme Jehan de Vauzelles, seigneur dudit lieu, lui donnent, les premiers tous leurs biens et le dernier le tiers de ses biens, meubles et immeubles, dont ils se réservent l'usufruit.

Jehan de Serfavre, damoiseau, seigneur dudit lieu possédait, en 1523, à Cogny, des fonds qui devaient des cens et servis au chapitre de l'église collégiale de la bienheureuse Marie de Beaujeu.

Jehan de Serfavre eut d'Anthoinette de Vauzelles :

1° Estienne de Serfavre.

Il eut un legs de 20 sols, par le testament de son oncle Pierre de Serfavre, du 30 septembre 1527,

2° Pierron de Serfavre.

Son oncle Pierre de Serfavre lui légua 20 sols, par son testament du 30 septembre 1527, et le substitua, comme héritier universel, à son frère Pierre de Serfavre.

3° Humbert de Serfavre.

Il eut un legs de 20 sols, par le testament du 30 septembre 1527, de son oncle Pierre de Serfavre, qui le substitua, comme héritier universel, à ses frères Pierre et Pierron de Serfavre,

4° Philiberte de Serfavre, religieuse.

Son oncle Pierre de Serfavre lui légua 20 sols, par son testament du 30 septembre 1527.

5° Noble damoiselle Jacqueline de Serfavre, femme de noble Jacques de Mury, *aliàs* de Méry, ou de Myry, seigneur dudit lieu, en Bourbonnais.

Par son testament du 30 septembre 1527, son oncle Pierre de Serfavre lui légua 20 sols, et la substitua comme son héritière universelle à ses frères Pierre, Pierron et Humbert.

Jacques de Méry et Jacqueline de Serfavre, sa femme, étant à Vauzelles, vendirent, le 10 novembre 1555, à Pierre de Vauzelles et à Marguerite de Montregnard, sa femme, des biens appelés de Champeaulx, assis en la paroisse de Cogny,

Jacqueline de Sauffavre (Serfavre), relicte (veuve) de défunt

Jacques de Myry, seigneur dudit lieu, de la paroisse d'Etrossat, en Bourbonnais, étant à Vauzelles, le 11 août 1566, confesse avoir reçu de Pierre de Vauzelles la somme de 1,700 livres tournois, pour la cession qu'elle lui a faite de la seigneurie, maisons et biens de Sauffavre et de ses dépendances.

6º Noble Pierre de Serfavre, écuyer, seigneur de Serfavre, archier de la compagnie du comte de Montrevel de 40 hommes d'armes des ordonnances du Roi.

Par son testament du 30 septembre 1527, son oncle Pierre de Serfavre lui lègue toutes les pensions qui lui sont dues dans les paroisses de Cogny et Ville-sur-Jargno et ses terres, maison et vigne du Four ; il l'institue son héritier universel.

Pierre de Serfavre devait à honorable personne Léonard Godard, huissier et sergent à cheval du Roi en son chastelet à Paris, la somme de 100 livres tournois, qu'il avait assignée sur la moitié d'un pré situé en la paroisse de Cogny, jouxte la rivière de Nizeran ; par acte passé, le 18 décembre 1534, en la maison d'honorable homme Jehan Gaspard, bourgeois et marchand de Villefranche, ledit Godard cède ladite somme audit Gaspard, qui cède cette moitié de pré audit Pierre de Serfavre.

Le 17 mai 1537, Pierre de Serfavre fut témoin, au chastel de Montregnard, de la cession faite par Joachim de Montregnard à Marguerite de Montregnard, sa sœur, femme de Pierre de Vauzelles, des revenus de sa seigneurie de Vaulx, pour la payer de partie de sa dot.

Il reçut, en 1540, un congé dont voici le texte : « Nous Claude de Feugières, chevalier, vicomte et baron d'Yoing, seigneur dudit lieu, de Theysé, de Chambost et de Saint-Maurice en Trièves, lieutenant en chiefz de quarante hommes d'armes des ordonnances du Roy notre sire soubz la charge de M. le comte de Montrevel, chevalier de l'ordre et lieutenant général pour ledit seigneur en ses pays de Bresse, de Byougey, et Vérommeys, certiffions à tous à qui appertiendra avoyr donné congé à Pierre de Cerfavre, archier de ladite compagnie pour troys moys pour s'en aller avec ses chevaulx, pourveu toutefoys qu'il ne nous fut mandé aller au service du Roy, auquel cas advenant n'entendons ledit congé valoir, en sorte que ce fait lorsqu'il viendra à sa notice qu'il se ayt à retirer là part où sera ladite compagnie, sans toutes foys, en allant et venant, aucunement tenir les champs. Et pourquoy prions tous prévostz et marcschaulx et aultres officiers qu'il appertiendra ne luy donner aulcun destourbier ny empeschement, en allant et venant, ains tout ayde et confors, se mestier en a et requis en sont. Donné au Pont d'Ain l'an 1540. »

Pierre de Serfavre mourut avant le 10 novembre 1555 ; il possédait dans la paroisse de Cogny des biens appelés de Champeaulx, consistant en pré, bois, vigne, maison, grange, terres et garenne.

CHAPITRE XIII

De Rancé. — De Glétains. — De Chavanes.

I. — Phelippes de RANCÉ, maître des comptes de la Chambre du duc de Bourbonnais et son trésorier en Beaujolais.

Le 18 janvier 1420, le duc Jehan de Bourbonnais et d'Auvergne lui donna des lettres patentes de maître des comptes de sa chambre et de trésorier en son pays de Beaujolais.

Phelippes de Rancé fut père de :

II. — Noble Jehan de RANCÉ, damoiseau, seigneur de Glétains, trésorier du duc de Bourbonnais en Beaujolais, marié a damoiselle Isabeau de Chevriers.

Le duc Charles de Bourbon et d'Auvergne, étant a Lyon, le 27 mars 1438 avant Pâques, donna à Jehan de Rancé des lettres patentes, par lesquelles il le pourvut de l'état de trésorier en son pays de Beaujolais, vacant par le décès de Phelippes de Rancé, son père.

Le 1er juin 1454, noble Charles de Libellin le jeune passa une vente à Jehan de Rancé.

Par lettres patentes données à Orléans, le 20 novembre 1466, le duc Jehan de Bourbonnais, comte de Clermont et de Forez, seigneur de Beaujeu et chambrier de France, fit don à Jehan de Rancé de la maison forte de Glétains, en son pays de Dombes, auparavant vendue par maître Michiel de Rancé, licencié ès lois à frère Guillaume de Varax, religieux.

Jehan de Rancé fit foi et hommage, à Moulins, le 13 novembre 1467, à Jehan, duc de Bourbon.

Le même duc donna des lettres patentes, le 2 septembre 1471, au profit de Jehan de Rancé, sieur de Glétains, concernant les hommes et sujets de sa terre et place de Glétains, pour aller à la garde à Trévoux, ni à Beauregard, mais à Glétains.

Le dernier février 1481. le duc Jehan de Bourbon donna, en son château de Moulins, des lettres à Jehan de Glétains, écuyer, concernant sa seigneurie de Glétains, au pays de Dombes.

Isabeau de Chevriers passa à Beauregard, le 17 mars 1482, un accord avec Pierre Sève, de Jassans.

En 1482, un terrier fut fait au profit de la seigneurie de Glétains, en faveur de damoiselle Ysabeau de Chevriers, relaissée (veuve) de Jehan de Rancé et de Phelippes de Rancé, damoiseau, leur fils héritier universel ; il s'étendait sur Jassans.

Isabeau de Chevriers testa le 3 avril 1483.

De son mariage avec Jehan de Rancé naquirent :

1º Noble Phelippes de Rancé, damoiseau.

Un terrier concernant la seigneurie de Glétains et s'étendant sur Jassans fut fait, en 1482, en faveur de sa mère et de lui.

Le 8 mars 1487, Phelippes et Jehan de Rancé. frères firent un accord avec Anthoine Cinier, de Jassans.

2º Noble Jehan de Rancé, qui suit.

III. — Noble messire JEHAN DE RANCÉ, écuyer, seigneur de Glétains, marié avec damoiselle Catherine Le Charron.

Jehan de Rancé et son frère Phelippes firent un accord, le 8 mai 1487, avec Anthoine Cinier, de Jassans.

En 1491, il possédait un terrier sur Blacé.

Jehan de Rancé fit contrat de mariage, le 13 janvier 1505, avec Catherine Le Charron, leurs lettres de mariage furent écrites en lettres d'or azuré.

Par son testament du 19 mai 1513, messire Claude Le Charron, lieutenant-général en la sénéchaussée de Lyon, légua à Jehan de Rancé de Glétains de quoi acheter une robe de deuil.

Le duc Jehan de Bourbon donna, le 18 janvier 1520, une commission exécutoire émanée de son Conseil, au profit de Jehan de Rancé, seigneur de Glétains contre Hugues de la Palu, chevalier, comte de Varax et maréchal de Savoie.

Jehan de Rancé testa au château de Glétains, le 30 mai 1533, au profit de nobles jouvenceaux Phelippes et Estienne de Rancé, ses fils.

Jehan de Rancé eut de Catherine Le Charron :

1º Noble Phelippes de Rancé, qui suit.

2º Noble Estienne de Rancé, auteur d'une branche que l'on trouvera plus loin.

IV. — Noble Phelippes de RANCÉ, écuyer. seigneur de Glétains, marié à damoiselle Jehanne Armand.

Comme on l'a vu ci-dessus, son père testa, le 30 mai 1533, en sa faveur et en celle de son frère Estienne.

Le 18 février 1539, la Chambre du Conseil de Dombes pour le Roi donna un exécutoire au profit de Phelippes de Rancé et de Jehanne Armand, sa femme.

Phelippes de Rancé de Glétains fit une transaction, le 10 septembre 1560, avec damoiselle Charlotte de Lugny, dame de Juifz.

Phelippes de Rancé fit, le 7 mai 1575, un testament par lequel il institua héritier universel son fils Phelibert; ce testament fut enregistré au bailliage de Dombes, le 19 mars 1583.

Phelippes de Rancé eut de son mariage avec Jehanne Armand :

1° Noble Phelibert de Rancé qui suit.

2° Maître noble, vénérable et égrège personne messire Alexandre de Rancé de Glétains, seigneur de Rancé-sur-Genay, du Plantein, etc., clerc de la chapelle d'Henry, roi de Pologne, duc d'Anjou, aumônier du Roi, premier chanoine et secrétain en l'église collégiale de Saint-Paul, chanoine de Saint-Just de Lyon.

Il reçut, le 12 septembre 1573, des lettres de clerc de la chapelle d'Henry, roi de Pologne, duc d'Anjou, dont voici la teneur : « De par le Roy de Pollongne, fils et frère de Roy de France, grand duc de Lituanie, duc d'Anjou, de Bourbonnois et d'Auvergne, comte de Forestz, Quercy, Rouergue, la Marche et Montfort L'Amaury, à nostre amé et féal conseiller et grand aumonnier l'évêque de Saint-Flour, maistres ordinaires de nostre hostel, maistre et contrerolleur de nostre Chambre aux deniers et vous commis au payement de nos officiers domestiques, salut, sçavoir vous faisons que nous à plain confians des sens, suffisance, loyaulté, intégrité, preudhommie et expérience de nostre cher et bien amé maistre Alexandre de Glétains, Iceluy pour ces causes et autres à ce nous mouvans, avons aujourd'huy retenu et retenons clerc de chapelle en nostre oratoire que naguères souloit tenir et exercer Jehan Lorencin, résignataire de maistre François Laurencin, son frère, dernier paisible possesseur dudit Estat vaccant à présent par la pure et simple résignation qu'il en a aujourd'huy faite en noz mains par son procureur spécialement fondé de lettres de procuration quand à ce cy attachées soubz nostre cachet, Pour doresnavant nous y servir ordinairement par ledit de Glétains aux honneurs, auctoritez, prérogatives, prééminences. franchises, libertez, droits, livraisons, hostelages et gages y appartenans tels et semblables que les ont les autres clercs de notre chappelle. Tant qu'il nous plaira, si vous mandons et à chacun de vous en droit soy et si comme a luy appartiendra que d'iceluy de Glétains prins et receu le serment en tel cas requis et accoustumé, vous ceste nostre présente retenue enregistrez ou faites enregistrer ès registres, papiers et escriptz de nostre chambre aux deniers avec celles de nos autres officiers de semblable Estat et retenue, et d'icelle ensemble des honneurs, autoritez, prérogatives, prééminences, franchises, libertez, livraisons, hostelages, gages et droitz dessus dits, le faictes, souffrez et laissez joyr et user plainement et paisiblement. Et à luy obéyr et entendre de tous ceux et ainsi qu'il appartiendra ès choses touchans et concernans ledit Estat et retenue. En lui comptant et payant par vous commis au paiement de nosdits officiers domestiques les gages et droits audit Estat appartenans, et tout ainsi que les a euz cy-devant ledit Laurencin, doresnavant par chacun an, selon et ensuyvant l'estat général de nostre maison qui en sera faict et arresté aux termes et en la manière accoutumez. Car tel est nostre plaisir. Donné à Paris le XIIe jour de septembre l'an de grâce mil V^e soixante treize. Henry. » Le 18 septembre 1573, ledit Alexandre de Glétains prêta le serment en tel cas requis et accoustumé ès mains de Pierre de la Baume, conseiller et grand aumônier du Roi de Pologne et évêque de Saint-Flour.

Alexandre de Glétains ne paraît pas compter au nombre des chanoines-comtes de Lyon : cependant, il avait reçu du Roi, le 30 septembre 1574, un brevet pour un canonicat en l'église Saint-Jean de Lyon, qui était ainsi conçu : « Aujourd'huy, dernier jour de septembre 1574, le Roy estant à Lyon, ayant égard aux bons et agréables services que Messire Alexandre de Glétains, clerc ordinaire de son oratoire a faits à sa majesté, même en son voyage et retour de Poulongne, fait et continue encore chacun jour, et afin qu'il ait moyen de continuer à l'advenir de bien en mieulx, luy a accordé et octroyé la première chanoinye et prébende qui viendra cy après à vacquer, en l'église archiépiscopale de Saint-Jehan de Lyon, a sa dite Majesté affectée à cause de son advènement à la couronne, et dont ont accoustumé estre gratifiés par chacuns des archevesques, évesques, chanoines et chapittres de ce royaume Les feuz roys, ses prédécesseurs en semblable cas et aux joyeuses entrées des villes de son royaume; pays, terres et seigneuries de son obéissance, m'ayant sa dite Majesté commandé en expédier au dit de Glétains les lettres et dépêches pour ce requises et nécessaires, et cependant pour seureté de ce le présent brevet. »

Le 4 avril 1582, Alexandre de Glétains reçut les lettres suivantes d'aumônier du Roy : « De par le Roy, grand aulmonier de France, maistres ordinaires de nostre hostel, et vous maistre et controleur de nostre chambre aux deniers, salut, sçavoir vous faisons que nous ayans esgard aux bons services que notre cher et bien aimé Maistre Alexandre de Glétains nous a faict depuis dix ans en ça, en son estat ecclésiastique en nostre chapelle d'oratoire, mesme en nostre voyage de Pologne, ainsi qu'il a tousiours depuis continué, désirans aulcunement les recognoistre et en cette considération l'aprocher de nostre personne et l'honorer d'estat et qualité convenable, Icelluy, pour ces causes, à plain confians de ses sens, suffisance, probité, bonne vie, doctrine, expérience et diligence, avons retenu et retenons en l'estat et place de l'ung de nos aulmosniers ordinaires pour doresnavant nous y servir ordinairement, et en joyr et user par le dit de Glétains aux honneurs et auctoritez, prérogatives, prééminences, privilèges, franchises, libertés, droits, proffictz et esmolumens accoustumez, et qui y appartiennent, tant qu'il nous plaira... Donné à Paris soubz le scel de nostre secret le IIIIe jour d'avril, l'an mil cinq cens quatre vingts et deux. Par le Roy: de Neufville »

Noble Alexandre de Glétains, chanoine en l'église collégiale de Saint-Paul de Lyon acheta, par acte passé, le 13 février 1591, à Lyon, dans sa maison d'habitation et canonialle, sise au cloître de l'église de Saint-Paul, près le port Saint-Paul, de François Dumas, laboureur de Lozanne d'Azergues, une terre sise au territoire de Villars, paroisse de Lozanne, jouxte le rieu appelé la goutte de Vaure de matin.

Alexandre de Glétains était tuteur et légitime administrateur de sa nièce Crestienne de Glétains, qui, de l'autorité de son dit oncle, fit contrat de mariage, le 3 novembre 1592, avec Jehan-Jacques Arod, seigneur de Montmelas,

Le 5 février 1595, Alexandre de Glétains était prébendier de la chapelle et prébende ou commission de messes fondée en l'église de Saint-Paul de Lyon, sous le vocable et à l'autel de Notre-Dame de Grâce ; en cette qualité il possédait à Lozanne une maison appelée de Mary et des cens et servis sur le vignoble de Sézérieu, situé en cette paroisse.

Noble et vénérable personne messire Alexandre de Rancé, seigneur de Glétains, étant à Lyon, au logis où pend pour enseigne les Trois Roys, remontre le 17 juin 1595, en présence d'honorable homme Anthoine Provenchières, hôte au dit logis et Françoys de la Cour sommellier du dit logis, à noble Pierre de Rodeul, seigneur de Saint-Pollet, lieutenant de la compagnie d'hommes d'armes de M. le chevalier de Montmorency, qu'il y a 8 jours, quelques gendarmes de sa compagnie furent en la paroisse de Lozanne d'Azergues, où ils prirent et emmenèrent 4 bœufs et 2 vaches appartenant à Gaspard d'André, bapteur d'or, habitant de Lyon, à cause de quelques contributions que les dits gendarmes prétendent leur être dues par les cosses, manans et habitans de la dite paroisse, ce qu'ils ne devaient faire, n'étant les dits sieurs de Glétains et d'André aucunement tenus aux dites contributions, mais ils devaient s'adresser aux dits habitans et à leur bétail. Le dit sieur de Glétains requiert le dit sieur de Saint-Pollet de faire rendre le bétail que les dits gendarmes détiennent en leur garnison ; celui-ci répond que les dits cosses, manans et habitans de la dite paroisse doivent, pour reste de contributions assignées par MM. les élus en l'élection de Lyonnais, la somme de 99 écus, et qu'il fera vendre le dit bétail, pour en tirer la dite somme. Pour empêcher la dite vente, le dit sieur de Glétains paye cette somme au dit sieur de Saint-Pollet qui lui cède son action et recours sur les dits cosses, manans et habitans de Lozanne et restitue le dit bétail,

A cause des biens délaissés par le décès de Benoist, fils de feu André Ferlat, dit Recagnon, situés en la paroisse de Lozanne et à Chazay-d'Azergues et d'un moulin appelé de Recagnon, situé audit Lozanne, feu noble maître Hugues Athiaud avait intenté plusieurs instances à l'encontre d'Alexandre de Glétains, en l'an 1592. Le 7 mars 1596, celui-ci fait une transaction, à ce sujet, avec damoiselle Marie Athiaud, nièce et héritière universelle dudit feu sieur Athiaud et femme de noble Pierre de Boyssat, conseiller du Roi, vi-baillif de Vienne, dans la maison forte desdits mariés de Boyssat, appelée Gaige ; les susdits biens sont partagés entre les parties.

Le 21 septembre 1596, Barbe de Signolles et Jehan-Jacques Arod, son fils, seigneur de Montmelas et d'Ars en Bresil, à cause dudit Ars patrons et collateurs des chapelles ou commissions de messes fondées par les feuz seigneurs dudit lieu, l'une en l'église cathédrale de Saint-Jehan de Lyon, à l'autel et sous le vocable de Saint-Anthoyne et Saint-Yves, l'autre en l'église parrochialle de Limonès, en la chapelle des seigneurs dudit Ars, étant dûment certiorés et informés de la bonne vie, mœurs, honnête conversation, religion catholique et suffisance de noble et égrège personne Alexandre de Glétains. chanoine et secrétain en l'église collégiale Saint-Paul de Lyon, le pourvoient de ladite chapelle ou commission de messes fondée en ladite église de Lymonès et chapelle dudit Ars, vacante par le décès de maître Jehan Boin, pour n'y avoir aucun recteur qui fasse le service, espérant que, par sa diligence, le service divin y sera continué en la décharge de leur conscience et selon l'intention du fondateur d'icelle.

Alexandre de Glétains, agissant comme procureur de Barbe de Signolles, veuve de Jehan Arod, fut présent à une transaction passée, le 7 mai 1597, à Lyon, en la maison et domicile dudit seigneur de Glétains, entre ladite de Signolles, et le seigneur de Monthénard et Laurence de Monthénard, sa sœur, veuve de Gaspard de Baronnat.

Le 17 octobre 1600, Christine et Anthoinette de Glétains, filles de défunts Philibert de Glétains et Anthoinette Gaspard, femmes de Jean-Jacques Arod et Anthoine de Varennes partagèrent à Villefranche les biens venant des hoiries de leurs père et mère, avec l'avis et conseil d'Alexandre de Glétains, leur oncle.

Alexandre de Glétains fit, vers 1600, au nom de ses nièces Christine et Anthoinette de Glétains, un échange avec Anthoine de la Porte, seigneur de Saint-Bernard.

Le 30 janvier 1602, la cour du parlement de Dombes rendit un arrêt concernant le compte rendu par Alexandre de Glétains à ses nièces Christienne et Anthoinette de Glétains, dont il avait été tuteur.

Il fit à Lyon, le 16 juin 1602, dans sa maison canonicale, une transaction avec celles-ci, par rapport au compte de leur tutelle, par laquelle il leur paya la somme de 2,600 écus.

On fit, en 1603, l'inventaire des contrats remis par Alexandre de Glétains à M. de Varennes de Rapetour, venant de l'hoirie et tutelle de la maison de Glétains.

Depuis longtemps les habitants de la paroisse de Lozanne étaient en voie d'intenter procès a Guillaume et Michel Reimbourg, père et fils, laboureurs dudit Lozanne, qui depuis 27 ou 28 ans, de leur autorité, sans droit ni raison, s'étaient emparés d'une vigne sise audit Lozanne, territoire des Combes, jouxte le sentier tendant de la Combe de Bizignieu en Seysérieu de soir, appartenant de tout temps à la communauté, confrairie et charité du corps de Dieu, les fruits et vin qui en provenaient étant employés à l'aumône et charité qui se faisait tous les ans aux pauvres dudit Lozanne, le jour et fête du précieux corps de Dieu, sortant de la procession accoutumée faire. Lesdits habitants n'avaient pu intenter plus tôt ce procès, à cause des troubles et grandes charges qui étaient survenues sur ladite paroisse et le discord qui avait été entre eux, tellement que la plus grande partie desdits habitants avaient absenté le lieu, pour n'y pouvoir résider, à cause des grands subsides. Maintenant que partie des habitants sont revenus audit lieu, ils ont pris la résolution de remettre le droit que ladite communauté a sur ladite vigne a quelque personne particulière pour faire les poursuites pour le recouvrement de ladite vigne et prinse de fruits, afin que ladite aumône soit ci-après continuée.

Le dimanche, 7 février 1608, à Lozanne, au-devant de la porte de l'église, à l'issue de la messe parrochialle, plusieurs habitants et manants de ladite paroisse, faisant la plus grande partie d'iceulx, vendent à Alexandre de Glétains, chanoine de Saint-Paul de Lyon, tous les droits desdits habitants sur ladite vigne, à la charge d'une pension annuelle et perpétuelle d'un barrail de vin clairet, bon vin, pur, net et recevable, payable le jour et fête du corps de Dieu, après la procession, au-devant la porte de l'église.

Le 21 octobre 1613, Alexandre de Glétains, étant à Lozanne, fit un échange de fonds situés en ladite paroisse avec damoiselle Léonarde Orlandin, femme d'honorable homme Françoys de Savoye, bourgeois de Lyon.

Noble et vénérable messire Alexandre de Glétains, dit de Rancé, premier chanoine en l'église collégiale Saint-Paul de Lyon, avait testé le 22 décembre 1614 : il fit un codicille, le 30 janvier 1615, à Lyon, dans sa maison d'habitation, sise au quartier du Griffon, paroisse Saint-Pierre-les-Nonains, en présence de messire Jehan d'Assier, prêtre, curé de Lymonnès ; il lègue, par charité et piété, à maître Estienne de Glétains, poursuivant ses études à Paris et à noble Alexandre de Glétains, seigneur de Ronzières, ses donnés, à chacun, une pension annuelle de 300 livres tournois.

Le 7 janvier 1616, Alexandre de Glétains possédait à Lozanne, des maisons, granges, partie du moulin Arcanon, etc.

On fit, le 6 juin 1616, l'inventaire des titres, contrats et documents qu'Alexandre de Glétains remit à Anthoinette de Glétains, sa nièce, concernant la seigneurie de Glétains, qu'il avait recouvrés depuis la reddition du compte de la tutelle de ses nièces de Glétains.

Alexandre de Glétains testa le 28 septembre 1617, à Lyon, dans sa maison, sise au quartier du Griffon, paroisse Saint-Pierre-les-Nonains, en présence de messires dom Claude de

Munan, seigneur de Lasse, en Bourgogne, citoyen de Lyon, et Etienne Le Court, prêtre à Lyon. Il élit sa sépulture dans la chapelle Notre-Dame-de-Grâce de Saint-Paul de Lyon, s'il meurt dans cette paroisse ; s'il décède dans la paroisse de Saint-Pierre-les Nonains de Lyon, dans cette église ; si c'est dans la paroisse de Lozanne, dans sa chapelle de cette église ; lègue 5 livres à chacun des hôpitaux du Pont du Rhône et Aumône générale ; demande des messes comme dans un testament qu'il fera le 10 janvier 1619 ; lègue à damoiselle Cristine de Glétains, sa nièce, femme de noble Jehan-Jacques Arod, seigneur de Montmelas ses maisons et grangeages situés en la paroisse de Lozanne, au mas de Recagnon, consistant en maisons hautes, moyennes et basses, cour close, colombier, loge, verger, jardin, pré et autres maisons hors dudit clos servant de grangeage, avec la moitié du jardin y joignant et autres prés, terres, vignes, champéages, verney, depuis le grand chemin tendant de Lyon passant par le lieu et planches dudit Lozanne à Charnay de matin et presque vent, sans y comprendre ses biens étant de soir dudit chemin ; il lui substitue, pour lesdits biens, Jacques Arod, son fils le plus jeune, auquel il substitue, si celui-ci meurt avant l'âge de 25 ans, noble Guillaume Arod, son frère antérieur et ses autres frères en rétrograde jusqu'à l'aîné ; il lègue à damoiselle Anthoinette de Glétains, sa nièce, veuve de noble Anthoine de Varennes, seigneur de Rapetour, sa maison appelée de Glétains, avec les granges, grangeages et autres dépendances et un autre domaine et grangeage appelé de Pisseloup, le tout situé en la paroisse du Plantey, au pays de Bresse, consistant en maisons, grangeages, jardins, vergers, prés, terres, étangs, bois, champéages, etc., sans y comprendre les deux étangs du Bouchet et du Ripon, situés dans la paroisse de la Pérouse, qu'il donne à son héritier universel ; il lui substitue pour lesdits biens, noble Jehan de Varennes, son dernier fils, auquel il substitue, s'il meurt avant l'âge de 25 ans, noble Jacques de Varennes, son autre fils.

Il lègue à dame Anthoinette de Rossillon, dite de Beauretour, sa cousine, religieuse dans l'abbaye d'Alix, 10 livres d'annuelle pension, sa vie durant, payables par ladite dame Cristine ; à damoiselle de Fouldras, pour le bon et loyal ménage qu'elle a fait en sa maison la somme de 10 livres tournois d'annuelle pension, sa vie durant, qui lui sera payée par ladite Anthoinette de Glétains ou les siens ; donne à Alexandre Paule, fils de Jehan Paule, de Genay, en Franc-Lyonnais, son filleul 50 livres, pour les agréables services qu'il a reçus de lui et de son père ; à dame de Chavanes, dite La Versonnière, religieuse au couvent d'Allis (Alix) une pension annuelle et viagère de 12 livres tournois. Il institue héritier universel noble et vénérable messire Pierre Maillet, docteur ès droits, seigneur et prieur de Saint-Romain-en-Gères (Jarez), custode de Sainte-Croix de Lyon, lieutenant-général des officialités ordinaires métropolitaines de l'archevêque de Lyon, l'un des syndics généraux du clergé de France en la chambre établie à Lyon par Sa Majesté.

Le 1er janvier 1618, Alexandre de Glétains assista dans le cloître du couvent d'Alix à la réception dans ce prieuré de damoiselle Catherine de Chavanes, dite de Glettain, qui est qualifiée de sa petite-nièce, et il lui donne une pension annuelle et viagère de 12 livres tournois, imposée spécialement sur son domaine appelé mas de Recagnon, situé en la paroisse de Lozanne.

Alexandre de Glétains, seigneur dudit lieu au marquisat de Villars, était en procès, vers 1618, avec la famille Rillieu, à cause de cens, servis et autres droits seigneuriaux qu'il avait acquis dans la paroisse de Lozanne de noble Jehan de Foudras, seigneur du Pin.

Alexandre de Glétains, dit de Rancé, fit un nouveau testament à Lyon, le 10 janvier 1619, dans la maison du notaire royal du Fournel, en rue de la Brêche Saint-Jehan. Il élit sa sépulture dans la paroisse où il décédera, et si c'est dans la paroisse de Saint-Paul, dans la chapelle de Notre-Dame de Grâce ; si c'est dans celle de Saint-Pierre-les-Nonains, dans ladite église de Saint-

Pierre ; si c'est dans la paroisse de Lozanne, dans sa chapelle. Il demande le moins de pompes funèbres que faire se pourra, ordonne que son corps soit cousu dans un linceul et après mis dans une châsse ou coffre de bois clos et fermé, défendant de le porter en sépulture à découvert. Le jour de son enterrement, s'il décède rière ladite paroisse de Saint-Paul, on baillera à chacun chanoine, prêtre perpétuel et habitué, clerc ou clerjon de ladite église et à 12 de ses parents et amis assistant a son enterrement un cierge de cire blanche, du poids chacun de demi-livre qu'ils porteront ardents et offriront, défendant y être portées aucunes torches et armoiries. Il lègue à l'Hôtel-Dieu du Pont du Rhône et à l'Aumône Générale de Lyon, à chacun 5 livres tournois ; veut qu'on célèbre tous les ans, à perpétuité, 3 messes à diacre et sous-diacre dans l'église Saint-Paul de Lyon, l'une le jour de la conversion de Saint-Paul, la deuxième le jour Saint-Alexandre, 24 avril, et la troisième la veille de l'Assomption, pour le service desquelles il donne une pension annuelle et viagère de 18 livres tournois, sous le sol principal de 300 livres, laquelle sera prise sur les revenus et gros fruits qui se trouveront lui être dus lors de son décès par le courrier et receveur de ladite église ; lègue à noble et vénérable messire Pierre Maillet, docteur ès droits, seigneur et prieur de Saint-Romain-en-Jarestz, custode de Sainte-Croix dudit Lyon, pour la bonne amitié qu'il lui a portée, tous ses biens situés à Lozanne d'Azergues, pays de Lyonnais, à prendre depuis le chemin tendant des Planches d'Azergues à Charney en dessus ledit chemin, demeurant des cotés de matin et bise, consistant en maisons, cours, tenallier, celliers, granges, étables, cheneviers, vergers, prés, vignes, terres et bois, et encore son autre bois qu'il a au-delà de la rivière d'Azergues, au territoire des bois du Fourt, plus la rente noble due audit lieu et paroisse de Lozanne. Il lègue au prébendier de sa chapelle fondée en l'église paroissiale dudit Lozanne, sous le vocable de la Fête-Dieu, une pension annuelle, perpétuelle et foncière de 6 livres tournois, payable tous les ans, à chacun jour lendemain de l'octave du corps de Dieu par ledit sieur Maillet et imposée sur les fonds ci-dessus légués à celui-ci, à la charge que ledit prébendier de ladite chapelle sera tenu de dire annuellement et à perpétuité vêpres la veille et le jour de la Fête-Dieu, et le jour de l'octave, et pendant ladite octave dire chacun jour une messe, et ledit jour de l'octave faire la procession et porter le Saint Sacrement autour de l'église dudit Lozanne ; la collation et institution de ladite chapelle sera unie et incorporée à ses biens susdonnés audit sieur Maillet. Il lègue à M. maître Jehan de Pomey, docteur ès droits, avocat ès cours de Lyon, en considération et récompense des bons offices, conseils et assistances qu'il a reçus de lui en plusieurs et diverses affaires la somme de 600 livres, et il lui substitue, pour ladite somme, Jacques de Pomey, son fils, filleul de feu noble Jacques de Genoilly, seigneur de Pollionnay, cousin du testateur ; lègue à Alexandre Paulle, son filleul, fils de Jehan Paulle, de Genay, en Franc-Lyonnais, 50 livres tournois, en reconnaissance de ses agréables services ; lègue à Monseigneur le révérendissime archevêque de Lyon, son prélat, la somme de 5 sols tournois. Il veut que la pension viagère cidevant par lui constituée à dame   de Chavanes, dite de la Valsonnière, religieuse au couvent d'Alix, ou pour elle à dame de Foudras, prieure dudit monastère, qui est de la somme de 12 livres soit annuellement payée par celle de ses héritères ciaprès nommée qui aura en partage ses biens situés audit Lozanne, et que la pension de 10 livres par lui constituée à dame Anthoinette de Beauretour, religieuse audit Alix soit payée annuellement par celle de ses héritères qui aura en partage ses biens situés en la paroisse du Plantey, au pays de Bresse. Il institue héritières universelles damoiselle Christine de Glétains, sa nièce, femme de noble Jehan-Jacques Arod, seigneur de Montmelas et damoiselle Anthoinette de Glétains, son autre nièce, veuve de noble Anthoine de Varennes, seigneur de Rapetour, à la charge par ladite Christine de disposer desdits biens au profit du plus jeune de ses fils et dudit Jehan-Jacques Arod, et par ladite Anthoinette, au profit de noble Jehan de Varennes, son dernier fils.

Le 20 janvier 1619, dénombrement fut fait des biens d'Alexandre de Glétains situés en la paroisse de Lozanne et en la justice de Chazey d'Azergues, dépendant de l'abbé d'Esnay : le masaige et tènement des Recagnons, des Ferlatz et Denys, consistant en la grande maison haute, moyenne et basse, comprenant 5 chambres, 3 greniers, 3 celliers, 2 étables, une grande loge, un bon colombier et une grange à foin, avec sa cour, le tout bien clos de murailles, avec son jardin, le tout bâti a neuf, une grosse fontaine, fluante au long de ladite maison ; un grand bâtiment de grangeage consistant en 2 maisons chauffures, 6 chambres, 6 étables, un cellier, le four à cuire le pain et grange a foin pour en tenir 40 charges, avec sa cour, le tout clos de murailles, et le jardin d'une bicherée joignant ledit grangeage ; des prés, des terres, la moitié d'un moulin, la place d'un baptoir, une belle conche et un rabat de pierre, avec la place de son écluse, biefs pour prendre l'eau tant en la rivière d'Azergues qu'en la grosse fontaine appelée la Grand Font, un chenevier, des bois taillis, des vignes, etc. Alexandre de Glétains entend que les susdits biens reviennent, à son décès, à Christine de Glétains, sa nièce, femme du sieur de Montmellas, et le reste de ses biens de Lozanne au sieur Maillet.

Le 18 janvier 1620, par devant François Véron, notaire tabellion royal, garde note héréditaire à Lyon, Imbert Rivoire, laboureur de la paroisse de Lozanne, en Lyonnais, vend à Alexandre de Glétains, premier chanoine en l'église collégiale Saint-Paul de Lyon une rente annuelle, perpétuelle et foncière de 6 livres, 6 sols, 8 deniers, au sort principal de 100 livres imposée spécialement sur une terre et vigne située en la paroisse de Lozanne, territoire de Boydon, jouxte le chemin ou rue Bajard de matin et bise, le chemin tendant des maisons et mazage dudit acheteur à Saint-Jehan des Vignes de soir, la terre du sieur de Gaige de bise, et sur un chenevier sis à Lozanne, territoire des Verchières, jouxte le chemin tendant de la rivière d'Azergues à Charnay de matin et bise, laquelle pension ledit sieur de Glétains veut être payée annuellement et perpétuellement au prébendier de la chapelle qu'il a en l'église dudit Lozanne, lequel sera tenu de dire annuellement, a perpétuité, le jour du corps de Dieu, vêpres en la chapelle dudit sieur et y apporter le Saint Sacrement sur son autel, et tous les jours de l'octave du corps de Dieu y célébrer ou faire célébrer une messe, et le jour de l'octave y célébrer une grand' messe, à la fin de laquelle on fera une procession autour de l'église, à laquelle se portera le Saint Sacrement et se dira un *De profundis* et *Miserere* sur son tombeau et l'oraison : *Da nobis*. Cet acte fut passé à Lyon, maison dudit sieur de Glétains, sise au quartier du Griffon, en présence de messire Nicolas Michaud, prêtre, curé de la paroisee de Saint-Pierre et Saint-Saturnin dudit Lyon.

Alexandre de Glétains, gisant au lit malade, fit un codicille à Lyon, le 10 novembre 1620, en présence de messire Pierre Michon, prêtre perpétuel en l'église Saint-Nizier, et de M. Pierre Millaud, procureur d'office de Montmelas. Il élit sa sépulture dans le chœur de l'église de Saint-Pierre-les-Nonains, proche le grand autel, où est enséputuré feu noble François de Valentienne, son neveu ; fonde en ladite église une messe basse tous les samedis, de l'office de Notre Dame, avec les oraisons et commémorations des trépassés, plus une grande messe en la même église, tous les ans, à l'anniversaire de son décès ; pour ladite fondation il crée une pension annuelle, perpétuelle et foncière de 30 livres, imposée sur une maison haute et basse des héritiers Cathon, sise a Lyon, rue de Bourgneuf, où est pour enseigne le Cygne. Le curé de Saint-Pierre et Saint-Saturnin sera tenu de bailler, chaque année, aux dames religieuses de Saint-Pierre-les-Nonains de Lyon la somme de 5 livres tournois, à la charge par lesdites dames de faire sonner les glats des cloches de ladite église, chanter la prose *Et exaudi* et prières accoutumées a la fin de la grand'messe sur la tombe dudit codicillant, Il donne à Louys Clerc, demeurant à son service, son honnête habit de carême, une froche, un frochon et sa grande robe de salle.

Alexandre de Glétains eut deux fils donnés :

a) Messire Estienne de Glétains, seigneur de Ronzières, prêtre, curé de Civrieux d'Azergues, de Lozanne et de Limonez.

Par un codicille du 30 janvier 1615, Alexandre de Glétains légua une pension annuelle de 300 livres tournois à maistre Estienne de Glétains, son donné, poursuivant ses études à Paris.

Le 25 juillet 1616, dans l'église de Lozanne, à l'issue de la messe paroissiale, messire Estienne de Glétains, curé de Civrieux d'Azergues et Lozanne, remontre aux paroissiens dudit Lozanne, parlant à Jehan Combet, dit Denys, luminier dudit Lozanne, et à Guillaume Reymbour, l'un des anciens paroissiens dudit lieu, qu'à l'intention de feu noble Alexandre de Glétains, sieur de Ronzières, son frère, et comme son héritier, ayant su qu'il avait, pour œuvres pies et dévotion, pris le royaume annuellement accoutumé être donné sous le nom de Sainte Marguerite, en souvenir de la dévotion de son dit frère et pour accomplir son vœu, il a offert la veille, un pavillon pour servir de poille le jour de la Fête-Dieu et durant l'octave, une chasuble, un parement d'autel pour les mortuaires, en 2 pièces, l'une pour mettre au-dessus de l'autel, l'autre au-devant, sur lequels pavillon et chasuble seront apposées les armoiries dudit défunt.

Noble Estienne de Glettain, sieur de Ronzières fut présent, le 1er janvier 1618, dans le cloître du couvent d'Alix à la réception audit prieuré de Catherine de Chavanes, dite de Glettain.

Le 23 décembre 1620, messire Estienne de Glétains, prêtre, prébendier des deux chapelles dépendant du seigneur d'Ars-en-Burzi, l'une fondée en l'église de Lyon, sous le vocable de Saint-Antoine et Saint-Yves et l'autre en l'église paroissiale de Limonez, en la chapelle dudit Ars, remet cette dernière entre les mains de son collateur ordinaire, étant à Lyon, dans la custoderie Sainte-Croix, en présence de messire Pierre Maillet, docteur ès droits, prieur et seigneur de Saint-Romain-en-Jaresтz, custode dudit Sainte-Croix et de maître Pierre Melan, procureur d'office de Montmelas.

Estienne de Glétains mourut curé de Lymonez avant le 28 mai 1642.

b) Noble Alexandre de Glétains, Seigneur de Ronzières, capitaine enseigne au régiment de M. de Chelin.

Par un codicille du 30 janvier, Alexandre de Glétains légua une pension annuelle de 300 livres tournois à noble Alexandre de Glétains, seigneur de Ronzières, son donné.

Noble Hugues de Castes, sieur d'Orin, homme d'armes de la compagnie de Monseigneur d'Halincourt, gouverneur de Lyonnais, Forez et Beaujolais, vendit, par acte passé à Lyon, le 7 janvier 1616, à noble Alexandre de Glétains, sieur de Ronzières, capitaine-enseigne au régiment de M. de Chelin, la 16e partie d'un moulin et petit verney et tout son droit sur ledit moulin Arcanon, sis en la paroisse de Lozanne, le tout indivis avec Alexandre de Glétains, premier chanoine en l'église Saint-Paul de Lyon, et sieur Lambert Mathillon, bourgeois de Lyon, jouxte le chemin de la maison ou grange dudit chanoine tendant audit moulin de matin, les pré et sauzey du même de vent, soir et bise, autre chemin tendant desdites maison ou grange dudit chanoine à la rivière d'Azergues de bise et soir.

Alexandre de Glétains, sieur de Ronzières, mourut avant le 25 juillet 1616.

V. — Noble PHILIBERT DE RANCÉ, dit de Glétains, écuyer, seigneur de Glétains, marié avec damoiselle Anthoinette Gaspard, *aliàs* de Pravins.

Tous deux furent assassinés, en 1586, dans leur château de Gletteins, à Jassans, Dombes, par un certain capitaine Tourbes, qui fut arrêté plus tard et condamné à mort. Claude Combas, châtelain de Seyssel, en Bresse, fut arrêté, sur le soupçon qu'il était un de ses complices, mais il se justifia et fut relâché.

Philibert de Rancé, dit de Glétains, eut d'Anthoinette Gaspard :

1° Damoiselle Christienne de Glétains, mariée à noble Jehan-Jacques Arod, seigneur de Montmelas ;

2d Damoiselle Anthoinette de Glétains, alliée à noble Anthoine de Varennes, seigneur de Rapetour.

IV *bis*. — Noble Estienne de RANCÉ, dit de Glétains.

Le 30 mai 1533, Jehan de Rancé, son père, le nomma par son testament un de ses héritiers universels.

Il fut probablement père de :

1° Noble Jacques de Glétains, écuyer, seigneur de Chavanes.

Il fut présent, le 3 novembre 1592, au château de Montmelas, au contrat de mariage de Jehan-Jacques Arod avec Crestienne de Glétains.

Le 4 janvier 1599, il fut déchargé de la taille par MM. les commissaires du Roi.

2° Noble Estienne de Rancé, dit de Glétains et de Chavanes, seigneur de la Valsonnière ou la Versonnière et de la Brosse, marié avec damoiselle Marguerite de Vallensienne.

Il assista, le 3 novembre 1592, au château de Montmelas, au contrat de mariage de Jehan-Jacques Arod avec Crestienne de Glétains.

Il fut déchargé, le 4 janvier 1599, de la taille par MM. les commissaires du Roi.

Il assista, le 1er janvier 1618, avec sa femme, dans le cloître du couvent d'Alix, à la réception en ce prieuré de leur fille Catherine de Chavanes, dit de Glettain ; à cette occasion, ils lui constituent une pension et font une donation audit monastère d'Alix.

Du mariage d'Estienne de Rancé avec Marguerite de Vallensienne naquirent :

a) Noble damoiselle Catherine de Chavannes, dite de Glettain et de la Versonnière, religieuse à Alix.

Par son testament du 28 septembre 1617, Alexandre de Glétains, chanoine de Saint-Paul de Lyon, lui légua une pension annuelle et viagère de 12 livres tournois.

Comme noble damoiselle Catherine de Chavanes, dite de Glettain, âgée de 14 ans ou environ, ait, il y a plusieurs années, considéré la variété des états et misères de ce monde qui n'apporte que confusion, le temps présent le témoigne, désirant continuer le vœu qu'elle aurait ci-devant fait de vivre et finir ses jours en oraison, au salut de son âme, après s'être humblement recommandée à Notre-Seigneur Jésus-Christ et invoqué la grâce du Saint-Esprit, aurait, par plusieurs fois, prié et requis ses père et mère la vouloir colloquer et dédier au service de Notre-Seigneur au prieuré d'Alix, en Lyonnais, où elle avait, comme elle a encore de présent, grande dévotion et volonté garder virginité et chasteté et illec expressément et religieusement finir ses jours, renoncer totalement aux vanités, pompes et déceptions de ce misérable monde, aux fins de plus assurément et constamment porter sa croix après Jésus-Christ et vivre vertueusement, moyennant sa grâce et aide, sous le joug d'obédience, selon la règle de M. Saint Benoît; à ces fins, le 1er janvier 1618, dans le couvent dudit Alix et dans le cloître d'icelui, au son de la cloche, à la manière accoutumée, en présence de noble Jehan de Montdor, écuyer, seigneur de Doyrieu et de Vogneray, de noble Alexandre de Vallensienne, sieur du Fay, de noble Hugues de Castes, sieur d'Orin, de noble Estienne de Glettain, sieur de Ronzières, et de Jacques Barbier, praticien de Beaujeu, ladite Catherine de Glettain a supplié humblement noble et révérende dame Claude de Foudras, prieure dudit Alix, et la plus grande et saine partie des religieuses d'icelui, qu'il leur plut la vouloir recevoir et agréger en leur compagnie, pour y être religieuse avec elles et y finir ses jours au service de Dieu, illec résider pour l'honneur de lui et de son pouvoir, vouloir et toutes obédiences entre les mains de ladite prieure, lesquelles dame prieure et religieuses, après avoir vu la faculté et dévotion de ladite damoiselle de Glettain, ont été d'avis la recevoir et agréger avec elles audit prieuré pour y être religieuse; A ces causes, la dessus-nommée révérende dame Claude de Foudras, prieure susdite, et avec elle frère Jehan Brossette, religieux et prieur dudit prieuré, dame Ypollitte de

Sallemard, chantre. Jane de Sallemard, secrétaine, Claude de Sallemard, Anthoinette de Rossillon et Marie Louys, religieuses audit prieuré, et suivant leur avis ci-présentes et convoquées au son de la cloche à la manière accoutumée, ont, en présence de noble Estienne de Chavanes, dit de Glétain, de damoiselle Marguerite de Valensienne, père et mère de ladite damoiselle Catherine et de noble Alexandre de Glétain, chanoine de Saint-Paul de Lyon, son oncle, et de leur consentement, reçu et agrégé en leur dite compagnie icelle damoiselle Catherine audit prieuré pour y être religieuse.

Ladite prieure promet d'instruire au service divin ladite Catherine de Glétain, la faire apprendre a chanter, la nourrir aux dépens dudit prieuré jusqu'à ce qu'elle soit en office ou qu'elle ait une prébende. Ladite prieure prendra et livrera toute la pension que lesdits sieurs de Glétain donneront à ladite Catherine, fors 12 livres qui demeureront à celle-ci pour être employées à ses nécessités d'habits et autres choses nécessaires, et c'est tant qu'elle n'aura ni office ni prébende ; quand ladite Catherine aura atteint l'âge de discrétion. elle sera reçue professe et on lui baillera l'habit noir.

Ledit Estienne de Chavanes, dit de Glétain, donne au couvent, pour employer à ses réparations, la somme de 200 livres tournois, plus, en faveur de sadite fille, une pension viagère de 54 livres tournois et une pension annuelle, perpétuelle et foncière de 3 livres, au sol principal de 60 livres tournois, cette dernière réservée à sadite fille et faisant partie de la pension de 54 livres, et à cause de laquelle une grand'messe des trépassés se dira annuellement dans l'église dudit couvent d'Alix le premier mercredi après le décès de ladite damoiselle Catherine ; ces pensions sont imposées spécialement sur un domaine dudit donataire sis en la paroisse de Sainte-Consorce, en Lyonnais, et appelé la Brosse ; quand ladite damoiselle Catherine recevra prébende, ladite pension sera réduite à 26 livres tournois. Au cas, où il adviendrait, que Dieu ne veuille, qu'un désastre advînt audit prieuré, par peste, brûlement général de tout ledit couvent ou autre cas de ravissement et démolition générale, et que, pour ce sujet, ladite damoiselle fût contrainte d'absenter ledit prieuré et de se retirer avec sondit père ou autres de ses parents, ceux-ci seront tenus de la venir quérir et ramener audit couvent, à leurs propres coûts et dépens, sans aucune diminution de ladite pension. Le susdit Alexandre de Glettain donne audit prieuré d'Alix, en faveur de ladite Catherine, sa petite-nièce, une pension annuelle et viagère de 12 livres tournois, imposée spécialement sur son domaine appelé Mas de Racagnon, situé en la paroisse de Lozanne.

Par son testament du 10 janvier 1619, Alexandre de Glétains, chanoine de Saint-Paul, veut que la pension de 12 livres qu'il a constituée à ladite Catherine de Chavanes, dite de la Valsonnière, religieuse au monastère d'Alix, soit payée par sa nièce Christine de Glétains, femme de Jehan-Jacques Arod.

b). Noble Jacques de Glétains de la Valsonnière, diacre, chanoine de Saint-Paul de Lyon.

Le 1er décembre 1617, Thomas de Meschatin-la-Faye, chamarier, chanoine et comte de l'église de Lyon, official primatial et vicaire général d'illustrissime et révérendissime père en Jésus-Christ Monseigneur Denis Simon de Marquemont, archevêque et comte de Lyon, primat des Gaules, conseiller du Roi en son conseil suprême, étant à Lyon fait savoir qu'il a vu une signature obtenue en cour de Rome par noble Jacques de Glétains de la Valsonnière, diacre du diocèse de Lyon, pour remplir un canonicat dans l'église collégiale de Saint-Paul de Lyon.

Le 2 décembre 1617, maître Jacques Barbier, clerc, demeurant à Lyon, soi-disant avoir charge de noble Jacques de Glétains de la Valsonnyère, clerc du diocèse de Lyon, chanoine en l'église collégiale de Saint-Paul dudit Lyon requiert vénérable et discrète personne messire Nicolas Michaud, chanoine en l'église collégiale Saint-Nizier de Lyon et curé de Saint-Pierre-les-Nonains et Saint-Saturnin dudit Lyon, le vouloir mettre et installer, au nom dudit Jacques de Glétains, en la vraie, réelle, actuelle et corporelle possession dudit canonicat, ensemble de tous les fonds, fruits, revenus et émoluments en dépendant, en vertu de la signature obtenue par ledit Jacques de Glétains en cour de Rome et lettres en forme ou visa qui lui ont été octroyées par M. Thomas de Meschatin-la-Faye. Il est ensuite mis en possession dudit canonicat en l'église collégiale de Saint-Paul.

A la même branche de la famille de Rancé devait appartenir noble Jehan de Rancé-Gletteins, seigneur de Chaney.

Il faisait partie, le 21 mars 1648, du conseil de famille des enfants de Jehan de Varennes, seigneur de Gletteins et de Rapetour.

Damoiselle Elaine de Gletains, religieuse au couvent de Polletins, vivant à une époque qu'on ne peut déterminer, appartenait à la même maison.

CHAPITRE XIV

De Varennes.

I. — Noble Anthoine de VARENNES, écuyer, seigneur de Rappetour et de l'Octave, marié avec damoiselle Anthoinette de Rancé de Glétains, dame de Glétains.

Par acte passé à Villefranche, le 17 octobre 1600, Anthoinette de Gletteins fit, avec sa sœur Cristienne de Gletteins, femme de Jehan-Jacques Arod, partage des successions de Philibert de Gletteins et Anthoinette Gaspard, leurs père et mère.

Vers 1600, Alexandre de Glétains, au nom de ses nièces et pupilles Cristienne et Anthoinette de Glétains, fit un échange avec Anthoine de la Porte, seigneur de Saint-Bernard, d'un pré situé en la paroisse de Jassans, près le port de Frans, appelé le grand pré de Glétains, contre un autre pré.

Le 6 juin 1616, on fit l'inventaire des titres, contrats et documents qu'Alexandre de Glétains, chanoine de Saint-Paul de Lyon remettait à Anthoinette de Glétains, sa nièce, concernant la seigneurie de Glétains, et qu'il avait recouvrés depuis la reddition du compte de sa tutelle.

Par son testament du 20 septembre 1617, Alexandre de Glétains, chanoine de Saint-Paul de Lyon, légua à Anthoinette de Glétains, sa nièce, veuve d'Anthoine de Varennes, sa maison appelée de Glétains et ses dépendances et un domaine appelé de Pisseloup, le tout situé en la paroisse du Plantey, au pays de Bresse ; il la charge de payer une pension annuelle de 10 livres tournois à damoiselle de Fouldras.

Anthoinette de Glétains, veuve d'Anthoine de Varennes, fut instituée co-héritière universelle du même Alexandre de Glétains, par son testament du 10 janvier 1619.

Un accord fut fait, au château de Montmelas, le 11 mai 1619, entre ladite Anthoinette de Glétains et Jehan-Jacques Arod, seigneur de Montmelas, et Cristine de Glétains, ses beau-frère et sœur.

Le 16 décembre 1620, à Lyon, en présence de maître Pierre Millaud, notaire de Montmelas, et de noble Jehan d'Arcy, dit Montfriol, de Chamellet, en Beaujolais, messire Nicolas Michaud, prêtre, curé de l'église Saint-Pierre et Saint-Saturnin, confesse avoir reçu d'Anthoinette de Glétains, veuve d'Anthoine de Varennes, seigneur de Rappetour et de Cristine de Glétains, sa sœur, femme de Jehan-Jacques Arod, seigneur de Montmelas, comme héritières d'Alexandre de Glétains, premier chanoine de l'église collégiale Saint-Paul de Lyon, un contrat de deux pensions foncières de la somme de 60 livres tournois passé au profit dudit défunt par noble Arthus Henry, sieur de la Salle, l'une payable audit curé et l'autre aux dames de Saint-Pierre de Lyon.

Anthoinette de Glétains fit une transaction, le 20 janvier 1621, avec sa sœur Christine de Glétains, femme de Jehan-Jacques Arod, au sujet de la succession d'Alexandre de Glétains, leur oncle, par laquelle les biens de Lozanne sont attribués à ladite Christine et ceux du Plantey à ladite Anthoinette. Cet accord fut passé à Lyon, maison des dites parties située au quartier du Griffon

Anthoine de Varennes eut d'Anthoinette de Rancé de Glétains :

1° Noble Jacques de Varennes.

Par son testament du 28 septembre 1617, son grand-oncle maternel Alexandre de Glétains le substitua à sa mère et à son frère Jehan de Varennes.

Le 5 mars 1627, Jacques de Varennes était sous la tutelle de noble Pierre de Varennes.

2° Noble Jehan de Varennes, qui suit.

II. — Noble Jehan de VARENNES-RAPPETOUR, écuyer, seigneur de Rappetour et Glétains, marié avec damoiselle Catherine d'Arcy.

Son grand-oncle maternel, Alexandre de Glétains, le substitua à sa mère par ses testaments des 28 septembre 1617 et 10 janvier 1619.

Jehan de Varennes était, le 5 mars 1627, sous la tutelle de noble Pierre de Varennes.

Jean de Varennes-Rappetour fit un accord, le 12 juillet 1646, au château de Montmelas avec son oncle Jehan-Jacques Arod, sa tante Cristine de Glétains, femme de celui-ci, et Guillaume Arod, leur fils.

Le 21 mars 1648, Jehan de Varennes était mort, et par devant Pierre Penet, conseiller de Son Altesse Royale, lieutenant-général civil et criminel au bailliage de Dombes, comparut maitre François Cachet, procureur de Son Altesse Royale, qui lui dit qu'ayant été averti du décès de noble Jehan de Varennes, seigneur de Gletteins et Rappetour, il a fait donner assignation aux parents et alliés dudit défunt aux fins de pourvoir de tuteur en la personne de l'un d'eux Claudine, Pontus et Ysabeau de Varennes, et entre autres à messire Charles d'Arcy, chevalier, seigneur de la Varenne, noble Jehan de la Varenne, noble Jehan de Rancé-Gletteins, sieur de Chaney, noble Anthoine de Rossillion, sieur de la Vernouze, noble Anthoine du Saulzey, noble Jehan-Jacques Arod, seigneur de Montmelas, noble Claude de Musy, sieur de la Farge, et Bergeron et François de Terral, écuyer, sieur d'Ornaison et la Forestz. Ont comparu ledit Charles d'Arcy. aïeul maternel desdits mineurs, Jehan de la Varenne, leur grand-oncle paternel, Jehan de Rancé-Gletteins, cousin en 3e degré du défunt, Anthoine de Rossillion et Anthoine du Saulzey, ses cousins au même degré. Catherine d'Arcy, mère desdits mineurs n'étant pas majeure et n'ayant que 18 ans, leur tutelle est donnée audit Charles d'Arcy.

Jehan de Varennes eut de Catherine d'Arcy :

1º Claudine de Varennes.
Elle vivait le 21 mars 1648.

2º Pontus de Varennes.
Il était vivant le 21 mars 1648.

3º Ysabeau de Varennes.
Elle vivait le 21 mars 1648.

CHAPITRE XV

De Talaru. — De Chalmazel.

I. — N. DE TALARU-CHALMAZEL fut père de :

1º Noble Hugues de Chalmazel, qui suit ;

2º Haut et puissant seigneur messire Jehan de Chalmazel, seigneur de la Pie et Saint-Marcel-de-Phélines, chevalier de l'ordre du Roi, gentilhomme ordinaire de sa chambre, capitaine de 100 hommes d'armes de ses ordonnances, marié a haute et puissante dame Claude de Champier.

Claude de Champier, étant veuve, fut marraine de Claudine de Chalmazel, fille de M. de Mainieu et d'autre Claude de Champier et baptisée à Saint-Marcel-de-Phélines, le 1er décembre 1619.

Le 5 août 1633, Claude de Champier testa à Lyon. Elle élit sa sépulture dans l'église de Saint-Marcel-de-Phélines, au tombeau de son mari ; lègue à l'Aumône générale et à l'Hôtel-Dieu de Lyon, à chacun 300 livres ; à noble Anthoine de Champier, seigneur de

Feuillants, son neveu, fils de noble Antoine de Champier, son frère, 6,000 livres, qui, s'il meurt sans enfants nés en loyal mariage, appartiendront après lui à celui des enfants de son héritier universel que ledit légataire désignera, et s'il n'en nomme aucun à celui desdits enfants qui sera seigneur et baron de Juifs; à dame Jehanne de Chaliouvre, sa nièce, femme de messire Jehan-François de Jolly, baron de Lange, bailli de Bresse, 6,000 livres, avec un coffre fait en façon de caisse, bois sapin, dans lequel il y a plusieurs sortes de linges et hardes qu'elle lui donne aussi; audit sieur de Jolly 800 livres qu'il lui doit ; à damoiselle Françoise de Champier, sa nièce, fille de messire Anthoine de Champier et de feu dame Isabeau de Chabeu, 2,000 livres ; à damoiselle Claude de Chalmazel, sa rière-nièce, fille de messire Gaspard de Chalmazel, chevalier, seigneur de Magnieu, et de feu dame Claude de Champier, 12,000 livres, avec 2 coffres bahuts, l'un façon d'Allemagne et l'autre de pays, qui sont au logis de ladite testatrice, en cette ville de Lyon. Elle supplie ladite Jehanne de Chaliouvre de vouloir servir de mère à ladite demoiselle de Chalmazel et se ressouvenir qu'elles ont été nourries ensemble, et, ce faisant, prendre soin de sa personne et de son bien, la retirer avec elle et la nourrir selon sa qualité, et, pour cet effet, prendre annuellement 300 livres du revenu de son légat pour sa nourriture et entretien d'habits; si ladite damoiselle de Chalmazel meurt avant d'être mariée, son légat appartiendra à damoiselle Charlotte de Chalmazel, sa sœur ; si celle-ci est religieuse ou décédée, ledit légat reviendra à l'héritier universel de la testatrice ou à ceux qui lui seront lors substitués et seigneurs et barons de Juifs. Elle lègue à ladite damoiselle Charlotte de Chalmazel, fille dudit seigneur de Magnieu et de ladite Claude de Champier, 6,000 livres reversibles à ladite Claude de Chalmazel, si ladite Charlotte est religieuse ou décédée, à dames Marie et Claude-Aymée de Champier, ses nièces, filles dudit messire Anthoine de Champier, son frère, religieuses à Neufville, près Châtillon-en-Bresse et à dame Lucresse d'Angeville, sa rière-nièce, fille de noble   d'Angeville et de dame Héleyne de Champier, aussi religieuse audit Neufville, à chacune

30 livres. Elle institue héritier universel messire Jehan de Champier, chevalier, seigneur et baron de Juifs, son neveu, fils dudit messire Anthoine de Champier, son frère, et de feu dame Isabeau de Chabeu, réservant l'usufruit de tous ses biens au profit de sondit frère.

II. — Haut et puissant seigneur messire Hugues de CHALMAZEL, seigneur dudit lieu, chevalier de l'ordre du Roi, marié à dame Marguerite d'Apchon.

Marguerite d'Apchon testa le 28 avril 1610.

Du mariage d'Hugues de Chalmazel avec Marguerite d'Apchon vinrent :

1° Noble Gaspard de Chalmazel, qui suit.

2° Haut et puissant seigneur messire Christofle de Chalmazel-Hermite-de-la-Faye, baron de Chalmazel, seigneur d'Escotay, la Pie, Mas et Saint-Marcel-de-Phélines. Il donne son avis au contrat de mariage de Guillaume d'Arod, et de Claudine de Chalmazel, passé à Lyon, le 26 juin 1636.

3° Noble Balthazard de Chalmazel.

Il mourut avant le 13 septembre 1651, et avait ordonné des messes par son testament.

4° Noble Jehan de Chalmazel.

Par son testament du 13 septembre 1651, son neveu Christophle de Chalmazel, seigneur de Magnieu-le-Gabion lui légua la jouissance du domaine de la Chastre et de ses dépendances, comme il en jouissait déjà.

III. — Noble messire Gaspard de CHALMAZEL, chevalier. seigneur de Magnieu-le-Gabion et Estein, chevalier de l'ordre du Roi, marié avec dame Claude ou Claudine de Champier.

Le 26 juin 1636. Claude de Champier était morte et Gaspard de Charmazel était présent a Lyon, logis de Jehan de Champier, baron de Juis, au cloître Saint-Jehan, au contrat de mariage de leur fille Claudine de Charmazel avec Guillaume d'Arod ; il constitue à sadite fille 6,000 livres, 2 robes et deux cottes, de la somme de 500 livres, savoir de son chef 4,500 livres, et lesdits habits, et 1,500 livres pour tous droits maternels et d'un frère de ladite future.

Guillaume d'Arod passa une quittance à Lyon, le 4 janvier 1637, a Gaspard de Chalmazel, son beau-père, de partie de la dot de sa femme.

Le 7 août 1642, Garpard de Chalmazel, étant au château de Magnieu-le-Gabion s'acquitta de ce qu'il devait encore sur la dot de sa fille Claudine, femme de Guillaume d'Arod.

Il fut parrain, le 8 juin 1648, de son petit-fils Gaspard d'Arod, baptisé en l'église de Cogny.

Messire Gaspard de Chalmazel, écuyer, seigneur de Magneu, étant au château de Serfavre, dans un lit malade, testa, le 25 avril 1651, en présence de messire Alexandre Arod, prêtre, écuyer, chanoine de Saint-Paul de Lyon, prieur de Saint-Saturnin-le-Puy et de messire Claude Vernay, curé de Montmelas. Il recommande son âme à Dieu le créateur, à la glorieuse vierge Marie, à tous les Saints et Saintes de Paradis et a M. Saint Gaspard, son parrain ; veut être enterré dans la grande église de Feurs en Forez, au tombeau de défunt madame sa dernière femme ; lègue à noble Gaspard Arod, son petit-fils et filleul, fils de messire Guillaume Arod et de madame Claudine de Chalmazel, seigneur et dame de Montmelas, 1.000 livres ; institue héritier universel messire Christophle de Chalmazel, son fils, seigneur de Magnieu et Boissaille.

Gaspard de Chalmazel mourut en avril 1651 et fut inhumé dans une chapelle de l'église cathédrale de la ville de Feurs en Forez.

Gaspard de Chalmazel eut de Claudine de Champier :

1° Damoiselle Claudine de Chalmazel, femme de noble Guillaume d'Arod, seigneur de Montmelas.

2° Messire Christophle de Chalmazel, écuyer, seigneur de Magnieu-le-Gabion, Magnieu-Hauterive et Boissaille, marié à dame Anthoinette du Rozier.

Par son testament du 25 avril 1651, son père l'institua son héritier universel.

Christophle de Chalmazel testa à Lyon, le 13 septembre 1651 ; il élit sa sépulture dans l'église cathédrale de la ville de Feurs, en Forez, en la chapelle où est enterré messire Gaspard de Chalmazel, son père, et au tombeau d'icelui ; lègue aux Révérends Prêtres de la communauté de ladite église une pension annuelle et perpétuelle de 50 livres, à la charge de célébrer à perpétuité, dans leurdite église, à l'autel de ladite chapelle, 2 messes basses. chaque semaine, l'une des Trépassés, à chacun jour de lundi, et l'autre à chacun jour de samedi à l'honneur de la Sainte Vierge mère de Dieu et de célébrer une grand'messe des Trépassés le jour de son enterrement et une autre grand'messe à l'an révolu ; lègue à Jehanne Charon, à présent à son service et qui l'a servi plusieurs années, 1.000 livres et un habit de deuil ; à chacuns ses autres servants, soit valets ou chambrières, se trouvant à son service, lors de son décès. à chacun 40 livres ; à dame Claudine de Chalmazel, sa sœur, femme de noble messire d'Arod, seigneur de Montmelas, 2.000 livres ; au seigneur d'Angeville, son cousin, fils de M. de Montvéran, pays de Bugey, 1.000 livres et tout ce qui peut appartenir audit testateur ès biens, hoirie et succession de la maison de Champier, ou Feuillan, ou autres successions provenant du chef de la mère dudit testateur dame Claudine de Champier ; à sa tante dame   , religieuse au couvent de Légnieu, en Forez, une pension viagère de 25 livres par an, outre la pension à elle faite par le père dudit testateur, qui est de 75 livres par an ; à dame   , sa tante, religieuse au couvent de Sainte-Claire de la ville du Puy-en-Velley une pension viagère de

20

20 livres par an, outre la pension à elle faite par ledit défunt son père de 40 livres par an ; il supplie sesdites tantes de prier pour le salut de son âme ; il lègue à dames Claudine et Lucresse de Chalmazel, ses sœurs, religieuses au couvent de Joursay, en Forez, une pension annuelle et viagère de 30 livres, outre celle que leurdit père leur a faite ; il fonde à perpétuité une messe basse, tous les jours, en l'autel de la chapelle de Magnieu, paroisse de Saint-Laurent-la-Conche, ladite chapelle sous le vocable de Notre-Dame de Lorette, savoir tous les lundis une messe des Trépassés et les autres jours conformément à l'office du jour courant, et pour lesdites messes veut être payé, chacun an, au prêtre qui les dira, la somme de 200 livres ; outre lesdites 200 livres, il veut que dame Anthoinette du Rozier, sa femme, achète une maison au village dudit Magnieu, avec un jardin, aux dépens de son hoirie, pour l'habitation du prêtre qui dira ladite messe, lequel prêtre sera prins et nommé par ladite dame, et, après son décès, par les seigneurs dudit Magnieu à perpétuité, et sera tenu ledit prêtre de faire son actuelle résidence dans ladite maison, afin de pouvoir mieux vaquer à faire ledit service divin, veut ledit sieur testateur qu'en ladite somme de 200 livres soit comprins ce qu'il est tenu de payer pour les messes ordonnées par feue la dame sa mère et par feu noble Balthazard de Chalmazel, son oncle ; veut que noble Jehan de Chalmazel, son oncle ait, pendant sa vie, comme il a à présent, la jouissance du domaine de la Chastre et fonds en dépendant et faire les fruits siens pendant sa vie ; il institue son ou ses héritiers universels le posthume ou les posthumes qu'il pourra avoir de dame Anthoinette du Rozier, sa femme, à laquelle il donne la tutelle, curatelle et administration de leurs personnes et biens ; s'il ne laisse aucun enfant, ladite dame sera son héritière universelle, à la charge de laisser ses immeubles, fonds et héritages à l'un des enfants mâles de messire Christophle de Chalmazel, seigneur de Chalmazel, Escottey et Saint-Marcel, qui ne sera pas l'héritier dudit seigneur de Chalmazel et qui sera tenu de faire son actuelle résidence au château de Magnieu-le--Gabion appartenant audit testateur.

Christophle de Talaru-Chalmazel mourut, avant le 15 novembre 1670, jour où Gaspard Arod fit signifier à Anthoinette du Rozier, sa veuve, le testament de Gaspard de Chalmazel, père dudit Christophle.

3° Dame Claudine de Chalmazel, religieuse à Joursay, en Forez.

Par son testament du 13 septembre 1651, Christophle de Chalmazel, son frère lui légua une pension annuelle et viagère de 30 livres, outre celle que son père lui avait faite.

4° Dame Lucresse de Chalmazel, religieuse à Joursay.

Son frère, Christophle de Chalmazel, par son testament du 13 septembre 1651, lui légua une pension annuelle et viagère de 30 livres, outre celle que son père lui avait faite.

5° Damoiselle Charlotte de Chalmazel.

Claude de Champier, veuve de Jehan de Chalmazel, lui lègue, par son testament du 5 août 1633, 6.000 livres, si elle n'est pas religieuse et la substitue, au même cas, à sa sœur Claude de Chalmazel mourant avant d'être mariée, pour un legs de 12.000 livres et 2 coffres bahuts, l'un façon d'Allemagne et l'autre de pays.

D'autres membres de la famille de Talaru sont mentionnés dans les archives du château de Montmelas, savoir :

Illustre seigneur messire Edmé-François de Talaru-Chalmazel, chantre de l'Eglise, comte de Lyon.

Il fut témoin à Lyon, le 5 avril 1696, dans l'hôtel de la Chantrerie, cloître-Saint-Jehan, d'une transaction par laquelle messire Sébastien de Rachais, seigneur de Montferra, remit à messire Hiérosme Arod de Montmelas le domaine de Pierrefilan.

Et messire Hugues de Talaru, vicomte de Chalmazel.

Il devait être fils de Christophle de Chalmazel, seigneur d'Escotay, baron de Chalmazel ; le 17 juin 1675, il était héritier bénéficiaire dudit Christophle de Chalmazel, seigneur de Magnieu-le-Gabion.

CHAPITRE XVI

De Champier.

I. — Haut et puissant seigneur messire Claude de CHAMPIER, seigneur de la Bastie, chevalier de l'ordre du Roi et gouverneur de la province de Dombes, marié avec haute dame Madeleine.....

Par un acte fixant les limites de la haute justice de la terre de la Bastie, en Dombes, daté du 4 mars 1570, et passé entre Louis de Bourbon, duc de Montpensier, souverain de Dombes, et Claude de Champier, celui-ci est qualifié de messire, chevalier de l'ordre du Roi, seigneur de la Bastie, gouverneur du pays de Dombes.

Le 7 juillet 1579, Claude de Champier fit un codicille.

Claude de Champier eut de Madeleine.....

1° Dame Claude de Champier, femme de messire Jehan de Chalmazel, seigneur de la Pie et Saint-Marcel-de-Phélines.

2° Noble Anthoine de Champier, qui suit.

II. — Haut et noble seigneur Anthoine de CHAMPIER, seigneur de la Faverge, gentilhomme ordinaire du Roi et de Monseigneur le duc de Bavière, bailli de Bugey et de Bresse, marié à damoiselle Isabeau de Chabeu, dame de Feuillans, veuve de noble Gaspard de Chandée, baron dudit lieu.

Anthoine de Champier épousa, par contrat du 5 février 1577, Isabeau de Chabeu, fille de feu haut et puissant noble François de Chabeu, seigneur de Feuillans, laquelle procède du consentement de damoiselle Hélène d'Aguerre, sa mère.

Le 29 mai 1588, Anthoine de Champier reçut des provisions de l'état et charge de chambellan de Bavière, à lui accordées par Guillaume, comte Palatin du Rhin, duc des Deux-Bavières.

Il rendit foi et hommage, le 11 juin 1602, à la Chambre des Comptes à Dijon pour la terre et seigneurie de Feuillans, en Bresse.

Il vivait encore, le 5 août 1633, jour où sa sœur Claude de Champier, veuve de Jehan de Chalmazel fit son testament.

Anthoine de Champier eut d'Isabeau de Chabeu :

1° Noble Guillaume de Champier, seigneur de Feuillantz.

Par son testament du 5 août 1633, sa tante Claude de Champier, veuve de Jehan de Chalmazel, lui légua 6.000 livres.

2° Damoiselle Françoise de Champier.

Elle eut un legs de 2.000 livres par le testament, du 5 août 1633, de sa tante Claude de Champier, veuve de Jehan de Chalmazel.

3° Dame Marie de Champier, religieuse à Neufville-les-Dames, en Bresse.

30 livres lui furent léguées par le testament, du 5 août 1633, de la susdite Claude de Champier, sa tante.

4° Dame Claude-Aymée de Champier, religieuse à Neufville, près Chastillon-en-Bresse.

Elle eut semblable legs, par le testament, du 5 août 1633, de ladite Claude de Champier, sa tante.

5° Noble Jehan de Champier, qui suit.

6° Dame Héleyne de Champier, femme de noble..... d'Angeville.

7° Dame Claude de Champier, femme de noble Gaspard de Chalmazel.

III. — Messire JEHAN DE CHAMPIER, chevalier, baron de Juifs, seigneur d'Argy et de Bionnay, bailli de Beaujolais, marié avec dame Marie Thierry.

Il fut institué héritier universel de sa tante Claude de Champier, veuve de Jehan de Chalmazel, par son testament du 5 août 1633.

Le 20 novembre 1633, il assista au contrat de mariage de Claudine d'Arod avec Jehan du Puis, passé au château de Montmelas.

Il donna son avis et assista, le 26 juin 1636, à Lyon, dans son logis, au cloître Saint-Jehan, au contrat de mariage de Guillaume d'Arod avec Claudine de Chalmazel.

Le 23 juin 1637, Jehan de Champier est qualifié bailli de Beaujolais.

Il fut témoin, le 12 juillet 1646, d'un traité passé au chastel de Montmelas, entre Jehan-Jacques Arod et Christine de Glétains, sa femme, et Jehan de Varennes-Rapetour.

La terre de Vaulx, en Beaujolais, fut vendue par décret, avant le 21 août 1655, sur Jehan de Champier et Marie Thierry, sa femme, donataire de Gilbert Thierry ; ils avaient plusieurs enfants.

Tous les biens dudit Jehan de Champier et de sa femme furent vendus par décret, entre autres, outre la terre de Vaulx, une maison au faubourg de Veyze. où pendait pour enseigne le

Chapeau Rouge, venant de la succession de Claude de Champier, veuve de Jehan de Chalmazel, et la baronnie de Juys, qui était une terre considérable et était substituée aux enfants dudit Jehan de Champier, de plus le domaine d'Argis, appartenant à sa veuve, et dont elle jouissait encore en 1662.

Jehan de Champier eut de Marie Thierry, entre autres enfants :

1º Philippes-Charles de Champier.

Il vivait en 1655, ainsi que damoiselle Lucresse de Champier, femme de messire Jehan de Damas, sieur de la Bastie, qui était peut-être sa sœur.

Dame Christine de Champier, baronne de Juys, testa le 22 octobre 1622 et fit son héritier universel Jacques de Champier, à la charge de substitution.

CHAPITRE XVII

De Capponi.

I. — Noble homme Cappon CAPPONI, gentilhomme fflorentin, marié à damoiselle Constance Seristory.

De leur mariage naquirent :

1º Noble Laurent Capponi, qui suit.

2º Révérende dame Jehanne Capponi, religieuse au monastère de Sainte-Apolonie de Florence.

Par son testament du 29 août 1570, son frère Laurent de Capponi lui légua 12 écus d'or sol de pension annuelle et viagère.

3º Noble Jehan-Baptiste Capponi.

Il eut un legs de 200 écus d'or sol, par le testament de Laurent de Capponi, son frère, du 29 août 1570.

4º Noble Jacques Capponi

Il mourut avant le 29 août 1570.
D'une alliance inconnue il eut :

a) Damoiselle Clarine Capponi.

Elle a un legs de 1,000 écus d'or d'Italie, par le testament, du 29 août 1570, de son oncle Laurent de Capponi, qui ne lui laisse que 100 livres, si elle entre en religion.

b) Damoiselle Camille Capponi.

Son oncle Laurent de Capponi, par son testament du 29 août 1570, lui fait un legs semblable à celui de sa sœur Clarine, et dans les mêmes conditions.

c) Noble Cappon Capponi.

Par son testament du 29 août 1570, son oncle Laurent de Capponi lui lègue tous ses biens immeubles de la ville de Florence et autour d'icelle, tant de son chef que comme héritier universel de feu Pierre Capponi, son frère, et de plus 1,000 écus d'or; il le substitue à ses fils comme co-héritier universel.

5° Pierre Capponi.

Il mourut avant le 29 août 1570, possédait des immeubles à Florence et aux environs et fit son héritier universel son frère Laurent Capponi.

6° Révérende dame Marie Capponi, religieuse au monastère de Sainte-Apolonie de Florence.

Elle eut un legs de 12 écus d'or sol de pension annuelle et viagère, par le testament de son frère Laurent Capponi, du 29 août 1570.

II. — Noble homme, messire Laurent de CAPPONI, seigneur d'Ambérieu, baron de Crèvecœur, marié avec damoiselle Hélène de Gadagne.

Par contrat de mariage du 12 mai 1554, Laurent Capponi

épousa damoiselle Hélène Gadaigne, fille de feu noble Thomas Gadaigne, seigneur de Beauregard, et procédant de l'autorité et conseil de noble homme Thomas Catain, citoyen de Florence, et de noble Albise d'Elbenne, citoyen dudit Florence, conseiller du Roi, général ayant la charge des payements qu'il fait faire hors de son royaume, tuteur et curateur de ladite damoiselle.

La bénédiction nuptiale leur fut donnée le 31 juillet 1554.

Noble Laurent Capponi, seigneur d'Ambérieu, demeurant à Lyon, sous le privilège des foires y établies, testa, le 29 août 1570, au couvent des Frères Prescheurs de cette ville, en la chambre de frère Jacques Périer, prieur dudit couvent, en sa présence et de frère Jehan Mathie, tous deux docteurs en la faculté de théologie. Il élit sa sépulture en l'église du couvent desdits Frères Prescheurs, vulgairement appelée Notre-Dame-de-Confort, à laquelle sépulture il veut être accompagné par les quatre couvents mendiants et autres que bon semblera à ses héritiers et à leurs tuteurs et curateurs; veut que dans l'église où il sera enterré soient célébrées une messe haute et 30 basses, chacun an, durant 5 ans, après sa mort, à tel jour qu'il sera décédé, et que pour leur célébration on paye, chacun an, 5 livres; veut que tous et chacun ses serviteurs et servantes qui seront en sa maison, lors de son trépas, soient habillés de deuil, chacun selon son état, et reçoivent chacun 5 livres; lègue aux révérendissime prieur et religieux du couvent de confort de Lyon 60 livres; 200 à l'Aumône Générale; 100 au Grand Hostel-Dieu du Pont du Rhosne de Lyon; 300 pour la réparation et décoration de l'église de Notre-Dame de Confort de Lyon; 1,400 pour aider à marier de pauvres filles de Lyon. donnant au plus à chacune 40 livres; à damoiselle Lucresse Capponi, sa fille, femme de sieur Philippe Jacomini, outre sa constitution de mariage, 100 écus d'or au soleil; à Cassandre, sa fille et de damoiselle Hélainne de Gadaigne et à toutes ses autres filles naturelles et légitimes, à chacune 20,000 livres, une chaîne d'or pesant 100 écus, 2 robes, 2 cottes nuptiales, selon leur qualité; 1,000 livres à celles de ses filles qui entreront en religion et une pension annuelle de 25 livres ; veut que ladite damoiselle Hélène de Gadaigne, sa femme, ait le gouvernement et administration de sesdites filles, tant qu'elle restera en viduité et qu'elle reçoive de ses héritiers universels une pension annuelle de 350 livres, outre sa nourriture, entretenement et habillement ; si elle se remarie, il lui lègue seulement 2,000 livres, qui, après son trépas, reviendront aux héritiers dudit testateur. Il lègue à révérendes dames Marie et Jehanne Capponi, ses sœurs, religieuses au monastère de Sainte-Apolonie de Florence, à chacune 12 écus d'or sol de pension annuelle et viagère ; à noble Jehan-Baptiste Capponi, son frère, 200 écus d'or sol ; à damoiselle Constance Seristory, sa mère, 100 écus d'or. Désirant que damoiselles Clarine et Camille, ses nièces, filles de feu noble Jacques Capponi. son frère, soient bien logées et honorablement colloquées en mariage, il leur lègue à chacune 1,000 écus d'or d'Italie ; il ne leur en lègue que 100, si elles entrent en religion ; lègue à noble Cappon Capponi, son neveu, fils de feu Jacques Capponi, son frère, tous ses biens immeubles de la ville de Florence et autour d'icelle, tant de son chef, que comme héritier universel de feu Pierre Capponi, son frère et la somme de 1,000 écus d'or ; à Ludovic Bonajuli, son ancien et fidèle serviteur, 600 livres, pour ses bons et agréables services. Il institue héritiers universels ses fils Charles et Alexandre Capponi et tous ses autres fils, il leur substitue ses filles Lucresse et Cassandre, celles qu'il pourra avoir ci-après, ledit Cappon Capponi, son neveu et les leurs, chacun par égale part. Il confie la tutelle, curatelle, régime et gouvernement de sesdits enfants et de leur bien, jusqu'à l'âge de 20 ans accomplis, à ladite damoiselle Hélaine de Gadagne, sa femme, si elle ne se remarie pas, et à nobles Pierre Manuelli et Philippe Jacomini, florentins ; Pierre Manuelli venant à mourir, sera remplacé par noble Albert Jaquinoli, florentin ; Philippe Jacomini décédant, sa place sera tenue par noble Bernard de Barbigia, florentin.

Ce testament fut publié au siège présidial de Lyon, le 18 juillet 1573.

Laurent de Capponi eut d'Hélène de Gadagne :

1° Noble Alexandre de Capponi, qui suit.

2° Damoiselle Lucresse de Capponi, mariée avec noble Philippe Jacomini, florentin.

Par son testament du 29 août 1570, Laurent de Capponi légua à ladite Lucresse, sa fille, outre sa constitution de mariage, 100 écus d'or au soleil et la substitua à ses fils comme co-héritière universelle ; il nomma Philippe Jacomini, son gendre, un des tuteurs de ses enfants.

3° Cassandre de Capponi.

Son père lui légua, par son testament du 29 août 1570, 20,000 livres, une chaîne d'or pesant 100 écus, 2 robes, 2 cottes nuptiales, selon sa qualité, il la substitua à ses fils, comme co-héritière universelle.

4° Messire Charles de Capponi, écuyer, baron de la Fond, marié à N..... N..... dont il eut des fils.

Par son testament du 29 août 1570, son père l'institua un de ses héritiers universels.

Le 17 mars 1586, Charles de Capponi fut présent au contrat de mariage de son frère Alexandre de Capponi avec Françoise d'Ogerolles.

Il mourut avant le 27 février 1601.

III. — Noble homme messire ALEXANDRE DE CAPPONI, écuyer, baron de Feugerolles, seigneur d'Ambérieu, chevalier de l'ordre du Roi ou de Saint Michel, capitaine de 50 hommes d'armes de ses ordonnances, marié avec damoiselle Françoise d'Augerolles, ou d'Ogerolles.

Par son testament du 29 août 1570, son père l'institua un de ses héritiers universels.

Le 17 mars 1586, Alexandre Capponi, assisté de messire Guillaume de Gadaigne, seigneur de Bouthéon, chevalier de l'ordre du Roi, capitaine de 50 hommes d'armes de ses ordonnances, conseiller d'Etat, sénéchal de Lyon, baron de Verdun, son oncle maternel, de noble Guillaume de Sabran, écuyer, seigneur dudit lieu et de Graveins, gentilhomme ordinaire de la chambre du Roi, son oncle, et de Charles de Capponi, baron de la Fond, son frère, fit contrat de mariage avec Françoise d'Ogerolles, fille du défunt messire Anthoine d'Ogerolles, seigneur de Saint-Polgue, chevalier de l'ordre du Roi, gentilhomme ordinaire de sa maison, et de dame Anne de Chevrières.

Alexandre de Capponi reçut, le 22 août 1590, d'Henri-le-Grand une commission d'une compagnie de 50 hommes d'armes de ses ordonnances. Il reçut le collier de l'ordre de Saint-Michel des mains de messire Guillaume de Gadaigne, chevalier des deux ordres et lieutenant général au gouvernement de Lyonnais, à qui Henri IV en avait donné la commission.

Alexandre de Capponi testa le 27 février 1601, et nomma ses exécuteurs testamentaires messire Jacques de Miolans, chevalier des deux ordres du Roi, capitaine de 50 hommes d'armes de ses ordonnances, seigneur de Chevrières, et dame Gabrielle de Gadaigne, son épouse, cousine dudit testateur.

Alexandre de Capponi eut de Françoise d'Augerolles :

IV. — Haut et puissant seigneur messire GASPARD DE CAPPONI, chevalier, qualifié comte ou baron de Feugerolles, seigneur de Roche-la-Mollière, Saint-Just-lès-Velay, le Chambon et Saint-Romain, chevalier de l'ordre du Roi ou de Saint-Michel, gentilhomme ordinaire de sa chambre. capitaine de chevau-légers pour le service de Sa Majesté, marié d'abord à damoiselle Isabeau de Crémeaux, puis à damoiselle Magdelaine du Peloux.

Le 19 mai 1620, Gaspard de Capponi reçut des lettres de nomination en l'ordre de Saint-Michel.

Il épousa Isabeau de Crémeaux, par contrat du 5 novembre 1623.

Ils furent mariés le 7 février 1624 ; Isabeau de Crémeaux, était fille de messire Regnaud de Crémeaux, seigneur de la Grange, et de défunte Sibille de Rébé.

Le 22 août 1625, Gaspard de Capponi reçut des lettres patentes de gentilhomme ordinaire de la chambre du Roi.

Isabeau de Crémeaux fit son testament le 8 janvier 1639, et y ajouta un codicille le 15 août 1645.

Gaspard de Capponi se remaria, par contrat du 10 février 1647, avec haute et puissante dame Magdelaine du Peloux, veuve de haut et puissant seigneur messire Balthazard de Clermont, seigneur de la Roche-Montezon, et fille de messire Nicolas du Peloux, seigneur de Bayard, et de dame Chaterine du Puy, avec l'avis de celle-ci et de haut et puissant seigneur messire Gaspard de Simiane, seigneur de la Coste et Moirans, conseiller du Roi et lieutenant-général de l'artillerie de la province du Dauphiné, oncle et parrain de ladite dame, de messire Louis de Boulieu, seigneur de Charlieu, son cousin, et en présence de noble Pierre de Boulieu, chanoine de l'église Saint-Maurice de Vienne, de noble Henry d'Eynac de Saint-Vidal et de noble Claude du Villard de Saint-Vidal, frères, cousins germains de ladite dame, de noble Louis de Crémeaux-la-Grange; de noble Louis de Boulieu, fils dudit messire Louis de Boulieu, et de messire Pierre Bonnefoy, prêtre, demeurant au château de Bayard. Gaspard de Capponi faisait alors sa résidence ordinaire au château de Feugerolles et Magdelaine du Peloux résidait au château de Bayard, paroisse de Péaugre, pays de Vivarais, diocèse de Vienne. Les parties eurent dispense de monseigneur l'archevêque de Vienne de l'affinité aux 3º et 4º degrés. Ladite dame du Puy, en qualité de veuve et héritière bénéficiaire de haut et puissant seigneur messire Nicolas du Peloux, seigneur du Peloux, Bayard, les Coulaux, Brézenaud, chevalier de l'ordre du Roi et père de la future épouse, lui donne en dot la somme de 20.000 livres tournois ; la future se constitue encore 28.000 livres, venant tant de ses deniers que de son précédent mariage avec ledit feu seigneur de Clermont, dont elle a hérité, et de sa feue fille décédée en pupillarité, ladite somme de 28.000 livres consistant en 4.000 livres de meubles, 8.000 en une obligation consentie par haut et puissant seigneur messire Charles de Bron de la Liègue, chevalier, seigneur de Bellegarde, pour lui et haute et puissante dame Gabrielle de Bron de la Liègue, dame douairière de la Roue au profit dudit seigneur Baltazard de Clermont, et le reste en espèces, quatruples Espagne et Italie, pistoles, écus sol, réalles, etc. Le futur donne à la future des joyaux et bagues jusqu'à la somme de 3.000 livres, consistant en un rang de perles rondes pour le col, en nombre de 44, évaluées à 1.200 livres ; 2 bracelets de perles en ovale, 500 livres : une paire de pendants d'oreilles rubis, avec trois perles pendantes à chacun, 500 livres ; une autre paire de pendants d'oreilles de diamants, 200 livres ; un diamant en bague. 600 livres. Il lui donne pour robes 200 livres. Si le futur décède avant la future, il lui laisse sa demeurance en la moitié du château de Roche-la-Mollière ou de celui de Feugerolles, à son choix, meublée selon sa qualité, l'usufruit du clos ou verger fermé de grandes murailles sous la basse-cour du château dudit Roche et de 3 métérées de jardin, le bois nécessaire pour son chauffage, selon sa qualité : si elle choisit sa résidence à Feugerolles, l'usufruit du haut du jardin y joignant et du clos ou verger appelé Pré Tapin. Il lui laisse encore la litière et les mulets harnachés qui se trouveront dans sa succession. Ce contrat fut passé en la salle basse du château de Bayard.

Le 15 mars 1657, Gaspard de Capponi reçut des lettres de provisions ou de retenue de l'un des gentilshommes ordinaires de la chambre du Roi.

Haut et puissant seigneur messire Gaspard de Capponi, seigneur et baron haut justicier des terres et baronnies de Feugerolles, Saint-Just-lès-Velay et Roche-la-Mollière, étant en son château, audit Roche, détenu de maladie corporelle, fit son testament le 9 mai 1663. Il élit sa sépulture dans sa chapelle de l'église paroissiale de Saint-Clément du Chambon ; veut que, les jours de son enterrement, quarantain et anniversaire, il soit célébré au grand autel de ladite église ou en ladite chapelle les messes et divins offices accoutumés à dire lesdits jours pour des personnes de sa condition ; pour les autres œuvres pies, luminaire et aumône, il s'en remet à la discrétion de haute et puissante dame Magdelaine du Peloux, sa femme, et de messire Gaspard de Capponi, son fils et héritier universel ; lègue à messire Charles-Henry de Capponi, son fils et de feue dame Izabeau de Crémeaux, sa première femme, ecclésiastique, 14.000 livres, dont 3.000 pour droits maternels et 11.000 pour tous droits de légitime et autres, sur lesquelles, 13.000 lui seront payées par le relâchement de ses deux domaines sis au lieu et terroir de la Grand Chavana, dans le mandement de Feugerolles ; à damoiselles Louise, Angélique-Catherine, autre Catherine, Marie et Christine de Capponi, ses 5 filles, à chacune 12.000 livres, savoir 10.000 pour légitime paternelle et le reste en vertu de son contrat de mariage avec la dame du Peloux, leur mère ; celles de celles-ci, qui se feront religieuses, n'auront que 3.000 livres. Il lègue à dame Clarice de Capponi, sa fille, religieuse au monastère de Chazaux, à Lyon, la pension annuelle et viagere de 30 livres ; à messire Louis Perret, son chapelain de la chapelle de Saint-Maurice de la Sovaignère l'usufruit des bâtiments et clos qu'il a audit lieu et la pension annuelle et viagère de 50 livres, assignée sur le domaine de la Sovaignière, à la charge de prier Dieu pour son âme ; par titre de fondation, audit sieur Perret et à ses successeurs chapelains et prébendiers de ladite chapelle, qu'il veut être nommés par sondit héritier, la pension annuelle et viagère de 10 livres, à prendre sur le même domaine, à la charge de dire toutes les années une messe à haute voix, à tel jour du décès dudit testateur, qui défend de nommer à ladite chapelainie un religieux ou un moine, et, dans ce cas, ladite dame du Peloux et celle de ses filles qui possédera la terre de Roche fera cette nomination ; lègue à Jean-Claude Royet, son maître d'hôtel, 200 livres ; par fidéi-commis à ladite dame Magdelaine du Peloux, sa femme, sa terre et seigneurie de Roche-la-Mollière, les maisons, bâtiment et vigne lui appartenant près le bourg de Saint-Rambert, la rente par lui acquise à Roche des Pères Jésuites du grand collège de Lyon et le péage qui se lève audit Roche sur les châtaignes et bestiaux qui y passent. Le testateur payait une pension foncière aux Pères Jésuites de Lyon et une pension au seigneur de Rostaing ; il était en procès avec le seigneur baron de Lugny. Le comte de Beaufort-Canilliat lui devait 25.000 livres et intérêts.

Magdelaine du Peloux jouira de la terre de Roche-la-Mollière et la remettra à celle de leurs filles qu'elle voudra, à laquelle il substitue son héritier universel. Il institue son héritier universel, de la feue dame de Crémeaux, sa femme, et de défunte dame Anthoinette de Saint-Polgue, veuve du seigneur de la Saosne, dont il est héritier fidéi-commis, messire Gaspard de Capponi, son fils, auquel il substitue successivement ses filles, par ordre de primogéniture ; nomme curateur à sondit héritier universel noble Jehan de Colomb, sieur de Chambaud, avocat et juge de la Faye, et à sesdites filles ladite dame du Peloux, leur mère.

Monseigneur du Gué, intendant de justice en la généralité de Lyon, commissaire départi par Sa Majesté pour la vérification des titres de noblesse, avait rendu un jugement par lequel Gaspard de Capponi était déclaré noble et issu de noble et ancienne race et lignée ; ce jugement fut confirmé, le 16 août 1671, par un arrêt du Conseil d'Etat du Roi.

Gaspard de Capponi testa de nouveau, le 19 mai 1674, et Magdelaine du Peloux fit un testament le 29 mai 1674.

Gaspard de Capponi décéda le 18 août 1675. Voici l'estimation de quelques-uns des biens qu'il délaissa : maison au Chambon, estimée 1.000 livres ; prés et terre près le Chambon, 1.000 ; domaine de la Tour, 16.000 ; domaine de la Vialla, 12.000, rendant 1.500 livres ; la Chovignery, 3.300, rendant 300 livres ; le pré de la Potery, 3.500, rendant 200 ; la Sauvagniery, 800, rendant 100 livres ; le pré du château, 3.000, rendant 300 livres ; le bois Montal, 3.000, rendant 300 livres ; les domaines de la Chavana, 12.500, rendant 1.000 livres ; la prairie de Jurine et bois, 600 ; le domaine de Saint-Romain, 3.500, rendant 200 livres ; le bois Tioney, avec la scie, 3.000, rendant 200 livres; la Micalonnière, 4.200, rendant 200 livres; Meysoncelle, 800, rendant 100 livres; la maison de la Torallie, 300; la justice, péage, greffe, château et la rente, y compris les charrois, 81.000 livres. Total: 149.500 livres. Les dettes passives de Gaspard de Capponi s'élevant à 174.700 livres, consistaient en 57.800 livres dues à M. l'abbé de Feugerolles; 28.000 et les arrérages à M. des Bruneaux; 16.000 à M. de la Roche-Bouilloud; 12.000 livres à MM. de Saint-Priest; 4.800 à Mme de Sourdis; 3.000 au couvent de Chazeaux; 7.000 au couvent de Saint-Etienne; 7.500 à M. de la Fay; 2.400 à M. de Rostaing; 2.400 aux créanciers de Denis Grand; 6.000 à M. de la Tour-Maubourg; 2.000 à M. Henry, receveur; 7.000 à M. de la Tour-Varan; 2.800 à la veuve Bussières; 5.000 aux héritiers Dulong; 7.000 aux PP. Jésuites; 4.000 au sieur de Capponi.

Gaspard de Capponi eut d'Isabeau de Crémeaux, sa première femme :

1º Illustre, révérend messire Charles-Henri de Capponi, prêtre du diocèse de Lyon.

Par son testament du 9 mai 1663, son père lui légua 14.000 livres, dont 3.000 pour tous droits maternels et 11.000 pour tous droits de légitime et autres, sur lesquelles, 13.000 lui seront payées par le relachement de ses deux domaines, sis au lieu et terroir de la Grand Chavana, dans le mandement de Feugerolles.

Le 22 septembre 1674, illustre messire Charles-Henry de Capponi, prêtre du diocèse de Lyon, demeurant en ladite ville, rue de la Vieille-Monnoie, voulant reconnaître les bons offices, services et assistance qu'il a reçus et reçoit journellement et qu'il espère encore recevoir de messire Louis de Crémeaux, seigneur de la Grange, Chazey et Thizy, son oncle, lui fait donation entre vifs de la moitié de tous ses biens, aux charges suivantes : 1º que le donateur soit quitte de tout ce qu'il doit au donataire, pour prêt de deniers, nourriture et autres fournitures ; 2º que ledit seigneur de la Grange soit tenu, comme il fait depuis 3 ou 4 ans, fournir à sondit neveu sa nourriture, avec un laquais et un cheval et de lui payer annuellement 300 livres pour son entretien, tant que messire Gaspard de Capponi, son père, vivra, même après son décès, jusqu'à la liquidation des droits et justes prétentions dudit donateur en ses biens et succession. En cas de prédécès dudit seigneur de la Grange, ledit messire de Capponi au lieu de ladite nourriture et pension de 300 livres, jouira d'une rente annuelle et viagère de 800 livres, imposée spécialement sur la terre de Chazey.

Charles-Henry de Capponi, poursuivait la liquidation et payement de ses droits sur la succession de son père; après plusieurs conférences amiables avec Magdelaine du Peloux, veuve de celui-ci, Catherine de Capponi, fille et héritière bénéficiaire du même, et messire Hector de Charpin, chevalier, seigneur de Souzy et Feugerolles, mari de cette dernière, le 16 mai 1676, étant à Vienne, dans le palais archiépiscopal, Charles-Henry de Capponi, assisté de Louis de Crémeaux de la Grange. son donataire pour moitié de ses biens, fait un accord avec lesdits seigneur de Souzy et Catherine de Capponi, avec le conseil de maîtres Anthoine Colomb, conseiller et procureur du Roi en l'élection de Saint-Etienne, Françoys du Faisant et Jehan Vaginay, avocats au parlement de Paris, et Humbert de la Colombière, avocat au parlement de Dauphiné, et pour sur-arbitres messires Claude de Saint-George, précenteur de l'église et comte de Lyon, Anthoine de Rigaud, baron de Chandieu, seigneur de Sérézin, et Guy Colombet, prêtre, docteur en théologie et en droit canon de la faculté de Paris. Henry de Villars, archevêque et comte de Vienne, primat des primats des Gaules, conseiller du Roi en tous ses conseils, contribue beaucoup à cet accommodement. Toutes les prétentions dudit seigneur de la Grange, comme donataire dudit Charles-Henry de Capponi, sont réduites à 62.000 livres.

Charles-Henry de Capponi de Feugerolles donna son avis au contrat de mariage de sa sœur consanguine, Marie de Capponi passé à Lyon, le 9 juillet 1678, avec Gaspard d'Arod, baron de Montmelas.

Il donna aussi son avis au contrat de mariage de sa sœur consanguine, Catherine de Capponi de Feugerolles passé à Lyon, le 1er mai 1679, avec messire Louis de Crémeaux, chevalier, comte de la Grange, baron de Chazey et Thizy ; il constitue à sa dite sœur 10.000 livres.

Le même jour, étant à Lyon, dans la maison de maître Lambert de la Rouère, avocat en parlement et ès cours de Lyon, il remet et transporte audit Louis de Crémeaux la somme de 10,000 livres, à recevoir des plus clairs et liquides deniers qui lui appartiennent en l'hoirie de Gaspard de Capponi, son père, tant du chef de celui-ci que de celui d'Isabeau de Crémeaux, sa mère, après toutefois que la somme de 10,000 livres qu'il a constituée à Catherine de Capponi, sa sœur, par son contrat de mariage dudit jour, aura été payée, pour laquelle somme de 10.000 livres ledit de Crémeaux constitue au profit dudit Charles-Henry de Capponi une rente annuelle et perpétuelle de 550 livres.

Charles-Henry de Capponi, étant à Saint-Etienne-en-Forez, le 20 novembre 1680, et résidant à Roche-la-Mollière, au château dudit lieu ratifie la donation qu'il a faite à Marie de Capponi, sa sœur, femme de Gaspard d'Arod, de la somme de 4.000 livres, payable après son décès, par son contrat de mariage ; il lui donne encore 6.000 livres ; ces deux sommes sont exigibles dès à présent sur ce qui lui est dû sur la succession de Gaspard de Capponi, leur père. Ces donations sont faites à la condition de lui payer 500 livres, par année, sa vie durant, hypothéquées spécialement sur la terre d'Ars appartenant à Gaspard d'Arod.

Charles-Henry de Capponi, prêtre du diocèse de Lyon, testa vers 1683. Il élit sa sépulture dans l'église de la maison de l'Institution de l'Oratoire ; pour ses frais funéraires et obsèques, il s'en rapporte à la volonté et piété de son héritière ; lègue à la maison de l'Oratoire de Lyon son calice. un bassin et ses burettes, le tout vermeil doré, à la condition de payer les frais de son enterrement et de faire célébrer deux annuels de messes ; à la famille des Chainez, de Roche, en Forez, 50 livres ; au valet qui le sert présentement 500 livres, ses habits et linge ; déclare que de la somme de 4.000 livres qu'on l'a voulu obliger à donner aux dames religieuses de Saint-Etienne, en Forez, qu'il n'a pas eu pourtant volonté de donner, on leur en délaisse seulement mille; il donne les 3.000 restantes à M. Guigou, habitant près dudit lieu de Roche; lègue au séminaire de Saint-Irénée de Lyon 200 livres pour un annuel; au séminaire de l'Oratoire de Lyon 150 livres, pour faire prier Dieu pour lui; à M. de Crémeaux, seigneur de la Grange, époux de son héritière et sœur, son petit calice d'argent, ses chasubles et aubes, pour servir à la chapelle de Chazey; à dame Marie de Capponi de Feugerolles, sa sœur, épouse de M. de Montmelas, 110 livres; à dame Louise de Capponi de Feugerolles, sa sœur, épouse de M. de Capponi, 5.000 livres, au cas que Mme de la Grange, son héritière meure sans enfants.

Mathieu de Sève, baron de Fléchères, premier président et lieutenant-général en la sénéchaussée et siège présidial de Lyon et Pierre Jouve, docteur en droits, avocat en parlement, enquêteur, commissaire examinateur ès dits siège et sénéchaussée font savoir que, le 18 septembre 1683, sur la réquisition de maître Anthoine Guérinon, procureur en ce siège et de messire Louis de Crémeaux, chevalier, seigneur de la Grange et de Thizy et de dame Catherine-Charlotte de Capponi de Feugerolles, son épouse, héritière testamentaire de messire Charles-Henry de Capponi de Feugerolles, ils se sont transportés avec maître Jean Vaginay, seigneur de Montpinay, procureur de sa Majesté ès dits siège et sénéchaussée, dans la communauté des Révérends Pères de l'Oratoire de Lyon, située rue de la Vieille Monnaie, à l'effet de procéder à l'inventaire des meubles et autres effets délaissés par ledit Charles-Henry de Capponi. Dans une chambre prenant son entrée par une porte sur la grande montée et ses jours sur une cour joignant la sacristie a été trouvé un bois de lit noyer et colonnes rondes, sans aucun ciel, estimé 7 livres; le tour dudit lit de drap gris cezin, avec une housse cadiz blanc, le tout usé, estimé 30 livres. Dans un cabinet à côté, un coffret couvert de cuir rouge estimé, pour être usé, 8 livres; 2 tableaux peints à l'huile, représentant un Christ et une Vierge ; un crucifix avec sa croix bois noir ; un tapis Bergame usé ; 6 tableaux, 3 en mignature, les trois autres représentant un paysage, sœur Marguerite du Saint Sacrement et Saint Charles Borromée ; une chapelle bois doré garnie de 2 petits vases ; un saint suaire ; 2 petits chandeliers laiton ; un missel in-folio relié de maroquin du Levant ; 2 soutanes étamine.....

2° Damoiselle Louise de Capponi, religieuse du monastère de la Visitation Sainte Marie de Saint-Etienne.

Elle fut reçue audit monastère le 11 septembre 1652.

3° Damoiselle Clarice ou Claire de Capponi, religieuse au monastère de Chazaux, à Lyon.

Elle fut reçue audit monastère le 5 novembre 1660.

Par son testament du 9 mai 1663, son père lui légua la pension annuelle et viagère de 30 livres.

4° Damoiselle Françoise de Capponi, religieuse.

5° Melchiol de Capponi, mort jeune.

6° Alexandre de Capponi, mort jeune.

7° Révérend Père Bertrand de Capponi, religieux Minime de la ville de Saint-Etienne, professeur de théologie.

Par acte passé à Saint-Etienne le 21 novembre 1680, Gaspard d'Arod et Marie de Capponi, sa femme, en reconnaissance de la donation faite par Charles-Henry de Capponi, prêtre du diocèse de Lyon, de la somme de 6.000 livres, au profit de ladite dame de Capponi, sa sœur, promettent de payer, pour lui, la somme de 50 livres, par an, au Révérend Père Bertrand de Capponi, religieux Minime, son frère, jusqu'à son décès, ladite somme devant être employée en œuvres pies.

Le 13 mai 1696, à Saint-Etienne, dans le vestibule qui est à la porte du couvent des Pères Minimes, Bertrand de Capponi, religieux Minime, fait un accord avec sa sœur, Marie de Capponi, veuve de Gaspard d'Arod, concernant les arrérages de la susdite pension, qui sera prise annuellement sur la ferme du domaine Dutour de ladite dame, situé près du Chambon.

Marie de Capponi, veuve de Gaspard d'Arod, étant à Saint-Etienne, dans le cabinet de maître Jacques Caze, avocat au parlement, cède, le 11 août 1704, au Révérend Père La Bauche, correcteur au couvent des Pères Minimes, professeur en théologie de la ville de Saint-Etienne, la somme de 83 livres à elle due par messire Claude du Clos, chevalier, marquis de Saint-Polgue, pour s'acquitter de la pension viagère par elle due à son frère défunt Révérend Père Bertrand de Capponi, religieux du même ordre, décédé en cette ville le 18 juillet précédent.

Gaspard de Capponi eut de Magdelaine du Peloux, sa seconde femme :

8° Damoiselle Marie de Capponi, mariée à noble Gaspard d'Arod.

9° Damoiselle Catherine-Charlotte de Capponi de Feugerolles, mariée à haut et puissant seigneur messire Louis de Crémeaux, chevalier, comte de la Grange, baron de Chazey et de Thizy.

Par son testament du 9 mai 1663, son père lui légua 12.000 livres, dont 10.000 pour légitime paternelle et le reste en vertu de son contrat de mariage avec Magdelaine du Peloux, sa mère.

Le 1er mai 1679, Catherine de Capponi, demeurant à Lyon, agissant avec l'avis de Charles-Henry de Capponi, prêtre du diocèse de Lyon, son frère consanguin, passa contrat de mariage à Lyon, dans la maison d'habitation de M. maître Lambert de la Roère, avocat en parlement et ès cours de Lyon, en présence de messire André Chamossy, prêtre, prieur de Saint-Laurent, confesseur des Révérendes dames abbesse et religieuses de Chazaux, avec messire Louis de Crémeaux, chevalier, comte de la Grange, baron de Chazey et de Thizy, demeurant a Lyon, fils de haut et puissant seigneur messire Regnaud de Crémeaux, chevalier, comte de la Grange, baron de Chazey et de Thizy, maréchal de camp des armées du Roi, gouverneur pour Sa Majesté de Bellegarde et de Saint-Jean-de-Losne, et de dame Françoise de Cataléo. Charles-Henry de Capponi, constitue à sadite sœur 10.000 livres.

Par son testament fait vers 1683, Charles-Henry de Capponi lègue audit Louis de Crémeaux, son beau-frère, son petit calice d'argent, ses chasubles et aubes pour servir à la chapelle de Chazey et institue son héritière universelle sa sœur Catherine-Charlotte de Capponi, femme dudit Louis de Crémeaux.

10° Messire Gaspard de Capponi.

Par son testament du 9 mai 1663, son père le nomma son héritier universel, ainsi que de la dame de Crémeaux, sa première femme, et de la dame Anthoinette de Saint-Polgue, veuve du seigneur de la Saosne, dont il était héritier fidéi-commis et lui donna pour tuteur noble Jehan de Colomb, sieur de Chambaud, avocat et juge de la Faye.

11° Damoiselle Catherine-Angélique de Capponi, dame de Feugerolles, mariée avec messire Pierre-Hector de Charpin, chevalier, comte de Souzy.

Par son testament du 9 mai 1663, son père lui légua 12.000 livres, dont 10.000 pour légitime paternelle et le reste en vertu de son contrat de mariage avec Magdelaine du Peloux, sa mère.

Catherine-Angélique de Capponi épousa, par contrat du 10 janvier 1676, Hector de Charpin, comte de Souzy.

12° Damoiselle Christine de Capponi.

Par son testament du 9 mai, 1663, son père lui fit le même legs qu'à sa sœur Catherine-Angélique.

13° Damoiselle Louise de Capponi, mariée avec N. de Capponi.

Par son testament du 9 mai 1663, son père lui fait un legs semblable à ceux de ses sœurs Louise et Catherine-Angélique.

Elle a un legs de 5.000 livres, par le testament de 1683 environ de son frère Charles-Henry de Capponi, au cas que leur sœur Madame de Crémeaux meure sans postérité.

CHAPITRE XVIII

Du Peloux.

I. — Noble Charles du PELOUX, seigneur du Peloux, de Brézenaux et des Collaux, marié, selon un tableau généalogique, avec Claire de Chalancon, épousa certainement Madelaine de Bayard, ou de Bayars, dame dudit lieu.

Charles du Peloux demeurait en la maison forte de Brézenaux et testa le 24 novembre 1603.

Il assista, le 20 novembre 1605, au château de Gourdan, au mariage de son fils Nicolas du Peloux avec haute et puissante dame Catherine du Puy, veuve de puissant seigneur messire Nicolas du Peloux, seigneur de Gourdan.

Charles du Peloux eut de Madeleine de Bayard ;

1° Noble Nicolas du Peloux, qui suit.

2° Noble Meraud du Peloux, chevalier de Saint-Jean-de-Jérusalem.

3° Damoiselle Louise du Peloux, mariée à haut et puissant seigneur messire Gaspard de Simiane, seigneur de la Coste-Moyrans, conseiller du Roi, lieutenant général de l'artillerie de la province de Dauphiné.

Tous deux vivaient le 22 juin 1631.

4° Damoiselle Magdeleyne du Peloux, mariée à messire Bertrand de la Tour. seigneur et baron de Montvert.

Tous deux vivaient le 22 juin 1631.

II. — Messire NICOLAS DU PELOUX, seigneur du Peloux, Bayard et Brézenaux, chevalier de l'ordre du Roy, marié à damoiselle Catherine du Puy, veuve de haut et puissant seigneur Nicolas du Peloux, seigneur de Gourdan.

Le 20 novembre 1605, au château de Gordan, en présence de noble Etienne de Girard, conseiller et aumônier du Roi, official d'Annonay, de messire Hector de Fay, seigneur de la Tour de Maulbourg, de noble Jehan de Fay, chevalier de Saint-Jehan-de-Hiérusalem, de noble Loys de Boulhieu, seigneur de Charlieu, de noble Christophle Arenc, seigneur de la Condamine, de Loys de Gontal, sieur de Saint-Martin, de Jehan de la Fressange, d'Anthoine de Montchal et de M. maître Charles Desserres, conseiller du Roi, juge du Puy, Viverois et Vallentinois, messire Nicolas du Peloux, seigneur de Bayard, chevalier de l'ordre du Roi, fit contrat de mariage avec haute et puissante dame Catherine du Puy, veuve de puissant seigneur messire Nicolas du Peloux, chevalier de l'ordre du Roi, seigneur de Gourdan, ledit seigneur de Bayard, agissant de l'autorité de noble Charles du Peloux, son père, seigneur du Peloux, des Collaux et de Brézenaud, et ladite dame de l'avis de messire Claude de Villars, chevalier de l'ordre du Roi. La future épouse se constitue en dot la somme de 18,000 livres, sur laquelle le futur époux a reçu celle de 8,700 livres, savoir 3,000, ou l'acquit de pareille somme dûe par celui-ci à ladite dame, comme ayant droit par transport de noble Christophle de Boulhieu, seigneur de Jarnieu, tuteur de damoiselle Marguerite du Peloux, fille et héritière dudit feu Nicolas du Peloux. Ledit Charles du Peloux remet audit seigneur de Bayard, son fils la maison forte et domaine de Bayard, rentes et dépendances.

Nicolas du Peloux testa au château de Bayard, le 21 juin 1631. S'il décède au pays, il veut être inhumé en la chapelle de Bayard, qui est dans le monastère des Célestins Notre-Dame de Colombier-le-Cardinal ; il demande service d'enterrement, trentain et bout de l'an faits par lesdits religieux Célestins ; lègue à damoiselle Marie de Fontgarnant son entretenement, sa vie durant, tant qu'elle voudra demeurer dans la maison dudit testateur, avec son héritière universelle ; fait des legs à ses serviteurs ; lègue à dame Marie du Peloux, sa fille, femme de messire François de Beaufort, chevalier de l'ordre du Roi, sénéchal de Clermont, une bague jusqu'à la somme de 100 livres, outre ce qu'il lui a donné par son contrat de mariage ; à sœur Claudine-Françoise du Peloux, sa fille, religieuse de l'ordre de la Visitation au monastère de Coindrieu, 30 livres, outre ce qu'il lui a donné lorsqu'elle s'est rendue religieuse dans ledit monastère ; à noble Charles du Peloux, damoiselles Magdeleyne, Christine et Thérèse du Peloux, ses enfants et au ou aux posthumes qu'il pourrait avoir de son mariage avec la dame du Puy, à chacun sa légitime de droit, dont les fils ne jouiront qu'à l'âge de se gouverner et les filles, quand elles se marieront, de l'avis de ladite dame du Puy, sa femme, dudit seigneur de Beaufort, son gendre, de messire Bertrand de la Tour, seigneur et baron de Montvert, de messire Gaspard de Symiannes, seigneur de Moyrans, ses beaux-frères, et de dames Louise du Peloux, dame de Moyrans et Magdeleyne du Peloux, dame baronne de Montvert, ses sœurs. Il institue héritière universelle Catherine du Puy, sa femme, à la charge de payer ses légats et dettes.

Catherine du Puy fut présente, le 10 février 1647, au château de Bayard, au contrat de mariage de sa fille Magdelaine du Peloux avec Gaspard de Capponi, baron de Feugerolles.

Du mariage de Nicolas du Peloux avec Catherine du Puy vinrent :

1° Damoiselle Madelaine du Peloux, mariée d'abord à haut et puissant seigneur messire Balthazard de Clermont, seigneur de la Roche-Montezon, puis à noble Gaspard de Capponi baron de Feugerolles.

Par son testament du 22 juin 1631, son père lui légua sa légitime de droit, payable à son mariage.

Elle vivait encore, le 9 juillet 1678, lors du mariage de sa fille Marie de Capponi avec Gaspard d'Arod, baron de Montmelas.

2° Damoiselle Marie du Peloux, femme de messire François de Beaufort, chevalier de l'ordre du Roi, sénéchal de Clermont.

Son père lui légua, par son testament du 22 juin 1631, une bague jusqu'à la somme de 100 livres, outre ce qu'il lui avait donné par son contrat de mariage.

3° Sœur Claudine-Françoise du Peloux, religieuse de la Visitation à Coindrieu.

Par son testament du 22 juin 1631, son père lui légua 30 livres, outre ce qu'il lui avait donné à son entrée en religion.

4° Noble Charles du Peloux.

Son père lui légua sa légitime de droit, par son testament du 22 juin 1631.

5° Damoiselle Christine du Peloux.

Par son testament du 22 juin 1631, son père lui légua sa légitime de droit.

6° Damoiselle Thérèse du Peloux.

Son père lui légua sa légitime de droit, par son testament du 22 juin 1631.

I. — Haut et puissant seigneur messire Nicolas du PELOUX, chevalier de l'ordre du Roi, gentilhomme ordinaire de sa chambre, seigneur de Gourdan, Marclaud, la Motte et la Sabliere, marié a damoiselle Catherine du Puy.

Nicolas du Peloux fit contrat de mariage, le 14 juin 1598, à Annonay, maison d'habitation d'Anthoine de Montchal, commissaire ordinaire de l'artillerie de France, en sa présence et de nobles Anthoine et Daniel Bollioud et de noble Jehan de la Fressange, avec Catherine du Puy, fille de feuz noble Jacques du Puy et damoiselle Catherine de Villars, habitants de la ville de Saint-Guermier, en Forestz. La future épouse agit avec l'avis de messire Pierre de Villars, archevêque et comte de Vienne, conseiller du Roi en ses conseils privé et d'Etat, de damoiselle Marguerite de Chaste, son alliee et de damoiselle Catherine du Puy, sa tante paternelle.

Nicolas du Peloux fut père de :

1er Damoiselle Marguerite du Peloux.

Le 20 novembre 1605, elle était héritière de son pere et avait pour tuteur noble Christophle de Boulhieu, seigneur de Jarrnieu.

CHAPITRE XIX

De Charpin.

I. — Messire Baltazard de CHARPIN, chevalier. seigneur du Verney, marié avec damoiselle Louise de Villars.

Par acte passé à Lyon, le 28 décembre 1680, messire Pierre Hector de Charpin, tant en son nom que de dame Catherine de Capponi, son épouse, et avec lui solidairement messire Baltazard de Charpin, son père, seigneur du Verney, et dame Louise de Villars, sa mère, vendent à messire Jehan de Fenoyl-Turey, chevalier, comte desdits lieux, les terres et seigneuries de la Forest des Halles, Souzy, Tourville, maisons, bâtiments, pressoirs, cuves, bois, prés, étangs, justice, pensions, domaines, dîmes, rentes nobles, droits de laydes, etc., lui appartenant dans les paroisses de Haute-Rivoire, Souzy, Mey et Aveyze, Saint-Clément, Saint-Martin, Greyzieu, Saint-Laurent-de-Chamousset et autres lieux circonvoisins, avec lès chapelles et droits honorifiques, si aucuns y en a, les domaines et possessions situés à Haute-Rivoire, Saint-Clément, Saint-Martin, le domaine situé à Souzy engagé à la dame de l'Argentière, les maison, bâtiment, cuves et pressoirs qui s'y trouvent, les vignes et maison situées à Bessenay et dimes en dépendant, avec leurs appartenances, moyennant la somme de 110,000 livres et 50 louis d'étrennes payables à ladite dame de Capponi.

Baltazard de Charpin, eut, entre autres enfants, de Louise de Villars :

II. — Noble PIERRE-HECTOR DE CHARPIN, chevalier, comte de Souzy. marié avec damoiselle Catherine-Angélique de Capponi.

De ce mariage naquit :

1º Messire Henry de Charpin, seigneur de Feugerolles.

Il fut parrain de Henry, fils de Gaspard d'Arod, baron de Montmelas, et de Marie de Capponi, baptisé le 1ᵉʳ juin 1688.

CHAPITRE XX

De Mallet de Vandègre.

I. — Anthoine de MALLET.

Il vivait en 1653 et fut père de (grand' père, d'après M. Octave de Viry) :

II. — Messire Gaspard-Charles de MALLET, chevalier, seigneur de Vandègre, la Forest et Bulhon, marié avec damoiselle Marie-Françoise de Musy.

Leur contrat de mariage est du 8 septembre 1687.

Le 30 juin 1706, à Iron (?), dans la maison de messire Thomas de Chabanne, chevalier, seigneur de Durat et de Bellealbre, en présence et de l'avis de messire Joseph-Gaspard de Montmorin, prêtre, de Charles de la Rochelambert, chevalier, seigneur du Montet, de Guillaume de la Rochelambert, chevalier, seigneur du Pieux, de Jacques de Baisle, écuyer, sieur dudit lieu, et de maître Claude-Ignace Brugières sieur de Barante, avocat en parlement, Marie-Françoise de Musy, veuve de Gaspard-Charles de Mallet, résidant au château de Bulhon, d'une part ; messires Gabriel de Mallet, chevalier, seigneur de Vandègre, et François de Mallet, chevalier, enfants de ladite dame de Musy et dudit défunt, procédant sous l'autorité de Gabriel de Roquevolle, seigneur de la Vord, leur curateur, et celui-ci comme curateur de Charlotte-Cibille de Mallet, damoiselle, émancipée comme sesdits frères, lesdits Gabriel, François et Charlotte-Cibille résidant ordinairement audit château et paroisse de Bulhon, d'autre, disent que la dame de Musy ayant accepté la tutelle de ses enfants après la mort de son mari et l'ayant administrée jusqu'à présent, elle était sur le point d'en rendre compte à ses enfants. Ladite dame de Musy donne, par les présentes, auxdits Gabriel de Mallet, seigneur de Vandègre, François de Mallet, Charlotte-Cibille de Mallet et à Gilbert de Mallet de Clermatin, ses enfants, la somme de 25.000 livres à prendre sur celle de 30,000 livres faisant partie de sa constitution dotale du 8 septembre 1687, savoir 10,000 audit Gabriel, fils aîné ; 4,000 audit François ; 4,000 audit Gilbert et 7,000 à ladite Charlotte-Cibille.

Gaspard-Charles de Mallet eut de Marie-Françoise de Musy :

1º Damoiselle Sibille-Charlotte de Mallet de Vandègre, mariée avec noble Joseph d'Arod, baron de Montmelas.

2º Messire Joseph de Mallet, seigneur de Vandègre et Bullon.

3º Noble François de Mallet de Vandègre, chevalier.
Le 30 juin 1706, il avait pour curateur Gabriel de Roquevolle, seigneur de la Vord et il résidait au château de Bulhon ; sa mère lui donne 4,000 livres.
Il décéda avant le 5 février 1716.

4º Messire Gabriel-Marie de Mallet, seigneur de Vandègre, Bullion et la Forest.
Il était l'aîné des fils de Gaspard-Charles de Mallet et de Marie-Françoise de Musy ; le 30 juin 1706, il avait le même curateur

et demeurait au même lieu que son frère François ; sa mère lui donna 10,000 livres.

Le 19 juin 1720, Gabriel-Marie de Mallet, résidant en son château de Bullion, fit, à Riom, une transaction avec Sibille de Mallet, sa sœur, et Joseph d'Arod, son beau-frère.

Le 2 octobre 1752, messire Gabriel-Marie de Mallet de Vandaigre, seigneur de Bulhon et la Forest, résidant à Thiers, paroisse de Saint-Jean, âgé de 66 ans, faisait partie du conseil de famille des enfants de défunt François-Marie d'Arod, son neveu.

5° Messire Gilbert de Mallet de Clermartin ou de Bulhon, chevalier, seigneur de la Vallette, marié avec damoiselle Marie-Geneviève de Château-Baudau.

Le 30 juin 1706, sa mère lui donne 4,000 livres.

Il demeurait le 2 octobre 1752, au château d'Anglard, paroisse du quartier, et était âgé de 58 ans ; il faisait alors partie du conseil de famille des enfants de défunt François-Marie d'Arod, son neveu.

Le 27 février 1753, Gilbert de Mallet de Bullion, chevalier, seigneur de la Vallette, et Marie-Geneviève de Château-Baudau, son épouse, demeurant au château d'Anglard, paroisse du Quartier, province d'Auvergne, firent des donations à Charles de Mallet de Vandègre, à l'occasion de son mariage avec Marie-Anne-Françoise de Sarrazin.

6° Noble Claude-Louis de Mallet de Vandègre, qui suit.

III. — Messire CLAUDE-LOUIS DE MALLET DE VANDÈGRE, écuyer, seigneur de Vandègre et· l'Ormet, marié avec damoiselle Suzanne de Chambaud.

Le 2 octobre 1752, il était âgé de 65 ans et demeurait en la paroisse de Vallignac, élection de Gannat ; il faisait partie du conseil de famille des enfants mineurs délaissés par son neveu François-Marie d'Arod de Montmelas.

Claude-Louis de Mallet et Suzanne de Chambaud demeuraient, le 27 février 1753, en leur château de l'Ormet, paroisse de Vallignac, en Bourbonnais.

Claude-Louis de Mallet de Vandègre eut de Suzanne de Chambaud :

1º Messire Charles de Mallet de Vandègre, chevalier, seigneur de Vandègre et de l'Ormet, capitaine au régiment de Vermandois, marié avec damoiselle Marie-Anne-Françoise de Sarrazin.

Leur contrat de mariage fut passé au château de la Pierre, paroisse de Durette, le 27 février 1753, en présence de messires Gabriel et Gilbert Mallet de Vandègre, frères du futur, de messire François-Aymé d'Assier, baron de la Chassagne, lieutenant-colonel de dragons, demeurant à la Chassagne, oncle maternel de la future, de messire Gabriel Boscary, docteur en théologie, curé de ladite paroisse de Durette, et de noble Alexandre Calmard, avocat au parlement et au bailliage de Beaujolais. Charles Mallet de Vandègre procède de l'autorité de messire Antoine de Chaussecourte, chevalier, demeurant à Saint-Jean-la-Vestre, en Forez, fondé de la procuration de ses père et mère. Marie-Anne-Françoise de Sarrazin agit de l'autorité de haut et puissant seigneur, messire Louis-Philippe-Joseph-Marie de Sarrazin, chevalier, seigneur de la Pierre, le Souzy, Durette, Houchain, demeurant en son château de la Pierre, et de dame Jeanne-Benoîte d'Assier de la Chassagne, ses père et mère. Le futur est institué héritier universel de ses père et mère qui se réservent seulement l'usufruit du bien du Mont, en la paroisse de Terjac, et 2.000 livres, dont ils jouiront et disposeront à leur volonté. Le futur est chargé de payer à messires Gabriel, Gilbert et damoiselle Jeanne Mallet de Vandègre, ses frères et sœur, à chacun 4.000 livres. Si sesdits père et mère ne peuvent vivre avec leurdit fils aîné, pour cause d'incompatibilité, celui-ci leur payera une pension annuelle et alimentaire de 400 livres. Ledit seigneur de Chaussecourte, comme fondé de la procuration de messire Gilbert Mallet de Bullion, chevalier, seigneur de la Vallette, et de dame Marie-Geneviève de Châteaubaudau, son épouse, a, du chef dudit messire Gilbert Mallet, institué ledit futur seul et universel héritier de tous les biens dont ledit messire Gilbert Mallet mourra vêtu et saisi, à la charge de payer a messire Gabriel de Mallet, officier de cavalerie au régiment de Conty, à messire Gilbert Mallet, officier d'infanterie et à damoiselle Jeanne Mallet, ses frères et sœur la somme de 10,000 livres, savoir 4.000 au premier, 2.000 au second et 4.000 à la troisième ; ladite dame de Châteaubaudau aura la jouissance de tous les biens de sondit mari ; elle donne au futur 4.000 livres payables après son décès, plus 1,698 livres, 2 sols, 10 deniers, faisant moitié de celle employée par ledit seigneur de Bullion en l'acquit et décharge de la terre d'Anglard, au rachat et remboursement d'une rente au principal de 3,208 livres, 16 sols, qui était due par messire Gabriel-Sébastien de Mâcon-Duchez, chevalier, seigneur d'Anglard, à défunt messire Jean-François de Mâcon, chevalier, comte Duchez, lequel rachat et remboursement a été fait par ledit seigneur de Bullion à messire Jean-Gabriel d'Aurelle de Terrenaire, comme étant aux droits de la dame de Mâcon, sa mère, fille de défunt Jean-François de Mâcon, avec des effets mobiliers venant de la succession de messire François de Muzy, seigneur de Diaime, oncle maternel dudit seigneur de Bullion. Ledit seigneur de Chaussecourte, comme fondé de la procuration dudit Gabriel-Sébastien de Mâcon-Duchez, seigneur d'Anglard, et de dame Marie-Françoise de Muzy, son épouse, institue ledit futur époux leur seul et universel héritier, à la charge de faire faire leurs frais funéraires, services, enterrement, quarantain et bout de l'an. Ledit seigneur de la Pierre constitue à sadite fille, en dot, la somme de 30.000 livres, dont il paye aussitôt 11.600 livres. L'augment de la future est, le cas échéant, de 15.000 livres ; ses bagues et joyaux seront du 10° de ladite dot.

2° Messire Gabriel de Mallet de Vandègre, officier de cavalerie au régiment de Conty.

Par le contrat de mariage, du 27 février 1753, de son frère Charles de Mallet de Vandègre, ses père et mère lui donnent 4.000 livres et son oncle Gilbert Mallet de Bullion, autant.

3° Messire Gilbert de Mallet de Vandègre, officier d'infanterie.

Par le même contrat de mariage, du 27 février 1753, ses père et mère lui donnent 4.000 livres, et son oncle Gilbert Mallet de Bullion, 2.000.

4° Damoiselle Jeanne de Mallet de Vandègre.

Elle est partagée comme son frère Gabriel, par le susdit contrat de mariage du 27 février 1753.

Les archives du château de Montmelas mentionnent encore deux membres de la famille de Mallet de Vandègre, que je suppose fils et fille de Charles de Mallet de Vandègre et de Marie-Anne-Françoise de Sarrazin, savoir :

1° Haut et puissant seigneur messire Gilbert-Joseph-Gabriel-Sidon-Fidel-Amand-Constant de Mallet, comte de Vandègre, chevalier, seigneur de Bullion et de la Forest, marié avec haute et puissante dame Marthe de Boysseulh.

Il fut présent, à Paris, le 29 novembre 1778, au contrat de mariage de Gaspard, comte d'Arod de Montmelas, son cousin issu de germain avec Agnès-Louise Montreuil.

Le 6 juillet 1787, sa femme et lui furent marraine et parrain, à Paris, paroisse de la Ville-l'Evêque, de Stéphanie-Sidonie-Marthe, fille de Gaspard d'Arod et d'Agnès-Louise Montreuil.

2° Très-haute et très-puissante dame Marie-Françoise-Jacqueline-Claudine de Mallet de Vandègre, mariée avec haut et puissant seigneur Jean-Louis-Thomas Heurtault, comte de Lammerville, chevalier de Saint-Louis.

Tous deux assistèrent, à Paris, le 29 novembre 1778, au contrat de mariage de Gaspard, comte d'Arod de Montmelas, cousin issu de germain de ladite dame de Mallet avec Agnès-Louise Montreuil.

CHAPITRE XXI

De Monspey.

I. — Noble et puissant seigneur messire Antoine de MONSPEY, chevalier, marquis de Vallière, marié avec damoiselle Charlotte de Champier.

Il était présent, le 14 juin 1725, au château de Vallière, paroisse de Rogneins, au contrat de mariage de sa fille Jeanne-Louise avec Joseph Arod, marquis de Montmelas; sa femme était déjà morte.

Du mariage d'Antoine de Monspey avec Charlotte de Champier naquirent :

1° Noble messire Joseph-Henry de Monspey-Vallière, chevalier, comte de Vallière, seigneur de Beaulieu, Brameloup, Bionney et Charentay, capitaine de dragons au régiment de Bauffremont, chevalier de Saint-Jean de Jérusalem.

Il fit ses preuves pour l'ordre de Saint-Jean de Jérusalem, le 27 septembre 1707, mais il ne fit pas profession, sortit de l'ordre et se maria,

Le 14 juin 1725, il assista, au château de Vallière, au contrat de mariage de sa sœur Jeanne-Louise de Monspey avec Joseph Arod, marquis de Montmelas.

Le 16 décembre 1733, au château de Serfavre, en présence de messire Jean-Claude Pierrefeu, docteur en théologie, prêtre et aumônier du seigneur de Montmelas, et de maître Joseph Aillaud, commissaire à terriers, demeurant à Chamelet, Joseph Arod, marquis de Montmelas, reconnaît posséder de la directe noble, censive et servitude de Joseph-Henry de Monspey, comte de Vallière, seigneur de Brameloup, à cause de sa rente noble de Brameloup, de la reconnaissance de messire Thomas Girin, prêtre de Montmelas, et de Jacques Girin, son frère, une mure et place situées au bourg dudit Montmelas, joignant la terre de Gabriel de Prohenque, écuyer, seigneur de Plantigny, de matin déclinant à vent, le chemin tendant de Meysé, à présent du Carra audit Montmelas de vent et soir, autre chemin tendant dudit Montmelas audit Plantigny de bise.

Joseph-Henry de Monspey fit une transaction à Villefranche, le 11 décembre 1739, avec Jeanne-Louise de Monspey, sa sœur, et Joseph Arod, marquis de Montmelas, mari de celle-ci.

2° Damoiselle Jeanne-Louise de Monspey, femme de noble Joseph Arod, marquis de Montmelas.

CHAPITRE XXII

De Sagie.

I. — Noble PHILIBERT DE SAGIE, *aliàs* de Sauge, eut de damoiselle Véronique Arod,

1º Noble César de Sagie, écuyer, seigneur de Saint-Ligier-lès-Mâcon.
Il testa le 29 septembre 1591, en son chastel de Saint-Ligier; élit sa sépulture au cimetière de l'église dudit Saint-Ligier, au tombeau de ses prédécesseurs seigneurs dudit lieu; lègue aumône à tous pauvres se présentant le jour de son enterrement, en réfection corporelle, selon le pouvoir de ses biens; à damoiselles Philippes, Susanne, Constance et Lucresse de Sagie, ses sœurs, à chacune 20 écus sols. Il institue héritier universel son oncle Jehan Arod, baron de Montmelas.

2º Damoiselle Philippes de Sagie.
Elle est légataire de 20 écus sols, par le testament du 29 septembre 1591, de son frère César de Sagie.

3° Damoiselle Susanne de Sagie.

Elle a un legs semblable, par le testament du 29 septembre 1591, de César de Sagie.

4° Damoiselle Constance de Sagie.

Son frère César de Sagie lui lègue 20 écus sols, par son testament du 29 septembre 1591.

5° Damoiselle Lucresse de Sagie.

Elle a aussi un legs de 20 écus sols, par le testament du 29 septembre 1591, de César de Sagie.

CHAPITRE XXIII

Du Puy.

I. — Noble Jehan du PUY, bourgeois de Montluel.
Il mourut avant 1488 et fut père de :

II. — Noble homme Alexandre du PUY.
Il fit une transaction en 1488, avec noble Humbert Voisin.
Le 16 octobre 1494, il déclare tenir certains cens et servis, au lieu de Montluel, sous l'hommage et fief de messire Philibert de Savoie, comte de Baugé.
Alexandre du Puy fut père de :

III. — Noble François du PUY, gouverneur de Saint-Sornin, écuyer de Charlotte d'Orléans, duchesse de Nemours, marié avec damoiselle Sébastienne de Clermont.
Ils se marièrent par contrat de l'an 1513.

Charlotte d'Orléans, duchesse de Nemours, lui donna, en 1535, des lettres de provision du gouvernement de Saint-Sornin.

En 1539, il reçut des lettres de confirmation de ce gouvernement et il fut pourvu de l'office d'écuyer de ladite duchesse.

François du Puy eut de Sébastienne de Clermont.

IV. — Noble Claude du PUY, seigneur de Marcel, près Gourdans, en Bresse, capitaine-châtelain de Montmélian, homme d'armes de la compagnie du marquis de Rottelin et de celle de La Nocle, marié avec damoiselle Loyse de la Gellière.

En 1528, Claude Nicolas testa au profit de Claude du Puy.

Claude du Puy épousa, en 1547, Loyse de la Gellière.

En 1560, il fut pourvu du gouvernement de Montmélian, par le duc de Savoie, qui lui accorda, la même année, une pension de 150 écus.

Claude du Puy habitait dans sa maison de Marcel, il fut employé en de grandes affaires, il porta les armes pour le service du roi de France en Picardie et plusieurs autres lieux, sous la charge et conduite de M. le marquis de Rottellin, étant homme d'armes de sa compagnie, il se trouva à la bataille de Saint-Quentin et autres combats, il fut ensuite homme d'armes de la compagnie de La Nocle, et quand la Savoie fut rendue par le roi de France au duc de Savoie, il fut mis gouverneur en la plus forte place de Savoie, qui était le château de Montmellian, comme étant un grand capitaine, vivant noblement et duquel le duc de Savoie avait bonne confiance pour sa valeur et sagesse.

Claude du Puy eut de Loyse de la Gellière :

1° Noble Pierre du Puy, qui suit.

2° Noble Symond du Puy, seigneur de la Tour de Massonnas.

Symond du Puy, du pays de Dauphiné, et son frère Pierre du Puy adressèrent, le 11 obtobre 1594, une supplique à Jacques du

Fay, abbé de Saint-Pierre hors les murs de Vienne et de Notre-Dame-de-Bonnevaulx.

Le 8 février 1596, Symond du Puy assista, au lieu de Massonnas, mandement de Frontonnas et Gonas, au procès-verbal des preuves de noblesse de son neveu Guillaume du Puy, pour être reçu religieux en l'abbaye de Saint-Pierre hors les portes de Vienne.

V. — Noble Pierre du PUY, seigneur de la Garde, près les Abrestz et Hauttebize, gentilhomme volontaire en Dauphiné, gendarme des compagnies de MM. de Maulvessières, et de Maugiron, marié avec damoiselle Claudine de Clermont.

Le 15 avril 1569, Pierre du Puy fit contrat de mariage avec Claudine de Clermont, fille de noble Anthoine de Clermont, seigneur d'Aultebize et de la Bastie de Recoing, diocèse de Vienne.

Le 11 octobre 1594, il adressa, avec son frère Symond du Puy, une supplique à Jacques du Fay, abbé de Saint-Pierre hors les murs de Vienne et de Notre-Dame de Bonnevaulx.

Il assista, le 8 février 1596, au lieu de Massonnas, au procès-verbal des preuves de noblesse de son fils Guillaume, pour être reçu religieux en l'abbaye de Saint-Pierre hors les portes de Vienne.

Pierre du Puy porta les armes en France, étant gendarme de la compagnie de M. de Maulvessières et en celle de M. de Maugiron, pour le service du Roi, il servit soit à pied, soit à cheval, vivant toujours en belle et bonne réputation, en vrai gentilhomme d'honneur, en religion apostolique et romaine.

Pierre du Puy reçut, en 1602, un arrêt de la cour en sa faveur, en suite d'un procès qu'il avait intenté au parlement de Grenoble contre la communauté de la Pallud.

Le 14 juin 1625, le duc de Lesdiguières lui accorda un congé dont la teneur suit : « Le duc de Lesdiguières, pair et connétable de France ; s'en allant le sieur de la Garde, gentilhomme volontaire en Dauphiné, par notre permission, à cause de la mort de son père survenue depuis peu de jours, nous mandons et enjoignons très expressément à tous gens de guerre François, tant de cheval que de pied, recognoissant l'autorité qu'il a plu au Roy nous donner et prions tous ceux sur qui notre pouvoir ne s'étend le laisser sûrement et librement passer avec deux valets, un laquais, trois chevaux, sans lui donner ou permettre qu'il lui soit fait, mis ou donné aucun arrest, destourbier ou empeschement en son passage, ains toute faveur et assistance, si besoin est. A Rivalta, le 14 juin 1625. Lesdiguières. »

Pierre du Puy et Claudine de Clermont firent un testament mutuel, le 12 août 1627, dans leur maison d'habitation appelée Hauttebize, à Recoin, en présence de noble Anthoine de Morenc, chevalier de l'ordre de Saint-Jehan de Hiérusalem, du lieu de Recoin. Pierre du Puy fait un legs à son fils messire Guillaume, chanoine en l'église Saint-Pierre de Vienne. Leur héritier universel est leur autre fils Jehan du Puy.

Pierre du Puy eut de Claudine de Clermont :

1° Noble Jehan du Puy, qui suit.

2° Noble messire Guillaume du Puy, religieux de Saint-Pierre, hors les portes de Vienne.

Nobles Pierre et Symond du Puys, du pays de Dauphiné, ayant supplié Révérend Père en Dieu messire Jacques du Fay, abbé des abbayes de Saint-Pierre hors les murs de Vienne et de Notre-Dame de Bonnevaulx, de recevoir sous son obéissance ecclésiastique noble Guillaume du Puys, fils naturel et légitime dudit Pierre, et lui octroyer place de religieux en l'abbaye et monastère dudit Saint-Pierre hors les portes de Vienne pour illec vivre et mourir religieusement avec les sieurs confrères religieux d'icelle abbaye sous l'obéissance dudit abbé et autres supérieurs ses successeurs, et il priera et servira Dieu pour la prospérité et santé dudit abbé ; leur demande leur est accordée, par acte passé en ladite abbaye de Bonnevaulx, le 11 octobre 1594, le prétendant étant de la qualité requise et accoutumée audit monastère ; il aura aussi une prébende monacale.

Le 8 février 1596, au lieu de Massonnas, mandement de Frontonnas et Gonas et maison d'habitation de Guinyn, hôte, par devant frère Louys de Corbeau, aumônier du monastère Saint-Pierre hors porte de Vienne, comparaissent Pierre du Puys, seigneur de la Garde, et Symond du Puys, seigneur de la Tour de Massonnas, frères, lesquels lui remontrent avoir présenté requête à Révérend Père en Dieu messire Jacques du Fay, abbé des abbayes de Saint-Pierre hors porte de Vienne et Notre-Dame de Bonnevaulx, et autre requête à MM. du chapitre dudit monastère de Saint-Pierre, tendant qu'il leur plut recevoir sous l'obéissance ecclésiastique, pour religieux en ladite abbaye, noble Guillaume du Puys, fils naturel et légitime dudit Pierre du Puys et de Claudine de Clermont, pour illec vivre religieusement avec les sieurs confrères religieux d'icelle abbaye sous l'obéissance dudit Jacques du Fay et autres supérieurs ses successeurs et lui donner une prébende telle qu'il leur plairait, pour faire enquête de sa noblesse, qualités, titres et légitimation au pied desdites requêtes, la première appointée en l'abbaye de Bonnevaulx le 13 octobre, 1594, signée Jacques du Fay, abbé de Saint-Pierre, et l'autre en l'assemblée desdits sieurs de Saint-Pierre capitulants audit Saint-Pierre le 26e jour du mois de janvier dernier signée par lesdits sieurs, Le Gros, secrétaire. Sont accordées aux suppliants les fins de leurs dites requêtes, et à ces fins, frère Lorent de Corbeau fait faire une enquête sur les titres de noblesse, qualité, mœurs, religion et légitimation dudit Guillaume du Puys. Messire Abel de Loras, seigneur de Montplaisant et Bellacueil, chevalier de l'ordre du Roi, âgé d'environ 60 ans, dit qu'il connaît noble Guillaume du Puys, âgé de 9 ans, fils naturel et légitime de noble Pierre du Puys, sieur de la Garde, près les Abrestz, et de damoiselle Claudine de Clermont, tous deux de la religion catholique, apostolique et romaine, lequel Pierre du Puys est fils de feu noble Claude du Puys, seigneur de Marcel, près Gordant, en Bresse, qu'il a vu en sa maison à Monplaisant et aussi en la sienne à Marcel, comme il l'a vu en plusieurs voyages pour le service du Roi, même en celui d'Allemagne et à Freugne, en Savoie, et il a eu plusieurs commandements en Savoie, et qu'il avait épousé femme de la maison de la Gellière, qui est noble et ancienne, mère dudit Pierre du Puys, père dudit Guillaume, et outre a ouï dire en Savoie et ailleurs qu'il était fils de noble François du Puys, qui vivait noblement et de damoiselle Bastianne de Clermont, comme il a ouï dire, et que ladite Claudine de Clermont, mère dudit Guillaume, est fille de noble Anthoine de Clermont, maison des plus anciennes reconnue, comme chacun la reconnaît en Dauphiné, et de damoiselle Gasparde de Pollod, fille de feu noble Jehan de Pollod, seigneur de Saint-Agnin, au mandement de Maulbec, et de damoiselle Anne du Peloux, comme il a ouï dire, tous étant en leur vivant en fort belle réputation et en belles charges pour le service du Roi, vivant noblement, tels tenus et réputés notoirement, comme sont à présent lesdits Pierre et Symond du Puys, père et oncle dudit Guillaume. Frère Jehan de Ginier, prieur et religieux de l'abbaye de Bonnevaulx, ordre de Citeaux, âgé d'environ 80 ans, fait une déposition semblable ; François du Puys épousa damoiselle Louyse de la Gellière, issue de noble race ; il a vu plusieurs fois Claude du Puys en sa maison de Marcel ; celui-ci a été employé en grands affaires, il a porté les armes pour le service du Roi en Picardie et plusieurs autres lieux sous la charge et conduite de M. le marquis de Rottellin, étant homme d'armes de sa compagnie, s'étant trouvé en la bataille de Saint-Quentin et autres, et après fut homme d'armes de la compagnie de la Nocle, et quand la Savoie fut rendue par le Roi au duc de Savoie, il fut mis gouverneur en la plus forte place de Savoie, qui est le château de Montmillan, comme étant un grand capitaine, vivant noblement et duquel le duc de Savoie avait bonne confiance pour sa valeur et sagesse. Noble Jehan de Rochevelhe, seigneur de la Vénerie, âgé d'environ 50 ans, fait une déposition dans le même genre, il dit que ledit Guillaume du Puys a pour parrain noble Guillaume Mareschal, des Abretz, et pour marraine damoiselle

Claudine d'Hières, que ledit Pierre du Puys, son père, se tient présentement à la Garde, près d'Haultebize, qu'il a porté les armes avec lui en France, étant gendarme de la compagnie de M. de Maulvessières, pour le service du Roi. Noble Anthoine Dombeis, co-seigneur de Chodeveuz, âgé d'environ 60 ans, fait une déposition analogue, dit que Guillaume du Puys est bien sain et dispos de sa personne, qu'il a vu ledit Claude du Puys en sa maison de Gordant, qu'il a été avec lui au voyage d'Allemagne, ayant une compagnie de gens de pied pour le service du Roi, et depuis l'a vu gouverneur à Montmellian pour le duc de Savoie, et il a toujours vu ledit Pierre du Puys, père dudit Guillaume, porter les armes, pour le service du Roi, tant avec les gens de pied que de cheval, vivant toujours en belle et bonne réputation et en vrai gentilhomme d'honneur, en religion apostolique et romaine. Noble Barthélemy de la Maladière, seigneur de Quinssieu, âgé d'environ 36 ans, dépose de même, dit qu'il a porté les armes avec ledit Pierre du Puys, père dudit Guillaume, en la compagnie de M. de Maugiron, pour le service du Roi. Noble Guillaume Mareschal, des Abretz, âgé d'environ 50 ans, fait semblable déposition, dit qu'il est parrain dudit Guillaume du Puys qu'il connaît bien. Noble Claude Roux, dit le capitaine Labbe, des Abretz, âgé de 50 ans environ, fait une déposition analogue.

Pierre du Puy fit un legs à son fils Guillaume, chanoine de Saint-Pierre de Vienne, par le testament mutuel qu'il fit avec sa femme le 12 août 1627.

VI. — Noble, messire JEHAN DU PUY, écuyer, seigneur de la Garde, marié avec damoiselle Claudine Arod.

Par leur testament mutuel du 12 août 1627, ses père et mère l'instituèrent leur héritier universel.

Jehan du Puy eut de Claudine Arod :

1º Noble, messire Charles du Puy, écuyer, seigneur de la

Garde, Hautebize, la Bastie de Divisin et Recoing, marié avec N. de Serre.

Par leur testament du 8 février 1639, Jehan-Jacques Arod et Cristienne de Glétains, ses aïeux maternels, lui léguèrent 100 livres.

Sa mère l'institua son héritier universel, par son testament du 29 mai 1667.

Son père, testant le 15 juin 1667, l'institua également son héritier universel.

Il fit une transaction, le 13 octobre 1669, avec son frère Claude du Puy, au sujet des legs laissés à celui-ci par leurs père et mère.

Le 1er octobre 1675, Charles du Puy, étant à Recoing, pour s'acquitter en partie de ce qu'il devait à Claude Du Puy, son frère, pour raison des légats à lui faits par leurs père et mère, lui vend une vigne au mandement de Voyron, territoire de la Martellière, pour le prix de 2,000 livres.

Charles du Puy était, le 5 octobre 1676, co-héritier de messire Alexandre d'Arod, chanoine de Saint-Paul de Lyon, son oncle maternel.

Le 23 janvier 1688, Charles du Puy fit donation de ses biens à messire Sébastien de Rachais, seigneur de Montferra.

Il était, le 10 juin 1675, co-héritier de son cousin germain Alexandre de Donjon.

2° Noble, messire Jehan-Claude, ou Claude du Puy, écuyer, seigneur du Rozay et de la Garde, servant dans l'armée royale de France.

Jehan-Claude du Puy fut baptisé par Pascal, vicaire, le 31 mars 1639, dans l'église paroissiale de Recoing. Il eut pour parrain et marraine noble Claude Champfort (*aliàs* du Port) et damoiselle Catherine Champfort.

Par son testament du 10 janvier 1647, son père lui légua, 3,000 livres, sa grange du Rosey située à Montferra, s'il prend envie d'aller à la guerre un cheval de la valeur de 100 livres et la somme de 100 livres.

Le 14 octobre 1663, il fut témoin, au château de Montmelas, d'une pension créée par Guillaume Arod et Claudine de Chalmazel en faveur de leur fils Hiérôme Arod, novice de l'ordre de Saint-Ruf.

Claude du Puy était, le 29 mai 1667, dans l'armée royale de France, et sa mère, par son testament lui léguait 1,800 livres et le substituait, comme héritier universel, à Charles du Puy, son fils aîné.

Par son testament du 15 juin 1667, son père lui légua 3,300 livres.

Jehan du Puy, père de Charles et de Claude, étant mort laissant beaucoup de dettes, ledit Claude du Puy consent, le 13 octobre 1669, avec le conseil de nobles François de Revol, seigneur du Pont de Beauvoisin, et Dominique de Perrotin, amis de sa famille, à ce que les legs à lui laissés par ses père et mère soient réduits.

Le 1er octobre 1675, Charles du Puy, frère dudit Claude, remit à celui-ci une vigne au mandement de Voyron, territoire de la Martellière, pour le prix de 2,000 livres, à compte des légats que leurs père et mère avaient faits à ce dernier.

Messire Joseph de Beaumont, comte de Saconnay, seigneur de la Bitieu, les Abrestz et Roybon alberge, le 20 avril 1676, une pièce de terre située aux Abrestz à Claude du Puis, sieur de Rosey, habitant à Recoing.

Claude du Puy était, le 5 octobre 1678, co-héritier d'Alexandre d'Arod, chanoine de Saint-Paul de Lyon, son oncle maternel.

Le 13 février 1677, Claude du Puys, écuyer, seigneur du Rozey, tant en son nom que comme fondé de procuration de Christine, Barbe et Françoise du Puy, ses sœurs et d'autres co-héritiers d'Alexandre d'Arod, chanoine de Saint-Paul de Lyon, fit une transaction à Lyon, au logis où était pour enseigne l'image de la Petite Notre Dame, rue du Puys du Sel, avec Guillaume d'Arod, autre co-héritier.

Le 12 mai 1677, les biens venant de la succession d'Alexandre d'Arod sont partagés ; le lot attribué à Claude du Puy et à ses sœurs se compose de la grange des Estuyres située à Blacé et de la grange Charmet, à Cogny, à la charge de donner 700 livres au co-héritier qui aura le domaine de Lozanne et 100 à Guillaume d'Arod.

Christine du Puy vendit, le 14 septembre 1677, à Claude du Puy, son frère, ses droits dans la succession d'Alexandre d'Arod.

Barbe du Puy, épouse de Thomas Fretton, son autre sœur, lui aliéna aussi les siens, le 25 nécembre 1677, pour la somme de 800 livres.

Le 28 juin 1678, Claude du Puy, résidant ordinairement à la Bastie de Recoing, en Dauphiné, étant à Lyon, et agissant pour lui et comme ayant droit de Charles du Puy, seigneur de la Garde, et de Christine, Barbe et Françoise du Puy, ses frère et sœurs, confesse devoir à Jehan-Jacques de Mareste, comte de Saint-Agnieu, baron de Rochefort, la somme de 1,222 livres, 8 sols qu'il a payée pour eux aux dames de Boissac, de Balmont et au sieur Faure, pour le 5e des milaods et servis par eux dus comme co-héritiers ab-intestat d'Alexandre d'Arod, sur des fonds situés à Lozanne, appelés du Vernay.

Claude du Puys demeurait, le 25 août 1681, à Saint-Sorlin-le-Puy, il avait passé une partie de sa jeunesse au château de Montmelas et avait été élevé avec son cousin Hiérosme d'Arod,

Le 17 novembre 1681, Claude du Puis de la Garde du Rozey donna à Gaspard d'Arod, baron de Montmelas, un domaine situé dans les paroisses de Blassé et de Saint-Sorlin, qu'il avait eu en héritage d'Alexandre d'Arod, en s'en réservant la jouissance, et recevant dudit Gaspard d'Arod la somme de 120 livres, en payant ou garantissant le donateur de la somme de 220 livres qu'il doit à Jehan-Jacques de Mareste, comte de Saint-Agnieu et le garantissant des lettres royaux que ledit Gaspard d'Arod avait contre ledit sieur de Saint-Agnieu, tant de son chef que de son père et de madame Crestienne d'Arod, femme du sieur de Richy.

Le 5 mai 1694, maître Alexandre Calemard, notaire royal, ayant charge de Claude du Puys, écuyer, sieur de la Garde, comparaît devant Noel Mignot, écuyer, seigneur de Bussy et la Martizière, conseiller du Roi, lieutenant-général civil et criminel au bailliage de Beaujolais et maire perpétuel de Villefranche, et en présence du procureur du Roi et de son Altesse Royale audit bailliage ; il dit que ledit du Puys n'a aucun fief, et seulement un simple domaine en roture de 150 livres de rente, chargé de servitudes, au moyen de quoi il ne peut servir, s'il n'est mis en équipage. En suite de cette déclaration Claude du Puys est déchargé de l'arrière-ban en Beaujolais.

Claude du Puy était co-héritier, le 10 juin 1695, de son cousin germain Alexandre de Donjon.

Jean-Claude du Puis, résidant ordinairement à Blacé, en Beaujolais et étant à Lyon, céda, le 26 juillet 1695, tous ses droits en la succession de son cousin Alexandre de Donjon à messire Sébastien de Rachais, seigneur de Montferra, résidant ordinairement à Grenoble, moyennant la somme de 3.600 livres.

Le 6 avril 1696, Sébastien de Rachais, seigneur de Montferra, colonel du régiment de milice de Valentinois, de la province de Dauphiné fait un accord avec Jean-Claude du Puis, co-héritier de droit d'Alexandre de Donjon, décédé ab-intestat. Moyennant la somme de 400 livres que ledit seigneur de Montferra promet payer audit du Puis et l'usufruit qu'il lui abandonne du domaine de la Grange Haute de Metz, dépendant du château de Vaux, paroisse de Saint-Jullien, en Bresse, étant de la succession dudit de Donjon, ledit du Puis remet audit seigneur de Montferra la somme de 3,600 livres qu'il lui doit.

Les armoiries de Jean-Claude du Puis, écuyer, seigneur de la Garde, furent enregistrées, le 30 septembre 1697, à l'armorial général, à l'article Lion-Villefranche, n° 6. Elles étaient : d'azur, à la tour d'argent accompagnée de 2 lions rampants contre la tour. Le brevet fut délivré par Charles d'Hozier, conseiller du Roi et garde de l'armorial général de France.

Messire Charles de la Cour Bauval avait fait assigner Claude du Puy par devant Monseigneur l'intendant en la généralité de Lyon, province de Lyonnais, Forez et Beaujolais, pour se voir condamner en l'amende de 2,000 livres, pour avoir usurpé, disait-il, les titres et qualité d'écuyer, quoiqu'il eut de bons titres depuis de longues années, lui et ses prédécesseurs. Etant originaire du Dauphiné, il avait été assigné pardevant l'intendant de Grenoble, où, pour justifier de sa qualité, il avait remis tous ses titres, suivant le certificat de maître Guérinon, secrétaire de l'intendance. Le 4 juin 1698, Claude du Puy est déchargé à Lyon de cette assignation.

Le 6 mai 1699, à Lyon, dans le logis de Versailles, messire Gaspard de Mornieu, seigneur de Gramon, la Forestz et Rossillon, comme fondé de procuration spéciale d'illustre seigneur messire Jehan-Jacques de Mareste, comte de Saint-Agnieu, confesse avoir reçu de Claude du Puy, seigneur de Rozày, des deniers de Marie de Capponi, veuve de Gaspard d'Arod, la somme de 380 livres due audit comte de Saint-Agnieu, par ledit Claude du Puy tant en son nom que comme ayant droit de Charles, Christine, Barbe et Françoise du Puy, ses frère et sœurs.

3° Damoiselle Christine du Puy.

Par son testament du 29 mai 1667, sa mère lui lègue 1,500 livres et la substitue comme héritière universelle à ses autres enfants Charles, Claude et Françoise du Puy.

Le 5 octobre 1676, elle était co-héritière de son oncle maternel Alexandre d'Arod, chanoine de Saint-Paul de Lyon.

Elle vendit, le 14 septembre 1677, à son frère Claude du Puy ses droits dans la succession dudit Alexandre d'Arod; elle habitait alors la Bastie de Recoing.

4° Damoiselle Barbe du Puy, mariée avec sieur Thomas Fretton, bourgeois de Saint-André-la-Pallud, en Dauphiné.

Le 5 octobre 1676, elle était co-héritière de son oncle maternel Alexandre d'Arod, chanoine de Saint-Paul de Lyon.

Etant mariée à Thomas Fretton, elle vendit, le 25 décembre 1677, à son frère Claude du Puy, pour la somme de 800 livres, ses droits dans la succession dudit Alexandre d'Arod.

Le 10 juin 1695, elle était co-héritière de son cousin germain Alexandre de Donjon.

Thomas Fretton, au nom de sa femme, céda, le 26 juillet 1695, à Sébastien de Rachais tous les droits de celle-ci dans la succession d'Alexandre de Donjon, moyennant la somme de 3.600 livres.

5° Damoiselle Françoise du Puy, mariée avec sieur Pierre Rinier, bourgeois de Noyerin, au pays de Dauphiné.

Par son testament du 29 mai 1667, sa mère lui légua 1.500 livres et la substitua, comme héritière universelle, à ses fils Charles et Claude du Puy.

Le 5 octobre 1676, elle était co-héritière de son oncle maternel Alexandre d'Arod, chanoine de Saint-Paul de Lyon.

Elle était co-héritière, le 10 juin 1688, d'Alexandre de Donjon, son cousin germain.

Le 26 juillet 1695, étant mariée à Pierre Rinier, elle cède ses droits dans la succession d'Alexandre de Donjon à Sébastien de Rachais, moyennant la somme de 3.600 livres.

CHAPITRE XXIX

De Mareste.

I. — Noble Charles de MARESTE, seigneur de Saint-Agnieu, marié avec damoiselle Catherine Arod.

De ce mariage vinrent :

1° Noble Jehan-Jacques de Mareste, qui suit.

2° Damoiselle Christienne de Mareste.

Par leur testament mutuel du 8 février 1639, Jehan-Jacques Arod et Christienne de Glétains, dont elle était filleule et petite-fille, lui léguèrent 100 livres.

Elle eut aussi un legs de 100 livres par le codicille, du 16 mars 1645, dudit Jehan-Jacques Arod.

Le 10 juin 1695, elle était co-héritière d'Alexandre de Donjon, son cousin germain.

Elle avait cédé ses droits dans ladite succession, avant le 5 avril 1696, à Sébastien de Rachais.

Par son testament du 10 avril 1697, son frère Jehan-Jacques

de Mareste lui légua son entretien convenable à sa qualité et à l'estime qu'il faisait de sa vertu et de son amitié dans le château de Rubod ou une pension honorable, au cas que ses enfants lui donnent du désagrément.

3° Damoiselle N... de Mareste.
Elle est rappelée dans le codicille de son aïeul maternel Jehan-Jacques Arod qui lui lègue 100 livres.

II. — Noble messire, illustre seigneur JEHAN-JACQUES DE MARESTE. comte de Saint-Agnieu, baron de Rochefort et Rubaud, seigneur de Chasteau Bouchard, des Crynieux et Saint-Paul, marié avec damoiselle Melchionne de Menthon.

Il eut un legs de 100 livres par le testament mutuel, du 8 février 1639, de ses aïeux maternels Jehan-Jacques Arod et Cristienne de Glétains, dont il était filleul.

Le 5 octobre 1676, il était co-héritier de son oncle maternel Alexandre Arod, chanoine de Saint-Paul de Lyon.

Par le partage, du 12 mai 1677, de la succession dudit Alexandre Arod, Jehan-Jacques de Mareste eut la moitié du domaine de Lozanne, avec la moitié des bestiaux, tines, pressoirs, ornements de la chapelle et 350 livres à recevoir de Claude, Christine, Barbe et Françoise du Puy, ses cousin et cousines germaines.

Le 28 juin 1678, ces derniers reconnurent devoir la somme de 1,222 livres, 8 sols à Jehan-Jacques de Mareste.

Jehan-Jacques de Mareste céda, le 24 mars 1696, à Sébastien de Rachais ses droits à la succession d'Alexandre de Donjon. son cousin germain.

Le 10 avril 1697, Jehan-Jacques de Mareste fit son testament. Il élit sa sépulture au tombeau de son père ; lègue 160 florins, moitié au couvent des Capucins d'Hyène, moitié aux Capucins de Belley, pour des messes pour le repos de son âme ; fonde dans l'église Saint-Paul. sa paroisse un *De profundis* qui se dira à la fin de toutes les messes les fêtes et dimanches, avec un *Ave maris stella* et le curé sera tenu, à la fin de ces messes de se tourner vers le peuple et lui dire : Vous êtes priés de prier Dieu et la Sainte Vierge pour l'âme des seigneurs Charles et Jehan-Jacques de Mareste, comtes de Saint-Agnieu, et de leurs successeurs ; si ledit curé n'accepte pas cette fondation, il désire qu'elle soit faite dans les paroisses dépendantes de la maison de feue sa femme ou dans celles de la maison de ses aînés les marquis de Lucey, et, s'il se peut, il veut que cette fondation soit jointe à la chapelle de Saint-Claude fondée dans ladite paroisse de Saint-Paul ; lègue à sa sœur Christine de Mareste son entretien convenable à sa qualité et à l'estime qu'il fait de sa vertu et de son amitié dans le château de Rubod ou une pension honorable, au cas que ses enfants lui donnent du désagrément ; lègue à Balthazard, Anthoine et Catherine de Mareste, ses trois enfants issus de Melchionne de Menthon, à chacun 20.000 livres. Il institue héritier universel Albert-Eugène de Mareste, son fils aîné, et après lui Jehan-Jacques de Mareste, son petit-fils et filleul, fils dudit Albert-Eugène, et ensuite les siens mâles, l'aîné toujours préféré jusqu'à l'infini et des uns aux autres successivement ; et où son héritier et ses descendants mâles viendraient à décéder sans mâles, audit cas, il appelle les autres enfants mâles qui pourraient être issus dudit Albert-Eugène dans le même ordre de primogéniture et toujours l'aîné par préférence ; au cas où tous les mâles dudit Albert-Eugène viendraient à décéder sans mâles, audit cas, il leur substitue ses autres enfants mâles, et les mâles descendant d'eux jusqu'a l'infini, l'aîné d'iceux toujours préféré aux autres ; néanmoins les dits mâles qui feront des indignes alliances et épouseront des femmes qui ne soient pas d'une véritable et irréprochable noblesse seront exclus de cette substitution ainsi que ceux qui seront issus de telles alliances ; tous ses enfants mâles et leurs mâles venant a décéder sans mâles, il leur substitue dans tous ses biens très illustre seigneur messire Louys de Mareste, marquis de Lucey et Chasteaufort et les siens mâles à perpétuité ; à défaut de ces derniers, il appelle à sadite succession le seigneur chevalier de Lucey, lieutenant des gentilshommes des gardes de Son Altesse Royale, gouverneur de Chambéry, et ses descendants mâles à perpétuité, l'aîné toujours préféré aux cadets, à condition qu'il soit d'une naissance légitime et né d'une mère d'une bonne et irréprochable noblesse. Il nomme ses exécuteurs testamentaires les dits marquis et seigneur de Lucey, frères et le fils aîné du premier.

Jehan-Jacques de Mareste mourut, le 12 décembre 1700, en son château de Rubod; son testament fut ouvert audit lieu, le 19 décembre suivant, en présence de Louys de Mareste, marquis de Lucey, de messire Anthelme-Melchiol de Mareste, baron de Champromis, de messire Jehan-François de la Forest, seigneur de Saconout, Mars et baron de Bonvillard, et de noble et spectable Joseph Comte, avocat au Sénat, en présence des enfants du testateur et de Christine de Mareste, sa sœur,

Jehan-Jacques de Mareste eut de Melchionne de Menthon :

1° Noble-Albert-Eugène de Mareste, qui suit.

2° Messire Pierre-Balthazard de Mareste.

Par son testament du 10 avril 1697, son père lui légua 20,000 livres.

Le 19 décembre 1700, il assista, au château de Rubod, à l'ouverture du testament de son père.

3° Messire Anthoine de Mareste.

Il eut un legs de 20,000 livres, par le testament de son père du 10 avril 1697.

Il assista, au château de Rubod, le 19 décembre 1700, à l'ouverture du testament de son père.

4° Damoiselle Catherine de Mareste.

Son père lui légua 20,000 livres, par son testament du 10 avril 1697.

Elle fut présente, le 19 décembre 1700, au château de Rubod, à l'ouverture du testament de celui-ci.

III. — Messire ALBERT-EUGÈNE DE MARESTE, comte de Saint-Agnieu et de Rochefort, seigneur d'Escravieu et Chasteau Bouchard.

Son père le nomma son héritier universel, par son testament du 10 avril 1697.

Il était présent, le 19 décembre 1700, au château de Rubod, a l'ouverture du testament de son père.

Le 29 juin 1701, il passa une quittance à Marie de Capponi, veuve et héritière de Gaspard Arod, comte de Montmelas.

Albert-Eugène de Mareste fut père de :

1° Jehan-Jacques de Mareste.

Il fut substitué, comme héritier universel, à son père par le testament de son grand-père du 10 avril 1697.

Trois autres membres de la famille de Mareste sont mentionnés dans les archives de Montmelas, savoir :

1° Très-illustre seigneur messire Louys de Mareste, marquis de Lucey et de Chasteaufort.

Par son testament du 10 avril 1697, son cousin Jehan-Jacques de Mareste le substitue, comme héritier universel, à son fils Albert-Eugène et au fils de celui-ci, et le nomme un de ses exécuteurs testamentaires ; Louys de Mareste avait des fils.

Le 19 décembre 1700 il assista, au château de Rubod, à l'ouverture du testament de Jehan-Jacques de Mareste.

2° N. de Mareste, chevalier de Lucey, lieutenant des gentilshommes de la garde de Son Altesse Royale, gouverneur de Chambéry.

Il était frère de Louys de Mareste, marquis de Lucey, et fut substitué, comme héritier universel, par le testament de son cousin Jehan-Jacques de Mareste, à Albert-Eugène, fils de celui-ci, au fils dudit Albert-Eugène et audit marquis de Lucey ; il fut aussi nommé un des exécuteurs testamentaires dudit Jehan-Jacques.

3° Messire Anthelme-Melchiol de Mareste, baron de Champromis.

Le 19 décembre 1700, il fut présent au château de Rubod, à l'ouverture du testament de Jehan-Jacques de Mareste. C'est peut-être le même personnage que le susdit chevalier de Lucey ou que le fils du susdit marquis de Lucey.

CHAPITRE XXV

De Donjon.

I. — Noble Jehan de DONJON, seigneur de Faigne ou Fagnie, marié avec damoiselle Charlotte-Christine de Granges.
Leur mariage est du 9 juillet 1606.
Leurs enfants furent :

1° Noble Claude de Donjon, qui suit.

2° Damoiselle Anne de Donjon.
Le 25 octobre 1632, elle fut mise sous la curatelle de damoiselle Magdelayne de Granges, sa tante.
Elle eut un legs, par le testament du 19 septembre 1640, de ladite Magdelayne de Granges.

3° Damoiselle Hélayne de Donjon.
Elle fut mise sous la curatelle de Magdelayne de Granges, sa tante, le 25 octobre 1632.

II. — Noble CLAUDE DE DONJON, écuyer, seigneur de Faigne, Vaux, Saint-Jullien-de-Vesle, marié d'abord avec damoiselle Louyse de Laube, puis avec damoiselle Barbe Arod, enfin avec damoiselle Lucresse des Amoreaux de Granges.

Le 28 août 1632, noble Jacques de Donjon testa en faveur dudit Claude de Donjon.

Damoyselle Magdelayne de Granges institua ledit Claude de Donjon, son neveu, un de ses héritiers, par son testament du 19 septembre 1640.

Le 1er février 1648, Claude de Donjon épousa damoiselle Louyse de Laube, fille de feu noble Gaspard de Laube, sieur de Brun, en Dauphiné.

Il épousa, en troisièmes noces, le 15 octobre 1657, Lucresse des Amoreaux de Granges.

Le 17 janvier 1664, il accensa les maisons et appartenances de la terre de Vaux, granges, carronnière, bois, rente noble, etc., à maître Louys Brossard, sergent royal, habitant à Saint-Jullien-sur-Veyle.

Claude de Donjon testa le 18 avril 1673, et laissa l'usufruit d'une partie de ses biens à Lucresse des Amoreaux, sa troisième femme ; il institua héritier universel son fils Alexandre de Donjon.

Claude de Donjon eut de Barbe Arod, sa seconde femme :

1º Noble messire Alexandre de Donjon, écuyer, seigneur de Faigne, Vaux, Saint-Jullien-sur-Veyle et Pierrefillant.

Il naquit le 26 décembre 1651 et fut baptisé en l'église de Genay, le 27 juillet 1655 ; ses parrain et marraine furent messire Alexandre d'Arod de Montmelas, chanoine de l'église collégiale de Saint-Paul de Lyon, prieur de Saint-Saturnin-le-Puis, curé de Cogny, et damoiselle Suzanne Rosselet.

Son père l'institua son héritier universel, par son testament du 18 avril 1673.

Le 5 octobre 1676, il était co-héritier de son oncle maternel Alexandre d'Arod, chanoine de Saint-Paul de Lyon.

En cette qualité, étant à Lyon, le 17 décembre 1676, il donna quittance de certaine somme à messire Gaspard Gueston, chanoine, exerçant la correrie de l'église Saint-Paul de Lyon.

Par partage du 17 mai 1677, il eut pour son lot dans la sucession dudit Alexandre d'Arod le domaine de Pierrefilant et le cellier des Moules Calemont, à Cogny.

Le 3 avril 1680, il fit une transaction avec Gaspard d'Arod, baron de Montmelas, par laquelle celui-ci lui céda le cinquième lui appartenant dans les château, colombier, jardin et dépendances de Pierrefillant et un bois appelé au Plat.

Le 7 juillet 1684, il reçut quittance des servis qu'il devait à l'obéance de Sivrieux sur le domaine de Faignes et qu'il avait vendus à l'archevêque de Lyon.

Alexandre de Donjon décéda, le 23 mai 1695, au lieu de Genay, dépendant du comté de Lyon, où il faisait sa résidence actuelle; il n'avait jamais été marié et ne laissait que des cousins germains.

I. — Noble Michel de DONJON.
Il fut père de :

1° N. de Donjon, qui suit.

2° Damoiselle Claudine de Donjon.
Elle testa, le 25 avril 1629, en faveur de ses neveux nobles Balthazard et René-Pierre de Donjon.

II. — N. de DONJON.
Il fut père de :

1° Noble René-Pierre de Donjon.

Il fit une donation le 3 mai 1627, à son frère Balthazard de Donjon.

Le 25 avril 1629, sa tante Claudine de Donjon fit un testament où il eut une mention en sa faveur.

2° Noble Balthazard de Donjon.

Son frère René-Pierre de Donjon lui fit une donation, le 3 mai 1627.

Sa tante Claudine de Donjon ne l'oublia pas dans son testament du 25 avril 1629.

Le 6 mai 1631, Balthazard de Donjon testa en faveur de noble Jacques de Donjon.

CHAPITRE XXVI

D'Evrard de Courtenay

I. — Messire Jehan d'EVRARD de COURTENAY, chevalier, baron de Courboin, capitaine et pensionnaire du Roy au régiment de Vendôme, marié avec demoiselle Marie-Anne de la Balme de Montchallin.

De ce mariage vint :

II. — Messire Gabriel-Marie d'EVRARD de COURTENAY, marié avec damoiselle Marguerite-Victoire d'Arod de Montmelas.

Leurs enfants furent :

1° Damoiselle Antoinette-Charlotte-Gabrielle d'Evrard de Courtenay, mariée avec maître Jean Casse, docteur en médecine, demeurant à Lyon.

Elle naquit le 15 juillet 1746.

Le 13 mai 1793, elle était morte, et son mari et héritier,

résidant à Lyon, rue de Bourg Chamin, canton de l'Hotel-Dieu, faisait une transaction avec Blaise Arod de Montmelas.

2° Damoiselle Françoise-Marguerite-Gabrielle d'Evrard de Courtenay, mariée avec Laurent Plantier, habitant de Crémieu.

Par son testament du 3 mars 1781, sa tante Catherine-Claudine Arod de Montmelas l'institua son héritière universelle.

Le 1er septembre 1786, elle céda à sa sœur et au mari de celle-ci tous ses droits dans la succession de Sibille de Mallet de Vandègre, leur aïeule maternelle.

Son mari fit, en son nom, le 13 mai 1793, une transaction avec Blaise Arod de Montmelas.

CHAPITRE XXVII

Fief d'Ars, paroisse de Limonest

En 1499, noble homme messire Estienne d'Ars, damoiseau, était seigneur du château d'Ars, paroisse de Lymonès.

Il fit son testament, le 8 juillet 1505, dans son château d'Ars, institua pour héritier universel noble homme Charles d'Ars, damoiseau, son fils, auquel il substitua successivement messire Anthoine d'Ars, chanoine de l'église de Lyon, son autre fils, noble femme Charlotte d'Ars, sa fille et noble femme Marie de Chiel, sa femme.

Anthoine d'Ars, chanoine de l'église de Lyon, était seigneur d'Ars, le 26 août 1538, jour où il testa, léguant l'usufruit de son château et maison d'Ars, au Royaume, à sa sœur, Claudine d'Ars et nommant son héritier universel son neveu, noble Claude Gaste.

Claude Gaste était seigneur d'Ars en Bresi, ou en Burzy, pays de Lyonnais, dès le 27 août 1542.

Le 28 décembre 1551, il possédait la maison d'Ars, en Burzy, consistant en maisonnements, grange, terres, prés, vignes, bois, buissons et champéages, domaine et fief noble, sans aucunes rentes, servis ni directe, les quels maison et héritages étaient en lieu la plupart infertile et stérile, et après les frais qu'il y convenait faire, ils pouvaient valoir, par communes années, de tout revenu, six vingts livres, par an.

Claude Gaste testa, le 22 août 1584, dans son château d'Ars, en Bruzil ; il institua ses héritiers universels, chacun par moitié, noble Françoys de Claveyzon, seigneur de Parnant, son neveu, et noble Jehan Aroud, seigneur de Clervault, son cousin.

Le 21 juillet 1585, Françoys de Claveyzon et Jehan Arod avaient hérité de Claude Gaste.

Jehan Arod et Françoys de Claveyzon firent, le 3 juin 1586, le partage du domaine d'Ars ; le premier eut la grande salle, la cave au-dessous, la chambre et grenier du haut en bas, avec les deux tours sur le devant, les murailles de la maison et château d'Ars, la grande salle où était le truel, avec ses appartenances et étables, le verger, moitié du jardin au-devant du grand portail dudit château, la maison de la tuilière, avec son four et un bois au-dessus dudit château appelé de Langreley, etc., le tout situé en la paroisse de Lymonez. Au second furent attribués la chambre de la cuisine, deux chambres sur ladite cuisine, une autre chambre, la chapelle au troisième étage, le grenier au-dessus, le tout du côté de bise, la cour et la maison de la cuisine, etc... Certaines parties du château restèrent communes ; les rentes et droits seigneuriaux furent partagés également. Ce partage fut fait à Ars, en présence de noble Philibert de Musy, seigneur de Satoney, et du capitaine Bonnet, de la ville de Romans.

Par un échange, du 14 juillet 1586, Françoys de Claveyzon céda a Jehan Arod sa moitié du château d'Ars, en Brézy, consistant en maisons, granges, cours, jardins, pourpris, prés, terres labourables, incultes, bois, etc., rentes, droits seigneuriaux en dépendant.

Par son testament du 6 décembre 1587, Jehan Arod légua à Marguerite Arod, sa fille, la maison et chastel d'Ars, en Bruzy, avec tous les domaines, droits, cens, rentes, revenus, propriétés en dépendant ; cette disposition ne fut pas exécutée.

Le 24 mai 1650, Jehan-Jacques Arod et Christienne de Glettains, fils et belle-fille dudit Jehan Arod amodièrent à honnêtes Jehan et Anthoine Joux, frères, laboureurs de la paroisse de Saint-André-du-Coing, leur château et maison d'Ars, avec les bois, prés, terres et vignes en dépendant, pour 12 ans, moyennant le prix annuel de 450 livres ; ils se réservent la rente noble dépendant dudit château. Les preneurs planteront, tous les ans, une demi-bicherée en vigne, une douzaine de plansons de saulzes, 8 arbres de bons fruits, pommiers et poiriers, payeront à la confrérie de Limonez 200 fagots, délivreront aux bailleurs, à chaque veille des Rois, une radisse ou gâteau de pain jaune, pesant 15 livres, planteront 6 noyers tous les ans, recevront lesdits seigneur et dame Arod, leurs enfants, valets et chambrières audit Ars allant et venant, à pied et à cheval, les nourriront et les coucheront, sans espoir d'aucune récompense. Ils pourront prendre du bois dans les arbres dudit domaine, pour l'entretien de leurs aplits.

Le 13 avril 1671, Guillaume, fils de Jehan-Jacques d'Arod donna par devant les Présidents et Trésoriers généraux de France au bureau des finances de Lyon l'aveu et dénombrement de la terre et fief d'Ars, en Burzy, consistant en une maison forte, maisonnements, grange, terres, prés, vignes, bois, buissons, champéages, etc., le tout joint ensemble, de la contenance d'environ 1800 bicherées, lesquels fonds sont la plus grande partie infertiles et stériles et peuvent valoir de revenu, par communes années, la somme de 300 livres, qui n'est suffisante pour les réparations qu'il y convient faire. Dépend dudit fief d'Ars une rente noble qui se lève aux paroisses de Chazay, Civrieu et autres, portant laods, milaods et autres droits seigneuriaux, consistant en grains, poules et autres choses, et est de valeur, par communes années, de 25 à 30 livres.

Gaspard, fils de Guillaume d'Arod, tenait de ses auteurs, en toute propriété, une grande quantité de bois, en la paroisse de Limonest, dépendant du château et fief d'Ars, entre autres un grand tènement au territoire de Chaney, jouxte le grand chemin de Lyon à Villefranche de soir et celui de Lyon à Chasselay de matin allant de vent et bise ; 40 bicherées au moins avaient été usurpées par Jacques et Pierre Farges, qui les avaient travaillées et ensemencées depuis 6 mois. Le 3 juillet 1679, il adressa, à ce sujet, une supplique aux sénéchal et présidiaux de Lyon, qui firent assigner les usurpateurs.

Dans un extrait de dénombrement de 1708, on lit ce qui suit : « Dans la paroisse de Lymonnois, pays de Lyonnois et à deux lieues de la ville de Lyon, il y a le château et fief d'Ars, en Burzy, lequel ne relève que de Sa Majesté, à qui l'on rend la foy et hommage, d'où dépend une très-belle rente noble qui se lève dans les paroisses circonvoisines, qui sont Lymmonois, Chasselay, Lissieu, Marcilly, Sivrieux, Chazay, Lauzanne, Charnay et autres lieux, aussi reconnue de nouveau, avec la nomination de deux prébendes, l'une à Saint-Jehan et l'autre audit lieu de Lymonois, dont les fonds sont situés à Ance, Morancé et Chazay, avec le domaine et vignoble, d'environ 100 ouvrées, et outre ce, 2.000 bicherées de bois taillis, dont l'on tire, par communes années, avec les fruits des vergers, près de 2.000 livres. »

Par acte passé à Lyon, le 31 janvier 1720, le fils et héritier du susdit Gaspard d'Arod, messire Joseph d'Arod, chevalier, seigneur-marquis de Montmelas, Cogny, Denicé, Ars, vend à Etienne Rivérieulx, écuyer, seigneur de Saint-Paul de Varax, Veillères, Marcilly, Civrieux, secrétaire du Roi, le fief et château fort d'Ars, en Lyonnais, domaine, prés, terres, forêts, bois taillis, rentes nobles, droits honorifiques, semences, cuves, pressoirs, tonneaux, bennes, benots, outils d'agriculture, et généralement tous les biens et droits dépendant dudit fief d'Ars, à l'exception des arrérages et autres droits seigneuriaux dus jusqu'à la Saint-Martin dernière ; tous lesdits biens sont alodiaux et exempts de tous cens, servis, laods, milaods, dettes, hypothèques, pensions, substitutions et autres charges. Cette vente est faite moyennant la somme de 50.000 livres, sur laquelle ledit seigneur de Varax paye présentement au vendeur 3.000 livres, et payera, pour celui-ci à madame la veuve Sabot 15.100 livres ; à M. de Ruolz, conseiller en la cour des Monnaies, sénéchaussée et siège présidial de Lyon 7.000 ; au sieur Mascranny, seigneur de la Verrière 3.424 ; à la damoiselle veuve Goyet, de Villefranche 5.000 ; aux dames religieuses de Sainte-Marie de la même ville 5.000 ; et à M. des Champs, président au parlement de Dombes 3.000. Dame Marie de Capponi, mère dudit vendeur, se désiste de tous les droits qu'elle pourrait avoir à l'avenir sur lesdits biens et droits vendus, pour quelque raison que ce soit, se réservant de les faire valoir contre sondit fils sur ses autres biens et par exprès sur les 8.476 livres que le seigneur acquéreur ne doit payer que dans 4 ans, sur lesquelles elle prélèvera 2.000 livres. Le 1er mars 1720, ledit Joseph d'Arod cède audit Etienne Rivérieulx tous les arrérages de servis, laods, milaods et autres droits seigneuriaux échus du passé à la Saint-Martin dernière, à cause de la directe et rente noble d'Ars, à l'exception de ce qui pourra revenir à maître Lambert, notaire royal et commissaire à terriers, chargé de la rénovation de ladite rente, plus tout ce qui lui est dû par le sieur Fore de la Benaudière ; cette vente est faite pour la somme de 2.000 livres. Le 6 mars 1720, messire Joseph de Mascranny, chevalier, seigneur de la Verrière, héritier substitué par bénéfice d'inventaire à dame Marie-Madelaine-Emilie de Mascranny, marquise de Gesvre, et héritier par bénéfice d'inventaire ab-intestat, pour un tiers, dans les propres de ladite dame, dame Laure de Mascranny, veuve de messire Laurent Pianelly, chevalier seigneur de la Valette, ancien président au bureau des finances et prévôt des marchands de Lyon, et messire Mathieu Gayot, chevalier, seigneur de la Bussière, président au bureau des finances, héritier testamentaire de dame Marie de Mascranny, à son décès veuve de messire Louis Gayot, chevalier, seigneur de la Bussière, président au bureau des finances et ancien prévôt des marchands de Lyon, reconnaissent avoir reçu dudit Etienne Rivérieulx la somme de 3.412 livres, 10 sols, que leur devait ledit Joseph d'Arod ; cette quittance fut donnée à Lyon, en la demeure dudit seigneur de la Verrière. Le 16 mars 1720, Jean-Pierre-Marie de Ruolz, écuyer, conseiller du Roi en la Cour des monnaies, sénéchaussée et présidial de Lyon, reconnaît, à Lyon, en la maison dudit seigneur de Varax, avoir reçu du même 7.350 livres que lui devait ledit Joseph d'Arod.

Le 13 avril 1720, révérendes dames Anthoinette-Elizabeth de Thulon, supérieure, Suzanne-Magdelaine Raynon, assistante, Augustine-Elizabeth Minet, Magdelaine-Gabrielle du Sauzey de la Vénerie et Magdelaine de Phéline, conseillères, toutes religieuses et officières du couvent de Sainte-Marie de Villefranche, reconnaissent avoir reçu du même 5.100 livres, que leur devait ledit Joseph d'Arod. pour les capitaux de trois rentes créées en faveur de leur couvent par ledit Joseph d'Arod ou ses auteurs ; cette quittance fut donnée à Villefranche, au parloir d'en bas desdites dames religieuses, en présence de messire Pierre Chatelain d'Essertine, avocat en parlement, élu en l'élection de Beaujolais. Le même jour, damoiselle Françoise Bayard, veuve et héritière bénéficiaire de maître Hugues Goyet, notaire royal et procureur à Villefranche, reconnaît avoir reçu 5.250 livres du même, payant pour ledit Joseph d'Arod. Le 21 mars 1720, messire Nicolas des Champs, seigneur de Talancé, chevalier et président au parlement de Dombes, reconnaît avoir reçu dudit Etienne Rivérieulx 3.340 livres que lui devait ledit Joseph d'Arod. Le 16 avril 1720, dame Pierrette Demey, veuve de Louis Sabot, écuyer, conseiller en la cour des monnaies, sénéchaussée et présidial de Lyon, tutrice de demoiselle Marie-Sibille Sabot, leur fille, cessionnaire de messire Claude Cachet, comte de Garnerans, reconnaît avoir reçu du même 15,483 livres, à elle dues par ledit Joseph d'Arod ; ce payement est approuvé par noble Pierre Gonin de Lurieu, avocat en parlement et ès cours de Lyon, agissant au nom dudit seigneur comte de Garnerans, père et légitime administrateur de messire Benoit Cachet de Garnerans, son fils mineur et de défunte dame Marie-Anne Sabot, son épouse. Ledit Claude Cachet demeurait ordinairement à Lyon et était présentement à Paris, logé rue du Gros-Genêt, paroisse Saint-Eustache.

CHAPITRE XXVII

Baronnie de Feugerolles.

Le 2 juillet 1566, Anthoine Girard, l'aîné, et Benoît, son fils, laboureurs, demeurant au lieu de la Chovignery, étant à Feugerolles, confessent être hommes couchans et levans, sujets et justiciables, comme leurs prédécesseurs, de messire Claude de Lévy, chevalier, gentilhomme ordinaire de la Chambre du Roi, seigneur et baron de Cozan et de Feugerolles, à cause de son château et baronnie de Feugerolles, tenir en emphytéose perpétuelle, de la censive, directe seigneurie d'icelui certains fonds, et pour raison d'iceux être quétables dudit château et y venir à cor et à cri, tenus des réparations d'icelui, comme les autres habitants, charroyables et manopérables, taillables, sujets aux 5 cas portés par la transaction ci-devant faite entre leurs prédécesseurs, qui est ordre de chevalerie. mariage de filles, sœurs, passage d'outre-mer, captivité par guerre et acquisition de rente, ladite transaction de l'an 1446. D'autres habitants du lieu de Trablains et autres lieux font semblable reconnaissance en faveur dudit seigneur de Feugerolles.

Le 26 juin 1586, messire Jacques de Lévis et messire Pierre de Flajas passèrent contrat de vente de la terre de Feugerolles à messire Alexandre de Capponi.

Au mois de juillet 1676, après la mort de messire Gaspard de Capponi, baron de Feugerolles, on fit l'inventaire de ce château, à la requête de messire Hector de Charpin, écuyer, seigneur de Souzy, et de dame Catherine de Capponi, son épouse, fille et héritière dudit Gaspard. Sont désignés pour estimer les livres de la bibliothèque : maîtres Lambert-Durand de la Roère et Jehan-André Chausse, avocats, résidant à Lyon, étant sur les lieux, pour n'y avoir aucun libraire à Saint-Etienne; pour les meubles, sieurs Justin Courtin et Anthoine Bourg, marchands ; pour les tableaux, sieurs André Pancey et Sébastien Thomey, peintres à Saint-Etienne. Parmi les choses inventoriées à Feugerolles, on remarque : Histoire de la guerre des Juifs contre les Romains, par M. Arnaud d'Andilly ; Arbre de généalogie de la maison de Capponi en parchemin illuminé *(sic)*; un petit tableau représentant la Vierge et saint Joseph ; 4 portraits de la famille ; un petit tableau représentant une Vierge avec un christ au-devant, copié sur l'original de Raphaël, estimé 100 livres ; un tableau peinture à l'huile représentant un jeune garçon allumant une chandelle à un tison, 20 livres; un tableau représentant un jeune homme en nu tenant une bouteille, 10 livres; tableau représentant Charles de Bourbon, 4 livres ; 2 petits tableaux en miniature sur marbre blanc, représentant Louis XIII et la reine, 12 livres; une paire de pistolets à fusil, garnis d'argent, 6 livres ; grand tableau représentant le peuple d'Israel parlant à Samuel, 45 livres; tableau représentant le reniement de saint Pierre, à 8 figures, 150 livres; tableau représentant saint Jérôme, 80 livres ; tableau représentant saint Augustin, 30 livres ; tableau représentant la Nativité de Notre-Seigneur, sur bois, 180 livres; 2 cuirasses à l'épreuve, 5 livres... Dans la chapelle, joignant la grande salle, au 2ᵉ étage, 2 chandeliers de letton, un crucifix et 2 anges, 2 petits chandeliers d'étain ; un tableau peint sur l'airain, représentant le martyre de saint Laurent, avec son cadre de bois d'ébène, 80 livres;

tableau représentant Notre-Seigneur descendu de la croix, une Vierge et 2 anges, avec son bord bois noyer, 6 livres; tableau peint à l'huile, représentant le baptême de Notre-Seigneur, 80 livres; tableau représentant une Vierge, 3 livres; 2 petits tableaux représentant, l'un Notre Sauveur et l'autre la Sainte Vierge, 3 livres..... 13 mousquets estimés 5 livres pièce; 3 grandes arquebuses à rouet, 8 livres pièce; 4 mousquets, 5 livres pièce; 4 hallebardes et 2 pertuisanes vieilles, 3 livres.., une chasuble à fond d'argent et les fleurs brochées d'or, avec l'étole, manipule, doublé d'un taffetas rose, estimés 60 livres; chasuble de camelot rouge, avec son étole et manipule, 10 livres; chasuble de damas violet, avec étole, manipule et voile de calice, 30 livres; chasuble de futaine à fleurs, 3 livres; chasuble de taffetas vert, 15 livres; chasuble de satin noir, à fleurs de couleur, 20 livres; chasuble de velours cizelé, à fond d'argent, 50 livres... Dans la chambre appelée du Peloux: tableau représentant saint Sébastien, 200 livres; grand tableau représentant Judith, 90 livres; tableau représentant une cène, 80 livres; tableau représentant le chef de saint Jehan, 20 livres; tableau représentant une Vierge avec l'Enfant Jésus, 15 livres; tableau représentant la Sainte Vierge, 20 livres; tableau représentant Notre-Seigneur au jardin des Olives, après la Résurrection, 5 livres; tableau représentant une Magdelaine, 4 livres; tableau représentant un Minime, 5 livres; tableau représentant saint Joseph avec le Jésus, 3 livres...

On fit, vers 1685, l'état des biens dépendant de Feugerolles. Ils consistaient en le château, rente noble aux 4 cas, les justices des paroisses du Chambon, Saint-Romain, Jonzieux, Saint-Genest-de-Mallifaux, le greffe, les marché et foires du Chambon, les forêts et bois de haute futaie appelés du Mansol et bois de Pain, le domaine de la Vialle, près le château, de 3 jougs de bœufs, de 1.000 livres de revenu, celui de la Tour, du même revenu, les 2 domaines de la Chevancry, de 2,000 livres de revenu, celui de la Frache, à Saint-Just, celui de la Milanière, à Saint-Romain, celui de Montamoger, celui de la Sauvinière, au Chambon, au-dessous de la Tour, la scie de Saint-Romain, avec les bois en dépendant, de fort grande étendue, la maison du Chambon, avec les halles, valant 50 écus, la Souvanière ou l'Hermitage, avec le clos et jardin, les prairies dépendantes du château de Feugerolles, situées en la paroisse du Chambon, rendant annuellement 150 charges de foin, les corvées, manœuvrées, réparations du château, guet et garde, l'abénévis des prises d'eau des rivières, pour les artifices, les droits honorifiques de l'église du Chambon, la nomination de la prébende de Feugerolles, le droit de chasse et de pêche, la maison du portier, avec le droit de portelage.

CHAPITRE XXIX.

Seigneurie de Roche-la-Mollière

Le Roi donna, en 1557, des Lettres Patentes pour les foires et marchés du lieu de Roche-la-Mollière.

Par son testament du 9 mai 1663, Gaspard de Capponi légua, par fidéi-commis à Magdeleine du Peloux, sa femme, la terre et seigneurie de Roche-la-Mollière, justice, cens, servis, droits, devoirs seigneuriaux, château, domaines, fonds situés dans l'étendue de ladite terre.

Au mois de juillet 1676, après la mort de Gaspard de Capponi, les mêmes experts qui avaient inventorié et estimé les livres, meubles et tableaux de Feugerolles, opérèrent à Roche-la-Mollière. Voici un abrégé de leur travail : Dans un vestibule ayant vue sur la cour du château, du côté du matin, 14 portraits représentant un capucin, le Roi et la Reine régnants, l'évêque de Carpentras, l'archevêque de Narbonne, le feu seigneur de Feugerolles, le sieur baron, son frère, le sieur de la Grange, Mgr l'archevêque de Lyon, Mgr le maréchal duc de Villeroy. Mme de la Grange, religieuse, 3 petits portraits ; les œuvres de

Virgile en français, traduites par le sieur François de Marrolles ; Histoire de Louis XI, roi de France, par Mathieu ; la Pucelle ou la France délivrée, par M. Chapelain ; Alaric et Rome vaincue, en vers, par le sieur Scudéry ; Histoire de France, en 4 tomes, par Duplex ; les antiquités et annales de la ville de Paris, en 2 tomes, par le sieur Malingre ; la vie de Gaspard de Saulx, seigneur de Thavanes. maréchal de France ; Histoire du maréchal de Toiras, par Bodier ; Histoire du différend entre le pape Boniface 8 et Philippe-le-Bel ; les Vies des hommes illustres par Plutarque ; Histoire de France, par Davila ; la triple couronne de la Vierge, par le père Poiré, jésuite ; Histoire d'Angleterre, d'Ecosse et d'Irlande, par Duchesne ; les Essais du sieur de Montagne ; Histoire des guerres d'Italie traduite en françois de l'italien de Guillardin ; Histoire de Malte, par le sieur Baudoin ; le Martirolloge des chevaliers de Malte, avec leurs armes ; Histoire de Naples et de Sicile, par Mathieu Nopin ; Histoire d'Espaigne, par Moquette, Lyonnois : Histoire de la vie du connétable de Lesdiguières, par le sieur Vidal ; la galerie des femmes fortes, par le père Moyne, jésuite ; Histoire de Louis XIII, par le sieur Le Bret : les œuvres de Plutarque, des hommes illustres, en latin : les œuvres morales de Plutarque ; un poème sur saint Louis, par le père Le Moine ; Histoire de Lyon, par Paradin ; Histoire de Louis XIII, par le sieur Béraud ; le gouvernement de la cavalerie légère ; l'art militaire pour l'infanterie, représenté par figures : Histoire générale des troubles de France. par le sieur Mathieu : Oraison funèbre de Louis-le-Juste ; Histoire d'Henry, duc de Montmorency ; les femmes illustres du sieur Scudéry ; Histoire de la persécution des catholiques en Angleterre ; l'alphabet du soldat, vrai éclaircissement de l'art militaire, par La Simonne ; les principes de l'art militaire, par le sieur de Billon ; la Milice royale, du sieur Renaud ; les Chroniques et Annalles de France, par Gilles ; les Annalles de France, par le sieur Gillin ; les vies et miracles de plusieurs saints hermites ; cinq missels ou bréviaires vieux, en lettres gothiques ; les commentaires de César traduits en français, par d'Ablancour ; les œuvres de M. de Voiture ; la fréquente communion, par M. Arnaud ; vie des Pères du Désert ; Histoire de Scanderberg ; Histoire de Jehan II° de Portugal ; les discours funèbres sur le trépas d'Henry-le-Grand, par du Peyrat ; les causes des malheurs d'Espaigne, par Jehan Fuzée : l'Odyssée d'Homère, en françois ; Guerres d'Alexandre, par Arian ; le grand Cyrus, en 18 volumes ; Histoire journalière de Louis XIV ; la Vie d'Amédée, duc de Savoie, de Rouchard ; la gigantomachie, par Scarron..... Dans une chambre joignant audit vestibule : un grand tableau représentant Thobie, à 5 figures, peinture à l'huile, estimé 66 livres ; grand tableau représentant le cardinal Capony et tableau représentant un archevêque de la famille ; tableau représentant Notre-Seigneur descendu de la croix, 11 livres ; tableau représentant le seigneur de Capony, évêque de Carpentras ; tableau représentant saint Joseph, avec un ange annonçant le mystère de l'Incarnation, à l'huile, 36 livres..... Dans la chambre neuve : 2 portraits représentant le cardinal de Capony et l'archevêque de Narbonne..... Dans la salle ayant vue sur le jardin : un grand tableau représentant l'Assomption de la Vierge, 150 livres ; tableau représentant un cardinal, 10 livres ; 2 tableaux représentant une Vierge avec un Jésus et saint Jehan-Baptiste ; 15 livres. Dans la chambre du défunt seigneur de Feugerolles : un tableau, peinture fine, représentant une Vierge tenant l'Enfant Jésus au bras, original de Raphaël des Urbains, 1.500 livres ; tableau représentant saint Jehan-Baptiste en sa jeunesse, 20 livres ; une Magdeleine mourante, 15 livres ; tableau représentant une Magdeleine en prière 16 livres ; une Judith tenant la tête d'Olopherne, 27 livres ; une Lucresse, 10 livres ; autre Judith, la peinture représentée nocturne, 44 livres ; une Vierge tenant Jésus et saint Jehan-Baptiste auprès, 9 livres ; autre Vierge tenant Jésus en ses bras, 15 livres ; 2 tableaux représentant la Salutation Angélique, 44 livres ; une tête de Jésus-Christ couronnée d'épines, 9 livres ; saint François de Salles, demi-corps, 9 livres ; un crucifix en tableau, avec son cadre d'ébeine, 30 livres ; un tableau en sculpture représentant une Nativité, 30 livres.....

Au cabinet voûté joignant ladite chambre : 3 tableaux en miniature représentant sainte Catherine, sainte Dorothée et une Vierge, 70 livres ; un petit tableau représentant saint François de Paule, 5 livres ; un fusil monté d'ébène, les porte-baguettes argent, hors de mode, 30 livres ; une paire pistolets d'arçon, tirant 2 coups, 12 livres ; une paire pistolets avec ses fourreaux, 10 livres ; un mousqueton, 3 livres ; tableau représentant une Vierge tenant un Jésus, copie de l'original ci-dessus, 100 livres...,. 12 arquebuses à rouet, 4 mousquets et une arquebuse à croc, 3 fusils ; 12 arquebuses ou carabines à rouet ; 2 épées de combat ; une paire de pistolets..... 22 portraits de la maison royale, quelques-uns de la famille ou des parents de la maison de Feugerolles ; un tableau représentant la décollation de saint Jehan, 20 livres.

Par acte passé à Saint-Etienne, le 16 décembre 1683, messire Hector de Charpin, comte de Souzy, baron de Feugerolles, et dame Catherine-Angélique de Capponi, sa femme, héritière bénéficiaire de son père, messire Gaspard de Capponi, baron de Feugerolles, vendirent la terre et seigneurie de Roche-la-Mollière à messire Pierre Duon, trésorier de France à Lyon. Elle consistait alors en château, bâtiments en dépendant, jardin, verger, pigeonnier, étangs, serves, prés, justice haute, moyenne et basse, droits seigneuriaux, rente noble, un petit moulin sous le grand étang, 2 domaines, un domaine à Saint-Just-sur-Loire, la nomination à la prébende de la chapelle qui était dans l'enceinte du château. Cette vente fut faite pour la somme de 76.000 livres, en partie payables aux créanciers de la maison de Capponi, entre autres au monastère de Sainte-Marie de Saint-Etienne 3.100 livres, à Claude-Gabriel Anselmet des Bruneaux, écuyer, seigneur de Saint-Just 7.000 livres; aux dames de Chazault, de Lyon, 1.700 ; à noble Boulioud, seigneur de la Roche, conseiller en la sénéchaussée et siège présidial de Lyon ou à demoiselle Eléonore Ducher, sa mère 12.805 livres; mais comme M, Boulioud a déjà été payé par M. de Fenoyl, cette dernière somme sera remise à François Chappuis, écuyer, seigneur de la Fay, conseiller en la sénéchaussée et siège présidial de Lyon.

On fit, vers 1683, un état de la terre de Roche-la-Mollière. Elle s'étendait principalement sur les paroisses de Saint-Genay-Lair, de Firminy, du Chambon et de Saint-Etienne-de-Furan, elle consistait en haute, moyenne et basse justice, rente noble, droits de péage, de charbon, greffe, patronage. Elle contenait un château, donjon, fossés, chapelles, bassecours, granges, écuries, étables, jardins, vergers, pigeonnier, clos de murailles dans un même tènement; une grande prairie appellée Villebœuf, close de murailles ou haies vives, avec une terre labourable attenante, 2 étangs, l'un appelé le Grand Etang, avec un petit moulin au-dessous, et l'autre la Réveillère, avec leurs chaussées, serves et arches à poissons; les bois taillés appelés de la Garde, Pomareye, Pomaron et les Brosses; un autre bois sapins, avec un tènement de paquerage appelé Coste Chenon, avec la garenne; le domaine appelé de Frecon, avec ses appartenances et dépendances, consistant en maisons hautes et basses, greniers, granges, étables, bassecours, prés, jardins, terres, pasturaux, paquiers et bois ; autre domaine appelé la Proteri, consistant en maisons, greniers, granges, étables, jardins, verger, terres, pasturaux, et paquiers; le domaine appelé de Drevon, consistant en bâtiments, maisons, granges, étables, jardin, verger, prés, terres et paquiers, le tout avec leurs aisances, part et portion de communes, appartenances et dépendances quelconques; un clos de vignes, d'environ la contenance de 25 hommes, avec une maison dans ledit clos, un petit pré et terre au-devant et attenant audit clos, situés près le Pont Saint-Rambert, dans la paroisse de Saint-Just-sur-Loire.

CHAPITRE XXX

Seigneurie de Laye, à Saint-Georges-de-Reneins.

Aveu et dénombrement de la terre et seigneurie de Laye
par Jean d'Espinay de Laye, du 22 janvier 1767.

Aveu et dénombrement que met et baille par devant messieurs les magistrats et officiers au bailliage de Beaujolois, commissaires en cette partie messire Jean d'Espinay de Laye, chevalier, seigneur de Laye-Espinay, Marsangue, Buyon, Champrenard, Blacé-le-Bas, Salles, Saint-Albin, Saint-Georges-de-Rogneins et des fiefs de Champ-Gobert, Bois Baron, Brameloup ou du Cepey ou Bois des Combes, demeurant maintenant en son château de Laye-Espinay, pour satisfaire à leurs ordonnances rendues pour la prestation de la foi et hommage, rapport d'aveu et dénombrement des justices, terres, fiefs et seigneuries, biens et rentes nobles dudit pays, et c'est de ceux qu'il sait lui appartenir et qu'il possède dans l'étendue de la baronnie et sirie du Beaujolois relevant de son Altesse Sérénissime Mgr le duc d'Orléans à cause d'icelle, ;

1° La terre et seigneurie de Laye-Espinay, avec toute justice haute, moyenne et basse, à laquelle sont annexées les terres et seigneuries de Marsangue, Buyon, Blacé-le-Bas, Salles et de Champ-renard, toutes lesquelles justices n'en font aujourd'hui qu'une, exercée par les officiers dudit seigneur au château de Marsangue où sont les prisons et l'auditoire et s'étend dans les paroisses de Saint-Georges-de-Rognains, Blacé, Salles, Saint-Etienne-la-Varenne et Arnas, diocèse de Lyon, laquelle justice faisait anciennement partie des baronnies de Thizy, Montmelas et d'Estours, savoir ce qui vient de Montmelas ayant été séparé du reste de la baronnie de Beaujolois en faveur de Jeanne de Châteauvilain, femme en 3ᵉˢ noces de Guichard-le-Grand, seigneur et baron de Beaujolois en 1331, passa par succession au duc de Nevers qui vendit ladite terre de Montmelas à noble Jean d'Arod, seigneur de Clervaux, le 12 octobre 1566, et ce qui vient de ladite terre d'Estours et la Bastie située dans la paroisse de Saint-Etienne-la-Varenne qui était une dépendance d'Amplepuy et qui avait été donné en apanage par Guichard-le-Grand, seigneur de Beaujeu, à Guillaume, son 2ᶜ fils, passa ensuite au duc de Linière et par succession à la maison de Nevers, ensuite par acquisition à la maison de Damas, sur laquelle la terre d'Estours et la Bastie fut saisie et vendue de l'autorité du bailliage à maître Jean Deguz, procureur au bailliage de Beaujolois, qui élut en ami, le 8 octobre 1677, le seigneur de la Chaize pour une partie et le seigneur de Laye pour l'autre ; et quant à la justice de Salles elle appartenait au seigneur de Champrenard avant la transaction de 1280, comme il est expliqué ci-après.

Par là l'on voit d'où viennent les terres et seigneuries qui composent aujourd'hui celle de Laye-Espinay, qui se confine du côté de matin par la justice, terre et seigneurie de Saint-Georges-de-Rognains, la terre et seigneurie de Saint-Albin, appartenantes toutes deux audit seigneur d'Espinay de Laye et par la justice

d'Arnas, et est séparée desdites terres par des limites à prendre
depuis la rivière de Vauxonne et la place où était la planche
appelée planche de Girard de Vienne, et de cette place qui est
près du pré de M. le président Noyel en tirant du côté de midi
par le chemin tendant de Charentay au hameau du Perretier,
vulgairement aujourd'hui appelé Party jusqu'à la maison et verchère autrefois appartenante à Bernard Gonnet et à présent à
François Duchesne, dit Montblain, laquelle est éloignée d'environ
200 pas d'une chaussée servant autrefois pour un étang appelé
Etang Bernard ; cette chaussée est existante du côté d'occident
de ladite maison, par le milieu de laquelle passent les limites de
séparation des justices de Laye-Espinay et Saint-Georges-de-
Rognains, en continuant jusqu'au chemin tendant de Montmelas
à Rognains, où est une croix de pierre plantée dans le trève
appelé Trève des Farges, et d'icelui trève en tirant du côté de
matin par ledit chemin de Montmelas à Rognains et du nord au
midi par un chemin allant du hameau de Nuit au ruisseau de
Laye le long des terres de Berrins, le surplus de ladite justice du
côté d'orient étant confiné par les bois Barons, les terres dépendantes de Saint-Albin et le long d'une route plantée en noyers
tendante vers Arnas, depuis une barrière placée au bout d'une
avenue d'ormeaux à l'entrée desdits bois Barons et ce jusqu'au
coin des terres dépendantes du prieuré dudit Arnas, la justice
d'Arnas faisant en cet endroit confin d'orient et midi à la forêt
et à la justice de Laye ; dudit coin la séparation desdites justices
de Laye et Arnas est le long du fossé méridional de ladite forêt,
et en remontant du côté de soir elle passe entre lesdites terres du
prieur, la terre du nommé Rollet, qui fut d'Aumaye, le bois du
sieur Humblot et ladite forêt ; et du coin méridional et occidental
de ladite forêt de Laye, en tirant du côté de midi, entre les bois
et autres fonds dudit sieur Humblot jusqu'aux broussailles dudit
sieur Humblot qui furent anciennement étang ; dans cet endroit
la division des justices de Laye et Arnas forme un angle au
moyen duquel en suivant ladite division d'orient à occident, en
déclinant un peu au midi, elle partage les broussailles dudit

sieur Humblot jusqu'au chemin qui servait autrefois de chaussée à un autre étang qui appartenait au nommé Héron, ledit chemin existant pour l'usage du château de Laye allant dudit château à Arnas et au moulin appelé de Tuet appartenant audit sieur Humblot, la justice de Laye demeurant du côté du nord de ladite division et celle d'Arnas du côté de midi, et d'icelui chemin en le suivant et tirant du côté du nord jusqu'à un petit bosquet dépendant de la terre de Laye et qui se trouve entre deux terres dudit sieur Humblot, qui furent étang jusqu'au chemin allant de la Grange Vielle au chemin de Beaujeu au coin d'un champéage appartenant audit sieur Humblot et à l'extrémité méridionale du bois appelé garenne de Longsard, et dudit endroit en tirant du côté du nord déclinant un peu à occident le long de l'extrémité dudit bois jusqu'au dessus de la pièce d'eau de la Grange Vielle, autrefois du Mortier, et à l'extrémité méridionale du pré Vielle Grange, et de cet endroit en tirant des côtés de midi et occident à travers d'une terre appelée terre du Puit et dépendant de Longsard jusqu'à un sorbier existant entre ladite terre et la vigne dépendant de ladite Grange Vielle appartenante au seigneur de Laye, et dudit sorbier, lesdites justices de Laye-Espinay et d'Arnas se trouvent séparées par une ligne droite tirant depuis ledit sorbier jusqu'au chemin tendant de Saint-Jullien à Arnas près du pavillon étant au bois du jardin du Grand Longsard, cette ligne traversant le chemin de Beaujeu serait la même dans le cas où le sorbier n'existerait plus, si l'on tirait une ligne droite depuis les vestiges de l'ancien Château Désert, dont les fossés existent dans un bois appelé Bois Buisson situé dans la paroisse de Saint-Jullien et dépendant dudit Saint-Albin, à droite ligne sur la Grange Vielle, en s'arrêtant à l'extrémité des fonds dudit seigneur de Laye, conformément à l'acte de vente faite de la justice d'Arnas par un seigneur de Montmelas en faveur du sieur Barthélemy Chomat, par acte du 28 novembre 1601, laquelle ligne de partage relaisse les bâtiments du Grand et Petit Longsard du côté de matin de la justice dudit Arnas qui se trouve ci-devant limitée à la forme de la sentence du bailliage de Beaujolois rendue le 17 juin 1764 sur le plan géométral des experts joint et annexé à icelle, Longsard n'ayant aucun droit de fief dans l'étendue de la justice de Laye et annexes.

A l'égard de la continuation de la ceinture des limites de ladite justice de Laye-Espinay, en quittant la justice d'Arnas, elle se divise et est séparée de la terre et justice de Montmelas à prendre dans l'endroit du grand chemin de Villefranche à Beaujeu, on traverse la ligne dont on vient de parler, auquel endroit aboutissent les justices d'Arnas, de Montmelas et celle de Laye-Espinay, à cause de Marsangue, lequel endroit est entre deux terres, l'une dépendante du Grand et l'autre du Petit Longsard et aussi entre les bâtiments du Petit Longsard et une borne existante et servant de limites des dixmeries pour les paroisses d'Arnas et de Rognains, ladite borne se trouve du côté du nord de cette ligne, le long dudit chemin de Beaujeu, et dudit chemin la justice de Laye-Espinay. qui fut de Marsangue et de Champrenard se trouve séparée d'avec celle de Montmelas, en tirant du côté de soir, par le milieu des terres maintenant dépendantes de Longsard et de la directe dudit seigneur de Laye, pour raison de son fief de Saint-Albin, passant tout le long du bois dudit seigneur de Laye dépendant encore de son dit fief, et de là entrant dans les bois de Longsard et les traversant en tirant toujours de côté de soir jusqu'a l'extrémité méridionale des bois de Grammont, où il existe encore un ancien chemin tendant d'orient à occident qui les sépare des terres de la Rigaudière et autres particuliers, et toujours en tirant droit dudit côté de soir à une place où est une croix de pierre appelée Croix de Burlaquin située au-dessous des vignes de Blacé et séparant la paroisse dudit Blacé d'avec celle de Saint-Jullien, tout ce qui est dans la paroisse de Blacé demeurant dans la justice dudit Laye-Espinay et ce qui est dans la paroisse de Saint-Jullien demeurant dans la justice de Montmelas, le prieuré et bois de Gramont étant entier de la justice dudit Laye-Espinay, à cause de Champrenard, conformément au désistement et déclaration donnés par messire Guillaume d'Arod, écuyer, seigneur de Montmelas, en faveur de M. Rambaud, seigneur de Champrenard, le 18 avril 1674.

De ladite croix de Burlaquin ladite ceinture de séparation suit le chemin tendant de ladite croix à l'église de Saint-Jullien, en tirant du côté de soir déclinant midi jusqu'au ruisseau de Merderet qui traverse ledit chemin de Saint-Jullien entre le cuvier et bâtiments appartenant et dépendant de la Rigaudière et la maison du vigneron de Mme d'Essertines, et de cet endroit en remontant par ledit ruisseau jusqu'à la hauteur où le chemin tendant du moulin qui fut de la Bessée au bourg de Blacé commence à cottoyer ledit ruisseau, et dudit chemin par un sentier tendant au clos du Grand Marigny, du côté de midi déclinant occident, passant à travers les vignes de différents particuliers et celles de Claude Carrand, qui furent de M. de Belair environ à plus de 100 pas du côté de midi de sa maison appelée de Belair, qui se trouve de la justice de Champrenard, et en reprenant ledit sentier jusqu'au chemin tendant de Saint-Jullien à Blacé, et suivant ce dernier chemin du côté du nord, ensuite du côté de soir jusqu'au dit bourg, près le cimetière en passant au-dessous de la maison de M. de Terrenayre qui fut de la dame Minet, tout ce qui est au-dessous dudit chemin de Saint-Jullien à Blacé et de la justice de Laye-Espinay, à cause de Champrenard, et dudit bourg jusqu'à la croix du Pélican ou des Rameaux, située dans le chemin de Blacé à Salles, à l'angle occidental et méridional du clos, tout ce qui est aussi en orient dudit chemin est de la justice du dit Laye-Espinay, à cause de Champrenard, à l'exception de 3 maisons du bourg seulement qui sont de celles de Claude Laviornery, qui fut de Marion et les deux touchantes qui appartiennent, savoir celle de côté de midi d'icelle aux héritiers du sieur Reysséguier, chirurgien, et celle du côté Nord aux héritiers du sieur Mandron, notaire, lesquelles trois maisons demeurent de la justice de Montmelas.

De ladite croix en suivant toujours par le milieu du susdit chemin le long des fonds et du clos du château de Champrenard, jusqu'à l'avenue, en face de l'entrée dudit château comme tous les fonds dépendant dudit Champrenard, situés en occident dudit chemin et au-dessus de Blacé, ainsi que ceux appartenant au nommé Antoine Laviornery, sont aussi de la justice dudit Laye-Espinay, à cause de Champrenard, ils se confinent savoir du côté d'orient par le susdit chemin, du côté de midi, en remontant par le chemin tendant dudit chemin ou de ladite croix au domaine appelé Vertillon, jusques vis-à-vis la terre et pré dudit seigneur de Champrenard, ensuite en descendant au midi par les vignes, prés, terres et bois de M. de Terrenayre et les vignes de M. Hisnard, du Deoz, lesquels font confins d'orient et midi, selon leurs contours et circuits, et dudit côté de midi par le ruisseau appelé Péterel, et d'occident et midi par les bois, vignes et prés de M. de Terreneyre et des nommés Berthier et Philibert Carrichon et par le chemin tendant de la croix du Vivier au maz du Gounet, et en suivant par le chemin qui va du côté de Saint-Bonnet, en passant au-dessous du grand pré de Champrenard appelé pré Dubost, jusqu'aux terres de M. de Terreneyre et du nommé Jean Blanc, reprenant par le chemin tendant de ladite croix du Vivier ou du bois Dubost à Saint-Cyre et en suivant ledit chemin en tirant du côté de soir, le long de la partie du crêt ou montagne de Champrenard, abenevisée à Joseph Colombier, dont la justice a demeuré au seigneur de Champrenard, et en revenant du côté de bise, les limites et confins sont en suivant un autre chemin tendant de Champrenard et de Salles à Saint-Cyre et en suivant ledit chemin en tirant d'occident à orient le long du nord dudit crêt ou montagne de Champrenard, la division suit ledit chemin le long des fonds dudit seigneur de Champrenard, ce qui forme une contiguité de fonds dans lesquels sont clos la maison et les héritages d'Antoine Laviornery où sont compris le bois Dubost, où il y avait un château fief de ce nom, les maisons des vignerons appelés Dubost, Râtier depuis peu, la grange et domaine appelés Vertillon, la montagne appelée crêt de Champrenard, le tout possédé en fief avec toute justice et droit de prise d'eau dans les chemins qui avoisinent les dits fonds, de plus une terre d'environ 11 bicherées, hors de l'enceinte ci-devant confinée, située du côté du nord dudit chemin tendant de Champrenard à Saint-Cyre, de même que 2 vignes du côté de soir du chemin tendant de Blacé à Salles et vis-à-vis l'avenue du château de Champrenard, duquel chemin au bout de ladite avenue, la ceinture de la justice dudit Laye-Espinay. continue de passer en tirant des côtés du nord et occident par le chemin tendant de Blacé à Salles et laissant une croix de bois appelée la croix Polage du côté de nord, laquelle est placée dans un trève d'où partent 2 autres chemins, l'un appelé chemin d'Arbuissonnas et l'autre rue du Puit.

En continuant toujours par ledit chemin de Blacé à Salles, en tirant du côté de soir jusqu'à la place du village de Salles où est une croix de pierre appelée croix des Rameaux, placé au-devant de la maison du nommé Perroud, et en suivant ledit chemin jusqu'à la maison du Chapitre de Salles et en continuant par le chemin allant dudit Salles à la rivière de Chalarin, passant le long du mur du jardin des dames de Salles entre ledit jardin et le pré desdites dames, laissant du côté de soir le prieuré et partie du village de Salles dans lequel village il y a une église paroissiale sous le vocable de Saint-Martin, mère église de Blacé qui n'en est que l'annexe, près de laquelle il existe un cimetière où l'on enterre les paroissiens et une maison presbytéralle dont jouit le curé de Blacé, au-dessus de laquelle église paroissiale il existe aussi un clocher à l'usage de la paroisse et dont les habitants ont la clef qui roule entre eux, semaine par semaine, pour aller chacun à leur tour sonner les offices, laquelle église est desservie ordinairement par M. le prieur de Salles, curé primitif, le curé de Blacé y allant pour les besoins des paroissiens de Salles, la haute justice d'icelle paroisse hors des confins ci-devant donnés appartient aussi audit sieur d'Espinay de Laye avec tous les droits utiles et honorifiques en dépendant, et la moyenne et basse est indivise entre ledit sieur et M. le prieur, laquelle se confine du côté d'orient par le susdit chemin tendant de Blacé à Salles à la rivière de Chalarin et de la à Arbuissonnas, et à Saint-Etienne-la-Varenne, lequel chemin divise cette justice d'avec celle de

Blacé-le-Bas dépendante et réunie à celle de Laye-Espinay du côté de midi par la paroisse de Blacé, du côté d'occident par la justice de Vaux et du côté du nord par celle d'Arbuissonnas, dans laquelle justice de Salles les seigneurs de Champrenard sont en usage de faire tenir des assises par leur juge prévôt, conformément à celles tenues par Pierre Milan, prévôt dudit lieu de Salles, et maître Louis Salaye, procureur d'office dudit Champrenard, icelles tenues au bourg de Salles, les habitants y assemblés à la manière ordinaire, le 12 juin 1629, signé par lesdits Milan et Salaye et Galaye, greffier du seigneur de Champrenard, laquelle justice appartient de temps immémorial au seigneur de Champrenard, a la forme de la transaction passée entre Louis, seigneur de Beaujeu, et Etienne Chapinelly, de même que Philippe. fils de feu sieur Guillaume de Marzé, damoiseau, en date du 4 octobre 1280 ; et pour parachever et continuer la ceinture des limites de la justice de Laye-Espinay, en reprenant la rivière de Chalarin, elle se limite par le milieu de ladite rivière d'avec celle d'Arbuissonnas appartenant a M. Renaud, écuyer, seigneur de Milly et de la paroisse d'Arbuissonnas, justice démembrée de celle de Champrenard, comme il appert par le contrat de vente passé par devant Troncy, notaire, le 28 septembre 1651 par Pierre Rambaud, alors seigneur dudit Champrenard, au profit de Guyot de Thy, qui l'était de Milly, par laquelle vente le seigneur de Champrenard se réserve la justice sur la moitié de la rivière de Chalarin tout le long de la paroisse de Salles, et les divisions entre Arbuissonnas et Laye-Espinay, qui fut de Champrenard au-delà de ladite rivière à commencer à l'extrémité de la paroisse d'Arbuissonnas, en poursuivant du côté du nord à la forme dudit contrat de vente ci-devant daté, suivant dudit côté du nord par une ligne jusqu'a la place commune appelée le Tang à l'endroit où se croisent les chemins de Vaux à Villefranche et de Salles à Saint-Etienne-la-Varenne, ce qui forme un trêve où aboutissent la terre de Jean Meunier, qui fut bois de Guillaume Baloffet, dit Chapollier, et celle du nommé Laroche du côté du midi, celle d'Onnier demeurant en orient dudit chemin de Salles à Saint-Etienne et celle dudit Laroche du côté d'occident.

Les terres et prés de Jean Berthier, qui furent de son ancien, du côté d'orient, sont de la justice de Champrenard, laquelle place du Tang est située près le hameau de Chapoly, de la justice dudit Laye-Espinay, et en continuant d'icelle place par un chemin tirant du côté du nord déclinant à occident jusqu'à ladite rivière de Vauxonne, en occident des terres et prés de Jean Aunier, habitant dudit hameau de Chapoly, paroisse de Saint-Etienne-la-Varenne, et du pré appelé pré des Beauges, dépendant de Milly, lesquels fonds sont de la justice de Champrenard, et du milieu de ladite rivière à l'endroit où traverse ledit chemin au-dessous du pré, maison et thuilerie de la Bastie et où aboutit un petit ruisseau au-dessous de l'étourne qui prend l'eau pour le moulin appelé autrefois Chassignolle, puis Bataillard et maintenant Picard, laquelle prise d'eau, ainsi que le moulin sont aussi de la justice de Champrenard, et de ladite étourne, en continuant la ceinture de ladite justice, elle se limite avec celle de la Chaise par le milieu de ladite rivière de Vausonne, en descendant selon ses contours et sinuosités jusqu'au chemin de Beaujeu à Villefranche au-dessous de la planche de la Tallebarde placée à l'extrémité d'une terre de M. le prieur de Salles, les limites des justices de la Chaise et de Laye-Espinay, à cause de Champrenard, à la forme des titres de la terre de Laye-Espinay doivent suivre toujours par le milieu de ladite rivière le long du grand pré de la Tallebarde jusqu'à l'extrémité orientale et méridionale dudit pré, auquel endroit traverse un chemin tendant du hameau du Terrier aux vignes des Foilliés, et qui de là va aboutir au chemin tendant de Buyon à la Tallebarde, passant depuis la maison d'Antoine Désigaux et les terres, vigne et maison du vigneron de Claude Carrand, et au-delà de ladite rivière il passe entre ledit pré de la Tallebarde et ceux des nommés Saunier et Désigaux ; néanmoins le seigneur comte de la Chaise prétend que sa justice s'étend en forme triangulaire du côté de midi de ladite rivière à prendre dudit endroit par une ligne droite jusqu'auprès de la croix de Blacerey, et de là en retournant par le milieu du chemin tendant de Villefranche à Beaujeu jusqu'à la rivière de Vausonne près de ladite planche de Tallebarde, ce qui ferait une portion de justice dont la base du triangle a la seule longueur dudit pré de la Tallebarde, portion de justice en litige entre ledit seigneur comte de la Chaise et ledit seigneur de Laye.

En reprenant la ceinture des limites des justices de la Chaize et de Laye au même endroit de ladite rivière de Vauzonne on traverse ledit chemin du Terrier aux Foilliés, elles suivent sans difficultés par une ligne quasi droite tirant du côté du nord par le milieu de partie du susdit chemin et ensuite tout le long de l'extrémité orientale dudit pré de la Tallebarde, entre ledit pré et celui de François Crépier et par la vigne dudit Antoine Désigaux, jusqu'au Treyve qui est au chemin de Buyon à la Tallebarde, et au-dessus de l'angle oriental et septentrional dudit pré de la Tallebarde, dans lequel treyve vient aboutir le chemin du Terrier, par lequel les limites des justices passent en partie, le surplus dudit chemin étant en entier de la justice dudit Laye-Espinay, à cause de Buyon, ainsi que le pré dudit Crépier, ceux des Carran, de Crétien et de Désigaux, vigne de la Tallebarde, petite vigne du seigneur de Laye et 2 vignes dudit Désigaux ; et dudit treyve la division desdites justices de la Chaize et de Laye-Espinay, à cause de Buyon, se divise par le chemin tendant de la Tallebarde audit Buyon, passant entre le bois taillis de M. de la Carrelle et la vigne de Michel Tondu, et par le bois des nommés Bacheville, Carran et autres et entre les vignes et terres du seigneur de Laye, et en suivant au midi des vignes et maison dudit Carran jusques au treyve de Buyon, le domaine dudit seigneur de Laye, avec tous les fonds du côté de midi du susdit chemin demeurant de la justice dudit Laye-Espinay ; et dudit treyve de Buyon lesdites divisions continuent par le milieu du chemin tendant de Buyon à la maison Carré et de là aux bois d'Areur appartenants audit sieur d'Espinay de Laye et à M. de la Barmondière, passant le long du pré appelé Levrier appartenant au seigneur de la Chaize et près la maison Carré, ainsi appelée parce qu'elle appartenait à un Dupuis, dit Carré, laquelle maison a eté acquise par ledit Claude Carran qui l'a donnée pour légitime à Pierre Perroux, son gendre, habitant de Buyon, qui la possède actuellement, au-devant de laquelle maison, du côté de soir est une borne divisant justices, placée entre ladite maison et le jardin, où se limitent les justices de la Chaize, d'Arginy et de Laye-Espinay, à cause de Buyon, de laquelle borne les limites de la justice dudit Laye-Espinay suivent une ligne jusqu'á la rivière de Vauzonne et la place où était la planche appelée de Girard de Vienne, où se réunissent les justices de Rogneins et de Laye-Espinay et où se clot la ceinture des limites de ladite justice de Laye-Espinay, l'ayant commencé en cet endroit.

Appartiennent aussi audit sieur d'Espinay de Laye toutes les eaux coulantes et fluantes des chemins et rivières dans l'étendue de sadite justice, qui n'ont pas été abenevisées par lui ou ses auteurs, les communes de Blacerey et Couchat en toutes justices et dépendances, avec tous les droits utiles et honorifiques appartenant au seigneur haut justicier.

Dans l'enclos de laquelle justice sont les châteaux de Laye-Espinay, Marsangues, dans la paroisse de Saint-Georges-de-Rogneins, et Champrenard, dans celle de Blacé; celui de Laye consistait autrefois en château, tour et maison-forte entourée de fossés sur lesquels il y avait un pont qui existe encore du côté de midi, lequel château a été reconstruit presqu'à neuf par le seigneur actuel, sur le même emplacement et dans la même enceinte, et est composé d'un gros corps de bâtiments à la moderne, en forme d'un pavillon carré à 3 étages, outre et sans y comprendre le souterrain des cuisines et offices, d'une cour, avant-cour et bassecour, la grande cour fermée de 4 grilles de fer où aboutissent 4 avenues pour la seule utilité du château. remises, écuries, hangards et autres logements nécessaires à l'économie rurale, autour desquels bâtiments existe partie des anciens fossés et pièces d'eau, des jardins et vergers de toute ancienneté; près duquel château est une chapelle construite et fondée par les seigneurs de Laye pour leur utilité, sous le vocable de Saint-Denis et dont le seigneur est patron.

Ce château a été de tout temps fief, et les fonds qui composaient ledit fief sont contigus et entourent ledit château, sont maintenant percés de 8 routes formant une espèce de parc dans lequel personne n'a le droit de passage, ledit parc consistant en jardins, vergers, prés, vignes, terres. bois et forêt, dans lequel sont enclos 2 granges, l'une appelée Grange Vieille, qui fut du Mortier, et l'autre Grange Neuve, de la contenue en tout d'environ 330 arpents, mesure de Paris, y compris les fonds qui étaient de la seigneurie et directe dudit Laye et qui y ont été réunis; la totalité duquel fief se confine du côté de matin par des terres appartenantes à divers particuliers, les fiefs des Bois Barons, Saint-Albin et Brameloup, du côté de midi par les terres du prieuré d'Arnas, bois et autres fonds du sieur Humblot et ceux dépendant de Longsard, du côté de soir par le chemin de Beaujeu et différents fonds appartenants à plusieurs particuliers, et du côté du nord par le chemin tendant de Montmelas au Port Rivière, et encore par plusieurs fonds appartenants à plusieurs particuliers; dans lequel arrondissement il y a quelques articles de directe demandés par la dame d'Arnas et qu'on lui conteste.

Le château de Marsangue appelé autrefois fief de Rétis consistait en logement pour le maître et pour le cultivateur, les appartements du maître servent aujourd'hui d'auditoire et de prison; et á l'égard du fief il consiste en un clos autour dudit château, composé de vigne, pré, terre, bois et étang; lequel clos se confine du côté d'orient par le chemin tendant de Villefranche à Beaujeu, du côté de midi par le pre dépendant du prieuré de Gramond, du côté d'occident par les bois dépendants dudit prieuré, et du côté du nord par la commune de Blacerey, duquel fief il dépend une rente noble annexée à celle de Laye-Espinay, dont on parlera ci-après.

Le château de Champrenard consiste en château et maison-forte avec tour, ancienne chapelle, pigeonnier, pavillon et fossés sur lesquels il y avait autrefois pont-levis, est composé de logements pour le maître, caves, cuviers et logements de 3 vignerons : le jardin est entouré de murailles ; à l'égard du fief, les fonds qui entourent le château en dépendent et se confinent du côté de matin par les vignes de la dame d'Arnas, de la veuve Perroud et de Claude Carran, du côté de midi par le chemin tendant de la croix des Rameaux ou du Pélican au mas de la Mure et en Blacerey, du côté de soir par le chemin tendant de Blacé à Salles, du côté du nord par un chemin aisanciel partant de celui de Blacé à Salles, en tirant contre matin aux maisons de la Palud et de là en Berne, passant par l'extrémité des fonds dudit Champrenard, entre lesdits fonds et ceux d'Etienne Blanc et les vignes des prébendes de Blacé, les autres avenues aboutissantes au château de Champrenard n'étant assujeties à aucun droit de passage.

Dans laquelle chapelle dudit château de Champrenard le prébendier de Saint-Claude est tenu d'y aller dire la messe, lorsque le seigneur y réside, qu'il est incommodé ou qu'il ne peut aller à l'église de Blacé, de 2 dimanches l'un, en donnant par ledit seigneur à dîner au prébendier, et ce à la forme de la transaction passée entre le seigneur de Champrenard, Guichard de Montilière, et son fils Jean Guichard, prêtre, chapelain de la chapelle dudit Saint-Claude, messire Barthélemy Litaud et autres, le 22 juin 1463.

Plus dépend aussi dudit fief de Champrenard un tènement de vignes et bois appelé Petite Garenne, le tout situé dans la paroisse dudit Blacé, territoire d'Orilly, joignant la vigne de Lorin, que fut d'Antoinette Buyot d'orient un peu midi, vigne de la dame d'Arnas de midi, celle d'Etienne Blanc d'occident et le chemin tendant de Champrenard au bois de Marzé de septentrion ; item, une vigne, bois et terre situés au territoire d'Orilly, joignant le surplus des fonds de Champrenard d'orient, le chemin tendant dudit Champrenard et de la Place Joly qui existait entre les fonds d'Etienne Blanc et à l'entrée du chemin qui conduit chez lui, au bois de Marzé et de là en Blacerey de midi, partie de la garenne du seigneur de Champrenard et un chemin allant de la croix Polage en Blacerey d'occident et septentrion ; item, un pré situé en ladite paroisse de Blacé, lieu dit au Chambon, séparé en 3 parcelles, et qui joint le pré de Pierre Métra et celui de

Bacheville d'orient, un chemin dudit coté d'orient et midi, l'entrée du chemin pour la desserte dudit pré passant le long du bois du prieur de Salles, entre ledit bois et la terre de Bacheville et celle du nommé Bottet, une petite portion de bois dudit prieur avec le pré dudit prieur aussi de midi, autre pré dudit prieur, que fut de Jean Blanc de soir, autres fonds dudit prieur et un bois appartenant audit seigneur de Champrenard du côté du nord, la rivière de Chalarin entre deux.

Dépend aussi dudit Champrenard l'ancien fief du Bost, dont a parlé ci-devant, en confinant la justice et une rente noble annexée à celle de Laye-Espinay.

Plus possède ledit seigneur rendant fief la terre et seigneurie de Saint-Albin et les fiefs et garenne des Bois Barons et Brameloup, le tout contigu, quoique traversé par le grand chemin royal de Lyon à Paris, consistant en bois, terre, pré et vigne, percés de plusieurs promenades et allées nouvellement construites et font contiguité avec les promenades du parc de Laye-Espinay, le tout situé dans les paroisses de Rogneins et Arnas, et se confine du côté de matin par le grand chemin royal, par un vierre qui fut bois dépendant de la grange du Gage, ledit chemin entre deux, par les prés appelés prés Rodrigues et Cordellier appartenants audit seigneur, lesquels sont alodiaux, par les prés appelés les Pies, situés dans la prairie, celles dépendantes de la prébende de Sainte-Appoline, celles de M. Humblot, celles de M. de Vauxrenard, de la dame d'Arnas et de M. de la Barmondière et celles des dames de Sainte Marie de Villefranche, par la terre appartenante au chapitre de Saint-Paul de Lyon et par ledit grand chemin royal, du côté de midi par 10 bicherées de terre appartenantes audit sieur et dépendantes de son domaine de Champ Gobert, par le chemin tendant du hameau de Saint-Albin au grand chemin royal et à la prairie, passant entre ledit fief et les terres des mineurs Aunier, que furent de Mallet, celles de la dame d'Arnas et du nommé Verrier; duquel hameau de Saint-Albin, outre ledit chemin il y a une avenue tendante audit grand chemin royal plantée en noyers et muriers nouvellement construite dans les fonds dépendants des dits fiefs, et par le même chemin tendant d'Arnas et du mas de l'Ecuelle audit Saint-Albin ; de l'autre côté duquel chemin au midi d'icelui se trouve une grande terre confinée de matin par la terre des mineurs Aunier, qui fut de Jean Malet ; et le surplus dudit fief par les terres du sieur Humblot et de la dame d'Arnas, dudit côté de midi, par la terre du prieur d'Arnas, un chemin entre deux, par le fief de Laye ci-devant confiné, par les terres de Berrein appartenantes à M. le président Noyel, à Catherine Gonnet, un chemin de desserte entre deux du côté de soir, et par les terres de Gaudoger et du seigneur de Laye-Espinay, terre et pré de Georges Sadet, terre et bois du sieur Duchesne, châtelain, terres de M. de la Barmondière et autres terres dudit sieur rendant fief du côté de septentrion.

Dans l'enclos desquels fiefs sont les granges de Saint-Albin et Brameloup ; il y avait aussi 2 châteaux, celui de Brameloup dont il ne reste aucun vestige, ayant été incendié, et celui de Saint-Albin qui est tombé de vétusté, et que l'on a fini de démolir depuis peu, à l'exception d'une grande tour qui sert de pigeonnier et d'une chapelle, dépendants en toute propriété dudit fief de Saint-Albin, d'où dépend aussi un pré appelé pré de Saint-Albin, le long du canal appelé la Charreyte qui joute la commune et patural, avec droit de pêche dans partie d'icelle commune, comme il appert par les titres de Saint-Albin.

Plus dépend du même fief de Saint-Albin une terre et prés situés à Chavanne, maintenant annexés au domaine de Champ Gobert, lesquels ont pour confins le chemin tendant de Boistrait à Villefranche et la rivière de Pinavelle d'orient et midi, la maison et pourpris du fief de Champ Gobert de soir, le pré de Champ Gobert dudit fief et celui des dames de Sainte-Ursule de Villefranche de bise, avec droit de prise d'eau dans ladite rivière de Pinavelle.

Plus dépend dudit fief de Saint-Albin prés, bois et paquerages, que fut terre, le tout situé en la paroisse de Saint-Jullien, au mas du Buisson, près de Longsard, d'une grande contenue, joignant plusieurs fonds dépendants de Longsard et les taches d'orient, les bois du prieur d'Arnas et celui dépendant de Longsard de midi, le chemin de Saint-Jullien à Villefranche, le pré de Longsard, la terre de Guillaume Picard et le pré du seigneur de la Rigaudière d'occident, la terre et bois dudit Longsard de septentrion, laquelle partie de fief est traversée par la rivière de Pinavelle, dans laquelle ledit sieur rendant fief a droit de prise d'eau et par deux chemins aysanciels; dans les bois duquel fief il y a des vestiges et anciens fossés d'un château appelé Château Dézert.

Plus possède ledit sieur rendant fief celui du Cepey ou Bois des Combes annexé à Laye, et situé dans la paroisse de Saint-Georges-de-Rogneins, qui se confine du côté d'orient par les bois et terre de M. de la Barmondière, un chemin aysanciel entre deux, par les terres de Jean Duchesne et Philippe Duchesne et par les bois de M. de Vallière, du côté de midi, par les fonds du seigneur de Laye, et du côté de soir par le bois de Jean Desvignes, la commune du Petit Bois Franc, le vierre de M. de la Barmondière, la terre de Benoit Chanay et autres fonds appartenants à plusieurs particuliers, et du côté du nord par la commune de Bois Franc, le bois taillis de Philippe Duchesne, les bois et terres dudit M. de la Barmondière, dans lequel fief, il y avait un étang, dont il paraît encore des vestiges, et un château dont les fossés sont encore existants, lequel fief est traversé par le chemin tendant de Sales à Saint-Georges-de-Rogneins; dépend d'icelui fief une rente noble annexée à celle dudit Laye-Espinay, dont on fera mention ci-après.

Plus possède ledit sieur le fief de Buyon, dont la grange et bâtiments consistent en un grand corps de logis flanqué de deux pavillons, dont un sert de pigeonnier, situé dans la paroisse de Saint-Etienne-la-Varenne, juridiction de Laye-Espinay, et quant aux fonds qui composent ledit fief, partie sont situés dans la justice ci-devant confinée et partie dans celle du comte de la Chaize, lesquels consistent en prés, terres, vignes et bois, composant ledit domaine; et comme ils ne sont pas tous contigus, pour éviter prolixité, on ne les confinera pas, offrant néanmoins de les confiner, si besoin est ; ledit fief ne devait anciennement que quelques servis au seigneur de Vuril et de Beaumont qui ont été affranchis à la forme de la sentence du bailliage rendue le 9 juillet 1657 contre messire Charles de Camus, seigneur d'Arginy, Vuril et Beaumont.

Plus possède ledit sieur les bois, prés, terres et vignes des Peyttières et Collonjonnières, juridiction de Laye-Espinay, partie dans la paroisse de Saint-Etienne-la-Varenne et partie dans celle de Rogneins, entre les communes de Blacerey et Couchat, le chemin de Villefranche à Beaujeu et celui de Marsangues au Terrier ; dans laquelle terre des Collonjonniéres est construite une tuillerie asservisée par ledit seigneur avec la faculté d'y faire deux cuites par an et d'avoir la préférence sur tous les matériaux.

Plus une terre à la Croix Fleurie, venant anciennement du fief de Saint-Albin, dont partie anciennement asservisée par un seigneur dudit fief et possédée aujourd'hui par Mlle Cochard ; laquelle terre se confine par le grand chemin royal de Lyon à Paris, ladite partie d'icelle appartenante à Mlle Cochard entre deux d'orient, par autre terre de Mlle Cochard et M. Joseph Jacquet de midi, par la terre de Mme d'Ars d'occident et par la terre du sieur Humblot et autre de septentrion.

Plus un pré appelé de Gléteins, de la contenue d'environ 60 faucherées, joignant la rivière de Saône et le pré de Mme de Neubourg d'orient, la rivière de Pinavelle de midi, le pré de Boistrait d'occident, le chemin tendant de celui de Boistrait à Villefranche au bois de Bizonne et les prés de différents particuliers de septentrion ; dans lequel est une goutte en dépendant et dont ledit sieur jouit avec les droits de pêche qui dépendent dudit pré.

Plus deux autres droits de pêche qui furent anciennement de la Chaize, au hameau de Rivierre, paroisse de Saint-Georges-de-Rogneins, dans la rivière de Saône, selon les titres et confins.

Et finalement, le droit de pêche dans ladite rivière, le long du

Volday et sur l'île de Fossa, selon les titres et confins, et tel que ledit sieur en jouit ; lequel droit vient du fief de Lurcy, en Dombes, à la forme de foi et hommages prêtés par les seigneurs de Lurcy.

Dépend de plus desdites terres et fiefs, la rente noble de Laye-Espinay, à laquelle est annexée celle de Champrenard, lesquelles ont été composées de celles de Chassignolle, Saint-Albin, Cepey, Marsangue et plusieurs autres démembrements et différentes rentes voisines, la totalité de laquelle rente prend dans les paroisses de Saint-Georges-de-Rogneins. Arnas, Blacé, Salles, Saint-Etienne-la-Varenne, Saint-Jullien, Ouilly et dans d'autres paroisses du Beaujolois, Lyonnois et Dombes, que l'on ne peut désigner ni apprécier la valeur de la rente, attendu qu'elle est invétérée, et qu'une partie considérable en est affranchie, ce qui fait qu'elle est de petite valeur.

Dépend encore de la terre de Laye-Espinay, à cause de Champrenard, un banc et oratoire dans le chœur de l'église paroissiale de Blacé, ainsi qu'une chapelle en occident du chœur et au midi de ladite église, avec prébende dont ledit seigneur de Champrenard est patron, dans ladite église, avec droit de banc et de sépulture en icelle, les seigneurs de Champrenard en ayant été fondateurs en cette qualité, et comme ayant été anciennement seigneurs hauts justiciers du clocher, ils ont conservé et leur appartiennent les droits honorifiques dans l'église paroissiale, en l'absence du seigneur de Montmelas et après lui comme seigneurs hauts justiciers d'une grande partie de ladite paroisse et ce à la forme de la transaction du 20 février 1674.

De plus appartient audit sieur rendant fief le droit de patronage d'une prébende en ladite église de Blacé aussi sous le vocable de Saint-Claude, ladite prébende venant de sa famille qui la tenait des Bouries.

Plus dépend de ladite terre de Laye-Espinay, dont le château est le chef-lieu une chapelle à côté du chœur de l'église paroissiale d'Arnas et sous le vocable de Sainte Marthe, avec les droits honorifiques en icelle chapelle et droit de patronage, de même un banc dans la nef d'icelle église du côté droit.

Appartient aussi audit sieur rendant fief une chapelle dans l'église paroissiale de la ville de Villefranche, qui est à droite et la seconde en entrant, sous le vocable de Sainte Catherine et fermée d'une grille de fer, les droits honorifiques d'icelle chapelle, d'où dépend une prébende, à la nomination dudit sieur d'Espinay de Laye.

Déclarant ledit sieur d'Espinay de Laye ne posséder autres droits nobles rière ledit pays et baronnie de Beaujolois, qui soient maintenant de sa connaissance que les cy-dessus, et ne devoir à Son Altesse Sérénissime Mgr le duc d'Orléans autres droits que la foi et hommage, pour raison desdits biens, sauf à ajouter à son aveu en cas d'une connaissance plus étendue.

Fait à Laye-Espinay, ce 22 janvier 1767.

Ledit M. Jean d'Espinay de Laye fait ladite déclaration par devant Benoît Jacquet de la Collonge.

CHAPITRE XXXI

Extraits d'anciens terriers

Terrier de Balma de la seigneurie de Montmelas, de 1377 et années suivantes.

Il s'étend sur Montmelas, Denicé, Saint-Julien, Blacé, Cogny, Vaux, Chambost, etc. Parmi les tenanciers on remarque messire Guillaume des Farges, chevalier, en 1385 ; Hugonin de Colonges, damoiseau, en 1377 ; religieux homme frère Thomas du Cluzel, aumônier de l'abbaye de Belleville, possessionné à Denicé, en 1378, Hugonin de Fougères, damoiseau, en 1390.

Terrier Collin de la seigneurie de Montmelas, de 1443 et années suivantes.

Il est fait en faveur du sire de Beaujeu, duc de Bourbon. Il s'étend sur Montmelas, Saint-Julien, Saint-Cyr, la Mure, Blacé,

Vaulx, Arnas, Létra, Cogny, Cublize, etc... Parmi les tenanciers on rencontre religieux homme frère Hugues « de Pomerea », prieur d'Arbuissonnas, religieux frère Jehan d'Albon, prieur d'Arnas, noble Estienne de Ronchivol, damoiseau, seigneur de Pramenoux, noble Jehan de Garadeur, damoiseau, seigneur de l'Ecluse et du Solier, possessionné à Cogny.

———

Terrier signé Collin, des rentes dues à noble Louys de Francheleins, damoiseau, seigneur de Combes, à Cublize, Liergues, Jarnioux, Lacenas, Denicé, Grandris, Cogny, Saint-Lager, Vaux, Saint-Georges, Villefranche. etc., de 1453.

Louys de Francheleins était fils de feu noble Josserand, damoiseau, seigneur de Combes; il avait épousé Marguerite de Marzé, sœur de noble homme Guiot de Marzé, damoiseau, laquelle avait eu en dot des servis en la paroisse de Vaulx.

Cahier de recettes concernant Saint-Jullien, Salles, L'Etra, Cogny, Pouilly-le-Chatel, Denicé, Chamellet, etc., daté de 1479.

Parmi les tenanciers on voit domp Pierre de Viry, prieur de Salles, noble Claude de Montchervet, écuyer, possessionné à Salles, noble Jacques, seigneur d'Albin, à Saint-Jullien, frère Jehan Mazuyer, secretain de Salles et Grelonge, noble Eddouard Rosset, seigneur de Toyri, à Lacenas. Il s'agit ici de concessions de prises d'eau sur les rivières de la seigneurie de Montmelas.

Terrier de la seigneurie de Montmelas, appartenant au seigneur de Beaujeu, signé Chappuis, de 1482 à 1488.

Il s'étend sur les paroisses de Cogny, Ranchal, Rosne (Ronno), Saint-Vincent-de-Reins, L'Agrelle, Tel, Cublize, Montmelas. Parmi les tenanciers on trouve noble Anthoine Chaland, seigneur de Montaigny, paroisse de Ronno, près Amplepuis, noble Jehan de Vauzelles, seigneur de Vauzelles, paroisse de Saint-Bonnet-des-Bruyères, près Aigueperse, noble Jehan de la Roche, seigneur de Montagny.

Terrier de la seigneurie de Montmelas, signé Chappuis, de 1482 à 1503.

Il s'étend sur Cogny, Ranchal, Rosne, Saint-Vincent-de-Reins, Tel, Cublize, Saint-Bonnet-le-Troncy, la Mure, Marnant, Belmont, Cours, Saint-Cir-de-Chatoux, Ville-sur-Jarniost, Saint-Jullien, Blacé, Chambost. Parmi les tenanciers, on voit noble Jehan de la Roche, seigneur de Montagny, paroisse de Ronno, honorable homme Robert Namy, bourgeois de Thizy, noble Pierre des Salles, seigneur de Corcelles, feue Jehanne, veuve de noble Humbert des Sales, discret homme messire Anthoine Bellet, prêtre, tuteur des enfants et héritiers de feu Jehan Bellet, de la Folletière (1493), possessionné à Cogny, noble Jehan Germanet, de Thoissey, Gabriel Grolier, de l'Arbresle (1490), noble Jehan Agnot, damoiseau, seigneur de Champregnard, et Claudine, sa femme (1490).

Cahier de reconnaissances de divers habitants de Denicé, Saint-Jullien et Arnas, de 1495 à 1535.

Parmi les tenanciers on trouve Paquelet Bessié qui reconnaît en faveur d'honorable femme Marguerite Hugand, veuve d'honorable homme Pierre de la Bessée, marchand et bourgeois de Villefranche, pour un bois au mas de Talancy, paroisse de Denicé (1505) ; Estienne Million, *alias* de la Chassagne, en faveur d'honorables époux Pierre de la Bessée et Marguerite Hugand, a cause de feu honorable homme Philibert Hugand (1499) : Claude du Colombier, de la paroisse de Saint-Julien, qui reconnaît en faveur d'honorable homme Philibert Hugand, marchand et bourgeois de Villefranche (1527).

Cahier de reconnaissances de divers habitants de Cogny, Saint-Jullien, Chervinges, Gleizé, Denicé, signé Bailly, de 1569 à 1572.

Ces reconnaissances sont faites en faveur de nobles Loys et Claude Gayant, père et fils, seigneurs de la Roche. Parmi les tenanciers on voit honorable personne Pierre Bottu, dit Butignon, bourgeois et marchand de Villefranche. Ledit Loys Gayant avait droit pour certaines choses de messire Jacques Laurencin, prieur de Saint-Sorlin-le-Puys. Parmi les témoins figure noble Jehan d'Amansé, seigneur d'Arcinges et comte de Saint-Jehan-de-Lyon.

Terrier de la seigneurie de Montmelas, signé Perrier, pour noble damoiselle Barbe de Signolles, veuve et héritière de noble sieur Jehan Arod, écuyer du Roi, seigneur de Montmelas, Clerrevaulx, les Tours, Ronzières, Serfavre, Ars et noble sieur Jehan-Jacques Arod, leur fils, de 1597.

Parmi les tenanciers on trouve honorable maître Thomas Choignard, notaire et praticien du bourg de Montmelas ; vénérable et discrette personne messire Thomas Girin, curé de Montmelas, comme prébendier de la chapelle fondée sous les vocables de Saint-Morice et Saint-Sernyn, en l'église paroissiale dudit Montmelas et autrement ; le prieur de Denicé ; noble Claude d'Estil, seigneur de Milly et des Loges ; noble Jehan Agnot, écuyer. seigneur de Champrenard et Montgiraud, pour les biens reconnus par noble Catherine, relaissée de noble Pierre Mathieu, dame de Champrenard et noble Philiberte de Montgiraud ; le prieur d'Arnas ; honorable maître Pierre de la Garde, greffier de Chambost ; honorable maître Pierre Guillermyn, notaire d'Allières, paroisse de Chambost.

———

Terrier de la seigneurie de Montmelas, signé Perrier, pour noble damoiselle Barbe de Signolles, veuve et héritière de noble Jehan Arod, seigneur de Montmelas, et noble Jehan-Jacques Arod, leur fils, de 1597.

Parmi les tenanciers, on remarque honorable Nicolas Roland, bourgeois et marchand de Thizy, possessionné a Cogny ; noble sieur messire Estienne de Rébé, seigneur de la Gardette. Cheva-

gny-le-Lombard et Meysé ; vénérable et discrette personne, Jehan
Gravillon, prêtre et curé de Thizy ; honorable maître Claude
Chavanon, notaire de Thizy et juge de Mardore ; honorable
homme Pierre Symon, bourgeois et marchand de Thizy ; honorable Claude Gacyer, bourgeois et marchand de Thizy, possessionné
a Cogny ; honorable maître André Gacyer, notaire royal et
procureur du Bourg de Thizy ; honnête Anthoine Gacyer, bourgeois et marchand cordonnier du Bourg de Thizy ; honorable
maître André Rolin, notaire royal de Saint-Vincent-de-Reins ;
noble sieur Jehan Namy, écuyer, sieur de la Foretz et d'Espaysses,
gentilhomme servant de la maison du Roy ; honorable maître
Jehan Sabatin, notaire et praticien de Marnant ; honorable et
discrette personne messire Loys Lièvre, prêtre de Saint-Vincent-de-Reins, comme prébendier et chapelain de la chapelle sous
le vocable de Notre Dame de Pitié et de M. Saint Roch fondée
en l'église de Saint Bonnet de Troncy ; messire Philibert de la
Font, *alias* Charvin, prêtre de Mardore, comme prébendier de
la chapelle fondée en l'église paroissiale de Mardore, sous le
vocable de M. Saint Estienne, par messire Pierre Charvin, jadis
prêtre dudit lieu, son oncle ; maître Pierre Coillard, praticien de
Ranchal ; honorable maître Claude Comby, notaire royal de
Ranchal ; honorable maître Pierre de Pellosses, notaire royal de
Ranchal ; honorable maître Claude Giraud, notaire royal de Saint-Bonnet-le-Troncy ; honorable Loys de la Marche, gendarme de la
compagnie de M. de Boffin ; le luminaire de Cublize ; noble
damoiselle Bonne Besine, veuve de noble Jehan Henry, vivant
seigneur de Jarnyost ; noble Claude Gaspard, écuyer, sieur du
Sou et du Breul ; honorable maître Jehan Guillard, notaire de
Saint-Just-d'Avray ; honorable maître Philibert de la Font,
notaire royal et juge de Chamelet ; dame Jehanne de Mondart,
veuve de noble Jehan d'Aiguebonne, seigneur de Gordon,
demeurant a Villefranche ; dame Jehanne Bussière, veuve d'honorable Claude de l'Orme, bourgeois et marchand de Villefranche ;
noble sieur Loys Gaspard, sieur de Flachières (Fléchères) ;
honorable homme maître Benoist Vicard, notaire royal et pro-

cureur du Roi en l'élection de Beaujolais ; venerable et discrette personne messire Anthoine Merlin, comme prébendier de la chapelle des Sornet fondée en l'église de Notre-Dame de Chevènes; noble Françoys Garnier, seigneur des Garets.

CHAPITRE XXXII

Prieuré de Dorieux.

Dénombrement de la rente deube aux dames prieure et religieuses de Dorieu, pris sur ung terrier couvert de rouge, signé Petassin, les premières réponses d'iceluy terrier, dattées de l'an 1446 et les dernières de l'an 1450, fait au moys de décembre 1587.

Cette rente s'étendait sur Dorrieu, Losanne, Sainct-Apolinard, Sainct-Véran, Ternant, Surcieu, Chammelet, Valsoanne, Sainct-Clément-de-Valsoanne, Sainct-Loup, Darcysy, Chastillon-d'Azergues et Boieu, Charnay, Tarare, Jo-sur-Tarare, Vaugneray, Lentilly et la Tour, Sainct-Forgeul, le Breuil, Cheyssy, Sainct-Laurens d'Yoing, Yoing, Le Boys, Leignieu, Moyry, Genay, Reyrieu, Anse, Montanay, Sainct-George-de-Reneins, Sainct-Jehan de la Bussière, Coutance, Sainct-Germain-sur-Larbrelle, Amplepuis,

Frans et Jassans. La somme totale était : argent, 27 livres, 14 sols, 10 deniers obole ; froment, 7 vingts et 2 bichets 1/2 ; soigle, 53 bichets, 3 coupes octave ; orge, 15 bichets ; avoyne, 104 ras, une coupe ; gellines, 62, pouletz, 7 1/2 ; conilz, 2 ; vin, 15 quartes, 3 potz ; huile, une lampe.

Procès-verbal de la prise de possession du prieuré de Sainte-Marie en l'isle de Dorieux, ordre de saint Benoist, par Philiberte de Chevriers, en remplacement d'Huguette de Parange, du 1er août 1613.

Par devant Michel Talebard, notaire tabellion royal en la sénéchaussée de Lyon, demeurant en la ville de l'Arbrelle, étant au-devant la porte de l'église du prieuré conventuel Sainte-Marie de l'Isle de Dorrieulx, ordre de saint Benoist, diocèse de Lyon, vénérable et religieuse dame Philiberte de Chevrières, religieuse audit prieuré, tenant en ses mains les lettres de provision dudit prieuré de Deux Rieulx, par elle obtenues de Notre Saint Pere le Pape en date du 13 des callandes de février dernier, ensemble les lettres par elle obtenues de Mgr l'archevêque dudit Lyon ou M. son official primatial, dattées du pénultième juillet dernier, signées : Thomas de Meschatin La Faye, exhibées à discrette personne messire Jehan Dodat, pretre, curé de Belligny et prébandier dudit prieuré, le priant et requérant ensuite desdites lettres être par lui mise en la vraie, actuelle et corporelle possession dudit prieuré de Dorrieulx, avec d'icelui les honneurs, profits, revenus, émoluments appartenant audit prieuré, lequel messire Dodat annuant a ladite supplication, ayant pris en ses mains lesdites lettres de provision, la teneur desquelles il a fait entendre aux assistants, même a vénérables et religieuses dames Jane du Donjon, secrétaire, Claude et Marguerite de Chevrières, Catherine de Rancé, dite de Chavanes, et Marie du Verney, religieuses audit prieuré, en présence desquelles et de leur consentement a pris ladite dame de Chevrières par la main et icelle conduit dans ladite église et a elle assisté, comme aussi lesdites sœurs religieuses, pendant qu'elle a dit sa dévotion au-devant le grand autel de ladite église, et après conduit au banc et siège de la dame et prieure dudit Dorrieulx et au lieu où elle a accoutumé se tenir pendant le divin service et icelle admonesté de continuer à la dévotion monacale, ce qu'elle a promis faire, avec toutes les autres cérémonies et sonnement de cloches accoutumés faire. Fait dans ladite église, le 1er août 1613, environ 8 heures du matin, avant la sépulture et enterrement de feue dame Huguette de Parange, en son vivant prieure dudit prieuré, en présence de messires Benoist Dodat, habitué en l'église de Lyon, curé de Lentilly, Pierre du Souget, curé de Flurieu et Eyveux, son annexe, Anthoine Fornaz, prêtre, vicaire de Chastillon d'Azergues, Antoine Chevallier, vicaire de Saint-Loup, Claude Constantin, vicaire de Surcyeu, noble Yppolite de Chevrières, écuyer, sieur de la Flachières, noble Charles de Chevrières, écuyer, sieur de Saint-Maurice, maître Claude d'Albepières, notaire dudit Chastillon, Jehan Cariat, notaire dudit Lentilly, Estienne Cohat, procureur d'office de Balmont, maistre Estienne Gliénard, notaire et greffier du Bruel, Jehan Gron, hoste à Dorrieulx, et Claude Guillard, de l'Arbrelle.

CHAPITRE XXXIII

Chapelle du Saint-Sépulchre.

Fondation de la Chapelle du [Saint-Sépulchre, en l'église de Lyon, du 11 mai 1401.

Pierre Charpin, docteur en décrets, chamarier de Saint-Paul, official de Lyon, fait savoir qu'il a vu, lu et examiné et fait voir, lire et examiner par deux notaires de ladite Cour de l'officialité, un instrument public sur la fondation d'une chapelle à l'honneur de Dieu, sous le vocable du Saint-Sépulchre, fondée par de bonne mémoire défunt messire Philippe de Thurey, archevêque et comte de Lyon, dans l'église de Lyon, dont la teneur est telle : L'an 1401, le 11 mai, révérendissime père et seigneur en Jésus-Christ messire Philippe de Thurey, archevêque de l'église primatiale de Lyon, comte de Lyon et primat des Gaules, est venu dans le chapitre de l'église de Lyon, où étaient vénérables et égrèges hommes messires Hugonin de Thalaru, précenteur, Amédée de

Thalaru, chantre, Gilet d'Albon, Guillaume de Tournon, Offred de Farnay, Geoffroy de Thélis, Jehan de l'Aubépin, Humbert de Varax, Henri d'Albon et Louys d'Olliac, chanoines de l'église de Lyon, et où il a exposé que récemment, à sa requête lui fut accordé par ledit chapitre de construire, suivant le dire de maître Jacques de Beaujeu, maître de l'œuvre de ladite église, sans faire tort à ladite église, savoir dans le pré ou place du réfectoire étant du côté de l'eau bénite de ladite église de Lyon, une chapelle a l'honneur et louange du très-puissant Notre Seigneur Jésus-Christ et de la Bienheureuse Vierge-Marie, sa mère et de toute la Cour céleste, et sous le vocable du Saint-Sépulchre; dans ladite chapelle ledit archevêque veut mettre 6 prêtres, ayant résidence en ladite église de Lyon, qui y feront certains services et il dote ainsi ladite chapelle : il lui donne les rentes qu'il a acquises de noble Ennemond de Varey, damoiseau, seigneur d'Avauges, situées au lieu de Meyrieux, diocèse de Lyon, ses dîmes de Lissieu, diocèse de Lyon, acquises de Guillaume Raffin, *aliàs* de la Flachère, damoiseau, de pur et franc alleu, sans fief et arrière-fief, un pré situé à Lissieu, de pur et franc alleu, ses rentes, censes, servis et autres biens situés a Irigny, diocèse de Lyon et lieux voisins, tous ses rentes, cens, servis et autres biens acquis de noble homme Jehan Day, damoiseau, d'Irigny, situés à Irigny et lieux voisins, avec laods, vends, reconnaissances, le droit de pêche qu'il a dans la rivière de Saône du château de Riotiers à Saint-Bernard d'Anse. — Ce vîdimus est du 20 janvier 1426.

INDEX

des noms de personnes cités dans ce volume

A

Ablancour (d'), 392.
Agnot (Jehan), 419, 421.
Aguerre (Hélène d'), 148, 314.
Aiguebonne (Jehan d'), 422.
Aiguillon (d'), 195, 204.
Aillaud (Joseph), 352
Albepières (Claude d'), 427.
Albert (Charles-Honoré d'), 130.
Albin (Jacques, seigneur d'), 418.
Albon (Gilet d'), 430
Albon (Henri d'), 430.
Albon (Jacques d'), 247, 248.
Albon (Jehan d'), 418.
Alby (Guillaume), 266.
Alexandre, 393.

Allemand (François), 79.
Alléon (Henry), 128.
Allioud (Jehan), 87, 233.
Amansé (Jehan d'), 259, 420.
Amanzé (Jehan d'), 46.
Amoreaux de Granges (Lucresse des), 376.
André (Gaspard d'), 283.
Augennes (M. d'), 67.
Angeville (d'), 315.
Angeville (Jean d'), 158.
Angeville (Lucresse d'), 306.
Angeville (seigneur d'), 305, 309.
Anisson (Claude), 55.
Annequin (Jehan), 268.
Anot (Jehan) 61.
Anselmet des Bruneaux (Claude-Gabriel), 394.

Apchon (Marguerite d'), 307.
Aragon (Loys d'). 52.
Archinjaude (Saulvaige), 51, 52.
Arcy (Catherine d'), 303, 304.
Arcy (Charles d'), 303, 304.
Arcy (seigneur d'), 85.
Arcy, dit Montfriol (Jehan d'), 302.
Arenc (Christophle), 336.
Argenson (marquise d'), 190.
Arian, 393.
Armand (Jehanne), 279, 280.
Arnas (dame d'), 409 a 412.
Arnaud (M.), 393.
Arnaud d'Andilly, 388.
Arnoux (M.), 145.
Arod, 9 à 12, 162.
Arod (d'), 10, 27.
Arod (Alexandre), 14, 21, 22, 70, 78, 80, 82, 86 a 89, 108, 114, 115, 121, 126, 308, 370.
Arod (Alexandre d'), 88, 89, 107 a 110, 116, 123, 127, 362 à 364, 366, 367, 377.
Arod (Alexandre de), 83, 87, 102, 109.
Arod (Anne), 13, 20, 29, 30, 32, 40, 42, 45.
Arod (Anthoine), 238.
Arod (Anthoyne), 38.
Arod (Aubert), 13, 47.
Arod (Barbe), 15, 21, 78, 80, 84, 91, 102, 113, 376.
Arod (Barbe d'), 84, 92, 104, 126.
Arod (Barbe de), 83.
Arod (Benoist d'), 119.
Arod (Benoît), 23, 24, 185, 187, 202, 203.

Arod (Benoît d'), 145, 146, 150, 155, 156, 159 à 161, 172, 173, 202.
Arod (Blaise), 17, 24, 162, 187, 188, 191 a 196, 198 a 202, 206.
Arod (Blaise d'), 188, 192, 193.
Arod (Blaize), 185, 187 à 189, 199.
Arod (Bonet), 218.
Arod (Catherine), 15, 19, 21, 22, 29, 30, 32, 70, 78, 80, 82, 89, 90, 102, 104, 122, 188, 369.
Arod (Catherine-Claudine), 15.
Arod (Catherine-Claudine d'), 174, 177.
Arod (Christine), 15, 21, 22, 78, 80.
Arod (Christine d'), 98, 105, 106, 125, 165.
Arod (Christophe), 22, 107, 121, 123.
Arod (Claire d'), 128, 130, 145, 163, 164, 172, 173, 183.
Arod (Claudine), 15, 21, 78, 80, 82, 84, 93 à 95, 102, 361.
Arod (Claudine d'), 92, 93, 95, 315.
Arod (Claudine de), 83, 93.
Arod (Claudine-Catherine), 23, 176.
Arod (Crestienne), Christienne, Cristine ou Christine), 97, 364.
Arod (Cristienne, 82.
Arod (Cristienne d'), 110, 113, 127.
Arod (Cristine d'), 97, 111, 112, 121.

Arod (Cristine de), 102.
Arod (Eustache), 10, 11, 18, 27, 218.
Arod (Falconnet), 11, 27.
Arod (François d'), 88, 121, 178.
Arod (François-Marie d'), 15, 23, 161, 162, 174 à 179, 181 a 185, 187, 189, 202, 345.
Arod (Françoys), 13, 32, 47.
Arod (Gaspard), 22, 24, 88, 90, 185, 187, 198, 200, 203 a 205, 206, 209, 210, 308, 311, 373.
Arod (Gaspard de ou d'), 15, 106 à 110, 112, 114 à 116, 118 à 121, 123 à 134, 145, 146, 151, 161, 162, 165, 188, 199, 201, 203, 308, 328, 329, 331, 332, 338, 342, 364, 366, 377, 383, 384.
Arod (Gaspard-Louis-César d'), 201.
Arod (Gaspard-Marie), 23, 163, 164.
Arod (Gaspard-Marie d'), 145, 161, 167, 168, 171.
Arod (Girin), 213.
Arod (Guillaume), 14, 15, 19, 21, 22, 30, 37, 78, 80 a 82, 84, 86 a 88, 90, 91, 95, 96, 98 a 100, 102, 104 a 108, 129, 287, 303, 308, 363.
Arod (Guillaume de ou d'), 83, 88 a 90, 92 a 94, 97 a 109, 112, 114 a 116, 121, 124, 126, 146, 307 a 309, 315, 363, 364, 383, 401.
Arod (Guy), 18.

Arod (Henry d'), 130, 165 a 167.
Arod (Hiérosme de ou d'), 86, 107, 114, 116, 118, 119, 128, 146, 165, 166, 170, 363, 364.
Arod (Hyérosme), 88, 91, 113, 115, 119, 120.
Arod (Hyérosme d'), 115, 123.
Arod (Hugues ou Hugon), 18, 19.
Arod (Hugonin), 10, 11, 27, 218.
Arod (Izabeau), 15, 21, 80.
Arod (Jacques), 11 à 13, 19 à 22, 27, 28, 30 à 35, 37, 38, 40, 42, 45 a 47, 53, 62, 100, 147, 287.
Arod (Jacques d'), 147, 157, 248.
Arod (Jean), 17 a 20, 31, 147, 398.
Arod (Jean-Jacques), 20, 21, 285.
Arod (Jean-Louis d'), 162.
Arod (Jehan), 11, 13, 14, 27, 30 à 40, 42 a 63, 78, 80, 82, 91, 102, 239, 248, 254, 255, 257, 258, 261 à 264, 272, 283, 284, 353, 369, 370, 382, 383, 421.
Arod (Jehan de), 83, 84, 91.
Arod (Jehan-Jacques), 14, 53, 54, 56 a 59, 62 a 65, 67, 69 a 71, 73, 75 à 77, 79, 80 a 87, 93, 99, 108, 113, 264, 284, 287, 290, 294, 295, 298, 301 a 303, 315, 362, 383, 421.
Arod (Jehan-Jacques de ou d'), 90, 94, 146, 147, 248, 383.

Arod (Jérôme), 22. 183.
Arod (Joannes). 49.
Arod (Joseph), 15, 23. 351.
Arod (Joseph d'), 120, 130, 132, 140. 144 a 146, 155, 160. 161, 163 a 165, 167. 168, 170 a 175. 179. 184, 344, 345, 352. 384 a 386.
Arod (Katherine), 11.
Arod (Louis). 19 a 21, 102. 121. 147.
Arod (Louis de), 83.
Arod (Louise). 20. 130.
Arod (Louys). 13, 78. 80. 82. 84, 96. 97.
Arod (Loys). 12, 28, 30 a 32. 35 à 43, 47. 48, 218, 229. 237.
Arod (Loyse), 30.
Arod (M. d'), 179, 181, 193.
Arod (Madeleine), 203.
Arod (Madeleine d'). 162.
Arod (Magdelaine d'), 162.
Arod (Marguerite), 21, 53, 54. 56, 62. 176, 382.
Arod (Marguerite d'). 162, 163.
Arod (Marguerite-Louise-Blanche d'), 211, 212.
Arod Marguerite-Victoire), 15. 23.
Arod (Marguerite-Victoire d'). 174, 176 a 178.
Arod (Marie), 13, 19, 24. 29 a 32. 45, 185. 187. 207.
Arod (Marie d'), 113, 130.
Arod (Melchiol de), 88.
Arod (Pierre), 10 à 13, 18 à 20, 28, 30 à 35, 37 à 40, 42 à 44, 213, 218, 237, 272.

Arod (Pheliberte), 14.
Arod (Philiberte), 21, 53, 56, 59 à 61, 257.
Arod (Rollo), 10.
Arod (Véronique), 13, 20, 40, 42, 44, 45, 49, 255, 272, 353.
Arod (Ysabeau), 99, 100.
Arod (Ysabeau ou Elisabeth), 98.
Arod (Yzabeau), 82, 98, 102.
Arod (Yzabeau de ou d'), 98 a 100.
Arod, *alias* Bocheu (Guichard), 11.
Arod, *alias* Bocheu (Marie), 11, 218, 237.
Arod, *alias* Bocheue (Marie), 12.
Arod, *alias* Bochu (Marie), 218.
Arod, *alias* de Ronzières (Jacques), 46.
Arod de la Fay (Jacques), 13, 37, 45.
Arod de La Fay (Jehan), 33.
Arod de la Fay (Loys), 12.
Arod de la Forestz, 10.
Arod de Montmelas, 17, 87, 162, 209.
Arod de Montmelas (d'), 180.
Arod de Montmelas (Alexandre d'), 86, 98, 109, 116, 376.
Arod de Montmelas (Alexandre de), 88.
Arod de Montmelas (Barbe d'). 88, 92.
Arod de Montmelas (Benoit), 189.
Arod de Montmelas (Benoît d'), 150, 159, 202.

Arod de Montmelas (Benoît-
Marie d'), 201.
Arod de Montmelas (Blaise),
188, 189, 191, 193, 195,
198, 201, 212, 213, 380.
Arod de Montmelas (Catherine-
Claudine d'). 175, 176, 379.
Arod de Montmelas (Claire d'),
161, 163, 164.
Arod de Montmelas (Claudine-
Catherine d'), 175.
Arod de Montmelas (Cristienne
ou Cristine), 110, 113.
Arod de Montmelas (François
ou François-Marie), 161, 164,
177, 180, 345.
Arod de Montmelas (Gaspard).
203, 205, 210, 211, 348, 349.
Arod de Montmelas (Gaspard-
Louis-César), 210, 211, 213,
214.
Arod de Montmelas (Gaspard-
Louis-César d'), 24, 212, 214.
Arod de Montmelas (Henry d'),
165, 166.
Arod de Montmelas (Hiérosme),
114, 311.
Arod de Montmelas (Hiérosme
ou Hyérosme), 113, 115, 119,
120.
Arod de Montmelas (Joseph d'),
167, 169, 175.
Arod de Montmelas (Louis-Victor), 201, 211, 212, 215.
Arod de Montmelas (Louise),
144.
Arod de Montmelas (Louise d'),
168, 169.

Arod de Montmelas (Marguerite-
Louise-Blanche), 211, 212,
214, 215.
Arod de Montmelas (Marguerite-
Louise-Blanche d'), 214, 215.
Arod de Montmelas (Marguerite-
Victoire d'), 175 a 177, 379.
Arod de Montmelas (Marie d'),
113, 144, 168, 169, 187, 202,
203.
Arod de Montmelas (Marie ou
Manon d'), 112.
Arod de Montmelas (Sidonie-
Marthe d'), 24.
Arod de Montmelas (Stéphanie-
Sidonie-Marthe d'), 210, 211,
213, 348.
Arod de Pierrefilan (Gaspard d'),
164.
Arod de Pierrefilant (Gaspard d'),
161 a 163.
Arod de Quincieu (Jehan), 55.
Arod de Richi (Christine d'),
89.
Arod de Rivirie, 10.
Arod de Rivirie, dit Musard, 10.
Arod de Ronzières, 10.
Arod de Ronzières (Jehan), 48.
Arod de Ronzières (Pierre), 44.
Arod de Saint-Julien (Gaspard
ou Gaspard-Marie), 167.
Arod de Saint-Jullien (Gaspard
d'), 167.
Arod, dit Assailly, 10.
Arod, dit Bonet, 10.
Arod, dit Bonet (Catherine), 218.
Arod, dit Bonet (Katherine), 11,
218.

Arod, dit Bonet (Eustache), 11.
Arod, dit Bonet (Jehan), 11.
Arod, dit Coquart, 10.
Arod, dit de la Fay (Guillaume), 36, 37.
Arod, dit de la Fay (Jean) 20.
Arod, dit de la Fay (Jehan), 32, 33, 36, 41.
Arod, dit de la Fay (Marie), 36.
Arod, dit Mazbo, 10 a 12.
Arod, dit Muzard (Jacquemet), 10, 217.
Arod, dit de Quincieu (Jehan), 45.
Arod, dit de Quincieu, de Quincyeu ou de Clérevaulx (Jehan), 47
Arod, dit de Quincye (Jehan), 50.
Arod, dite de la Fay (Marie), 31.
Arod, dits Musard, 217.
Arodi (Pétrus), 30.
Arost (Loys), 38, 39.
Arot (Jehan-Jacques), 79.
Arotte (d'), 179.
Aroud (Jacques), 39, 51.
Aroud (Jehan), 49, 51, 66, 235, 382.
Ars (d'), 219.
Ars (Anthoine d'), 82, 87, 109, 220 a 222, 223 a 226, 230, 232 a 234, 381.
Ars (Anthoyne d'), 61.
Ars (Catherine d'), 219.
Ars (Charles d'), 220, 222, 226, 227, 381.
Ars (Charlotte d'), 220, 221, 223, 226, 381.

Ars (Claude d'), 224, 225, 233.
Ars (Claude ou Claudine d'), 224.
Ars (Claudine d'), 220, 223, 225, 226, 230, 381.
Ars (Estienne d'), 219 à 221, 224, 381.
Ars (Guillaume d'), 220.
Ars (Guillermette d'), 220, 226.
Ars (Huffied d'), 219.
Ars (Madame d'), 14.
Arzellier (Jehan), 37.
Assier (Jehan d'), 86.
Assier (François-Aymé d'), 346.
Assier de la Chassagne (Jeanne-Benoîte d'), 346.
Athiaud (Hugues), 284.
Athiaud (Marie), 284.
Athiaud (Mathieu), 247.
Aubépin (Jehan de l'), 430.
Aubert (Estienne), 266 a 268, 270.
Aubert (Jehan), 267, 268.
Aubert (Pierre), 267, 268.
Augerolles (Anthoine d'), 149.
Augerolles (Françoise d'), 149, 321.
Aumaye, 462.
Aunier (Jean), 406.
Aunier (mineurs), 411, 412.
Aurelle de Terrenoire (Jehan-Gabriel d'), 347.
Auriol (Jehan), 221.
Austrain (Henry), 256.
Auxi (Jules-François-Philibert d'), 207.
Averud (Anthoyne), 52.
Ayet (Benoît des), 146.

B

Bacheville, 407, 411.
Baget (M.), 145.
Baisle (Jacques de), 343.
Ballarin (Yves de), 63.
Balma (de), 417.
Balme de Montchallin (Marie-Anne de la), 177, 379.
Balmes (Estiennette de), 19, 27, 31, 34.
Balmont (dame de), 364.
Baloffet, dit Chapollier (Guillaume), 405.
Barbier (Jacques), 296, 298.
Barbigia (Bernard de), 320.
Barge (Estienne de la), 46.
Barge (Louis de la), 224.
Barjot (Philibert), 63.
Barmondière (M. de la), 407, 411 à 413.
Barnoud (Claude-Louis), 186, 187.
Baronnat (Claudine de), 66.
Baronnat (Dyanne de), 66.
Baronnat (Gaspard de), 66, 284.
Baronnat (Nicole), 31.
Barral, 52.
Barras (Claude), 165.
Barrot (Floris), 222.
Basset (Benoît), 87.
Basset (Félix), 52.
Basset (Marie), 106.
Baternay (Ymbert de), 221.

Bauche (révérend père La), 134, 332.
Baudoin (sieur), 392.
Baume de Forsact (Jean de la), 155.
Baume (Pierre de la), 281.
Bayard (Françoise), 386.
Bayard (Madeleine de), 335.
Bayard (seigneur de), 337.
Bayard ou de Bayars (Madeleine de), 335.
Beaufort (François de), 337, 338.
Beaufort (seigneur de), 337.
Beaufort-Canilliat (comte de), 326, 333.
Beaujeu (Guichard-le-Grand seigneur de), 398.
Beaujeu (Guillame de), 398.
Beaujeu (Louis, seigneur de), 405.
Beaujon (Nicolas), 208.
Beaumont (Joseph), 363.
Beauregard, 181.
Beauvoir (Pierre-Jacques de), 92.
Belair (M. de), 402.
Bellet (Anthoine), 419.
Bellet (Jehan), 419.
Belon de Coges (Juste-Louis), 208.
Benoît (sieur), 130.
Béraud (sieur), 392.
Berge (Martin), 345.
Berge (Thomas), 345.
Bergère (Françoyse), 54.
Bergier (Claude de), 195.
Bernardon (Louis), 88.
Bernerd (Jehan), 345.
Bernerd (Vincent), 345.

Bertelot de Penhouet, 162.
Bertelune, 206.
Berthet (Pierre), 259.
Berthet (Sébastien), 232.
Berthier, 403.
Berthier (Jehan), 406.
Berthoin, 176.
Bertrand (Anthoine), 221.
Besine (Bonne), 422.
Besse (Jehan de), 269.
Bessée (Pierre de la), 420.
Bessié (Ponthus), 126.
Bessié (Paquelet), 420.
Besson (François), 165, 167.
Béthune (de), 205.
Biandos (Stanislas-Catherine de), 207.
Billias (Claude), 73.
Billon (sieur de), 392.
Billoud (Anne), 110, 111.
Biron (de), 189.
Blanc (Etienne), 410.
Blanc (Jehan), 403.
Blavi (M. de), 214.
Bochu (Hugonin), 217.
Bochu (Marie), 38, 148.
Bochu, *alias* Arod (Marie), 37, 38, 218, 229.
Bochue, autrement Arode (Marie) 42.
Boco Valerio (Anthoine de), 218.
Bodier, 392.
Boffin (M. de), 422.
Boichet (Loys), 266.
Boin (Jehan), 284.
Boing (Jehan), 234, 235.
Bois (Pierre du), 38.
Boissac (dame de), 364.

Bollioud (Daniel), 339.
Bonajuli (Ludovic), 320.
Boniface (Lionnette de), 79.
Boniface *alias* de la Forteresse (Lyonnète de), 230.
Bonne (Alexandre de), 79.
Bonnefous (de), 203.
Bonnefoy (Pierre), 323.
Bonnet (capitaine), 382.
Boscary (Gabriel), 346.
Bost de Curtieux (du), 162.
Bothières (sieur de), 65, 66.
Bottet, 411.
Bottu (François), 134.
Bottu de la Barmondière, 131.
Bottu de la Barmondiere (François), 132.
Bottu, dit Butignon (Pierre), 420.
Boulicu (Christophle de), 337, 339.
Boulhieu (Loys de), 336.
Boulieu (Guillaume de), 178.
Boulieu (Guillaume François de), 178.
Boulieu (Louis de), 323.
Boulieu (Pierre de), 323.
Boulioud (M.), 394.
Boulioud (noble), 394.
Bourbon (Charles de), 277, 388.
Bourbon (Iehan de), 278, 279.
Bourbon (Louis), 100.
Bourbon (Louis de), 148, 313.
Bourg (Anthoine), 388.
Bourg (Meraud de), 365.
Bourg de Genevray (Pierre du), 177.
Bouries (Les), 415.

Boyaux de la Colombière (Jacques des), 150.
Boyer (Anthoine), 127.
Boyer (Pierre), 128.
Boys (Claude du), 245.
Boys (Mathieu du), 245.
Boys (Pierre du), 28.
Boyssat (Pierre de), 284.
Boysseulh (Marthe de), 211, 348.
Boyssière, 179, 181.
Brageuse d. Saint-Sauveur (Louis-François), 213.
Bressieu (Pierre de), 75, 78.
Bret (sieur Le), 392.
Bretêche (de la), 199.
Breton (Anne), 156.
Bron (damoiselle de), 12.
Bron (Loys de), 238.
Bron (René de), 39.
Bron, *aliàs* Ysuart (Jehan de). 218.
Bron de la Liègue (Charles de), 324.
Bron de la Liègue (Gabrielle de), 324.
Brossard (Anthoyne), 28.
Brossard (Louys), 376.
Brosses (de), 207.
Brosses (Anthoine des), 253.
Brosses (sieur des), 59.
Brossette (Jehan de), 297.
Brossia (commandeur de), 159.
Brugière (Jacques de), 343.
Brugières (Claude-Ignace de), 171, 343.
Bruilliat (Jehan de), 266.
Brun (Claude Le), 69.
Bruneaux (M. des), 327.

Brunier (Catherine), 19, 30, 33, 37, 148.
Brunier (Katherine), 12.
Brunier (Pierre), 19, 27, 31, 33, 34, 37.
Brunier *aliàs* Bruniere (Catherine ou Chatherine), 27.
Brunière (Catherine), 29, 31, 33, 34.
Brunyère (Catherine), 28.
Bruyère (Girard de la), 272.
Buatier (Benoist), 222.
Buatier (Symphorien), 233.
Bugot de la Piconerie (Jean-Antoine), 208.
Bullioud (Joseph), 90, 93, 103, 104.
Bullioud (Pierre), 232.
Bussière, 124.
Bussiere (Jehanne), 422.
Bussières (veuve), 327.
Bussillet, 182.
Buxière (Regnaud de la), 265.
Buyatier (Benoist), 33.
Buyot (Antoinette), 410.

C

Cachet (Claude), 386.
Cachet (François), 303.
Cachet de Garnerans (Benoît), 386.
Cahurs, 181.

Caille (Marguerite), 271.
Calay (Louis), 92.
Calemard (Alexandre), 155, 364.
Calemard (Charles), 83, 97, 125.
Calemard (maître), 158, 174, 175.
Calmard (Alexandre), 346.
Campet (Pierre), 44.
Camus (Anthoine), 92.
Camus (Anthoyne), 73.
Camus (Charles), 105, 107.
Camus (Charles de), 414.
Camus d'Aiginy (François), 159.
Camus de la Bastie (Aymé), 114.
Canaples (comte de), 131.
Capony (cardinal), 393.
Capony (Marie de), 151.
Capponi (de), 317, 388.
Capponi (Alexandre de), 149, 150, 157, 320 à 322, 331, 388.
Capponi (Angélique-Catherine de), 325.
Capponi (Bertrand de), 127, 132 a 134, 331, 332.
Capponi (Camille), 318, 320.
Capponi (Cappon), 317, 318, 320.
Capponi (Cassandre de), 320, 321.
Capponi (Catherine de), 325, 328, 329, 332, 341, 388.
Capponi (Catherine-Angélique de), 127, 333, 334, 342, 394.
Capponi (Catherine-Charlotte de), 333.
Capponi (Charles de), 125, 320 a 322.
Capponi (Charles-Henry de), 126, 325, 327, 329 à 333.
Capponi (Christine de), 325, 333.
Capponi (Clarice de), 325.
Capponi (Clarice ou Claire de), 331.
Capponi (Clarisse), 318, 320.
Capponi (dame de), 342.
Capponi (Françoise), 331.
Capponi (Gaspard de), 15, 22, 127, 146, 149, 150, 157, 322 a 325, 327 à 329, 332, 333, 337, 338, 391, 394.
Capponi (Jacques), 317, 320.
Capponi (Jean-Baptiste), 317, 320.
Capponi (Jehanne), 317, 320.
Capponi (Laurent), 317 à 319.
Capponi (Laurent de), 149, 150, 317, 318, 321.
Capponi (Louise de), 325, 331, 333, 334.
Capponi (Lucresse), 220, 321.
Capponi (M. de), 157, 330.
Capponi (Marie), 108, 318, 320. 325.
Capponi (Marie de), 15, 22, 109, 112, 116, 119, 120, 127 a 130, 132 a 142, 144 à 146, 149, 160, 165 a 169, 328, 329, 331, 332, 338, 342, 366, 373, 385.
Capponi (Melchiol de), 331.
Capponi (messire de), 328.
Capponi (Pierre), 318, 320.
Capponi (sieur de), 327.
Capponi de Feugerolles (Catherine de), 329.
Capponi de Feugerolles (Catherine-Charlotte de), 330, 332.

Capponi de Feugerolles (Charles-Henry de), 328, 330.
Capponi de Feugerolles (Louise de), 330.
Capponi de Feugerolles (Marie de), 129, 330.
Cappony (Gaspard de), 124.
Cappony (Marie de), 124.
Cappony de Feugerolles (Charles de), 124.
Cariat (Jean), 427.
Carnazet (comte et comtesse de), 216.
Carnazet (Louis-Jean-Marie de), 211, 212. 215.
Carniville (de), 210.
Carran, 407.
Carran (Claude), 408, 410.
Carrand (Claude), 402, 406.
Carrelle (M. de la), 407.
Carrichon (Philibert), 403.
Casse (Jean), 200, 379.
Castes (Hugues de), 294, 296.
Castella, 213.
Castries (de), 205, 206.
Catain (Thomas), 319.
Cataléo (Françoise de), 333.
Caupagnot (Antoinette), 203.
Caupennes (marquis de), 194.
Cavalier (Augustin-Antoine),213
Caze (Jacques), 332.
Celle (marquis et marquise de la), 215.
Cepay (sieur de), 188.
Cerlavre (Pierre de), 270, 274.
César, 392.
Césarges (Jacques-Louis de), 92.
Chabanne (Thomas de), 343.

Chabert (Pierre), 184.
Chabert (Françoise de),148, 314.
Chabeu (Humbert de), 149.
Chabeu (Isabeau de), 148, 149, 306.
Chabeu (Ysabeau de), 149, 158, 307, 314.
Chaboud (Pierre de), 175.
Chabrilland (commandeur de), 156.
Chabrol (Charles), 171.
Chaccipol (Claude), 99.
Chagny (Vincent de). 257.
Chainez (famille des), 329.
Chaize (comte de la), 406, 407.
Chaise (La), 167.
Chaize (seigneur de la), 398,407.
Chalan (Ennemond), 36.
Chalançon (Claire de), 335.
Chaland (Anthoine), 419.
Chaliouvre (Jehanne de), 306.
Chalmazel (de), 305.
Chalmazel (Baltazard de), 307, 310.
Chalmazel(Charlotte de),306,311.
Chalmazel (Christophle de), 94, 105, 128, 307 à 311.
Chalmazel (Claude de), 14, 80. 90,94, 101 à 103, 105,306,311.
Chalmazel (Claudine de). 22, 80. 81, 87, 88, 90, 91. 93, 96, 98, 99, 101, 104, 106 à 109, 114. 115, 123, 124. 116, 147, 157. 305, 307 à 311, 315.
Chalmazel (demoiselle de), 306.
Chalmazel (Gaspard de), 22, 88. 94, 121, 147, 158, 306 à 309, 311, 315.

Chalmazel (Hugues de), 305, 307.
Chalmazel (Jehan de), 101, 307, 311, 313 a 316.
Chalmazel (Lucresse de), 310, 311.
Chalmazel·Hermite de la Faye (Christofle de), 90, 103, 307.
Chalon (Hyérosme) 113.
Chambaud (Suzanne de), 345, 346.
Chambon (Bernard de), 18.
Chambost (seigneur de), 12.
Chamosset (seigneur de), 12.
Chamossy (André), 332.
Champfort, *alias* du Fort (Claude), 362.
Champier (de), 313.
Champier (Anthoine de), 305 a 307, 313, 314.
Champier (Antoine de), 148, 158, 306.
Champier (Charlotte de), 172, 351.
Champier (Christine de), 316.
Champier (Claude), 39.
Champier (Claude de), 22, 90, 74, 101, 103, 147, 148, 158, 305, 306, 308, 311, 313 a 316.
Champier (Claude ou Claudine de), 307, a 309.
Champier (Claude-Aymée de), 306, 314.
Champier (Françoise de), 306, 314.
Champier (Guillaume de), 314.
Champier (Héleyne de), 306, 315.
Champier (Jacques de), 316.
Champier (Jean de), 149.
Champier (Jehan de), 84, 90, 92, 94, 98, 101 à 103, 105, 121, 307, 308, 315, 316.
Champier (Jehanne - Charlotte de), 15.
Champier (Lucresse de), 105, 316.
Champier (Marie de), 306, 314.
Champier (Philippes-Charles de), 110, 316.
Champrenard (seigneur de), 398, 403, 405, 411.
Champs (Jean des), 105.
Champs (M. des), 385.
Champs (Nicolas des), 164, 386.
Chanay (Benoît), 413.
Chance (André de la), 13, 40, 42.
Chance (Anthoynette de la), 42.
Chance (Ysabeau de la), 42.
Chandée (Gaspard de), 148, 314.
Chanet, 33.
Chanpil (Claude), 83.
Chanpil (Laurent), 83.
Chanrion (Pierre-Zacharie), 215.
Chanze (André de la), 40.
Chanze, *alias* de la Chance (André de la), 45.
Chapelain, 392.
Chapinelly (Etienne), 405.
Chaponay (Gaspard de), 158.
Chaponay (M. de), 158.
Chapoton (Zacharie), 131
Chappon (Jehan de), 82.
Chappuis (Anne), 113.
Chappuis (Anne-Marie), 110.
Chappuis (Claude), 52.
Chappuis (François), 394.
Chappuis (Guillaume), 83.
Chapron (messire), 208.

Chaptal (Pierre), 185.
Chapuy (Nicolas), 164
Chardonnay (Benoist de), 270.
Chareysieu (Phelippes), 41.
Chareysieu (Philippe), 39.
Charmazel (Christofle de), 101.
Charmazel (Claudine de), 15, 101, 106, 122, 308, 363.
Charmazel (Gaspard de), 101, 122, 308.
Charme (Loys de la), 55, 56, 58, 235.
Charnée (Loys de la), 58.
Charon (Jehanne), 309.
Charpin (de), 341.
Charpin (Baltazard de), 341, 342.
Charpin (Hector de), 127 a 129, 165, 328, 333, 388, 394.
Charpin (Henry de), 165, 342.
Charpin (Pierre), 429.
Charpin (Pierre-Hector de), 333, 341, 342.
Charreton, 96.
Charrier (Marguerite), 106.
Charron (Catherine Le), 278, 279.
Charron (Claude Le), 279.
Charvet (C.), 112.
Charvin (Pierre), 422.
Chaste (Marguerite de), 339.
Château-Baudau (Marie-Geneviève de), 345, 347.
Châteauvilain (Jeanne de), 398.
Châteauvilain (Marguerite de), 177.
Châtelain d'Esseitine (Pierre), 386.
Chausse (Jehan-André), 388.

Chaussecourte (Antoine de), 346.
Chaussecourte (seigneur de), 346, 347.
Chavanes (de), 277.
Chavanes, dit de la Valsonnière (dame de), 290, 298.
Chavanes, dit de Glétain (Estienne de), 297.
Chavanes, dit de Glettain (Catherine de), 288, 293, 295, 296, 297.
Chavanes, dit de Glettain et de la Versonnière (Catherine de), 295.
Chavanes, dit La Versonnière (dame de), 288.
Chavanon (Claude), 422.
Chazaut (Claude), 58.
Chelin (M. de), 293, 294.
Chenevas, 184.
Cherbonieur, 244.
Chérin, 25.
Chevalier du Bosc (Jean), 208.
Chevallier (Anthoine), 427.
Chevrier (marquis de), 160.
Chevrières (Anne de), 149, 157, 322.
Chevrières (Charles de), 427.
Chevrières (Claude de), 426.
Chevrières (Marguerite de), 427.
Chevrieres (Philiberte de), 427.
Chevrières (Yppolite de), 427.
Chevriers (Françoys de), 68, 69.
Chevriers (Isabeau de), 277, 278.
Chevriers (Philibert de), 126.
Chevriers (Philiberte de), 426.
Chevriers (Ysabeau de), 278.

Chevriers de Saint-Mauris (Léonard-François de), 155.
Chiefs (Loys de), 220.
Chiel (Loys de), 220.
Chiel (Marie de), 219, 221, 223, 381.
Chiel (Meraud de), 223.
Chièze (Jehan de la), 220.
Choignard (Jehan), 44.
Choignard (Pierre), 100.
Choignard (Thomas), 421.
Choigniard (Pierre), 109.
Choiseul (de), 189, 191 a 193, 203.
Cholier, 259.
Cholier (Hélène), 99.
Cholier (Pierre), 97, 105.
Chomat (Barthélemy), 400.
Cinier (Anthoine), 278, 279.
Clavel (Jehan), 120.
Claveyson (Diane de), 75, 76, 78.
Claveyson (Françoys de), 54, 55, 235, 382.
Clerc (Louis), 121.
Clerjon (Pierre), 44.
Clermont (Anthoine de), 357, 360.
Clermont (Bastianne de), 360.
Clermont (Balthazard de), 323, 324, 338.
Clermont (Claudine de), 357 a 360.
Clermont (Marguerite de), 79.
Clermont (Marie-Catherine de), 170.
Clermont (Sébastienne de), 355, 356.

Clermont (seigneur de), 149, 323.
Clermont-Crusy (Marguerite-Catherine de), 178.
Clermont-Tonnerre (comtesse de), 207.
Clermont-Tonnerre (François-Joseph de), 206.
Clermont-Tonnerre (Gaspard de), 206.
Clermont-Tonnerre (Gaspard-Paulin de), 213.
Clermont-Tonnerre (Jean-Louis-Aymard de), 207.
Clervaulx (seigneur de), 257.
Clèves (Henriette de), 50.
Clos (Claude du), 134, 332.
Clostre (Françoise La), 98, 100.
Cluzel (Thomas du), 417.
Cochard (Mlle), 414.
Cochard de Brosse (sieur), 160.
Cogny (Girin de), 265.
Cogny (Jehan de), 265.
Cogny (Marie de), 265.
Cogny (Philibert de), 265.
Cohat (Estienne), 427.
Coillard (Pierre), 422.
Coing (seigneur du), 12.
Colabau de Souvigny, 162.
Colbert de Chabannais (Alexandre-Louis-Gilbert), 213.
Collin, 417, 418.
Colomb (Anthoine), 328.
Colomb (Jehan de), 333.
Colombet (Guy), 328.
Colombier (Claude du), 420.
Colombier (Joseph), 403.
Colombière (chevalier de la), 156.

Colombière (Humbert de la), 328
Colonges (Hugonin de), 417.
Combas (Claude), 71 à 74, 294.
Combe (Claude La), 55.
Combe (Jacques de la), 14, 62.
Combet, dit Denys (Jehan), 293.
Comble (M. de), 202.
Combles (Jean de), 186.
Comby (Claude), 422.
Compain (Gaspard) 129.
Comte (Joseph), 372.
Constantin (Claude), 427.
Conygham (Robert de), 19, 28.
Corbeau (Lorent de), 359.
Corbeau (Louys de), 359.
Corteille de Vaurenard (François-Gabriel), 161.
Costaing (Anne de), 78.
Coste (François), 78.
Cotas (Anthoyne), 245.
Cotas (Martin), 245.
Cotas (Pierre), 245.
Coupris (Catherine), 25.
Coupris de la Salle (Catherine) 189.
Cour (Anthoine de la), 221.
Cour (Françoys de la), 283.
Cour Bauval (Charles de la), 365.
Coursay (Pierre de), 105.
Court (Charles de la), 78.
Court (Claude), 39.
Court (Estienne Le), 287.
Court (Louis), 218.
Court (Loys), 238.
Court (Mathieu), 222.
Courtin (Justin), 388.
Crémeaux (Isabeau de), 322, 323, 325, 327, 329.

Crémeaux (Louis de), 124, 327, 329, 330, 332.
Crémeaux (M. de), 230.
Crémeaux (Mme de), 334.
Crémeaux (Regnaud de), 323, 333.
Crémeaux de la Grange (Louis de), 328.
Crémeaux-la-Grange (Louis de), 323.
Crépier, 407.
Crépier (François), 407.
Crestien (Aymé), 100.
Crespy (de), 181.
Crétien, 407.
Croix (Charles-Eugène-Gabriel de la), 205.
Croppet, 31.
Croppet (Françoise), 105.
Croppet (Jehan), 232.
Cucurieu (Marie de), 266.
Cucurieu (Mariette de), 266, 270.
Cucurieux (Marie ou Mariette de) 265, 267, 268.
Cusieu (M. de), 216.
Cusin (Benoist), 80, 93, 99, 102.
Cusin (Claude), 107, 118.
Cuzin (Claude), 126.
Cuzieu (seigneur de), 183.
Cyrus, 393.

D

Dachot (François), 158.
Damas (Anthoyne), 60, 67.
Damas (Claude), 231, 235, 236.

Damas (François-Joseph), 157.
Damas (Germain), 40, 43, 47.
Damas (Jehan de), 105, 316.
Damas (maison de), 398.
Damas d'Antigny (M.), 158.
Danicourt (Edme), 163 a 165, 173, 183, 186.
Dannicourt (Edme), 164, 172, 173.
Dareste (Jeanne-Marie), 190.
Dasmas (Germain de), 36.
Davila, 392.
Day (Jehan), 430.
Debombourg (Pierre), 183.
Dugnay (Jean), 146.
Deguz (Jean), 398.
Delage de Chaillou (Jean-Michel), 206.
Delamanche (de la), 190.
Deleu (Jacques), 89.
Demey (Pierrette), 386.
Denis (Benoît), 23, 183, 184, 186, 202.
Denis (Blaise), 184.
Denis (Blaize), 188.
Denis (Jean-Blaize), 189.
Denis (Marguerite), 23, 161, 162, 183, 184.
Denis de Cusieu (Benoît), 188.
Denis de Cusieu (Charles), 213.
Denis de Cusieu (Marguerite), 165, 187, 188.
Denis de Cusieux (Marguerite), 187.
Denis de Cuzieu (Charles-Denis-Ovide), 215.
Denis de Cuzieu (Charles-Denis-Robert), 215.

Denis de Cuzieu (Marguerite), 178, 185, 189.
Denis de Cuzieu (Vincent-Marie), 186.
Denis de Cuzieux (Marguerite-Aimée), 202.
Dérives (Thérèse-Blanche), 213.
Dervieu (François), 173.
Dervieu de Villieu, 145.
Descuier (Jehan), 221.
Désigaux, 406, 407.
Désigaux (Antoine), 406, 407.
Desserres (Charles), 336.
Desvernay (Anthoine), 117.
Desvigne (Marie), 202.
Desvignes (Jean), 413.
Diacette (Geneviefve de), 79.
Dodat (Benoist), 427.
Dodat (Jehan), 426.
Dodieu (Pérette-Catherine), 190.
Dombeis (Anthoine), 361.
Donjon (de), 375.
Donjon (Alexandre de), 88, 119, 125, 362, 365 a 367, 369, 370, 376, 377.
Donjon (Anne de), 375.
Donjon (Balthazard de), 377, 378.
Donjon (Claude de), 84, 88, 91, 92, 104, 375, 376.]
Donjon (Claudine de), 377, 378.
Donjon (Hélayne de), 375.
Donjon (Jacques de), 376, 378,
Donjon (Jane du), 426.
Donjon (Jehan de), 375.
Donjon (Michel de), 377.
Donjon (René-Pierre de), 377, 378.

Ducher (Eléonore), 394.
Ducherne (Claude), 184.
Duchesne, 392, 412.
Duchesne (Jean), 413.
Duchesne (Philippe), 413.
Duchesne, dit Montblain (François), 399.
Duguet (André), 102.
Dugueyt, 162.
Dulac (Pierre), 200.
Dulong (héritiers), 327.
Dumas (François), 282.
Dumont (Jean), 166.
Dumont (Ursule), 99.
Duon (Pierre), 394.
Duplex, 392.
Dupuis, dit Carré, 408.

Estiegue (Pierre d'), 272.
Estil (Claude d'), 42.
Estresses (d'), 207.
Etienne de Saint-Jean de Prunières (François d'), 207.
Evrard (Jean d'), 177.
Evrard de Courtenay (d'), 176, 379.
Evrard de Courtenay (Antoinette-Charlotte-Gabrielle d'), 200, 379.
Evrard de Courtenay (Françoise-Marguerite-Gabrielle d'), 176, 200, 379.
Evrard de Courtenay (Gabriel-Marie d'), 176 a 178, 379.
Evrard de Courtenay (Jean), 379.
Eynac de Saint-Vidal (Henry d'), 323.

E

Elbenne (Albise de), 319.
Enjaluin (Jean), 166.
Epinac (Pierre d'), 46.
Epiney (sieurs d'), 134.
Espinay de Laye (Jean d'), 397, 416.
Espinay de Lay (sieur ou seigneur d'), 398, 404, 407, 408, 416.
Essertines (Mme d'), 402.
Estang (Aubert de l'), 13, 47.
Estang (Charles de l'), 224.
Estang (commandeur de l'), 159.

F

Faisant (François du), 328.
Falconnet, 124.
Fanier (Françoys), 31.
Faramand (Pierre), 222.
Farges (Guillaume des), 417.
Farges (Jacques), 384.
Farges (Pierre), 384.
Farlay (Françoyse de), 11.
Farlay (Guyot de), 11.
Farnay (Offred de), 430.

Farnier (Françoys), 36.
Faulquier-Vitrey (Aymé de) 103.
Faure (Jacques), 232, 233.
Faure (Pierre), 93.
Faure (sieur), 364.
Favre (François), 56.
Favre dit La Cosne de Vault (Claude), 64.
Fay (Hector de), 336.
Fay (Jacques du), 357 a 359.
Fay (Jehan de), 336.
Fay (M. de la), 31, 327.
Faye (Astorg de la), 238.
Félix du Mui (de), 205.
Fenoil-Turey (Jehan de), 341.
Fenoyl (M. de), 394.
Ferlat, dit Recagnon (André), 284).
Ferlat, dit [Recagnon (Benoist), 284.
Féron (Giles Le), 118.
Ferrus de Plantigny (Mme de), 216.
Feugerolles (abbé de), 327.
Feugerolles (baron de), 157, 391.
Feugières (Claude de), 274.
Finielz (François), 213.
Finielz (Madelaine), 213.
Finielz (veuve), 214.
Flachat (Françoys), 29, 31.
Flajas (Pierre de) 388.
Font (Philibert de la), 422.
Font, *alias* Charvin (Philibert de la) 422.
Fontgarnant (Marie de), 337.
Foie de la Benaudière (sieur), 385.
Forest (Jean-François de la), 372.

Fornaz (Anthoine), 427.
Forsac (commandeur de), 154, 155.
Forsat (commandeur de), 150, 159.
Foteresse (Lyonnète de la), 230.
Foucaud (de), 181.
Foudras (Claude de), 296.
Foudras (Jehan de), 288.
Foudras (Philibert de), 107.
Foudras-Ballarin (Jehan de), 76.
Foudras-Châteautiers (chevalier de), 150, 154, 155.
Fougères (Claude de), 224.
Fougères (Hugonin de), 417.
Fouldras (damoiselle de), 288, 302.
Foulon de Boishéroult (Jean-Baptiste Le), 178.
Fourcade (dame), 162.
Fournel (François du), 120.
Fournier (sieur), 134.
Francheleins (Josserand de), 418.
Francheleins (Louys de), 418.
Francillon (Pierre), 133.
Frémicourt (de), 179.
Fremusson (Robert de), 205.
Fressange (Jehan de la) 336, 339.
Frotton (Thomas), 364, 366, 367.
Fumel (de), 204, 210.
Fumel (Louis-Mathieu-Benoît de), 207.
Fuzée (Jehan), 393.

G

Gachot (Jehan), 106.
Gacyer (André), 422.
Gacyer (Anthoine), 422.
Gacyer (Claude) 422.
Gadagne (Hélène de), 318, 320, 321.
Gadaigne (Hélène de), 149, 150, 320.
Gadaigne (Guillaume de), 157, 322.
Gadaigne (Hélainne de), 319.
Gadaigne (Hélène), 319.
Gadaigne (Thomas), 319.
Galaye, 405.
Galibert, 167.
Gallet (Etienne), 184.
Gangnieres de Souvigny, 162.
Gangnières de Souvigny (François de), 161.
Gangnières de Souvigny (Louis-Marie de), 161.
Gangnières de Souvigny (Marie-Renée de), 161, 162.
Gangnières de Souvigny (Pierre-François de), 161.
Gangnières de Souvigny de Saint-Vincent (Marie-Renée de), 162.
Garadeur (Jehan de), 161, 418.
Garde (Jehan de la), 80, 247, 254.
Garde (Pierre de la), 421.
Garde (seigneur de la), 102.
Garde (sieur de la), 357.
Garnerans (comte de), 386.
Garnier (Françoyse), 55.
Gaspard (Anthoynette), 67, 73, 284, 301.
Gaspard (Claude), 17, 63, 67, 69, 422.
Gaspard (Jehan), 255, 274.
Gaspard (Jehan de), 84.
Gaspard (Loys), 422.
Gaspard (Philibert), 66, 67.
Gaspard, *aliàs* de Pravins (Anthoinette), 294.
Gaspard-Le-Roy (Loys), 63.
Gaste, 55, 229.
Gaste (Anthoinette), 235.
Gaste (Anthoyne de), 39. 230.
Gaste (Claude), 54, 55, 75, 76, 78, 79, 87, 221, 224, 226, 229 à 236, 381. 382.
Gaste (Françoys), 235.
Gaste (Gastonet), 221, 229.
Gaste (Isabeau), 148.
Gaste (Izabeau), 20.
Gaste (Jacques), 12, 20, 37, 148, 218, 219, 237.
Gaste (Jehan), 54, 55, 76, 78, 79, 221, 229, 231, 234 à 236.
Gaste (Jehan de), 75, 76.
Gaste (Loys), 221, 229.
Gaste (Loys de), 39, 230.
Gaste (Pierre), 235.
Gaste (Philibert, 79, 224, 230, 231, 235, 236.
Gaste (Philibert de), 75, 79, 236.
Gaste (Ymbert), 221, 229.

Gaste (Ysabeau), 12 à 14, 32, 36, 39 à 43, 45, 147, 237.
Gaste (Ysabèle), 28, 30, 37, 38.
Gaste (Ysabèle, Ysabelle ou Ysabeau), 37, 218, 230.
Gasteau (Jacques), 67.
Gautier (Guillaume), 28, 38.
Gautier (Jacques), 34, 35.
Gay (Jehan), 270.
Gayand (Thomas), 231, 235, 236.
Gayant (Claude), 420.
Gayant (Loys), 420.
Gayant (Pierre), 44.
Gayant (Thomas), 236.
Gayet (Anthoine), 234.
Gayot (Mathieu), 385.
Gellière (Loyse de la), 358, 360.
Genoilly (Jacques de), 290.
Genthon (Philippe), 166.
Geoffrey (Guigues), 51.
Germain (Jean), 169.
Germanet (Jehan), 419.
Gessan (de), 180.
Geyssan (François de), 20.
Geyssand (Françoys de), 30.
Geyssans (Françoys de), 13, 32, 47.
Geyssant (Françoys de), 29, 32.
Giliquin (Laurens), 99.
Gillet, 392.
Gillicquin (Véran), 64.
Gillin (sieur), 392.
Gilliers (Alexandre de), 75, 78.
Ginant (Pierre), 49.
Ginier (Jehan de), 360.
Girard, 162, 165.
Girard (Anthoine), 387.

Girard (Benoist), 387.
Girard (Estienne de), 336.
Girard (Germain), 146.
Girard (M.), 120.
Giraud (Claude), 172, 422.
Girbert (Anthoine), 220.
Girin (Jacques), 352.
Girin (Thomas), 92, 93, 352.
Glétains (de), 84, 277.
Glétains (Alexandre de), 63, 65, 68 à 70, 72 à 74, 76, 85, 96, 100 à 102, 105, 280 à 286, 288, 291 à 295, 298, 301 à 303.
Glétains (Anthoinette ou Anthoynette de), 69, 71, 73, 85, 105, 284 à 288, 290, 294, 301, 302.
Glétains (Chrestienne de), 14, 69 à 71, 78, 81, 285, 294, 369.
Glétains (Christine de), 73, 78, 79, 81 à 83, 87, 90, 93, 105, 147, 284, 285, 290, 291, 298, 302, 315.
Glétains (Chrystine de), 94.
Glétains (Crestienne de), 63, 64, 81, 283, 295, 362, 370.
Glétains (Cristine de), 73, 85, 287, 288, 302, 303.
Glétains (Elaine de), 299.
Glétains (Estienne de), 63, 82, 86, 87, 286, 292, 293.
Glétains (Jacques de), 63, 64, 298.
Glétains (Jehan de), 228.
Glétains (Philibert de), 63, 71, 73, 147, 284.

Glétains de la Valsonnière (Jacques de), 298, 299.
Glétains, dit de Chavanes (Etienne de), 67.
Glétains, dit de Rancé (Alexandre de), 73, 286, 288.
Gléteins (Christine de), 14, 21, 108.
Gléteins (Philibert de), 21.
Glettain (Catherine de), 296.
Glettain (Estienne de), 293, 296.
Glettains (Christienne de), 383.
Gletteins (Anthoinette de), 301.
Gletteins (Anthoynette de), 67.
Gletteins (Cristienne de), 67, 301.
Gletteins (Philibert de), 67, 301.
Gliénard (Etienne), 427.
Godard (Léonard), 274.
Gonin de Lurieu (Pierre), 386.
Gonnet (Antoine-Marie), 174.
Gonnet (Bernard), 399.
Gonnet (Catherine), 412.
Gonon (Jehan), 56.
Gontal (Loys de), 336.
Gonzague) (Ludovic de), 50.
Gorce (M. de), 162.
Gourret (Claude), 104.
Goutelle (Jeanne), 184.
Goutes (Jacques des), 43.
Gouttes de la Salle (des), 162.
Goyet (Hugues), 386.
Goyet (veuve), 385.
Gogne; 200.
Gramont (Anthoyne de), 55.
Grand (Denis), 327.
Grange (de la), 139, 391.
Grange (seigneur de la), 328.

Granges (Baltasard de), 92.
Granges (Charlotte-Christine de), 375.
Granges (Magdelayne de), 375, 376.
Grapote (Nicolas), 73.
Gratia (Nicolas), 120.
Gravillon (Jehan), 422.
Grenier (Pierre), 188.
Grolier (Charles), 118.
Grolier (Gabriel), 419.
Gron (Jehan), 427.
Gros (Le), 359.
Gros (Pierre), 105.
Gruel (Aymard), 79.
Gué (du), 22.
Gué (François du), 96, 106.
Guérin (Claude de), 175.
Guérinon (Anthoine), 330, 366.
Gueston (Gaspard), 377.
Gueston (Jehan-Baptiste), 105.
Guette (Henry de la), 94.
Guichard (Hugonin), 11.
Guichard (Jean), 410.
Guichard (Jehan), 11.
Guichard (Katherine), 11.
Guichard, Guicherd, *aliàs* Bochu, Bocheu (Catherine), 10, 217.
Guichard, *aliàs* Bocheu (Hugonin), 10, 11.
Guicherd, *aliàs* Bochu (Catherine), 217.
Guicherd, *aliàs* Bochu (Hugonin), 217.
Guichenon (Théophile), 132.
Guichet (Martin), 122.
Guiffrey (Guy-Baltazar), 66.
Guiffrey (Guys-Baltezard), 51, 65.

Guiffrey (Joachime), 65.
Guiffrey (Joachine), 51.
Guignard (Jacques), 105.
Guigou (M.), 330.
Guillard (Claude), 427.
Guillard (Jehan), 422.
Guillardin, 392.
Guillaud (Pierre), 267.
Guillet (Pierre), 177.
Guillermyn (Pierre), 421.
Guinyn, 359.
Gumin (de), 176.
Guischard (Catherine), 18, 19.
Guischard (Hugues), 18.
Guyffrey (Guigo), 48.
Guynand (Mathieu), 76.
Guytière (Regné), 234.

H

Halincourt (Monseigneur d'), 294.
Harod (Alexandre de), 98, 107, 125.
Harod (Christine de), 97, 98, 125.
Harod (Christophle de), 125.
Harod (Guillaume de), 97, 106 à 109, 114, 122, 124.
Harod (Gaspard de), 106, 122, 124.
Harod (Hiérosme de), 125.
Harod (Jehan), 31.
Harod (Jehan de), 50, 257.

Harod (Jérôme de), 114.
Harod (Pierre), 31.
Haroud (Jacques), 65.
Haroud (Jehan), 65. 66.
Haroud (Jehan-Jacques), 66.
Hauboutet (de), 210.
Haynault (Jean-Baptiste), 25.
Haynault (Marguerite-Catherine), 25.
Hénault (Jean-Baptiste), 189.
Hénault (Marguerite-Catherine), 187 à 189, 198, 199, 201, 202, 206, 209, 212, 213.
Henning (Marie), 110.
Henry (Arthus), 302.
Henry (Jehan), 422.
Henry (M.), 327.
Héron, 400.
Heurtault (Jean-Louis-Thomas), 207, 249.
Hières (Claudine d') 361.
Hisnard (M.), 403.
Hiver (M. d'), 194, 195.
Hoirieu (Blanche d'), 19.
Homère, 393.
Hoste (Pierre L'), 170.
Hozier (Charles d'), 365.
Hugand (Marguerite), 420.
Hugand (Philibert), 420.
Hugonet (Guillaume), 266.
Humblot (M.), 411.
Humblot (sieur), 399, 400, 409, 412, 414.
Hurault (Robert), 48.

J

Jacomini (Philippe), 319 à 321.
Jacquet (Benoît), 185.
Jacquet (Joseph), 414.
Jacquet de la Collonge (Benoît), 416.
Janson (Jean-Baptiste), 172.
Janson de Roffrey (M.), 173.
Jaquillon (Loys), 233.
Jaquinoli (Albert), 320.
Jarsaillon (Pierre), 97.
Jolly (Jehan-François de), 306.
Jouve (Pierre), 330.
Joux (Anthoine), 383.
Joux (Jehan), 383.

L

Labourier (Claude), 64.
Lamartine (Ursule), 203.
Lamballe (Aimé de), 187.
Lambert (maître), 385.
Langhac (Gilbert-Alliie), 190.
Langlois (Suzanne), 99.
Langon (commandeur de), 159.
Langon (Ferdinand de), 159.
Langon (Nicolas de), 78.
Larbent (Anthoine de), 238.
Larbent (Rolet de), 238.

Laroche, 405, 406.
Lasandade (Jean-Pierre), 213.
Laube (Gaspard de), 376.
Laube (Louyse de), 376.
Laurencin (Claude), 30.
Laurencin (Claudius), 30.
Laurencin (François), 280.
Laurencin (Jacques), 420.
Laurencin (Jehan), 34, 46.
Laurencin (Margarita), 30.
Laurencin (Marguerite), 12, 30, 43.
Lautrec (M. de), 248.
Lavieu (Louis de), 18, 217.
Lavieu (Pierre de), 217.
Lavigney (baronne de), 215.
Laviornery (Antoine), 403.
Laviornery (Claude), 402.
Lay (damoiselle de), 12.
Lay (seigneur de), 12.
Laye (seigneur de), 400, 401, 407, 413.
Laye-Espinay (seigneur de), 413.
Leignac (baron de), 14.
Leschallier (Meraude de), 253.
Lescure (Jehan-Anthoyne de), 52.
Lesdiguières (connétable de), 392.
Lesdiguières (duc de), 357, 358.
Lestrange (comte de), 215.
Lévis (Jacques de), 388.
Lévy (Claude de), 387.
Libellin (Charles de), 277.
Liègue (Guillaume de la), 12.43.
Liègue (Pierrette de la), 11, 27. 38.
Liègue (seigneur de la), 12.

29

454

Lieu (Jean-Baptiste du), 106.
Lièvre (Loys), 422.
Lievre (Pierre), 175.
Linière (duc de), 398.
Lisle (Guillaume), 221.
Litaud (Barthélemy), 410.
Locatel (Jean-Baptiste de), 58, 59, 68, 248.
Locater (Jean-Baptiste de), 64.
Loccater (Jacques de) 63.
Loccater (Jean-Baptiste), 63.
Loras (Abel de), 359.
Loras (Jean-Baptiste de), 177.
Lorencin (Jehan), 280.
Loret (Robinet), 267, 268.
Lorin, 410.
Lorme (Mathieu de), 34.
Lormery (Claude de), 208.
Louys (Marie), 297.
Loyes, *alias* Boquet (Pierre), 218.
Lucey (chevalier de), 372.
Lucey (marquis de), 372.
Lugny (Anthoine de), 246, 248.
Lugny (baron de), 333.
Lugny (Charlotte de), 279,

M

Mabies (Louis), 105.
Mâcon (Jean-François de), 347.
Mâcon-Ducher (Sébastien de), 185.
Mâcon-Duchez (Gabriel-Sébastien de), 347.

Magdelaine (Girard de la), 231, 235, 236.
Magnieu (seigneur de), 102, 306.
Maillebois (de), 179, 180.
Maillet (Benoiste), 76.
Maillet (Pierre), 67, 77, 288 à 281, 293.
Mainieu (M. de), 101, 305.
Maladière (Barthélemy de la), 361.
Malet (Jean), 412.
Malingre (sieur), 392.
Mallet, 411.
Mallet (Anthoine de), 343.
Mallet (Charlotte-Cibille de), 343.
Mallet (Claude-Louis de), 346.
Mallet (François de), 170, 344, 345.
Mallet (Gabriel de), 344, 347.
Mallet (Gabriel-Marie de), 171, 344, 345.
Mallet (Gaspard-Charles de), 29, 169, 170, 343, 344.
Mallet (Gilbert), 347.
Mallet (Jeanne), 347.
Mallet (Joseph de), 170.
Mallet de Bulhon (Gilbert), 186.
Mallet de Bullion (Gilbert de), 345, 347, 348.
Mallet de Clermartin (Gilbert de), 344.
Mallet de Clermartin ou de Bullion (Gilbert de), 345.
Mallet de Vandaigre (Gabriel-Marie de), 185.
Mallet de Vandaigre (Sibille de), 23, 345.

Mallet de Vandègre (de), 343, 347.
Mallet de Vandègre (Charles), 346.
Mallet de Vandègre (Charles de), 345 à 347.
Mallet de Vandègre (Claude-Louis de), 345, 346.
Mallet de Vandègre (François de), 171, 344.
Mallet de Vandègre (Gabriel), 346.
Mallet de Vandègre (Gabriel de), 347.
Mallet de Vandègre (Gilbert), 346.
Mallet de Vandègre (Gilbert de), 348.
Mallet de Vandègre (Gilbert-Joseph-Gabriel-Sidon-Amand-Fidèle de), 211, 347.
Mallet de Vandègre (Jeanne), 346, 347.
Mallet de Vandègre (Joseph de), 344.
Mallet de Vandègre (Marie-Françoise-Jacqueline-Claudine de), 348.
Mallet de Vandègre (Sibille de), 140, 170, 174, 379.
Mallet de Vandègre (Sibille-Charlotte de), 169, 171, 175, 344.
Mallet de Vandeigre (Claude-Louis), 187.
Mallet de Vandeigre (Gabriel-Marie), 345.
Mallet-Vandègre (Sibille de), 15.

Malvin de Montazet (Antoine de), 202.
Mandron (sieur), 402.
Mantrit (chevalier de), 156.
Manuel (Bertrand), 68.
Manuel (Claude), 54, 235.
Manuel de la Fay (Guillaume), 114.
Manuelli (Pierre), 320.
Manys (M.), 141.
Marbeuf (Louis-Charles-René de), 204.
Marcenac (de), 203.
Marche (Loys de la), 422.
Marconnay (Anthoynette de), 12, 43.
Mare (Pierre de), 271.
Maréchal (Françoise), 157.
Mares (Jean de), 266, 267, 269.
Mares (Pierre de), 269.
Mareschal (Guillaume), 360, 361.
Mareste (de), 369.
Mareste (Albert-Eugène de), 133, 371 à 374.
Mareste (Anthelme-Melchior de), 372, 374.
Mareste (Anthoine de), 371, 372.
Mareste (Balthazard de), 371.
Mareste (Catherine de), 371, 372.
Mareste (Charles de), 15, 22, 80, 89, 101, 121, 369, 371.
Mareste (Christienne de) 82, 83.
Mareste (Jean-Jacques de), 127, 133.
Mareste (Jehan-Jacques de), 82, 364, 366, 369 à 374.

Mareste (Louys de), 371 à 374.
Mareste (Pierre-Balthazard de), 372.
Marette (Charles de), 28, 82, 90, 104.
Marette (Christienne ou Christine de), 369, 371, 372.
Marette (Jacques de), 89.
Marion, 402.
Marion (Jean-François), 175.
Marrolles (sieur de), 392.
Marsault, 115.
Marsault (Pierre), 64.
Martignat (Jehan), 68.
Martinier, 129.
Marzé (Guillaume de), 405.
Marzé (Guiot de), 418.
Marzé (Jean de), 257.
Marzé (Marguerite de), 418.
Marzé (Philippe de), 405.
Mascon (Marie de), 215.
Mascranny (Joseph de), 385.
Mascranny (Laure de), 385.
Mascranny (Marie - Madelaine - Emilie de), 385.
Mascranny (Marie de), 385.
Mascranny (sieur), 385.
Masso (Marie de), 105.
Mathie (Jean), 319.
Mathieu (Claudine), 169.
Mathieu (Florys), 235.
Mathieu (Pierre), 421.
Mathieu (sieur), 392.
Mathillon (Lambert), 294.
Matrat, 129.
Maubourg (commandeur de), 154.
Maugiron (M. de), 357, 361.

Maulvessières (M. de), 357, 361.
Mayaud (Benoît), 132.
Maynier (Jean-Antoine), 189.
Mazenod (Catherine de), 176.
Mazenod (Jean), 128.
Mazilles (de), 261.
Mazilles (Anthoine de), 256, 258, 262, 263.
Mazilles (Anthoyne de), 53, 57, 58.
Mazilles (Claude de), 53, 57, 58, 257, 258, 262, 263.
Mazilles (Françoys de), 70, 263, 264.
Mazilles (Hugues de), 57, 58, 261, 263.
Mazilles (Jehan de), 53, 254, 256 à 258, 261, 262.
Mazilles (Loise de), 57.
Mazilles (Louys de), 263.
Mazilles (Loys de), 57.
Mazilles Loyse de), 53, 57, 58, 256, 258, 262, 263.
Mazilles (Pierrette de), 53, 57, 58, 256, 258, 261 à 263.
Mazuyer (Jehan), 418.
Mazy (François), 156.
Meffray (Jacques de), 92.
Mehegau (Jacques de), 207.
Melan (Pierre), 293.
Mélian (Madelaine- Françoise), 207.
Méliant (Madeleine- Françoise), 190.
Mélines (Charles), 158.
Ménardeau (Gracien de), 158.
Ménardeau (M. de), 158.
Menou (de), 197, 198.

Menthon (Melchionne de), 370 à 372.
Menue (Jehan de la), 34.
Merlin (Anthoine), 77, 423.
Mermet, 120.
Mertreau de Chattelard (Louis), 213.
Mertreau de Chattelard (Madeleine-Eugénie), 201, 211 à 214.
Méry (Jacques de), 254, 273.
Meschatin-la-Faye (Thomas de), 298, 299, 426.
Métra (Pierre), 410.
Meunier (Jean), 405.
Meure (Jean de la), 19, 29, 30, 32.
Michaud (Nicolas), 292, 298, 302.
Michiel (Pierre de), 52.
Michon (Pierre), 292.
Mignot (Noé), 131, 364.
Mignot de Bussy (François-Noel), 174.
Mignot de Bussy (Noel), 129.
Milan (Pierre), 73, 405.
Millan (Pierre), 76.
Milland (Pierre), 75, 92.
Millaud (Pierre), 292, 302.
Million, *aliàs* de la Cassagne (Etienne), 420.
Minet (Augustine - Elizabeth), 386.
Minet (Charles), 106.
Minet (dame), 402.
Minet (Jehan), 105, 106.
Miolans (Jacques de), 322.
Miolans (Jean de), 157.

Milan (de), 203.
Mithon (sieur), 189.
Moine (père Le), 392.
Moisson (Jeanne), 202.
Molard (Anthoine du), 238.
Mondart (Jehanne de), 422.
Monière (Jeanne de la), 167.
Monlong (Pierre), 186.
Monmellart (sieur de), 64, 166.
Mononton (Jehan de), 266.
Monspey (de), 351.
Monspey (Antoine de), 15, 172, 352.
Monspey (Jeanne- Louise de), 171 à 175, 179, 180, 182 à 284, 351, 352.
Monspey (Joseph- Henry de), 172, 173, 352.
Monspey de Vallière (Jeanne-Louise de), 15, 23, 174.
Monspey-Valière (Joseph-Henry de), 149, 158, 175, 351.
Montagne (sieur de), 392.
Montaigu (marquis de), 216.
Montaland (Jehan), 38, 39.
Montbarey (de), 198, 199.
Montchal (Anthoine), 336, 339.
Montchervet (Claude de), 418.
Montdor (Antoine de), 19.
Montdor (baron de), 162.
Montdor Jeanne de), 19.
Montdor (Jehan de), 296.
Monteau, 204.
Monteux (Claudine de), 55.
Monteux (Sébastien de), 55.
Monteynard (de), 193, 194, 204.
Monteynard (Guy de), 46, 51.
Montfray (Georges de), 165.

Montfray (Philiberte de), 165.
Montgiraud (Philiberte de), 421.
Monthénard (Guy de), 65.
Monthénard (Laurence de), 66, 284.
Monthénard (seigneur de), 284.
Montiliere (Guichard de), 410.
Montjon [Alix de), 252, 253.
Montmelad (sieur de), 101.
Montmelas (baron de), 112, 113.
Montmelas (chevalier de), 160, 204.
Montmelas (comte de), 133.
Montmelas (Elisabeth de), 113.
Montmelas (Gaspard de), 131.
Montmelas (madame de), 113, 120.
Montmelas (Manon de), 113.
Montmelas (Marie de), 112, 113.
Montmelas (marquis de), 18, 183, 187, 192, 194, 198, 206, 208.
Montmelas (marquise de), 140, 173, 199, 204, 208, 209.
Montmelas (seigneur de), 77, 85, 156, 400.
Montmessin (Marcellin de), 57, 262, 263.
Montmorin (Joseph-Gaspard de), 343.
Montmorency (chevalier de), 283.
Montmorency (Henry de), 392.
Montolivet (Louis de), 129.
Montregnard (de), 241.
Montregnard (Anne de), 245, 249.

Montregnard (Anthoine de), 245 à 248.
Montregnard (Eugénie de), 244, 246.
Montregnard (Françoyse de), 245, 249.
Montregnard (Gabrielle de), 245, 249.
Montregnard (Gaspard de), 239, 241, 246, 247.
Montregnard (Isabeau de), 59, 61, 246.
Montregnard (Joachim de), 244, 246, 247, 274.
Montregnard (Loys de), 244, 246, 248.
Montregnard (Margueriite de), 20, 46 à 49, 54, 59, 60, 63, 239, 244, 246 a 248, 252 à 257, 273, 274.
Montregnard (Pierre de), 244, 246.
Montregnard (seigneur de), 243.,
Mont Regnard (seigneur de) 244, 245.
Montregnard (Ysabeau de), 244, 245.
Mont Renard (Gaspard de), 241.
Montrenard (Marguerite de), 61, 147, 257.
Montreuil (Agnès de), 24, 198.
Montreuil (Agnès Louise), 188, 206, 209, 211, 215, 216, 348, 349.
Montreuil (Agnès-Louise de), 199, 203.
Montrevel (comte de), 274.
Montroche (Laurent de), 134.

Mont Saint-Jean (Jean de), 180.
Montvéran (M. de), 309.
Moquette, 392.
Morenc (Anthoine de), 358.
Morestin (Anthoine), 107.
Mornieu (Gaspard de), 366.
Moyne (père). 392.
Munan (Claude de), 287.
Muraid (de). 181.
Murignieu (Françoys), 28.
Murignieu (Jehan). 28.
Mury (Jacques de). 255.
Mury, *alias* de Mery ou de Myry (Jacques de). 273.
Musy (Charles de). 170.
Musy (chevalier de), 139. 170, 182.
Musy (Claude de). 303.
Musy (comte de). 171.
Musy (dame de). 344.
Musy (Estienne de). 126.
Musy (François de). 177, 178.
Musy (François-Victor de). 177.
Musy (Marie-Françoise de). 169. 170, 343, 344.
Musy (Phelibert de), 14.
Musy (Philibert de). 21, 53. 56. 57. 60, 61. 257. 382.
Musy (Pierre de). 60. 170.
Muzy (François de). 347.
Muzy (Marie de). 185.
Muzy (Marie-Françoise de), 23. 347.
Myry (Jacques de), 255, 274.

N

Nagu (Pierre), 224.
Nami (Jehan), 79.
Namy (Jehan). 64. 422.
Namy (Robert), 419.
Narbonne (L. de). 210.
Nepveu (père). 139.
Neubourg (Mme de). 414.
Neufville (de). 282.
Neufville (Camille de), 115.
Neufville (François-Paul de), 171.
Nevers (duc de). 398.
Nevers (maison de). 398.
Neyret (Philibert). 115.
Nicolas (Claude), 356.
Nocle (La). 356, 360.
Noailles (Adrien- Maurice de), 182.
Nopin (Mathieu). 392.
Normand-Guérin (Louys le), 76, 77.
Nouilly (de), 203.
Noyel (M.), 107, 173.
Noyel (président), 399, 412.

O

Ogerolles (Anthoine d'), 322.
Ogerolles (Antoine d'), 156, 157.

Ogerolles (Françoise d'), 156, 321, 322.
Ogier (Romain d'), 70.
Oingt (Huguette d'), 14, 62.
Olier (François), 118.
Olliac (Louys d'), 430.
Ollier (M.), 141.
Olopheine, 393.
Onnier, 405.
Orlandin (Léonarde), 286.
Orléans (Charlotte d'), 355, 356.
Orme (Anthoine de l'), 222.
Orme (Claude de l'), 422.
Ornano (Alphonse d'), 64.
Ossaris (Marie d'), 99.
Ouvize, 44.
Ouvreleul (Jacques d'), 96.

P

Pacot (Philibert), 76.
Pagan (Ennemond), 267.
Palerne (Charles), 186.
Palerne (Vincent), 186.
Palu (Hugues de la), 279.
Palus (La), 200.
Pancey (André), 388.
Paradin, 392.
Parange (Huguette de), 426, 427.
Pascal, 362.
Paule (Alexandre), 288.
Paule (Jehan), 288.
Paule (Saint François de), 394.

Paulle (Alexandre), 290.
Paulle (Jehan), 290.
Payen (Jehan), 241.
Pellerin (Jehan), 217.
Pellosses (Pierre de), 422.
Peloux (du), 335.
Peloux (Anne du), 360.
Peloux (Charles du), 150, 335 à 338.
Peloux (Christine du), 337, 338.
Peloux (Claudine-Françoise du), 337, 338.
Peloux (dame du), 325.
Peloux (Jacques-Marie du), 215.
Peloux (Louise du), 336, 337.
Peloux (Madelaine du), 15, 22, 146, 149, 338.
Peloux (Magdelaine du), 124, 322, 323, 325, 328, 332, 333, 337, 391.
Peloux (Magdeleyne du), 336, 337.
Peloux (Marguerite du), 337, 339.
Peloux (Marie du), 337, 338.
Peloux (Meraud du), 335.
Peloux (Nicolas du), 149, 150, 323, 335 à 339.
Peloux (Thérèse du), 337, 338.
Peloux (vicomte du), 216.
Perellos et Roccefeuil (Raymond de), 159.
Périer (Claude du), 61.
Périer (Jacques), 319.
Perrachon (Catherine), 105.
Perret (Louis), 325.
Perret (Pierre), 158.
Perricaud (Benoît), 133.

Perrier, 421.
Perrin (Claude), 131.
Perrin (Laurent), 186.
Perrin (Philibert), 64.
Perrotin (Dominique de), 363.
Perroud, 404.
Perroud (veuve), 410.
Perroux (Pierre), 408.
Pestalozzi, 162.
Petassin, 425.
Peurier (Antoinette), 146.
Peyrat (du), 393.
Peyrat (Jehan du), 31.
Peyrote, 181.
Pezand (Jehan), 224.
Phéline (Magdelaine de), 386.
Phélines (Jehan de), 80, 99, 100, 102.
Philippe (Charlotte-Marguerite), 208.
Pianelly (Laurent), 385.
Picard (Claude), 201.
Picard (Guillaume), 413.
Picon (Claude), 128.
Pictron (Claude), 232, 233.
Pierre (seigneur de la), 347.
Pierrefeu (Jean-Claude), 173, 352.
Pierrefort (Jean de), 128.
Pignard (François), 158.
Pinet (François), 178.
Pipelet (Claude), 208.
Plantier (Laurent), 200, 380.
Plassard (Jehan), 86.
Plessis de Richelieu (Alphonse-Louis de), 88.
Plutarque, 392.
Poippe de Serrière (Adrian de la), 154.

Poippe de Serrières (Adrian de la), 154.
Poiré (Père), 392.
Poisson (Richard), 36.
Pollod (Gasparde de), 360.
Pollod (Jehan de), 360.
Pomerea » (Hugues « de), 418.
Pomey (Jacques de), 290.
Pomey (Jehan de), 290.
Poncet, *aliàs* Auloup (Jehan), 270.
Ponceton (Philippe), 270.
Ponchon (Pierre), 133.
Porte (André de la), 51.
Porte (Anthoine de la), 285, 301.
Porte (chevalier de la), 150, 154, 155.
Portugal (Jehan IIe de), 393.
Poulet (Laurent), 184.
Poyet (François), 69.
Poyet (maître), 132.
Pravins (Anthoynette de), 71.
Prohenque (Gabriel de), 352.
Prost (Françoys du), 56.
Provenchieres (Anthoine), 283.
Psalmon (Louis-François), 215.
Puis (Chaterine du), 149, 150.
Puis (Claude du), 114, 363.
Puis (Jean-Claude du), 365.
Puis (Jehan du), 83, 92, 101, 305.
Puis de la Garde de Rosey (Claude du), 127.
Puis de la Garde du Rosey (Claude du), 364.
Puy (du), 355.
Puy (Alexandre du), 355.

Puy (Barbe du), 95, 363, 364, 366, 370.
Puy (Catherine du), 336, 338, 339.¶
Puy (Charles du), 95, 133, 361 à 364, 366, 367.
Puy (Chaterine du), 323.
Puy (Christienne du), 95.
Puy (Christine du), 363, 364, 366, 370.
Puy (Claude du), 95, 356, 362 a 367, 370.
Puy (dame du). 323, 337.
Puy (François du), 355, 356.
Puy (Françoise du), 95. 363, 364, 369. 367, 370.
Puy (Guillaume du), 357, 358.
Puy (Hugues du), 232. 234.
Puy (Jacques du). 339.
Puy (Jehan du), 93 à 96, 355, 358. 361. 363.
Puy (Jean-Claude ou Claude du), 362.
Puy (Pierre du), 356 a 358,361.
Puy (Symond du), 356, 357.
Puys (Barbe du), 89.
Puys (Charles du), 82, 89.
Puys (Christine du), 89.
Puys (Claude du), 89, 359 a 361, 364, 365.
Puys (François du), 360.
Puys (Françoise du), 89.
Puys (Guillaume du), 358 à 361.
Puys (Jehan du), 15, 82, 84, 94.
Puys (Pierre du), 358 à 361.
Puys (Symond du), 358 a 360.
Pynquanon (Estienne), 221.

Q

Quentin (Estienne), 232, 233.
Queuille (Anne-Gilbert de la), 171.
Quincieu (Anthoynette de), 52, 65.
Quincieu (Aymar de), 51, 52.
Quincieu (Falcoz de), 51.
Quincieu (Geoffrey de), 65.
Quincieu (Jehan de), 51.
Quincieu (Jeoffrey de), 46, 51, 52.
Quincieulx (Anthoynette de), 48, 51.
Quincy, 70.
Quinemont, 204.

R

Rachais (Sébastien de), 133, 311, 362, 365, 367, 369, 370.
Raffin, *aliàs* de la Flachère (Guillaume), 430.
Raffinière (Anne de la), 13, 47.
Rageaud (Claude), 58.
Ragon (commandeur), 154, 155.
Ragone (Pierre), 244, 245.
Rambaud (Catherin), 36, 39.
Rambaud (François), 107.

Rambaud (Erançois de), 106.
Rambaud (M.), 402.
Rambaud (Michel), 38.
Rambaud (Pierre), 405.
Rambouillet (seigneur de), 67, 147.
Rambuteau (Marie de), 202.
Rancé (de), 277, 299.
Rancé (Estienne de), 279.
Rancé (Jehan de), 277 à 279, 295.
Rancé (Michiel de), 278.
Rancé (Phelibert de), 280.
Rancé (Phelippes de), 277 à 280.
Rancé de Glétains (Alexandre de), 280.
Rancé de Glétains (Anthoinette de), 301, 302.
Rancé de Glétains (Crestienne de), 62.
Rancé de Glétains (Jehan de), 279, 299.
Rancé de Glétains (Phelippes de), 279.
Rancé, dit de Chavanes (Catherine de), 427.
Rancé, dit de Glétains (Estienne de), 295.
Rancé, dit de Glétains (Philibert de), 294.
Rancé, dit de Glétains et de Chavanes (Estienne de), 295.
Rancé-Gletteins (Jehan de), 303, 304.
Raousset (Pauline de), 216.
Raousset (Victor-Amédée de), 216.
Rapetour (Anthoine de), 85.

Raphael, 388.
Raphael des Urbains, 393.
Ray (Simonne), 201.
Raynon (Suzanne-Magdelaine), 386.
Réalle (Anne-Louise de la), 208.
Rebbé (Jacques de), 67.
Rébé (Estienne de), 421.
Rébé (Jacques de), 66, 69.
Rébé (Sibille de), 323.
Rebud (Estienne), 108, 109.
Rebutin (Bonaventure), 232, 233.
Regomier (Paul), 61.
Regommier (Paul), 54.
Reimbourg (Guillaume), 285.
Reimbourg (Michel), 285.
Renaud (M.), 405.
Renaud (sieur), 392.
Renoyrard (Girerd), 220.
Revol, 210.
Revol (Anthoine de), 95.
Revol (François de), 92, 363.
Revol (Guillaume de), 92.
Revol (Hiérosme), 95.
Revol (Louys de), 95.
Revol (M. de), 181.
Reymbour (Guillaume), 298.
Reynard (Claude), 158.
Reysséguier (sieur), 402.
Ricard (J.), 160.
Richard, 162.
Richard de la Bretêche (Louis), 199.
Riche (Anthoine Le), 97, 121.
Richy (Anthoine de), 98, 106.
Richy (Anthoine de), 97.
Richy (sieur de), 127, 364.

Richy, *alias* Le Riche (Anthoine de), 97.
Rigaud (Anthoine de), 328.
Rigollet (Guillaume), 145.
Rillieu, 288.
Rinier (Pierre), 367.
Rivérieulx (Ftienne), 384 à 386.
Rivet de Fromente (Jeanne-Marie), 161.
Rivet de Souvigny, 162.
Rivirie (Guillaume de), 88.
Rivoire (chevalier de la), 158.
Rivoire (Imbert), 291.
Roche (Catherin de la), 248
Roche (Guillaume de la), 101.
Roche (Jehan de la), 419.
Roche (Pierre de la), 102.
Rochebonne (de), 62.
Roche-Bouilloud (M. de la). 327.
Rochelambert (Charles de la), 343.
Rochelambert (Guillaume de la), 343.
Rochemure de Ruolz-Montchal, 162.
Rochevelhe (Jehan de), 360.
Rodeul (Pierre de), 283.
Roère (Jean de), 125.
Roère (Jehan de la), 108.
Roère (Lambert-Durand de la), 108, 125, 332, 388.
Roland (Nicolas), 421.
Rolin (André), 422.
Rollet, 399.
Romanesche (comtesse de), 177.
Ronchevol (de), 237.
Ronchevol (Anthoine de), 11, 12, 218, 218, 229.

Ronchevol (Anthoyne de), 37, 237.
Ronchevol (Aymard de), 39, 238.
Ronchevol (Béatrix de), 12, 37, 218, 229, 237.
Ronchevol (Marie de), 39, 238.
Ronchevol (Pierre de), 12, 42, 218, 230, 237, 238.
Ronchevol (Renault de), 39, 238.
Ronchevol (Symonde de), 218, 238.
Ronchevol (Symphorien de), 218, 237, 238.
Ronchevol, dit Baudemont (Pierre de), 39, 230, 237.
Ronchevol, dit de Bauldemont (Pierre de), 39.
Ronchivol (Antoine), 169.
Ronchivol (Antoine de), 148.
Ronchivol (Béatrix de), 20, 148.
Ronchivol (Estienne de), 418.
Ronzières (Nicolas de), 270.
Roquevolle (Gabriel de), 344.
Rosée (Jeanne-Henriette de), 267.
Rosselet (Suzanne), 376.
Rosset (Eddouard), 418.
Rossillion (Anthoine de), 303, 304.
Rossillon (Anthoinette de), 297.
Rossillon, dit de Beauretour (Anthoinette de), 287.
Rostain (Charles de), 75.
Rostaing (Claude), 238.
Rostaing (Guigues-Anthoine de), 79.

Rostaing (M. de), 327.
Rostaing (Marguerite de), 79.
Rostaing (seigneur de), 326.
Rottellin (marquis de), 356, 360.
Rouchard, 393.
Roue (de la), 324.
Rouère (Lambert de la), 329.
Rougnard (Antoine), 166.
Rousseau (Catherine), 24, 183, 188.
Rousseau (Marie), 186, 202.
Rousset (Claude du), 102.
Roussillon (Anthoine), 105.
Roux (Pierre Le), 50, 51.
Roux. dit le capitaine Labbe (Claude), 361.
Roy de Senneville (Le), 199.
Royet (Jean-Claude), 333.
Rozier (Anthoinette du), 309 à 311.
Rue (M. de la), 179.
Ruolz (Jean-Pierre de), 167.
Ruolz (Jean-Pierre-Marie de), 167, 386.
Ruolz (M. de), 385.
Ruolz-Montchal (de), 162.

S

Sabatin (Jehan), 422.
Sabot (Louis), 386.
Sabot (Marie-Anne), 386.
Sabot (Marie-Sibille), 386.
Sabot (veuve), 385.
Sabran (Guillaume de), 322.
Sacconay (Camille de), 158.
Sacconay (M. de), 158.
Sadet (Georges), 412.
Saffavre (Etienne de), 270, 272.
Saffavre (Jehan de), 270, 272.
Sagie (de), 353.
Sagie (César de), 58, 353.
Sagie (Constance de), 353, 354.
Sagie (Lucresse de), 353, 354.
Sagie (Philibert de), 44, 50, 255, 272.
Sagie (Philippes de), 353.
Sagie (Susanne de), 353, 354.
Sagie, *aliàs* de Sauge (Philibert de), 353.
Sagie, *aliàs* de Sagy ou de Sauge (Philibert de), 44.
Sahuguet d'Espagnac (Jean-Joseph de), 195.
Sain (Claude-Antoine), 162.
Sain (M.), 162.
Sainct-Fourgeul (capitaine), 13.
Sainct-Marcel (Gabrielle de), 241.
Sainct-Marcel (Hugue de), 245.
Sainct-Marcel (Marguerite de), 245.
Sainct-Marcel (Marie de), 245.
Saint-André (Philibert-Philippes de), 52.
Saint-Chamarant, 203.
Saint-George (Claude de), 165, 328.
Saint-Germain, 198.
Saint-Germain (Artaud de), 18.
Saint-Germain (Marie de), 221.
Saint-Jeyre (Jacques de), 140.

Saint-Marcel (Gabrielle de), 241, 246.
Saint-Mauris (commandeur de), 150, 154, 155, 159.
Saint-Mauris (comte de), 160.
Saint-Polgue (Anthoinette de), 333.
Saint-Pollet (seigneur de), 283.
Saint-Priest (Mme de), 327.
Saint-Priest (Jehan de), 221.
Saint-Priest (Sébastien de), 68.
Saint-Romain (Françoise de), 19.
Saint-Simphorien (Jehan de), 269
Saint-Viance (Jean de), 150, 154.
Sainte-Colombe (Anthoynette de), 60, 61.
Sainte-Colombe (Jacques de), 61.
Saint-Geay (chevalier de), 156.
Sainte-Jay (chevalier de) 160.
Salaye, 405.
Salaye (Louis). 405.
Salaye (Pierre), 121.
Sales (Humbert des), 419.
Sallaye (Loys), 75.
Sallaye (Pierre), 80.
Sallemard (Claude de), 297.
Sallemard (Ypollite de), 297.
Salles (Saint François de), 393.
Salles (Pierre des), 419.
Salorney (Eddoard de), 44, 49.
Salus (Claude), 259.
Sandrin (Anthoyne), 255.
Saosne (seigneur de la), 333.
Saporta (François-Ernest de), 214.
Saporta (Gabrielle de), 214.
Sarrazin (Jean), 177.

Sarrazin (Louis-Philippe-Joseph-Marie de), 346.
Sarrazin (Marie-Anne-Françoise de), 345, 346, 348.
Sarron (de), 167.
Sarron (Philippe de), 11, 27.
Sarsat (Alix de), 11, 27.
Sartine (de), 207.
Sathonay (sieur de), 59.
Sauffavre (Jacqueline de), 255, 273.
Sauge (Philibert de), 44, 49.
Saulx (Gaspard de), 392.
Saulzey (Claude du), 105.
Saulzey (Anthoine du), 304, 305.
Saunier, 406.
Sauzay (sieur du), 134.
Sauzey (Jehan du), 75.
Sauzey de la Vénerie (Magdeleine-Gabrielle du), 386.
Savoie (Amédée, duc de), 303.
Savoie (Philibert de), 355.
Savoye (Françoys de), 286.
Scanderberg, 393.
Scarron, 393.
Scarron (Michel-Anthoine), 76.
Sudéry (sieur), 392.
Ségur (Charles de), 189.
Semur (Jean de), 221, 224.
Senevas (damoiselle de), 12.
Senevas (seigneur de), 12.
Serfavre (de), 265.
Serfavre (André de), 20.
Serfavre (Anthoinette de), 266, 267, 270.
Serfavre (Anthoynette de), 268.
Serfavre (Estienne de), 252, 266, 269 à 273.

Serfavre (Estiennette de), 266, 267, 269, 270.
Serfavre (Humbert de), 271 à 273.
Serfavre (Guillaume de), 266, 267, 269, 270.
Serfavre (Jacqueline de), 254, 255, 272, 273.
Serfavre (Jehan de), 251, 252, 265 à 267, 269, 270, 272, 273, 275.
Serfavre (Philibert de), 266, 269.
Serfavre (Philiberte de), 271, 273.
Serfavre (Pierre de), 43, 44, 49, 247, 255, 270 a 274.
Serfavre (Pierron de), 271 à 273.
Serfavre (Sibille de), 266, 269.
Seristory (Constance), 317, 320.
Serre (Jean-François), 187.
Serre (N. de), 133, 362.
Sève (Humbert de), 105.
Sève (Luc), 76.
Sève (Mathieu de), 330.
Sève (Philippe), 76.
Sève (Pierre), 278.
Sevelinges (Jehanne de), 105.
Sibert (M.), 80.
Signolle (Barbe de), 20, 239.
Signolle (Florant ou Florent de), 20, 47 à 49, 147, 239, 247.
Signolles (de), 239.
Signolles (Barbara de), 49.
Signolles (Barbe de), 14, 47 à 49, 54, 56 à 61, 63, 64, 66, 67, 147, 239, 248, 254, 255, 261, 284, 421.
Simiane (Gaspard de), 323, 336.
Simon de Marquemont (Denis), 298.

Simonard (Magdeleyne), 110.
Simonne (La), 392.
Solignat (Anthoine de), 9.
Sollasson (Mataieu), 222, 224, 232.
Sonthonas, 66, 69,
Soubise (de), 189, 190.
Souche (Suzanne de la), 202.
Soucy (Jean-Baptiste de), 130.
Sourdis (Mme de), 327.
Souget (Pierre du), 427.
Souvigny de Saint-Laurent, 162.
Souvigny de Saint-Vincent, 162.
Souvigny-Pestalozzi, 162.
Souzy (seigneur et dame du), 132.
Subtil (Marie), 208.
Surlaville (Achille-Michel-Baltazard de), 208.
Symiannes (Gaspard de), 337.
Symon (Pierre), 422.
Symonet (Vincent), 13, 47.

T

Talaru (de), 305, 311.
Talaru (Hugues de), 311.
Talaru-Chalmazel (de), 311.
Talaru-Chalmazel (Christophle de), 311.
Talaru de Chalmazel (Claude ou Claudine de), 100, 102, 108.
Talaru de Chalmazel (Edme-François de), 120, 311.

Talebard (Michel). 426.
Talon (Jacques), 93.
Tamain (Claude), 166.
Tarare (Josserand de). 11.
Tarare (Katherine de), 11.
Tardi (Marc-Joachim), 213.
Terral (François de), 303.
Terrenaire, 166.
Terrenayre (M. de), 402, 403.
Terreneyre (M. de), 403.
Thalaru (Amédée de), 430.
Thalaru (Hugonin de), 429.
Thélis (Geoffroy de), 430.
Thevenon (Benoîte), 178.
Thibaud (Jean de), 125.
Thierry (Gilbert), 105, 315.
Thierry (Marie), 105, 315, 316.
Tholomet (Jehanne), 100
Thomé (Anthoine), 235.
Thomé (Jean), 235.
Thomey (Sébastien), 388.
Thulon (Antoinette-Elizabeth de), 386.
Thurey (Philippe de), 429.
Thy (Guyot de), 405.
Toiras (Maréchal de), 392.
Tollon (Anthoyne), 53.
Tondu (Michel), 407.
Tour (Bertrand de la), 336, 337.
Tour (Loys de la), 35.
Tour-Maubourg (M. de la), 327.
Tour-Varan (M. de la), 327.
Tourbes (capitaine), 74, 294.
Tournon (chevalier de), 215.
Tournon (Françoys de), 48.
Tournon (Guillaume de), 430.
Tournon (vicomtesse de), 215.

Tournon-Simiane (Charles de), 211, 212.
Tournon-Simiane (Charles-Marie-François-Just de). 214, 215.
Tournon-Simiane (Jacques-Claude-Philippe de), 215.
Tourville (sieur de), 188.
Toussaingt (Claudine), 121.
Trellon (Claude), 69.
Trouche (Claude), 170.
Troncy, 405.
Troncy (Benoist du), 256.
Truchet (Scipion), 177.
Truchot (Jean-Jacques), 215.
Truchot (M. et Mme), 216.

V

Vachon (Abel de), 95.
Vachon (Jacques de), 177.
Vaginay (Jean), 330.
Vaginay (Jehan), 328.
Valence (de), 247.
Valence (Jacques de), 247.
Valentienne (François de), 64, 70, 292.
Valernod (Humbert de), 117.
Vallensienne (Alexandre de), 296.
Vallensienne (Marguerite de), 295, 297.
Vallet (Jehan), 46.
Vallette (cardinal de la), 101.

Vallière (de la), 178, 179, 181.
Vallière (M. de), 413.
Vallin (Guy de), 177.
Vallin (Marguerite-Gabrielle de), 177.
Vallin (Pierre-Joseph de), 177.
Valossière (Pierre), 100.
Valoux (Jérôme), 145.
Vandègre (Joseph-Gabriel-Sidon-Armant-Constant de),207.
Vandègre (Marie-Françoise-Jacqueline-Claudine de), 207.
Varax (Guillaume de), 278.
Varax (Humbert de), 430.
Varay (Charles de), 252, 253.
Varay (Françoys de), 252, 253.
Varay (Louyse de), 252, 257, 258.
Varenne (Jehan de la), 303, 304.
Varennes (de), 301.
Varennes (Anthoine de), 285, 287, 290, 294, 301, 302.
Varennes (Anthoyne de), 67, 69, 73.
Varennes (Claudine de),303,304.
Varennes (Jacques de), 287, 303.
Varennes (Jehan de), 105, 287, 290, 299, 303, 304.
Varennes (Pierre de), 303.
Varennes (Pontus de) 303, 304.
Varennes (Ysabeau de), 303, 304.
Varennes de Rapetour (M. de), 285.
Varennes-Rapetou (Jehan de), 84, 303, 315.
Varennes-Rapetour(seigneur de), 85.

Varennes-Rappetour (Jehan de), 104.
Varey (Ennemond de), 430.
Varey (François de), 225, 226.
Vaujours (de), 179, 181.
Vauldragon (seigneur de), 12.
Vaulrion (Anthoine de), 84.
Vaurenard (de), 162.
Vauxrenard (M. de), 411.
Vauzelles (de), 251.
Vauzelles (Anthoine de), 56, 58, 59.
Vauzelles (Anthoyne de), 46, 52, 61.
Vauzelles (Anthoinette de), 251, 252, 270, 272, 273.
Vauzelles (Jehan de), 251, 272, 419.
Vauzelles (Léonnette de), 251, 252.
Vauzelles (Marthe de), 53, 57, 254, 256, 257, 261 à 263.
Vauzelles (Mathieu de), 31, 222, 224.
Vauzelles (Pierre de), 44, 46, 48 à 50, 52 à 54, 57, 61, 62, 70, 239, 246 a 248, 252 à 258, 261, 262, 273, 274.
Vauzelles (seigneur de), 255.
Vauzelles (Thomas de), 251 a 253.
Verchère (Sibille de la) 170.
Vernay (Benoîte). 146, 161.
Vernay (Catherine du), 147.
Vernay (Claude), 308.
Vernay (Pierre du), 43.
Verney (Marie du). 427.
Verneys (André des). 129.

Véron (François), 291.
Verrier, 411.
Vert (Béatrix), 11, 217.
Vesvre (Dyanne de la), 263.
Viard (Henriette), 202.
Vicard (Benoist), 422.
Viccard (Jacques), 99.
Vidal (sieur), 392.
Viégo (Hugonin), 18.
Viégo, *alias* Maseton (Henri de). 217.
Villard de Saint-Vidal (Claude du), 323.
Villars (Canyon de), 271.
Villars (Catherine de). 339.
Villars (Claude de), 336.
Villars (Henry de), 328.
Villars (Louise de), 341.
Villars (Pierre de), 339.
Ville (Anthoyne de), 46.
Ville (Jean-Claude de), 87.
Villeneufve (George de), 105.
Villeroy (maréchal de), 391.
Virgile, 392.
Viry (Jacques de), 59, 266.
Viry (Pierre de), 418.
Viviez (Edwine), 214.

Viviez (Jacques-Louis-Madeleine), 214.
Viviez (Mme), 215.
Viviez (Octave-Louis-Victor), 214.
Vize (Claude), 256.
Vogué-Gourdans (Chevalier de), 155.
Voisin (Humbert), 355.
Voiture (M. de), 393.
Voldy (Anthoine du), 86.
Voldy (M. du), 108.
Vougue (commandeur de), 159.
Vougue ou Vogué (chevalier de), 154, 155, 159.
Voyer (René de), 207.
Voyer de Paulmy (René-Louis), 190.

X

Xaintrailles (capitaine de), 18.

TABLE

des noms de lieux cités dans ce volume

A

Abretz ou les Abrestz (Les), 95, 357, 359 à 361, 363.
Adillon, 145.
Agrelle (L'), 419.
Aiguepeise, 44, 247, 419.
Aigulle, 245.
Ainay, 173, 186.
Albin, 418.
Alié, 288, 290, 293, 295 à 298.
Allières, 421.
Allis, 288.
Amanzé, 171.
Ambérieu, 149, 157, 318, 319, 321.
Amplepuis, 419, 425.
Amplepuy, 398.
Ance, 384.
Anglard, 185, 186, 345, 347.
Annonay, 336.
Anse, 221, 425.
Antigny, 157.
Aoste, 177.
Arbrelle (L'), 426. 427.
Arbresle (L'). 419.
Arbuissonnas, 404. 405.
Arcanon, 286. 294.
Arcinges. 420.
Arcis, 132.
Areur, 407.
Argenson, 190. 207.
Argentière (L'), 341.
Argini. 105.
Arginy. 73, 92. 107. 408. 414.

Aigis, 316.
Argy. 101, 315.
Arnas, 398 à 401. 409. 411 à 413. 418, 420.
Ars. 20 à 22. 47, 54 à 56. 62. 64. 65, 77 à 79. 82, 86. 87. 100, 102, 107, 108.121, 124. 127, 132, 134. 140, 145, 165, 166, 169, 170, 220. 221. 224, 226. 232 à 234. 284, 293, 329. 381 à 385, 421.
Ars. au Royaume. 223. 225, 381.
Ars-en-Bresi. pays de Lyonnais. 231, 381.
Ais-en-Brésil ou en Brézy. 64. 284. 382.
Ais-en-Brusi. Bruzil ou Bursi. 103. 293. 382.
Ars-en-Bruzy ou en Burzy. 55. 56. 58. 62 à 64. 67. 81, 230. 231, 233. 234, 381 à 384.
Ais. en Dombes. 68, 222. 230. 231. 235. 236.
Ais, en Lyonnais. 170, 219. 232. 233.
Aitas. 238.
Artennay. 79.
Arthaudière (L'), 52.
Aubépin (L'), 10. 27. 55. 68. 75, 148, 221, 226, 229. 230. 235.
Aubespin (L'), 28. 29. 36. 37, 42. 45, 54. 78, 234.
Aubeupin (L'), 35.
Aulbeupin (L'), 35.
Aultebize, 95, 357.
Auriac. 79.

Autun, 247, 252, 257.
Auxois-le-Chastel, 231.
Avauges, 223, 226. 252. 430.
Aveyze, 341.

B

Bailly, 238.
Baisle, 343.
Bajard, 291.
Balmont, 427.
Barante, 171, 343.
Barge (La), 221. 229.
Barons, 399.
Barraban. 125, 132. 145.
Bastie (La), 20. 37. 52. 67. 105. 148. 149. 229. 237. 313. 316. 398. 406.
Bastie de Divisin (La). 92, 95, 362.
Bastie de Recoin (La). 94.
Bastie de Recoing (La). 15. 92. 95, 357. 364. 366.
Bastie. en Dauphiné (La). 12.93.
Bastie-Mongascon (La), 93, 94.
Bataillard. 406.
Baugé, 355.
Bauldemont. 42.
Bayard, 149. 150. 323, 324, 336, 337.
Bazolle (La). 59. 231.
Beaucaire, 214.
Beaucressant. 78.

Beaucroissant, 75,
Beaufort, 52.
Beauges (Les), 406.
Beaujeu. 44, 49, 59, 146, 253, 273, 296, 400, 401, 406, 407, 409, 414.
Beaulieu, 173, 220, 223, 351.
Beaumont, 414.
Beauregard, 278. 319.
Belair, 402.
Belfort, 206.
Bellacueil, 359.
Bellavis, 120.
Bellealbre, 343.
Bellecize. 148.
Bellecombe. 150.
Bellegarde, 324, 333.
Belleville, 79.
Bellevue, 168.
Belligny, 420.
Belmont, 419.
Bene (La). 234.
Bergeron, 60. 303.
Bernardière (La), 84.
Berne. 410.
Berrein, 412.
Berrins, 399.
Besançon, 207.
Bessenay, 342.
Bionnay, 92, 101. 315.
Bionney, 351.
Bitieu (La). 363.
Bizonne, 414.
Blacé. 17, 23, 24, 126. 145, 169. 170. 172, 178, 183, 184. 188, 189. 215. 279, 363, 365. 398. 401 à 405. 408. 410. 415. 417, 419.

Blacé-le-Bas, 397. 398. 405.
Blacerey. 407 à 410, 414.
Blassé. 127, 364.
Bochage (Le), 221.
Boieu, 425.
Bois Barons, 397, 409, 411.
Bois Buisson, 400.
Bois des Combes, 397.
Bois d'Oingt (Le), 174, 223, 225.
Bois Franc, 413.
Boissaille, 308, 309.
Bois-Sainte-Marie (Le). 262.
Boistrait, 412. 414.
Bolligneux. 85.
Bonlieu, 249.
Bonne. 171.
Bonnet-la-Montagne. 210.
Bonnevaulx. 358.
Bonvillars, 372.
Bosdemont, 11, 12, 37, 38, 218, 229, 230. 237.
Bost (Le), 411.
Bothières. 65. 66.
Botières. 51.
Bottière (La), 82.
Bouchet (Le), 287.
Bouligneux, 105.
Boullogne sur la mer. 233.
Bourassol, 171.
Bourbon-Lancy. 171.
Bourdelan. 68.
Bourg de Thisy (Le). 422.
Bourgoin, 238.
Bouthéon. 322.
Bouthières, 48.
Boydon, 291.
Boys (Le), 425.

Boys-Sainte-Marie (Le). 57. 58.
Brameloup, 351, 352, 409. 411, 412.
Brameloup ou le Cepey. 397.
Bresi. 10.
Breuil (Le). 66, 157, 425.
Breul (Le), 422.
Brézenaud, 323. 336.
Brézenaux, 335, 336.
Brocard, 89, 108, 116, 119, 128.
Brosse, 145.
Brosse (La), 158, 297.
Brosses (Les), 132, 395.
Bruel (Le), 63, 84, 427.
Brun, en Dauphiné, 376.
Brunard, 156.
Buel (Le), 68.
Buissière (La), 92, 95.
Buisson (Le), 66, 67, 412.
Bulhon, 23, 169, 170, 185, 343, 344.
Bullion, 271, 344, 345, 347, 348.
Bullon, 170.
Burlaquin, 402.
Bussière (La), 385.
Bussy, 131, 564.
Buxière (La), 265.
Buyon, 397, 398, 406 à 408, 413.

C

Cadette (La), 214.
Caix, 231.
Calet, 145.
Callet, 125.
Capucins de Belley, 370.
Capucins d'Hyène, 370.
Caria (Le). 145, 352,
Caseneuve, 238.
Casteja, 207.
Castries, 205.
Causse (Le), 214.
Cébazat, 171.
Célestins Notre-Dame de Colombier-le-Cardinal, 337.
Célieu, 35.
Celles, 150, 154.
Cenas (La), 57.
Cenaz (La), 63.
Cenevas, 238.
Cepey, 415.
Cepey ou Bois des Combes, 413.
Cerdaigne, 182.
Cerfavre, 67.
Cessey, 71.
Chaignon, 10.
Chaillot, 206.
Chaillou, 206.
Chaise (La), 406, 407.
Chaize (La), 407, 408, 414.
Chalmazel, 103, 307, 310, 311.
Chamaraid, 59, 61.
Chambaud, 326, 333.
Chambéry, 372.
Chambo, 253.
Chambon (Le), 129, 133, 137, 322, 326, 332, 389, 390, 395, 410.
Chambost, 18, 247, 274, 417, 419, 421.
Chambost, près Rivirie, 13, 45.

Chamboz, 253.
Chamelet, 146, 175, 266, 352, 422.
Chamellet, 166, 302, 418.
Chammelet, 425.
Chamosset. 267, 269.
Champeaulx, 254, 255, 273, 275.
Champeaux, 269.
Champfergeul, 234.
Champ-Gobert, 397, 411.
Champregnard, 419.
Champrenard, 61, 106, 107, 397, 398, 401 à 406, 408 à 411, 415, 421.
Champrev, 158.
Champromis, 372, 374.
Chandée, 148, 314.
Chandieu, 328.
Chaney, 299, 303. 383.
Channeaulx (Les), 253.
Chanteur, 19, 28.
Chapelle de Brancion (La), 64.
Chapitre de Salles, 404.
Chapoly, 406.
Chapponost, 34.
Chapponoz, 29, 31, 33, 37.
Charancieu, 93.
Charbonniere, 158.
Charentay. 175. 351. 399.
Charlieu. 31, 33, 37. 231. 323, 336.
Charme. 101.
Charmet, 364.
Charnay, 287, 291. 384, 425.
Charney, 289.
Chassagne (La), 346.
Chasselay. 384.

Chassignolle, Bataillard ou Picard, 406, 415.
Chasteau Bouchard, 370, 373.
Chasteaufort, 371. 373.
Chastelneuf. 231.
Chastillon d'Azergues, 425, 427.
Chastillon-en-Bresse, 314.
Chaitre (La). 307, 310.
Château Désert. 400.
Château Dézert, 413.
Châteaugay. 171.
Chatelus. 29. 35.
Châtillon-en-Bresse. 306.
Chaudaigues. 58.
Chaume. 214.
Chavana (La), 326.
Chavanes, 63, 64.
Chavanne. 412.
Chazaux. 325. 331. 332.
Chazay. 220. 223, 383, 384.
Chazay d'Azergues. 284.
Chaze. 94.
Chazelles, 18.
Chazey, 327 à 330. 332. 333.
Chazey-d'Ain. 124.
Chazey d'Azergues. 220. 233, 291.
Chenevière (La) 253.
Cherlieu, 242 a 244.
Chermet. 89.
Chervinges, 420.
Chevagny-le-Lombard, 421.
Chevanery (La), 389.
Chevas. 13.
Chevieuse, 130.
Chevrieres, 157, 322.
Chevrot, 157.
Chessy. 425.

Chigy, 110.
Chintré. 186.
Chivas, en Piemont. 47.
Chodeveuz, 361.
Chovigneiy (La). 129. 326. 387.
Cinier, 68.
Civrieu, 383.
Civrieux, 384.
Civrieux d'Azergues, 292, 293.
Clairevaulx, 57, 67.
Clarevallis, 49.
Claudeau, 57, 261. 263.
Claveizolle, 146.
Clérevaulx, 45, 48, 50, 54, 55, 58, 421.
Clérevaux, 54, 248.
Clérevaux en Dauphiné, 56, 147.
Clermont, 337, 338.
Clervault. 48, 54, 58, 63, 235, 382.
Clervaulx, 44, 48 à 51, 61, 64 à 67, 239. 255. 257.
Clervaulx en Dauphiné, 47, 50, 56.
Clervaux, 20.
Cliehy-la-Garenne, 190, 192.
Cogny, 14, 17, 23, 45, 46, 51, 56, 59 a 62, 70, 77, 80 à 83, 86 à 89. 91, 107 a 109, 113, 115, 116, 118 à 121, 123 126. 128, 130, 131, 134, 145. 146, 151, 155, 157. 160, 165, 166, 168 à 170, 172 à 176. 178, 183 à 189, 202, 254, 255, 259, 266 à 268, 270 à 275, 308, 364, 376. 377, 384, 398, 417 à 422.
Coigny, 44, 49, 53, 265.

Coing (Le), 29, 30.
Coing, en Vellay (Le), 13, 32, 47.
Collaux (Les), 335, 536.
Collonge (La), 185.
Collonjonnières (Les), 414,
Combe de Bizignieu, 285.
Combes. 68, 105, 418.
Combes (Les), 285.
Commune-Affranchie, 201, 2.0.
Compiègne, 191, 203.
Condamine (La). 336.
Conflans, 182.
Coraille, 129.
Corcelles, 272, 419.
Cordeliers de Sainte-Colombe-de-Vienne, 36.
Cordellier. 411.
Cordelliers de Saincte-Colombe-lez-Vienne, 11.
Coste (La), 323.
Coste-Chenon, 395.
Coste-Moyrans (La), 336.
Couchat, 408, 414.
Cougny. en Beaujolois. 86.
Coulaux (Les), 323.
Courboin. 177. 379.
Cours, 419.
Court (La), 61.
Courtenay, 176, 177.
Coutance, 421.
Coytrieu, 68.
Cozan, 387.
Crémieu, 177, 178, 380.
Crémone. 180.
Crémonne, 181.
Crespol. en Viennois, 75.
Crespols. 55.

Crespoul, 54.
Crèvecœur, 318.
Croix de Burlaquin, 401.
Croix des Rameaux, 404.
Croix du Pélican ou des Rameaux (La), 402, 410.
Croix-Fleurie (La), 414.
Croix-Polage (La), 404, 410.
Crynieux (Les), 370.
Cublize, 418. 419 422.
Culet, 254.
Cuzieu, 24, 183. 186, 202.
Cuzillac, 195.

Dorieu, 425.
Dorrieulx. 426. 427.
Doyrieu, 221. 222, 296.
Drevon, 395.
Dubost, 403.
Durat, 343.
Durette, 346.
Dutour, 133. 332.

E

Ecluse (L'), 61, 418.
Ecotier, 178.
Ecuelle (L'), 412.
Egueperse, 49.
Eschelles (Les), 155.
Escherolles (Les), 68.
Escotay, 101, 103. 307. 311.
Escottey, 310.
Escravieu, 373.
Esnay, 291.
Espaysses. 422.
Estaing, 147.
Estein, 101, 131. 307.
Estours, 398.
Estrossat, 255, 274.
Estuyres (Les), 89, 363.
Etang Bernard, 399.
Etra (L'), 418.
Etuiles (Les). 108, 145.
Eyveux. 427.

D

Dareysy, 425.
Daumessargue, 214.
Denicé, 17, 23, 24, 46, 88, 126, 134, 170, 172, 178, 183, 184, 188, 189, 201. 259. 384, 417, 418, 420, 421.
Denys, 291.
Deoz (Le), 403.
Deux-Rieulx, 426.
Diaime. 347.
Dième, 175, 175.
Dièmes, 176, 177.
Diémoz, 170.
Dinicy, 44.
Dorieu, 425.
Dorieux, 425, 426.
Dorlay, 10.

F

Fagnie. 89. 375. 376.
Faigne. 85, 119, 125. 126, 375.
Faigne. au Franc-Lyonnais, 92.
Faigne, en Franc-Lyonnais, 91.
Faignes, 377.
Farge (La). 303.
Faverge (La). 148, 314.
Fay (La), 10 à 12, 19, 27, 28, 30, 31. 33, 35. 37. 38. 43, 68, 147. 394.
Fay (Le), 296.
Faye (La), 326, 333.
Ferlatz (Les), 291.
Feugerolles, 22, 124, 127. 146. 149, 157. 165, 321 à 325. 327. 328, 337. 338. 342. 387. 388. 390. 391. 394.
Feurs, 103. 308. 309.
Feuillans. 148, 149, 314.
Feuillantz. 306, 314.
Feuillées (Les). 155.
Firminy, 395.
Flachères (La), 69.
Flachière (La), 126, 427.
Flachières (Fléchères). 422.
Fléchères, 330.
Fléchières, 63.
Fléchieres (La), 68.
Florence, 318, 319.
Flurieu, 427.
Foilliés (Les), 406, 407.
Folhieuze (La), 34.
Folletière (La), 419.

Fond (La), 321, 322.
Fontagier, 79.
Fontaine (La), 132.
Fontainebleau, 204.
Fontanay, 160.
Fontanette, 155.
Forest (La), 169, 171, 185, 343, 344, 348.
Forest des Halles (La), 213, 341.
Forestz (La), 10, 64, 303, 366, 422.
Forêt (La), 19.
Fort de Talend, 171.
Fossa, 415.
Four (Le), 272, 274.
Fourt (Le), 289.
Frache (La), 389.
Frans, 301, 426.
Frecon, 395.
Frens, 68.
Freres Prescheurs de Lyon, 319.
Freugne, 360.
Fromente, 162.
Frontenas, 357, 359.

G

Gage (Le), 411.
Gaige, 284, 291.
Gannat, 187, 345.
Garde (La), 83, 84, 92 a 96, 101, 102, 114, 133, 221, 247, 254, 357, 359, 361, 362, 364, 365, 395.

Garde, en Dauphiné (La), 15, 82.
Gardette (La), 421.
Garets (Les), 423.
Garnerans, 386.
Gaudoger, 412.
Genay, en Franc-Lyonnais. 88, 120. 288, 290, 377, 425.
Genolly, 66.
Genouilly, 69.
Gibles, 257, 258.
Girard de Vienne, 399. 408.
Gleizé, 420.
Glétains, 63, 71, 73, 74, 84, 147, 278, 279. 283, 286. 287. 294, 301 à 303.
Gléteins. 414.
Gletteins, 67 a 69. 299, 303.
Gonas, 357, 359.
Gordan, 336.
Gordans, 129.
Gordant, 359, 361.
Gordon, 422.
Gounet (Le), 403.
Gourdan, 150, 335, 336, 339.
Goudans, en Bresse, 356.
Grammont. 401.
Gramon. 366.
Gramond, 409.
Gramont, 401.
Grand-Boys, 35.
Grand-Chavana, 325. 327.
Grand-Etang, 395.
Grand-Fond (La), 291.
Grand-Longsard (Le), 400, 401.
Grand-Marigny (Le), 402.
Grandris, 418.
Grand'Vigne de Gletteins, 68.

Grange (La), 124, 323. 327, 329, 330, 332, 333.
Grange Haute de Metz (La), 365.
Grange-Neuve, 409.
Grange-Vielle (La). 400, 409.
Grasse. 207.
Gratet. 176. 177.
Graton. 68.
Graveins, 322.
Grelonge, 418.
Grenoble, 52. 68. 90. 357, 364, 266.
Greyzieu, 341.
Grillet. 145.

H

Halles (Les), 19.
Hardz. 122.
Hars. 59, 155.
Haulte-Rize, en Dauphié. 15.
Haulte-Rivoire. 10.
Hautebize, 95.
Haute-Rivoire, 341.
Hauttebize. 367, 358.
Heiligstein, 181.
Hoirieu, 19.
Hôpital de Chenay (L'), 145.
Hôpital royal des Quinze-Vingt, 189.
Hospital, en Bresse (L'), 85, 91, 92.
Houchain, 346.
Hyères, 177.

I

Igé, 246, 248.
Irigny, 430.
Isle-Barbe-lès-Lyon (L'), 61.

J

Jacques d'Ars, 125.
Jaillon, en Champagne, 233.
Jaillonas, 177.
Jarnieu, 337, 339.
Jarniost, 63, 158.
Jarnioux, 184, 418.
Jarnyost, 422.
Jassans, 278, 279, 301, 426.
Jassens, 68, 294.
Jo-sur-Tarare, 425.
Jonzieux, 389.
Joursay, 310, 311.
Juif, 92.
Juifs, 307, 315.
Juifz, 279, 306.
Juis, 84, 90, 94, 98, 101 à 103, 149, 308.
Jurine, 326.
Juys, 110, 316.

L

Lacenas, 418.
Lammerville, 207, 349.
Landau, 178.
Lange, 306.
Langhac, 190.
Langreley, 382.
Lasse, en Bourgogne, 287.
Latès, 214.
Lauzanne, 384.
Lay-le-Bar, en Lorrayne, 79.
Laye, 397 à 401, 407. 408, 412, 413.
Laye-Espinay, 397 a 403, 405 à 409, 411 à 416.
Légnieu, 309.
Leignieu, 425.
Lentilly, 101, 425, 427.
Lespiney, 125.
Létra, 418.
Levrettière (La), 79.
Levrier, 407.
Liègue (La), 38. 39.
Liergues, 418.
Lille. 196, 206.
Limans, 188.
Limonès, 284.
Limonest, 383.
Limonez, Limonnetz, 165 à 167. 292, 293, 383.
Lissieu, 384, 430.
Lizérable, 158.
Locatel, 248.

Loges (Les). 421.
Lombez, 208.
Longri, 220. 224.
Longsard, 400, 401, 409. 412, 413.
Lorient. 189, 201.
Lormet, 187.
Losanne, 425.
Lourdres. 208.
Lozanne, 73, 76, 77, 85, 89, 96, 100, 102, 282 à 294, 298, 302, 364, 370.
Lozanne d'Azergues, 81, 282, 283, 289.
Lucey, 371 à 374.
Lugny, 326.
Luppé, 121, 229.
Lurcy, 415.
Lusserg, 194.
Luxeuil, 207.
Luynes, 130.
Lymonois, 234, 235.
Lymonès, 56, 82, 220, 223, 225, 226, 381.
Lymonets, 115.
Lymonez, 64, 65, 86, 87, 223, 224, 293, 382.
Lymonnès, 86, 286.
Lymonnez, 86.
Lymonnois, 384.

M

Macon. 58, 70, 202, 248, 264, 267.

Madeleine de la Ville-l'Evêque de Paris (La), 187. 199.
Magneu, 308.
Magnieu, 306, 308, 310.
Magnieu-Hauterive, 124, 128, 309
Magnieu-le-Gabion, 22, 94, 101, 121, 124. 128, 147. 307 à 309, 311.
Magny, 126.
Maison Carré (La), 407.
Malaval, 55.
Malleval. 45. 53.
Malte, 392.
Mansol (Le), 389.
Mantoue, 181.
Marche (La), 20. 42, 45, 53, 147, 157.
Marcel, 356. 359, 360.
Marcieu, 31, 33. 37, 65; 66.
Marcilly, 384.
Marclaud. 359.
Mardore. 422.
Marly, 182, 193.
Marnant. 419. 422.
Mars, 372.
Marsangue, 397. 398, 401. 408, 409, 414, 415.
Martellière (La), 362. 363.
Martizière (La), 131, 364.
Martraigny, 208.
Mary, 283.
Marzé, 14. 62, 106. 410.
Mas, 103, 307.
Mas de Racagnon, 298.
Massonnas, 357, 359.
Maugran, 160.
Maulbec, 360.
Melun, 19, 28.

Ménétrol, 171.
Menue (La), 35.
Merlieu, 128.
Mésieu, 129.
Metz, 196.
Meuse (La), 29, 30, 32.
Mey, 341.
Meyrieux, 430.
Meysé, 352, 422.
Mcysoncelle, 327.
Micalonnière (La). 327.
Michel (Le), 269.
Milanière (La). 389.
Milly, 405, 406, 421.
Minimes de Saint-Etienne, 331. 332.
Miribel, 55, 79.
Moles (Les). 160.
Molisolles, 155.
Mommallas, 92.
Monchallin, 177.
Mongré, 132.
Mont (Le), 346.
Montagny. 13, 40, 419.
Montaigny. 419.
Montal, 326.
Montamoger, 389.
Montanay. 425.
Montargis. 19, 28.
Montauzan, 126.
Montbellet, 241.
Montbrison, 124, 128.
Mantcenis, 181.
Montchallin, 176.
Montchenu, 79.
Montdardier, 214.
Montendre, 207.
Montet (Le), 343.

Monteux, 232, 236.
Montferas, 93.
Montferra, 95, 311, 362, 365.
Monferrant, 176.
Montferrat, 133.
Montfort, 253.
Montgiraud, 421.
Montjoly, 233.
Montluel, 355.
Montmallas, 15, 54 a 57, 66, 69, 77, 102. 103, 257.
Montmelard, 270.
Montmelas, 14, 17, 20 à 24, 45 à 47, 50, 51, 53 à 59, 61, 62, 64, 67, 70, 71, 73, 75, 76, 78, 80 à 90, 92 à 95, 97, 100, 103 à 109, 112 a 116, 118, 120 à 126, 128 à 132, 134, 135, 140, 145 a 147, 155, 160 a 165, 166 à 170, 172 à 174, 176, 178, 183 a 196, 198 a 203, 206, 210 a 212, 214, 215, 247, 255, 257, 259, 261 à 263, 266, 268, 270, 283, 284, 287, 290, 292 à 294, 302, 303, 308, 309, 311, 315, 328, 338, 342, 344, 348, 351 à 353, 362, 364, 373, 377, 384, 398 a 402, 409, 415, 417 a 419, 421.
Montmelaz, 50, 57, 58, 64.
Montmélian, 356, 361.
Montmellard, 64.
Montmellas, 50, 58, 63, 67, 75, 79, 291.
Montmellaz, 14, 64.
Montmillan, 360.

Montout, 231, 235, 236.
Montpellier, 205, 214.
Montpinay, 330.
Montplaisant, 359.
Montregnard, 241, 246, 247, 274.
Mont Regnard, 243, 245.
Mont Renard, 241, 242.
Montrottier, 49, 269, 270
Montvert, 336, 337.
Morancé, 158, 220, 223, 384.
Morgon, 132, 145, 160.
Morlant, 129.
Morron, 235.
Mortier (Le), 206, 400.
Mosles (Les), 89.
Mothe (La), 232.
Motte (La), 339.
Moules Calemont (Les), 377.
Moulins, 187, 278.
Moyrans, 337.
Moyry, 425.
Mure (La), 17, 170, 172, 178, 183, 410, 417, 419.
Mure Poytoux (La , 50.
Murète (La), 52.
Murseau, 44, 49.
Mury, Méry ou Myry en Bour-Bonnais, 273.
Mussery, 126, 252.
Myry, 255, 274.

N

Nemours, 355, 356.
Nerpoud, 55.

Neufville, 306, 314.
Neuville-les-Dames, 314.
Nîmes, 213, 214.
Norges, 34.
Notre - Dame - de - Bonnevaulx, 357 à 359.
Notre-Dame de Chevènes, 423.
Notre-Dame de Confort de Lyon, 319.
Notre-Dame de Fourvières, 76.
Notre-Dame des Marestz de Villefranche, 68.
Noyerin, 367.
Nuit, 399.

O

Octave (L'), 301.
Oingt, 14, 62.
Optevoz, 176, 177.
Oratoire de Lyon, 329, 330.
Orilly, 410.
Orin, 294, 296.
Orléans, 278.
Ormet (L'), 345, 346.
Ormeteau (L'), 150, 154.
Ormetteaux (L'), 154.
Ornaison, 303.
Ouilly, 129, 415.
Ozières, 247.

P

Pain, 389.
Paletière, 160.
Pallud (La), 357.
Palud (La), 410.
Parnans, 55.
Parnant, 235, 382.
Parpignan, 14.
Party, 399.
Péaugre, 323.
Peloux (Le), 50, 323, 335, 336.
Percieu, 68.
Pernans, 54, 55, 75, 78.
Pérouze (La¹, 238,
Perpignan, 91, 97, 182.
Perretier (Le), 399.
Petit Bois Franc (Le), 413.
Petit Longsard (Le), 400, 401.
Petite Garenne, 410,
Peysselay, 265.
Peyttières (Les), 414.
Picard, 122.
Pie (La), 90, 94, 100 à 103, 305, 307, 313.
Pierre (La), 346.
Pierrefilan, 89, 119, 120, 126, 311.
Pierrefiland, 160 à 162, 200.
Pierrefilant, 86, 113, 120, 146, 161, 170, 172, 187, 377.
Pierrefillard, 89, 376, 377.
Pierreux, 125.
Pies (Les), 411.
Pieux (Le), 343.

Pillonniere (La), 67.
Pin (Le), 77, 158, 288.
Pinay (Le), 145.
Pinet, 126.
Piney, 160.
Piney (Le), 61, 88, 108, 132, 160.
Pisseloup, 287, 302.
Place Joly (La), 410.
Planches d'Azergues (Les), 289.
Plantey (Le), 302.
Plantey, en Bresse (Le), 84.
Plantey, pays de Bresse (Le), 85, 287, 290, 302.
Plantein (Le), 280.
Plantigny. 352.
Plasse (La), 241.
Plat (Le), 377.
Platière (La), 88.
Poilly. 247.
Poleymieu. 66.
Polhy, 243 à 245.
Polhy-les-Nonnains, 249.
Pollenay, 66, 69.
Polletins, 299.
Polliénas, 66.
Pollionnay, 67, 290.
Pomareye. 395.
Pomaron, 395.
Pontcharra, 45, 53.
Pont d'Ain (Le), 275.
Pont-de-Beauvoisin (Le), 363.
Pont-Saint-Rambert, 395.
Portchaillon, 160.
Port-Rivière, 409.
Potery (La), 326.
Pouilly-le-Chatel, 418.
Poyllonay, 63.

Poype (La). 92.
Pramenoux, 148, 418.
Praront, 231, 236.
Pra Ront, 231. 235. 236.
Praveins, 75.
Pravins. 63.
Pré (Le), 46.
Pressin. 177.
Prizi, 171.
Prost (Le), 56.
Proteri (La). 395.
Puit (Le), 400, 404.
Puy (Le). 336.

Q

Quartier (Le), 345.
Quinssieu. 361.
Quinze-Vingt. 191.

R

Ragny, 231.
Rajasse (La). 10, 11. 29, 35.
Rambouillet, 67. 147.
Ramiers, 34.
Rancé, 66, 76.
Rancé-sur-Genay. 63, 68, 69, 280.
Ranchal, 419. 422.

Rapetour, 69, 71, 287, 290, 294. 298.
Rappetour. 67, 301 a 303.
Rébé, 160.
Recagnon. 284, 287, 288.
Recagnons (Les), 73, 100, 291.
Recoin, 96, 358.
Recoing, 93, 95, 362. 363.
Rétis, 409.
Reveillère (La), 395.
Reyrieu, 425.
Rigaudière (La), 401, 402, 413.
Riom, 171, 345.
Riotiers. 430.
Ripon (Le), 287.
Rivalta. 358.
Rivas, en Forez. 18.
Rive-de-Gier, 29, 35.
Riverie, 17 à 19, 30. 32. 35. 37, 38. 40. 217.
Rivière (La), 213.
Rivierre. 414.
Riviriacum. 30.
Rivirie. 10 à 13. 31. 36. 39 à 41 43, 45. 47. 217, 218. 237.
Rivollet. 125. 132. 145, 255.
Roche, 178, 324. 326.
Roche (La), 60, 265. 267. 269. 394. 420.
Roche, en Forez, 329.
Roche, en Genevois (La). 79.
Roche-la-Mollière. 22. 124, 126, 146. 156, 157. 322, 324 à 326, 329, 330. 391, 394, 395.
Rochebonne, en Vellay. 14. 62.
Rochefort. 89, 133, 364. 370, 373.

Roche-Monteton(La). 323, 338.
Rochetaillée. 101.
Rodrigues. 411.
Rognains ou Rogneins. 172. 351.
399. 401. 408. 411, 414.
Romanèche. 170, 171.
Romanèche. en Dauphiné. 140.
Romanesche. 176, 177.
Romans, 54. 78, 235, 382.
Romanset. 145.
Romanzet. 269.
Ronno, 419.
Ronzé (Le), 89.
Ronzières. 10 à 13. 20, 21. 30.
35 à 45, 47 à 51. 53 à 59. 61.
63, 64. 70, 147. 218, 229,
230. 237. 239, 254. 255. 257.
286, 292 à 294. 296, 421.
Rosey, 362. 363.
Rosey (Le). 95.
Rosne. 419.
Rossillon. 366.
Roussillon. 182.
Rozay, 366.
Rozay (Le), 362.
Rozey (Le), 363.
Rouan. 10.
Rousset (Le), 103.
Roybon, 95. 363.
Ruband. 77, 89. 122, 370.
Rubod. 370, 372, 373.
Rubostz, 15.
Ruffé. 157.
Ruffieu, 221, 229.
Ruinel. 75.
Ruynel, 54. 55, 56, 75. 76.
234, 235.

S

Sablière (La). 339.
Sabran. 327.
Saconnay, 363.
Saconout. 372.
Sainct-Apolinard. 35. 425.
Sainct-Clément-de-Valsoanne, 425.
Sainct-Forgeul, 425.
Sainct-Fourgeul, 13, 43, 47, 48.
Sainct-George-de-Reneins, 425.
Sainct-Germain-sur-l'Arbrelle, 425.
Sainctigny, 59, 61.
Sainct-Jehan de la Bussiere, 425.
Sainct-Laurens de Savigny, 10.
Sainct-Laurens d'Yoing, 425.
Sainct-Loup, 425.
Sainct-Martin de Sales, en Beaujollois, 15.
Sainct-Romain, en Jarez, 10.
Sainct-Véran, 425.
Saincte-Ursule à Villefranche, 15.
Saint-Agneux, 101, 102.
Saint-Agnieu, 21, 22, 78, 80, 83, 89, 122, 127, 133. 369 à 371, 373.
Saint-Agnieu, en Savoye. 15, 90, 364, 366.
Saint-Agnin, 360.
Saint-Albin, 397 à 401, 409, 411, 412, 414, 415.
Saint-Amour. 186.

Saint-André, 247.
Saint-André du Coing, 383.
Saint-André-la-Pallud, 366.
Saint-Antoine de Viennois, 46.
Saint-Anthoyne. 40, 55.
Saint-Apolinaire de Valence, 118.
Saint-Bernard, 285, 301.
Saint-Bernard d'Anse, 430.
Saint-Bonnet, 403.
Saint-Bonnet des Bruyères. 48, 53, 60. 247. 252 à 257, 419.
Saint-Bonnet-le-Troncy, 419, 422.
Saint-Clément, 341.
Saint-Clément du Chambon, 324.
Saint-Cir de Chatoux, 419.
Saint-Cire, 160, 161, 170, 189.
Saint-Cristofle-la-Montagne, 257.
Saint-Cyr, 17, 23, 172, 175, 178. 183, 184, 188, 417.
Saint-Cyre, 254. 403, 404.
Saint-Cyr de Chatoux, 165.
Saint-Didier, 28. 29, 40, 47.
Saint-Didier-au-Mont-d'Or, 162, 234.
Saint-Didier-sous Rivirie, 31.
Saint-Etienne, 127, 132 a 134, 331, 332, 388. 406.
Saint-Etienne de Furan, 128, 395.
Saint-Etienne en Forez, 126. 329. 330.
Saint-Etienne-la-Varenne, 67, 398, 404 a 406, 413 à 415.
Saint-Eustache de Paris, 386.
Saint-Fergeul, 234.
Saint-Flour, 280, 281.

Saint-Genay-Lair, 395
Saint-Genest de Mallifaux, 389.
Saint-Genis, 95.
Saint-Georges à Lyon, 154.
Saint-Georges, 418.
Saint-Georges de Baroilles, 239.
Saint-Georges de Chazelles, 18.
Saint-Georges de Reneins, 397.
Saint-Georges de Rogneins, 171, 397 à 399, 408, 413 à 415.
Saint Germain de Cogny, 46, 88, 79, 258, 259.
Saint-Germain des Prés, 187, 189.
Saint-Germain, en Jarez, 28.
Saint-Germain-en-Laye, 122, 182.
Saint-Guermier, en Forestz. 339.
Saint-Irénée, 46.
Saint-Irénée de Lyon, 45. 46, 330.
Saint-Jean de Losne, 333.
Saint-Jean-la-Vestie, 346.
Saint-Jehan, 120.
Saint-Jehan de Lyon, 64, 83, 109. 116. 118, 158, 280, 384, 420.
Saint-Jehan de Panissieres. 269.
Saint-Jehan de Turignieu, 68.
Saint-Jehan des Vignes, 291.
Saint-Jehan-la-Bussière. 44.
Saint-Joire. 105.
Saint-Julien, 17, 169. 183, 184, 212. 215. 221. 417. 420.
Saint-Jullien, 23. 24. 126, 134. 145. 170, 172. 178. 188, 189, 400 a 402, 412, 413, 415, 418 à 420.

Saint-Jullien de Vesle, 376.
Saint-Jullien, en Bresse, 365.
Saint-Jullien-sur-Veyle, 376.
Saint-Just. 22, 46, 124, 146, 389.
Saint-Just d'Avray, 422.
Saint-Just de Lyon, 10, 280.
Saint-Just-lès-Velay, 322, 324.
Saint-Just-sur-Loire, 395.
Saint-Lager, 215, 418.
Saint-Laurent, 332.
Saint-Laurent de Chamousset, 341.
Saint-Laurent-la-Conche, 310.
Saint-Léonard de Corbigny, 88.
Saint-Ligier, 44, 45, 353.
Saint-Ligier, en Mâconnais, 44, 49.
Saint-Ligier-lès-Mâcon, 50, 353.
Saint-Ligier-lès-Mascon, 44, 58.
Saint-Louis de Versailles, 189.
Saint-Loup, 427.
Saint-Marcel, 90, 94, 101, 310.
Saint-Marcel de Phélines, 101 à 103, 305, 307, 313.
Saint-Martin, 336, 341.
Saint-Martin aux Murs d'Autun, 48.
Saint-Martin de l'Isle-Barbe, 46, 52, 258.
Saint-Martin de Lymonès, 167, 220.
Saint-Martin de Sales, 78, 80, 97, 102.
Saint-Martin de Salles, en Beaujolais, 82.
Saint-Maurice, 427.

Saint-Maurice de la Sovaignière, 325.
Saint-Maurice de Vienne, 323.
Saint-Maurice-en-Gorgoys, 222.
Saint-Maurice-en-Trièves, 274.
Saint-Maurice-sur-Dargoire, 218.
Saint-Nazaire-en-Royans, 55.
Saint-Nizier de Lyon, 186, 231, 298.
Saint-Paul, 33, 69, 70, 72, 100, 121, 127, 370.
Saint-Paul de Lyon, 14, 65, 73, 76, 80, 82, 85 à 89, 98, 102, 107, 108, 113, 116, 126, 171, 221, 280, 282 à 284, 286 à 289, 291, 295, 297 à 299, 301, 302, 308, 362, 363, 366, 367, 370, 376, 377, 411, 429.
Saint-Paul de Varax, 384.
Saint-Pierre, 289, 359.
Saint-Pierre de Lyon, 302.
Saint-Pierre de Vienne, 358, 361.
Saint-Pierre et Saint-Saturnin de Lyon, 98, 121, 183, 186, 292, 298, 302.
Saint-Pierre hors les murs de Vienne, 357 à 358.
Saint-Pierre hors les portes de Vienne, 357 à 359.
Saint-Pierre-les-Nonains, 286 à 288, 292, 298.
Saint-Pol-en-Jarez, 35.
Saint-Polgue, 149, 156, 322, 332.
Saint-Pollet, 283.
Saint-Priest, 221.
Saint-Quentin, 356, 360.
Saint-Rambert, 326.

Saint-Rémy, 207.
Saint-Romain, 38, 88, 103, 157, 322, 326, 389, 390.
Saint-Romain de Lyon, 102.
Saint-Romain de Popey, 252.
Saint-Romain. en Gerais, 67.
Saint-Romain-en-Gères, 288.
Saint-Romain-en-Jarestz, 77, 289, 293.
Saint-Romain-en-Jarez, 29, 31, 32, 35. 47, 288.
Saint-Romain-les-Atheux, 129, 132.
Saint-Saturnin ou Saint-Sorlin-le-Puys, 86, 88, 308, 376, 420.
Saint-Sorlin. 17, 23, 24, 116, 119, 127, 134, 145, 172, 176, 178, 183, 184, 188, 189, 210, 254, 364.
Saint-Sorlin-le-Puy, 364.
Saint-Sorlin-le-Puys, 89.
Saint-Sornin, 355, 356.
Saint-Sulpice, 189, 211.
Saint-Vincent de Rains, 232, 236
Saint-Vincent de Rayns, 231, 236.
Saint-Vincent de Reins, 235, 419, 422.
Saint-Yrigny-sur-Lyon, 39.
Sainte-Apolonie de Florence, 317, 318, 320.
Sainte Chapelle de Vincennes (La), 188, 199.
Sainte Chapelle royale du Bois de Vincennes (La), 199.
Sainte-Claire, du Puy-en-Velley, 309.
Sainte-Consorce, 297.

Sainte-Croix de Lyon, 77, 87, 288, 289, 293.
Sainte-Foy, 31, 33, 37.
Sainte-Péline de Chaillot, 206.
Sainte-Ursule de Mâcon, 202.
Sainte-Ursule de Villefranche, 80, 82, 98, 100, 102, 110 à 113, 125, 412,
Sales. 413.
Salle (La). 43. 302.
Salles, 105. 107, 397, 398, 402 à 406. 410. 411, 415. 418.
Sancennier. 253.
Sanctus Eyveyus. 221.
Sathonay. en Mâconnais, 57. 59, 60.
Satonay, 11, 21.
Satoney, 56, 382.
Satonnay. 14. 54. 60. 61.
Saubfavre, 257.
Sauffavre, 255. 274.
Sauvagniery, 326.
Sauvinière (La). 389.
Sauzet, 214.
Savigny, 10, 13, 60, 36.37.47.70.
Selfavre. 77.
Senevas. 10. 11. 38, 39.
Sens, 19, 28.
Sérézin, 328. .
Serfavre, 14, 17. 20 à 22. 45. 48 à 50, 53, 56. 58 à 64, 70, 81, 88, 100, 102, 104, 107 à 109, 112, 114. 121 à 125, 128, 131 à 134, 145, 155, 157, 161. 166, 169, 172 à 178. 183 184, 188, 189, 247, 248, 252, 254. 255, 257, 265, 267, 269, 270, 272, 273, 308. 352, 421.

Sermerez, 52.
Sermézy, 173.
Serteaux, (Les), 171.
Servelles, 92.
Sessins, 52.
Seuric. 14, 62.
Seysérieu, 283, 285.
Seyssel, en Bresse. 71. 294.
Sivrieux, 377, 384.
Six Vingtz. 63.
Socieu, 31, 33, 37.
Solier (Le), 418.
Sollier (Le), 61.
Sontagnieu, en Savoie, 82.
Sou (Le), 57, 63, 67. 69, 84, 422.
Souvanière ou l'Hermitage (La), 390.
Souzy, 129, 165, 328, 333, 341, 342, 388, 394.
Souzy (Le). 346.
Sovaignière (La), 325.
Spire, 181.
Strasbourg, 196.
Surcieu, 425.
Surcyeu, 427.

T

Talancé, 386.
Talancy, 420.
Tallard, 79.
Tallaru, 13, 48.

Tallebarbe (La), 406, 407.
Tanay, 231.
Tancy, 68, 69, 219, 220, 223 a 225, 230, 231, 234.
Tang (Le). 405, 406.
Tarare, 10, 234. 425.
Tasney, 126.
Tel, 419.
Temple de Vaux (Le), 154.
Terjac. 346.
Ternant, 425.
Terreault (Le), 50. 51, 58, 248.
Terrier (Le), 406, 407, 414.
Theysé, 274.
Thicis, 185, 345.
Thizy. 124, 327, 329, 330. 332, 333, 398. 419, 421, 422.
Thoire, 64.
Thoissev. 419.
Tioney, 327.
Torallie (La), 327.
Toulon, 198.
Tour (La). 326, 389, 390, 425.
Tour de Massonnas (La), 356, 359.
Tour de Maulbourg (La). 336.
Tour du Pin (La), 170, 177.
Tours (Les). 20, 21, 45 a 47, 50, 52, 55, 56, 58 a 60, 62 a 64, 67, 257, 259. 421.
Tourville, 341.
Toyri, 418.
Toyrin, 178.
Trablains, 387.
Trève des Farges (Le), 399,
Trévoux, 278.
Trois Fourneaux (Les), 167.
Tuet, 400.

U

Unias, 183, 186.
Ursulines de Mâcon (Les), 187.
Ursulines de Villefranche (Les). 98.
Uzez, 314.

V

Valence, 75, 114, 116.
Valette (La), 186, 385.
Vallette (La), 346, 347.
Vallière, 172, 173, 175, 351, 352.
Vallignac, 187, 345, 346.
Vallin, 177.
Valsoanne, 425.
Vandaigre, 23.
Vandègre, 169 a 171, 207, 343 a 345, 348.
Vanel (Le), 160.
Varanges, 58, 59, 64, 68.
Varax, 279, 384, 386.
Varenne (La), 303.
Varennes-sous-Dun-le-Roy, 245.
Varsonnière (La), 67.
Vaubresson, 57 254, 257, 258, 261, 263.

Vaugneray, 19, 425.
Vauldragon, 35.
Vauhion, 84.
Vaulx, 59, 246. 247, 274, 315, 418.
Vaulx, en Beaujolais, 105, 315.
Vaulzelles, 59, 61.
Vaure, 76, 282.
Vauregnard. 75.
Vaurion, 158.
Vaux, 365, 376, 405, 417, 418.
Vaux-en-Velin, 271.
Vauzelles, 44, 47, 49, 50. 53, 54. 57, 58, 60 a 62. 125, 126, 132. 239. 247. 251 à 255. 272 a 274, 419.
Vcaux. 154.
Vcillères. 384.
Vénerie (La). 360.
Vendat. 171.
Verchières (Les), 291.
Verdun, 322.
Vernay (Le), 364.
Vernette (La). 63.
Verney (Le), 341.
Vernouze (La). 303.
Verovre, 248.
Verpillière (La). 73.
Vernere (La). 285. 386.
Versailles, 179, 180 182, 188 a 190, 192. 193. 195. 196. 198. 204, 265. 209.
Vertillon, 403.
Verzé, 45.
Veyze, 315.
Vialle (La), 326, 389.
Vienne, 175, 182. 238, 284. 323, 328. 339, 357.

Vigan (Le), 213, 214.
Villardz, 53.
Villardz (Le). 262.
Villars, 282, 288.
Villebœuf, 395.
Ville-Dieu (La). 355.
Ville-l'Evêque. à Paris (La). 210, 348.
Villefranche, 43. 44, 49, 51. 56, 59, 64, 68, 84, 93. 99, 100. 103, 106, 107, 112, 118, 120 126. 128 à 131, 144. 155. 156, 158, 160, 162, 163, 169, 172 à 174 184 à 187. 189, 200. 210, 215. 221. 254, 265, 267. 268. 272. 274, 285, 301, 352. 365, 384 a 386. 401, 405 a 407. 409, 412 à 414, 416. 418. 420, 422.
Villeneufve. 92.
Villers, 57, 58, 261 à 263.
Ville-sur-Jargno, 272. 274.
Ville-sur-Jarniost. 419.
Villette, 61.
Villiers, 257, 258, 262, 263.
Visitation de Coindrieu. 337, 338.
Visitation de Saint-Etienne, 331.

Visitation de Villefranche, 168, 169, 385, 386, 411.
Viveroux, 247, 252, 253.
Vivier (Le), 403.
Vogneray, 296.
Volday (Le), 415.
Vord (La), 344.
Voselle, 145.
Voyrin, 93, 362, 363.
Vuril, 414.

Y

Yoing, 274, 425.
Ysérable, 220.

Z

Zevio, 182.

TABLE DES MATIÈRES

Préface..	5
I. — La Vraye origine et extraction des gentilshommes appelés Arod qui sont à présent au pays des Lyonnoys, selon les cronicques de France, Bretaigne, Angleterre et selon gens anciens et tiltres...............................	9
II. — Preuves de noblesse faites au cabinet des ordres du Roy au mois de mars 1788 par Blaise Arod, chevalier, appelé marquis de Montmelas, brigadier des armées du Roy, chevalier de l'ordre royal et militaire de Saint-Louis, seigneur de Saint-Jullien, Denicé, Blacé, Saint-Sorlin et autres places......................................	17
III. — La maison d'Arod, branche de Montmelas............	27
IV. — Arod, dits Musard, de Riverie......................	217
V. — D'Ars...	219
VI. — Gaste..	229
VII. — De Ronchevol...................................	237
VIII. — De Signolles...................................	239
IX. — De Montregnard.................................	241
X. — De Vauzelles.....................................	251
XI. — De Mazilles......................................	261
XII. — De Serfavre.....................................	265

XIII. — De Rancé, de Glétains. de Chavanes.	277
XIV. — De Varennes.	301
XV. — De Talaru, de Chalmazel.	305
XVI. — De Champier.	313
XVII. — De Capponi.	317
XVIII. — Du Peloux	335
XIX. — De Charpin.	341
XX. — De Mallet de Vandegie	343
XXI. — De Monspey.	351
XXII. — De Sagic.	353
XXIII. — Du Puy.	355
XXIV. — De Mareste.	369
XXV. — De Donjon	375
XXVI. — D'Evrard de Courtenay.	379
XXVII. — Fief d'Ars, paroisse de Limonest.	381
XXVIII. — Baronnie de Feugerolles.	387
XXIX. — Seigneurie de Roche-la-Mollière.	391
XXX. — Seigneurie de Laye, à Saint-Georges-de-Reneins.	397
XXXI. — Extraits d'anciens terriers.	417
XXXII. — Prieuré de Dorieux.	425
XXXIII. — Chapelle du Saint-Sépulchre.	429
INDEX DES NOMS DE PERSONNES CITÉS DANS CE VOLUME.	431
TABLE DES NOMS DE LIEUX CITÉS DANS CE VOLUME.	471

Imp. Mougin-Rusand, Waltener & Cie sucr^s, rue Stella, 3, Lyon.

www.ingramcontent.com/pod-product-compliance
Lightning Source LLC
Chambersburg PA
CBHW051128230426
43670CB00007B/725